法律硕士教学指导案例

民事诉讼实务卷

I

全国法律专业学位研究生教育指导委员会 编

JURIS MASTER

法律出版社

编写说明

为适应我国专业学位教育发展的客观需求，进一步推动专业学位培养模式改革和提高专业学位研究生教育质量，在教育部和财政部的支持下，中国专业学位教学案例中心建设工作于2013年5月正式启动。该案例中心建设工作受国务院学位委员会办公室和教育部指导，由教育部学位与研究生教育发展中心牵头，各相关专业教育指导委员会共同参与。建设法律硕士专业学位研究生教育教学案例库，是支撑并推进全国法律硕士专业学位研究生培养单位实践必修环节学位课程案例教学与保证法律硕士专业学位研究生教育质量的重要措施。2013年6月，教育部学位管理与研究生教育司批复同意全国法律专业学位研究生教育指导委员会（以下简称指导委员会）秘书处组织开展“案例库建设与案例教学推广项目”。按照规划，指导委员会和教育部学位与研究生教育发展中心共同建设“中国法律专业学位案例中心”，合作开发入库教学案例并纳入中国专业学位教学案例中心平台管理和运营。

该项目启动后，指导委员会决定由韩大元、姜晶两位副秘书长负责组织、协调项目的实施工作，并组织制定了《中国专业学位教学案例库中心法律硕士分中心建设规划》（以下简称规划），对案例库建设确立了明确的目标和阶段性任务，并对项目实施进行了总体布置。为保障项目的顺利实施，指导委员会秘书处成立了以时延安教授为牵头人的专家工作组，起草《案例编写规范》、《评审管理办法》和案例模版及使用说明书范本，开展多次编写培训，组织和协调案例申报及评审工作，负责案例中心的维护、日常管理和应用服务等相关工作。2014年至2016年，指导委员会先后三次向培养单位征集案例，组织专家评审组遴选案例，迄今共征集案例382个，其中入选案例139个。

为推动法律专业学位研究生教育教学案例在教学中的运用,切实提高实践课程的教学水平,指导委员会决定从入选案例中选择部分案例出版。该案例出版工作得到法律出版社的大力支持,并根据出版要求对入选案例进行了合理调整。

目前,“法律硕士教学指导案例丛书”已经编辑完成,我们希望这套丛书对提升我国法律专业学位研究生教育有所裨益。在此,向所有参与法律硕士专业学位研究生教育教学案例库工作的专家、学者及相关同志表示衷心地感谢!受时间和能力所限制,编辑过程难免有不足之处,敬请提出宝贵意见。

丛书编委会

2017 年 12 月

目录

Contents

1 CASE 徐彩凤与张翠萍房屋所有权确认纠纷案

| **摘　要** |

本案例以一起真实借名购房案件为蓝本，围绕借名购房案件民事程序各环节，涉及的知识点和执业技能内容包括代理律师如何参与各阶段民事诉讼活动以及借名购房案件的证据收集、事实认定与法律适用等。本案例涵盖律师接受委托、民事诉讼立案前的准备、立案、审判阶段四个环节，涉及的实体问题包括借名购房案件所有权的确认、权利转让的合法性，涉及的证据和事实问题包括借名购房案件的证据收集、域外证据的收集、录音证据及电子邮件的法律效力、证明标准等。本案例对于解决其他所有权确认案件具有参考意义。

| **关键词** |

借名购房案　民事诉讼　代理律师　所有权确认

| **教学目标** |

着重让学生把握三方面内容：(1)在民事案件中，律师接受委托后应如何收集证据，如何认定证据的证明力；(2)代理律师如何协助当事人申请民事案件立案、如何确定管辖，如何撰写起诉状，如何进行协商谈判；(3)以借名购房案件为例，如何解决所有权确认问题，尤其提出处理具体案件的思路、分析步骤、事实认定与法律分析之间的基本框架。

教学案例主文

一、引言

（一）诉争房屋及车库概况

诉争房屋及车库均位于山东省威海市 RS 市 YT 度假区。诉争房屋（以下简称房屋）的具体地址为山东省 RS 市 YT 银河海景御花园 18 号楼 3 单元 303 室，其房屋所有权证号为 RS 房权证 YT 字第 200924442 号，国有土地使用权证号为乳国用（2009）第 27123 号，房屋购买价款为 972111 元，房屋建筑面积为 272.30 平方米，2009 年 9 月 24 日房屋登记在张翠萍名下。

诉争车库（以下简称车库）的具体地址为山东省 RS 市 YT 银河海景御花园 18 号楼 106 室，其房屋所有权证号原为 RS 房权证 YT 字第 200921111 号，国有土地使用权证号为乳国用（2009）第 25234 号，车库购买价款为 60000 元，车库建筑面积为 17.69 平方米，2009 年 9 月 24 日该车库登记在张翠萍名下，2013 年该车库变更登记在宋河（系张翠萍前夫）名下，房屋登记簿中载明所有权证号变更为 201315500，宋河取得车库的方式为购买。

诉争房屋及车库从购买后一直由张翠萍及宋河实际使用。

（二）张雅萍委托张翠萍购买房屋及车库概况

张雅萍（英文名为 Sharon Schilz，美国籍）系张翠萍的大姐。2006 年 3 月，张雅萍想要在中华人民共和国境内为其父母购置一幢房屋以便在其父母年迈时居住，但因其已具有美国国籍并定居在美国加利福尼亚州，不方便回国进行房屋的购买及手续办理等程序，于是委托其妹妹张翠萍帮助其购买房屋。张翠萍考察了国内房地产市场后，建议张雅萍购买位于山东省威海市 RS 市 YT 度假区的一处房屋及车库。由于张雅萍身在国外，为办理手续方便，双方口头约定房屋及车库暂时以张翠萍名义购买，房产证下来后再过户至张雅萍名下或者是过户至徐彩凤（系张雅萍及张翠萍的母亲）名下。2006 年 4 月 2 日张翠萍与开发商签订了《商品房买卖合同》，2006 年 4 月 3 日开始至 2008 年 1 月，张雅萍陆续向张翠萍通过银行汇款的方式支付房屋、车库款及装修费共计人民币 1555132.82 元。房屋及车库产权证办理完毕之后，张翠萍将产权证的原件交给了张雅萍保管。购买房屋及车库后，张雅萍本想让其父母居住，但因为张雅萍的父母一直在美国与张雅萍共同居住，因此并未实际居住该房屋，该房屋及车库一直由张翠萍及宋河实际使用。

（三）张雅萍将房屋及车库转让给徐彩凤概况

在张雅萍委托张翠萍购买房屋及车库后，2006 年 7 月 11 日，建设部、商务部、国家发展和改革委员会、中国人民银行、国家工商行政管理总局、国家外汇管理局六部门联合颁布了《关于规范房地产市场外资准入和管理的意见》（以下简称《意见》）。《意见》第 3 条“严格境外机构和个人购房管理”中第 10 项规定：“……在境内没有设立分支、代表机构的境外机构和在境内工作、学习时间一年以下的境外个人，不得购买商品房……”根据该意见，张雅萍作为美国人，没有在中国境内工作、学习超过 1 年，其不能购买中国境内的商品房，故张雅萍委托张翠萍购买的房屋及车库已经无法再过户至张雅萍个人名下。因其购买的房屋及车库本就是为其父母养老所用，于是张雅萍决定将房屋及车库过户至其母亲徐彩凤名下。2013 年 12 月 6 日，张雅萍与徐彩凤签订《权利转让协议书》，约定张雅萍将其位于山东省 RS 市 YT 银河海景御花园 18 号楼 3 单元 303 室和 18 号楼 106 室的房屋及车库的所有相关权利转让给徐彩凤。

（四）徐彩凤与张翠萍协商房屋及车库过户概况

张雅萍与徐彩凤签订完《权利转让协议书》后，徐彩凤即与张翠萍协商房屋及车库过户事宜。经多次协商，张翠萍始终不同意将房屋过户至徐彩凤名下。张翠萍主张房屋及车库归自己所有，张雅萍无权再将房屋及车库的所有相关权利转让给他人。张翠萍提出山东省 RS 市 YT 度假区内的房屋与车库的钱确实是张雅萍汇给她的，但那是因为张翠萍曾委托张雅萍为其办理去美国的相关事项，张翠萍及宋河为办理出国花费了近 30 万元，但最终张雅萍没有为张翠萍办成出国事宜，张翠萍与宋河也因此离了婚，故张雅萍一直心怀愧疚，于是后来就允诺借给张翠萍钱来买房投资。且购买的房屋及车库一直都由张翠萍实际管理和控制，每年的物业费等费用都是张翠萍个人向物业公司交付的，并不存在借名购房的事实。所以张翠萍拒绝将房屋及车库过户给徐彩凤。

二、代理律师如何收集证据?

(一)代理律师向当事人了解案情

徐彩凤与张翠萍多次协商无果后,决定诉诸法律来解决房屋及车库的所有权争议。由于徐彩凤年迈,并将不定期地去美国探望张雅萍,不方便直接处理房屋及车库所有权事宜,便通过其三女儿张淑萍于2013年12月15日聘请辽宁开宇律师所律师洪珊珊、辽宁众事达律师事务所律师李晓妮担任徐彩凤关于山东省RS市YT银河海景御花园18号楼3单元303室和18号楼106室房屋所有权确认的代理律师。

洪珊珊与李晓妮接受聘请后,当日便向徐彩凤进一步了解案件具体情况。

徐彩凤称,她有三个女儿,老大张雅萍,在美国定居;老二张翠萍,在沈阳定居,跟其前夫宋河在一起;老三张淑萍,在沈阳工作。2006年4月,其在美国与张雅萍一起生活,那年张雅萍决定在中国购买一处房产,想为其养老用。因为张雅萍在美国不方便,就与在中国沈阳定居的妹妹张翠萍商量,决定委托张翠萍在山东省RS市YT度假区为张雅萍购买一套房产,地址是山东省RS市"YT银河海景御花园"18号楼3单元303室,同时还购买了楼下一楼的车库(106室)。其中303室面积272.3平方米,车库17.69平方米。因为张雅萍一直生活在美国,为方便办理购买手续,姐妹俩商量,购买房产时,房产合同上的"房屋所有者"先写"张翠萍",待房产证正式下来后,再通过办理过户手续,将"房屋所有者"由"张翠萍"更名为"张雅萍"或者是直接更为其名。因为大女儿张雅萍一直都很关照二女儿张翠萍,所以张翠萍同意了。张雅萍将买房的全部费用及后来的装修费用从美国分阶段通过银行汇给张翠萍,有汇款记录,总共人民币143万多元。张翠萍以前是会计,自己还做了个明细,把与张雅萍房子相关的资金往来记录得很清楚。张翠萍还把房屋产权证的原件交给张雅萍保管。

后来,张雅萍要求张翠萍把YT的房子过户给自己,但张翠萍一直推脱,说现在政策不允许外国人持有中国境内的房子。后来张雅萍就要求张翠萍直接把房子过户给母亲徐彩凤,张翠萍也不同意,说这是大姐欠她的,因为没给她办成去美国的事,还导致她跟宋河离婚了。张雅萍在美国定居,不方便回来处理这事,与张翠萍沟通几回后,决定还是通过法律途径解决,就把房子相关权利转让给徐彩凤了。徐彩凤后来又多次找张翠萍,张翠萍一直不同意过户。

(二)代理律师要求当事人提供现有证据

通过徐彩凤的陈述,洪珊珊、李晓妮两位律师要求其提供上述提到的相关证据，包括房屋产权证书、张翠萍制作的《大姐购房决算明细》、银行汇款明细及徐彩凤与张雅萍的《权利转让协议书》。

（三）代理律师调取诉争房屋及车库档案

经审查房屋产权证书，律师认为，房屋及车库的所有权人名义上是张翠萍，故即使房屋及车库产权证在张雅萍手中，张翠萍依然有权利并随时有可能自行补办房屋及车库产权证，将房屋及车库出售或抵押出去，律师建议首先应查清房屋及车库目前的权属状况。

2013 年 12 月 16 日，李晓妮律师委托山东省威海卫律师事务所律师王一到山东省 RS 市 YT 房产管理局帮助查阅山东省 RS 市 YT 银河海景御花园 18 号楼 3 单元 303 室及 106 室的房屋基本情况，经查档发现山东省 RS 市 YT 银河海景御花园 18 号楼 3 单元 303 室依然登记在张翠萍名下，而山东省 RS 市 YT 银河海景御花园 18 号楼 106 室已于 2013 年变更至宋河名下。

（四）代理律师审查关键证据

徐彩凤提供的《2007—2008 年大姐购房决算明细》系由张翠萍制作，该明细中第一页记载“大姐购房总投入、总支出汇总”，记载房屋总投入人民币 1430625.02 元，其中包括购房总造价 1140943.14 元，装修总支出 188699.42 元，家用电器支出 6647 元，家具支出 24578 元，物业费及水电煤气支出 9730 元，宋河贷款支出 37609.43 元。第二页记载“大姐购房投资注入资金明细栏”，记载了张雅萍投资注入资金的具体时间、金额及汇率等，共计 1430625.02 元人民币。第三页开始分别记载“大姐购房支出明细”“大姐购房装修明细”“家用电器明细”“家具明细”“宋河贷款支出明细”等。

（五）代理律师要求对域外银行汇款记录予以公证认证

徐彩凤提供的银行汇款明细包括 5 份中国银行取款回单存款回单及外币兑换传票回单及 5 份美国富国银行汇款记录。其中 5 份中国银行取款回单存款回单及外币兑换传票回单，户名为张翠萍，日期分别为 2006 年 4 月 3 日、4 月 10 日、4 月 11 日、4 月 12 日、4 月 13 日，金额共计 5 万美元。5 份美国富国银行汇款记录中汇款人为张雅萍，收款人为张翠萍，汇款日期及金额分别为 2006 年 11 月 30 日 75000 美元，2007 年 8 月 8 日 10000 美元，2007 年 11 月 16 日 8000 美元，2008 年 4 月 30 日 9000 美元，2009 年 3 月 30 日 9000 美元。

经审查上述银行汇款明细，律师发现其中的 5 份美国富国银行汇款记录系形成于美国,属于域外证据。而我国最高人民法院《关于民事诉讼证据的若干规定》的第11条规定:"当事人向人民法院提供的证据系在中华人民共和国领域外形成的,该证据应当经所在国证明机关予以证明,并经中华人民共和国驻该国使领馆予以认证,或者履行中华人民共和国与该所在国订立的有关条约中规定的证明手续。"因此,律师认为应当对5份美国富国银行汇款记录在美国进行公证并由我国驻美国使领馆予以认证。

徐彩凤委托张雅萍对5份美国富国银行汇款记录进行公证认证。2014年1月3日,5份美国富国银行汇款记录由美国加利福尼亚州州务卿出具公证书予以公证,并由中国驻洛杉矶领事馆出具认证材料予以认证。2014年1月10日,辽宁秋阳翻译咨询科技公司为公证认证材料出具了中文译本。

(六)代理律师要求对《权利转让协议书》予以公证认证并通知债务人

徐彩凤提供的《权利转让协议书》系张雅萍与徐彩凤于2013年12月6日在美国加利福尼亚州签订,协议中约定张雅萍自愿将山东省RS市YT银河海景御花园18号楼3单元303室和18号楼106室的房屋及车库的所有相关权利转让给徐彩凤,徐彩凤愿意接受。

经审查,律师发现此《权利转让协议书》也系形成于美国的域外证据。因此,根据我国最高人民法院《关于民事诉讼证据的若干规定》的规定,律师认为应当对张雅萍与徐彩凤签订的《权利转让协议书》在美国进行公证并由我国驻美国使领馆予以认证。同时,根据我国《民法通则》及《合同法》的规定,此种权利转让应当通知债务人张翠萍。

徐彩凤委托张雅萍对《权利转让协议书》进行公证认证。2014年1月3日,张雅萍与徐彩凤签订的《权利转让协议书》由美国加利福尼亚州州务卿出具公证书予以公证,并由中国驻洛杉矶领事馆出具认证材料予以认证。2014年1月10日,辽宁秋阳翻译咨询科技公司为公证认证材料出具了中文译本。2014年1月21日,徐彩凤委托律师将《权利转让协议书》邮寄给张翠萍。

(七)代理律师调取证人证言

2014年1月12日,洪珊珊、李晓妮两位律师向徐彩凤的三女儿张淑萍即张雅萍及张翠萍的妹妹调查取证。

证人张淑萍称,她是张雅萍的妹妹。2006年4月,在美国生活的大姐张雅萍委托妹妹张翠萍(她的二姐)在山东省RS市YT度假区为张雅萍购买一套房产,地址是山东省RS市YT银河海景御花园18号楼3单元303室,同时还购买了楼下车库一楼的106室。其中303室面积272.3平方米，车库17.69平方米。购买房屋的全部费用（包括后来的装修）是大姐张雅萍从美国分阶段汇给二姐张翠萍的，合计现金（人民币）约150万元。虽然该房屋是张雅萍买的，但当时考虑二姐在国内生活，方便办理购买手续，经商量，购买时房产合同上的“房屋所有者”先写张翠萍，待房产证正式下来后，再通过办理过户手续，将“房屋所有者”由“张翠萍”更名为“张雅萍”。

三、代理律师如何协助当事人申请民事案件立案？

（一）代理律师协助当事人选择案由

收集完上述证据后，洪珊珊、李晓妮两位律师开始准备起诉事宜。律师认为本案的请求权存在竞合，故诉讼前应首先选择案由即法律纠纷的类型，以决定当事人的基本诉求。律师考虑了三种起诉思路。

第一种思路：以不当得利为由，诉请返还购买房屋与车库款项与占款利息。待证事实如下：张翠萍取得房屋及车库所有权；张雅萍损失了购买房屋及车库款项及装修费用；张雅萍将相关房屋权利合法转让给徐彩凤；张翠萍的利益与徐彩凤的损失之间存在因果关系；不当得利的诉请没有超过诉讼时效。

第二种思路：以张雅萍的名义请求解除委托购房（包括车库）协议，返还购房款及装修款，并赔偿利息损失。待证事实如下：张雅萍委托张翠萍购买房屋及车库的口头委托协议存在且合法有效；在委托购房协议有效的前提下，张雅萍有权利选择要求对方继续履行（办理房产过户），或解除合同，但因张雅萍不具备在中国境内购买房屋的资格，所以继续履行不能，因此只能诉请解除合同。

第三种思路：以确认房屋所有权为由，诉请房屋产权属于徐彩凤所有，并将房屋变更登记至徐彩凤名下，并赔偿车库损失（因为车库已过户至宋河名下）。待证事实如下：张雅萍委托张翠萍购买房屋及车库的口头委托协议存在且合法有效；张雅萍实际支付了购买房屋及车库的款项及装修费用；张雅萍与徐彩凤之间房屋及车库转让协议合法有效。

对三种思路比较分析，根据收集到的现有证据，两位律师认为第三思路对徐彩凤更为有利，原因如下：（1）以不当得利返还为诉请，需要证明诉讼时效的中断，而徐彩凤并没有相关证据证明。以房屋所有权确认纠纷案则不适用诉讼时效的规定。（2）以解除委托购房（包括车库）协议为诉请，需要以张雅萍的名义起诉。而张雅萍已经加入美国国籍，并定居在美国，如其参加诉讼则属于我国《民事诉讼法》规定的涉外诉讼，程序较为复杂，诉讼时间较长。（3）张雅萍于

2006年购买山东省RS市YT度假区的房屋及车库时，我国的房价相对较低，如今房价已大幅上涨。如果按照前两种思路起诉，则只能请求返还购房款及利息，而对于徐彩凤来说，得到房屋及车库的产权对她更为有利。

（二）代理律师协助当事人确定管辖

确定了房屋确权的案由后，两位律师协助当事人选择管辖的法院。根据《民事诉讼法》第34条的规定，因不动产纠纷提起的诉讼，由不动产所在地人民法院管辖，本案为确认房屋所有权的纠纷，故应当由房屋所在地即山东省RS市人民法院管辖。

（三）代理律师撰写起诉状及证据目录

确定了本案的诉讼方向及管辖法院后，两位律师代表原告徐彩凤提出如下诉讼请求：(1)判令确认位于“山东省RS市YT银河海景御花园18号楼3单元303室”的房屋产权属于原告所有，被告张翠萍将房屋变更登记至原告名下。(2)判令被告张翠萍赔偿车库损失6万元（车库地址：山东省RS市YT银河海景御花园18号楼106室）。(3)判令被告张翠萍承担本案诉讼费、财产保全费、诉讼担保费及翻译费及交通食宿费。

事实及理由是：2006年4月，张雅萍委托被告张翠萍购买位于山东省RS市YT度假区的一处房屋及车库（地址为山东省RS市YT银河海景御花园18号楼3单元303室和18号楼106室）。由于张雅萍身在国外，为办理手续方便，双方约定房屋及车库暂时以被告名义购买，房产证下来后再过户至张雅萍名下。后张雅萍共向被告张翠萍支付房屋、车库款及装修费共计人民币1555132.82元。2013年12月6日，张雅萍与原告徐彩凤签订《权利转让协议书》，约定张雅萍将其位于山东省RS市YT银河海景御花园18号楼3单元303室和18号楼106室的房屋及车库的所有相关权利转让给原告。原告徐彩凤要求被告将房屋及车库变更登记给原告，但被告不同意变更登记。现原告起诉要求确认“山东省RS市YT银河海景御花园18号楼3单元303室”的房屋产权属于原告所有，被告将房屋变更登记至原告名下。由于被告已将车库变更登记至他人名下，原告要求被告赔偿车库损失6万元。

两位律师根据诉讼请求制作了如下证据目录：

1.第一组证据：《2007—2008年大姐购房决算明细》。证明内容如下：被告张翠萍自认涉诉房屋及车库系大姐张雅萍实际购买；证明从房屋、车库的首付款、贷款到其他费用如契税、维修基金、有线电视费、垃圾清运费、施工人员管理费均由张雅萍支付,张雅萍实际履行了完整的购房人义务,是涉诉房屋及车库的实际所有人。

2. 第二组证据:5份中国银行取款回单存款回单及兑换传票回单、5份美国富国银行汇款记录、美国加利福尼亚州州务卿对5份汇款记录的公证书,中国驻洛杉矶领事馆馆认证材料,以及辽宁秋阳翻译咨询科技公司为公证认证材料的翻译的中文译本。证明张雅萍共计支付16.1万美元用于购买涉诉房屋及车库。

3. 第三组证据:张淑萍的证人证言。证明张雅萍与张翠萍之间借名买房及车库的事实。

4. 第四组证据:涉诉房屋及车库产权证原件、购房发票、契税完税证明、维修基金发票原件扫描件。证明涉诉房屋及车库产权证、购房发票、契税完税证明、维修基金发票原件均在张雅萍手中,进一步证明张雅萍系涉诉房屋及车库的实际所有权人。

5. 第五组证据:《权利转让协议书》、美国加利福尼亚州州务卿公证书、中国驻洛杉矶领事馆馆认证材料以及辽宁秋阳翻译科技公司提供的上述材料中文译本、两份中国邮政的邮寄回单(《权利转让协议书》邮寄给张翠萍)。证明原告徐彩凤已合法取得涉诉房屋及车库所有权。

6. 第六组证据:一份《房屋登记簿》。证明被告张翠萍已将涉诉车库变更登记至他人名下,原告请求对该车库进行损害赔偿。

7. 第七组证据:张雅萍与张翠萍在2008年至2009年的电子邮件往来信件。证明张翠萍承认诉争房屋及车库为张雅萍购买,并要帮助张雅萍将其出卖。

8. 第八组证据:原告为本案支出诉讼费、财产保全费、诉讼担保费、翻译费用等费用收据。

(四)代理立案及申请财产保全

2014年1月26日,两位代理律师代表徐彩凤到山东省RS市人民法院立案,案件将由RS市BH新区法庭审理。同时,为防止张翠萍在诉讼期间将诉争房屋变卖或者抵押,或作出其他侵害原告徐彩凤权益的行为,律师认为应当对诉争的房屋进行财产保全,以保障案件在胜诉后能够顺利执行。两位代理律师代表徐彩凤在2014年2月10日向山东省RS市人民法院提出财产保全申请,查封了张翠萍名下的位于山东省RS市YT银河海景御花园18号楼3单元303室的房屋。

四、借名购房类民事案件房屋所有权的认定

2014 年 4 月 8 日，山东省 RS 市人民法院 BH 新区法庭开庭审理此案。

庭审过程中，法庭总结本案的争议焦点为：(1)原被告双方是否存在借名购房的事实？(2)借名购房合同的效力及房屋权利归属。

原告徐彩凤未到庭，徐彩凤的代理律师提出徐彩凤是诉争房屋及车库的所有权人。理由为：(1)被告张翠萍出具的大姐购房明细中被告自认从首付款、贷款到其他费用如装修费、契税、维修基金、物业费等费用由张雅萍支付，房屋进户的各项费用也由张雅萍支付，张雅萍的汇款记录进一步印证了购房款等各项费用由张雅萍支付的事实，张雅萍实际履行了完整的购房人义务。(2)诉争房屋及车库的房屋产权证书原件、支付的装修费、契税、维修基金等收据的原件均由张雅萍保存，并不是由被告保存。(3)张雅萍出具的证人证言证明了张雅萍与被告张翠萍之间存在借名购房的意思表示。(4)《权利转让书协议书》证明张雅萍已将房屋所有权转让给原告所有。上述证据已形成完整证据链，所指向的事实是：张雅萍借被告名义购房，并且委托被告张翠萍办理房屋购买等相关事宜，该借名行为不违反法律法规强制性规定，应为有效。原告徐彩凤通过权利转让合法获得张雅萍房屋的所有权。

被告张翠萍未到庭，其授权宋杨律师代理其参加诉讼。宋杨提出诉争房屋及车库的所有权应当属于张翠萍，理由为：(1)诉争房屋是张翠萍自己购买的，不存在借名购房的事实。2006 年 4 月，张翠萍与开发商签订的房屋买卖合同，购房款中的首付款及贷款均是张翠萍个人向开发商及银行支付的。(2)诉争房屋的入户手续、费用等都是张翠萍个人去办的，每年的物业费等费用都是张翠萍个人向物业公司交付的，张雅萍从未交付。(3)房屋及车库购买完毕后，一直都由张翠萍实际管理和控制，张翠萍将该房屋出租给他人已有 6 年，张雅萍及徐彩凤未提出过任何异议，收益也一直归张翠萍所有。(4)张雅萍虽然给张翠萍汇过款，但这是因为张翠萍曾委托张雅萍为其办理去美国的相关事项，张翠萍及宋河为办理出国花费了近 30 万元，但最终张雅萍没有为张翠萍办成出国事宜，张翠萍与宋河因此也离了婚，故张雅萍一直心怀愧疚，于是后来就允诺借给张翠萍钱来买房投资。

宋杨律师提出如下证据证明其观点：(1)诉争房屋及车库的房屋所有权证，证明诉争房屋属于张翠萍个人所有，诉争车库现属于宋河个人所有。(2)诉争房屋的全部物业费收据，交款人载明为张翠萍。证明诉争房屋是由张翠萍实际交付物业费等费用。(3)张翠萍与李松的《租房协议》，证明张翠萍将诉争房屋及车库租给李松使用 6 年。(4)张雅萍与张翠萍之间的通话录音记录，证明张

翠萍委托张雅萍办理出国，花费了近30万元，但最终没有办成功，宋河也因此与张翠萍离了婚，张雅萍很内疚。(5)宋河的证人证言，证明张雅萍为张翠萍办理出国失败，他与张翠萍因此离婚，张雅萍心怀愧疚，允诺借钱给张翠萍投资买房。

庭审质证过程中，宋扬律师仅提交诉争房屋的物业费收据的复印件，并未提供原件。法庭要求其3日内提供。

开庭审理完毕，在原被告双方都同意调解的前提下，主审法官主持双方当事人进行了调解。被告张翠萍的代理律师宋扬提出：张雅萍必须从美国回来亲自向张翠萍及宋河道歉，然后可将诉争房屋出售，售出后的价款可先归还徐彩凤，如有盈余，归张翠萍所有。徐彩凤的代理律师洪珊珊、李晓妮提出：房屋出售后如有盈余由徐彩凤与张翠萍平分，且张雅萍不可能从美国回来向张翠萍及宋河道歉。双方无法达成协议，调解失败。

教学指导手册

教学对象及目标

本案例供法律硕士案例教学使用，法学本科(大四)、民法学硕士、民事诉讼法学硕士也可以参酌试用。

本案例主要就民事案件代理律师在民事诉讼中从事的法律活动和借名购房案件的权属确认问题进行讲授。具体要解决的问题包括：(1)在民事案件中，律师接受委托后应如何收集证据，如何认定证据的证明力；(2)代理律师如何协助当事人申请民事案件立案，如何确定管辖，如何撰写起诉状，如何进行协商谈判；(3)以借名购房案件为例，如何解决所有权确认问题，尤其提出处理具体案件的思路、分析步骤、事实认定与法律分析之间的基本框架。

教学内容

1. 代理律师如何收集证据？

在民事诉讼过程中，证据问题是诉讼的核心问题。对当事人而言，证据至关重要，因为是否掌握着充分的证据，能否得当运用证据，常常直接决定着其诉讼的胜负结果。因而，律师接受委托后，首先要调查、收集、准备与本案相关的证据。根据我国《民事诉讼法》的规定,证据必须具有客观真实性、关联性和合法性。因此在收集证据的过程中,代理律师应当注意以下几点:

(1)尽可能收集直接证据和原始证据。直接证据可以直接证明待证事实的真实性,最具证明力。原始证据是直接来源于案件事实,或者在案件事实直接作用下形成的证据,因而最具客观真实性和合法性。

(2)注意收集间接证据和派生证据。在直接证据不足以证明事实真相的情况下,应积极寻找间接证据和派生证据,以补充直接证据不足。例如,在本案中,张雅萍与张翠萍并没有书面的关于借名购房协议这种直接证据,因此原告律师必须注意收集张雅萍汇款记录等间接证据。

(3)同时收集本证和反证。律师在收集证据时,不仅要收集支持和证明自己所提主张的本证,而且要注意收集为反驳对方的反证。收集反证并且排除反证,是对本证真实性和可靠性的验证。

(4)收集的证据必须合法有效。首先,收集证据的程序要合法。例如,在对证人制作询问笔录时,不得对证人引供、诱供和逼供。其次,收集的证据本身要符合法律要求。例如,在本案中,对于原告徐彩凤提供的在美国形成的5份汇款记录及徐彩凤与张雅萍签订的《权利转让协议书》,应当在美国进行公证并由我国驻美国使领馆予以认证才能认定为有效。教师在授课中,应提醒学生注意代理律师在收集证据的过程中必须遵守律师职业道德,不得作伪证或诱导当事人作伪证。

2. 如何认定民事证据的证明力?

根据我国现行《民事诉讼法》的规定,民事证据有以下七种:书证、物证、视听资料、证人证言、当事人陈述、鉴定结论、勘验笔录。对同一事实存在若干相互矛盾的证据时,如何认定证据的证明力是实践中经常遇到的问题。教师在授课中可以结合本案对以下几种证据的证明力问题予以特殊强调:(1)形成于国外的证据需要履行什么程序?(2)与当事人有利害关系的证人证言是否具有证明力?(3)录音证据的法律效力。(4)电子邮件是否能作为证据使用?(5)复印件、复制品的证明力问题。其中,录音证据的法律效力是认定民事证据证明力的一个重点和难点。因为随着科技的发展,在现代社会中,录音证据有着越来越普遍应用的趋势。本案中,张翠萍就提交了其与张雅萍之间的通话录音记录作为证据。录音证据属于视听资料的一种。关于录音证据的效力,须注意取得的手段要合法,且不存在疑点,并有其他证据予以佐证方能认定其具有证明力。

3. 代理律师如何协助当事人申请民事案件立案，特别是如何确定案件的案由？

代理律师接受委托后应协助当事人申请民事案件立案。在此过程中，律师需要解决如下问题：如何确定案由，如何确定案件的管辖法院，提出何种诉讼请求，提交哪些证据，是否应当进行诉讼保全等。其中，特别提醒学生需要关注的是关于起诉的案由问题。因为诉讼律师根据当事人的委托在处理一件法律纠纷时，首要的工作就是对案件的性质作出分析判断，然后根据选择的案由即法律纠纷的类型，明确应当适用的法律法规，并决定当事人的基本诉求。可以说，准确把握案件的性质是整个案件诉讼成败的基石。特别是在案件涉及多个法律关系、存在请求权竞合的情况下，准确界定各种法律关系的性质，并从中选择适合委托人的诉求和对策，对于诉讼成败显得尤为重要。

4. 如何解决民事案件管辖问题？

民事诉讼中，管辖问题对于整个诉讼而言都很重要。对准备起诉的当事人来说，在不违反法律规定的范围内选择一个对自己便利的法院起诉，对自己会产生很多诉讼上的和经济上的益处，比如可以节省诉讼成本、缩短诉讼时间、争取对自己最有利的判决。民事诉讼案件的管辖主要由两个方面决定：级别管辖和地域管辖。如何确定级别管辖和地域管辖，是否可以约定管辖，哪些属于专属管辖，是确定民事案件管辖的难点。教师在授课中，应为学生提出基本的注意要点。

5. 代理律师如何撰写起诉书？

律师在民事诉讼活动中，一个较为重要的内容，就是撰写一份高质量的起诉书。撰写起诉书的具体内容包括：(1)根据对案件性质的分析，简明扼要地写出请求法院解决的有关民事权益争议的具体事项，如请求赔偿、偿还债务、履行合同等；(2)根据争议的焦点和实质性重点，明确叙述案情的事实；(3)在叙述事实的基础上，分析行为性质，叙述起诉的理由，提出对当事人有利的证据材料，表明所请求的合理性与合法性；(4)对与本案有关的现有法律法规及司法解释进行分析，寻找对当事人有利的法律法规和司法解释上的根据，以及最高法院的指导性案例。

撰写起诉书的形式要求包括：(1)请求目的必须明确具体；(2)事实过程的陈述尽量概括，力避拖沓、空洞；(3)分析理由要有权威的论理根据；(4)层次分明，逻辑顺畅；(5)篇幅得当，语言简练易懂。

6.代理律师如何进行协商、谈判？

协商谈判是解决冲突和争端的最佳方法。从当事人角度来说，协商谈判解决纠纷可避免经济、社会和心理方面的诉讼成本；从司法制度的角度，协商谈判解决纠纷可减少司法系统的负荷。因此，很多民事纠纷案件最终都是通过协商谈判而解决的，作为民事案件的代理律师，其在民事纠纷的协商谈判中发挥着重要作用。代理律师帮助当事人进行协商谈判既可以发生在诉讼或仲裁程序之前，也可能是在进入诉讼或仲裁程序之后通过法庭、仲裁庭或直接与对方协商谈判，达成调解协议或庭外和解协议以解决纠纷。结合本案，教师可向学生讲授代理律师应当具备以下协商谈判的技巧：

(1)律师必须确定谈判目标。律师首先应了解谈判的事项和当事人的意图，明确谈判要达到的目的和要求。

(2)收集与谈判相关资料，包括对方当事人的意图、性格特征、心理状况等信息。

(3)从事实和法律层面对案件进行评估，帮助各方厘清权利、义务关系，尤其可以让对方当事人清晰地知道自己即将面临的法律风险和法律后果，从而迫使对方当事人妥协、让步，从而接受谈判。

(4)适当运用诉讼保全等手段，增加对方当事人通过协商谈判解决纠纷的可能性。如果对方当事人的财产被查封、冻结，势必会给对方当事人的心理产生一定的压力，激发对方当事人希望迅速解决纠纷的冲动，这就使得协商谈判的效果大为提高。

7.如何正确认定所有权确认纠纷案件？

所有权确认纠纷案件的产生，往往有多种原因，借名购房是此类案件发生的一个重要原因。本案实体方面核心问题在于：张雅萍与张翠萍之间是否存在借名购房的行为？解决这个问题，要从以下四个方面作出判断：

(1)张雅萍与张翠萍有无借名购房的意思表示？

(2)关于诉争房屋及车库的购房款及后续贷款是否是张雅萍支付的？

(3)诉争房屋及车库的入户手续和费用支付情况。

(4)诉争房屋及车库的实际使用情况和产权证持有情况。

此外，通过对该案例的分析，要培养学生分析案例的法律推理能力。

课堂时间安排

本案例可以作为专门的案例教学课来进行,整个案例课的课堂安排 6 个课时,每课时 45 分钟。

如下课堂设计,仅供参考。

1. 课前计划:安排学生阅读案例及相关参考资料,对案例所涉及问题进行思考,撰写实践题答案。

2. 课中计划:(1)介绍教学目的,明确讨论主题;(2)分组讨论,回答各项思考题,讨论实践题的撰写要点;(3)小组代表提出撰写要点,学生讨论和分析;(4)教师归纳总结。

3. 课后计划:布置学生进一步思考代理律师在民事诉讼活动中的作用,以及如何发挥其作用。

思考题和实践题

1. 思考题

(1)根据现行《民事诉讼法》的规定,徐彩凤的代理律师在代理徐彩凤起诉时应当提交哪些材料?

(2)法院在收到徐彩凤的起诉书时,审查后应当如何处理?

(3)张翠萍在收到徐彩凤的起诉状副本时,是否一定要提交答辩状?如果提交,应当在多长时间内提交?

(4)张翠萍在收到徐彩凤的起诉状副本时,认为管辖的法院错误,张翠萍及其代理律师应当如何处理?法院应当如何处理?

(5)根据现行《民事诉讼法》的规定,徐彩凤的代理律师提出财产保全的申请应当在什么时间提出?提出申请时应当提交哪些材料?法院收到徐彩凤的财产保全申请后应当如何处理?

(6)本案开庭前一日,徐彩凤的代理律师得知本案的其中一名审判员与被告张翠萍的代理人系夫妻关系,徐彩凤的代理律师应当如何处理?

(7)本案开庭当时,证人张淑萍因患病无法出庭作证,根据现行《民事诉讼法》及最高人民法院《关于民事诉讼证据的若干规定》,是否允许其只提交证人证言?哪些情形下证人可以不出庭作证?

(8)根据现行《民事诉讼法》及最高人民法院《关于民事诉讼证据的若干规定》,张翠萍提交的她与张雅萍之间的通话录音证据的法律效力如何?

(9)张翠萍提供的物业费收据复印件可否作为法院认定事实的依据?

(10)民事诉讼中调解是不是一个必经的程序?如果原告徐彩凤不同意调解,法官是否可以强制性组织调解?调解书的法律效力如何?

(11)根据现行《民事诉讼法》及最高人民法院《关于民事诉讼证据的若干规定》,徐彩凤提供的张雅萍与张翠萍的电子往来邮件能否作为证据使用?如果能,其证明力如何?

(12)如果张雅萍认为其并未将诉争房屋及车库的相关权利转让给原告徐彩凤,张雅萍如想参加本案的诉讼,应当以什么身份参加?其作为美国人参加诉讼,应当履行什么手续?

2. 实践题

(1)如果你是徐彩凤的代理律师,请根据以上案情,编写接受委托后的工作计划。

(2)结合本案案情,为徐彩凤撰写财产保全申请书。

(3)针对被告张雅萍的答辩意见,为原告徐彩凤撰写代理词。

(4)请根据以上案件信息,分析本案的借名购房行为如何确认所有权。

参考文献

1. 杨立新:《物权法》,中国人民大学出版社 2013 年版。

2. 冉克平:《论借名实施法律行为的效果》,载《法学》2014 年第 2 期。

3. 马强:《借名购房案件所涉问题之研究——以法院裁判的案件为中心》,载《政治与法律》2014 年第 7 期。

撰稿人 | 李晴,沈阳师范大学法学院讲师

2 CASE

龙达化工厂、吴江大学技术服务合同纠纷案

| 摘 要 |

本案例以一起真实的技术服务合同纠纷案件为蓝本，围绕技术服务合同纠纷案件民事程序的各个环节展开。案例涉及的知识点和执业技能内容包括委托代理律师如何参与各阶段民事诉讼活动以及技术服务合同纠纷案件的证据收集、事实认定与法律适用等。本案例涵盖民事诉讼立案阶段(管辖权的确定)、庭前准备阶段(证据交换与质证)、开庭审理阶段三个诉讼环节，涉及的程序和实体问题包括技术服务合同纠纷管辖法院的确认、技术服务合同中真实意思表示的认定、技术服务合同中违约责任的认定；涉及的证据和事实问题包括技术服务合同纠纷中的证据收集、证据真伪的分析判断、证明标准等。本案例对于解决其他类型经济合同纠纷案件具有一定的参考意义。

| 关键词 |

技术服务合同纠纷　民事诉讼　证据分析　技术服务合同关系的认定

| 教学目标 |

着重让学生把握三方面内容：(1)委托代理律师接受委托后应从事哪些法律活动，应如何确定管辖法院；(2)委托代理律师在庭前准备阶段、审判阶段应如何从事各项法律活动，如何撰写辩护词；(3)以技术服务合同纠纷为例，探讨如何解决常见合同纠纷，尤其是提出处理具体案件的思路、分析步骤、事实认定与法律分析之间的基本框架。

教学案例主文

一、引言

(一)龙达化工厂与吴江大学技术服务合同纠纷缘起

龙达化工厂是位于盛京市化学工业园区内的一家高科技企业。2007 年年初,为了提高生产技术,龙达化工厂委托吴江大学就“振荡流反应器在丙炔醇及正丙基二氧七环的连续化生产工艺合成应用”项目进行“合成反应器技术改造”的专项技术服务,并先后与吴江大学签订了三份技术服务合同。其中,龙达化工厂的法定代表人王雄作为本方的项目联络人,而吴江大学教授吴伟则作为吴江大学一方的项目联络人。

合同签订后,龙达化工厂按照合同的约定向吴江大学支付了技术服务费用,并投入了资金为该技术项目的生产进行征地、建设厂房、购买机器设备等活动。但是,吴江大学在接受委托后,虽然进行了多次技术研发,但却始终未能达到双方所签订的技术服务合同所约定的工作目标,双方由此发生纠纷。2013 年 4 月 7 日,龙达化工厂以吴江大学违反双方在 2007 年 4 月 18 日签订的技术服务合同为由,向市中级人民法院提起诉讼,要求吴江大学赔偿其损失共计人民币 32447596.13 元,并承担案件的诉讼费用。

(二)龙达化工厂与吴江大学 2007 年 1 月 11 日技术服务合同概况

龙达化工厂与吴江大学于 2007 年 1 月 11 日在吴江大学所在地吴江市签订了第一份《技术服务合同》。该合同采用的是中华人民共和国科技部提供的“技术服务合同”标准格式文本。合同约定,龙达化工厂作为委托方(甲方),委托吴江大学(受托方、乙方)就“振荡流反应器在丙炔醇合成过程中的应用”的项目提供“合成反应器技术改造”的专项技术服务,并支付相应的技术服务报酬。技术服务的地点约定为:吴江市吴江大学所在校区以及龙达化工厂。合同约定的劳动报酬总额为 68 万元,双方约定采取分期支付的方式,即在合同签订后的 5 个工作日内支付吴江大学 27 万元,在试车投产成功后的 5 个工作日内支付 34 万元,在试车投产成功 6 个月后的 5 个工作日内支付剩余的 7 万元。2007 年 1 月 8 日,龙达化工厂以“技术转让费”的名义向吴江大学支付了 27 万元的首付款额。

（三）龙达化工厂与吴江大学2007年4月16日技术开发（委托）合同概况

2007年4月16日，龙达化工厂与吴江大学在吴江大学所在地吴江市签订了第二份《技术服务合同》。该合同采用的是科技部提供的“技术开发（委托）合同”标准格式文本。合同约定，龙达化工厂作为委托方（甲方），委托吴江大学（受托方、乙方）就“丁烯二醇及正丙基二氧七环的连续化生产工艺”的项目提供专项技术服务，并支付相应的技术服务报酬。对于出现在现有技术水平和条件下难以克服的技术困难，导致技术服务失败或者部分失败，并造成一方或者双方损失的，合同约定由双方各自承担自己投入的部分。合同约定的劳动报酬总额为100万元，双方约定采取分期支付的方式，即在合同签订后的5个工作日内支付吴江大学10万元，在45天内完成丁炔二醇固体产品、丁炔二醇加氢制造丁烯二醇和丁烯二醇精制的研究后的15个工作日内支付50万元，在4个月完成正丙基二氧七环合成的研究后的15个工作日内支付剩余的40万元。2007年4月20日，龙达化工厂分两次先后向吴江大学支付了10万元和5万元共计15万元的首付款额。

（四）龙达化工厂与吴江大学2007年4月18日技术服务合同概况

龙达化工厂与吴江大学在龙达化工厂所在地盛京市签订了第三份《技术服务合同》，标注日期为2007年4月18日。该合同采用的同样是中华人民共和国科技部提供的“技术开发（委托）合同”标准格式文本。与龙达化工厂与吴江大学2007年4月16日签订的技术开发（委托）合同相比，该合同的签订地点和履行地点更改为龙达化工厂所在地盛京市；同时，合同约定，出现现有技术水平和条件下难以克服的技术困难，导致技术服务失败或者部分失败，并造成一方或者双方损失的，由乙方承担甲方全部投入损失及利息。此外，合同约定的履行期限、付款方式等均与龙达化工厂与吴江大学2007年4月16日签订的技术开发（委托）合同内容不同，对于原告的保护较被告有利。

（五）龙达化工厂提交的证据目录

序号	证据名称	证据来源	证明内容
1	技术服务合同（2007年4月18日）	原告	证明原告与被告签订合同约定，原告委托被告就振荡流反应器在“丙炔醇及正丙基二氧七环的连续化生产工艺合成应用”项目进行“合成反应器技术改造”的专项技术服务，并同时约定了技术服务报酬的支付、权利义务等条款。
2	技术开发（委托）合同（2007年4月16日）		
3	技术服务合同（2007年1月11日）		

续表

序号	证据名称	证据来源	证明内容
4	支付技术服务费凭证 (1)汇款日期为2007年1月8日的金额为27万元的中国银行汇票申请书一张 (2)汇款日期为2007年4月20日的金额为10万元的中国银行电汇凭证一张 (3)汇款日期为2007年4月20日的金额为5万元的中国银行电汇凭证一张 (4)户名苏文江、汇款日期为2007年3月20日的金额为3万元的中国农业银行银行卡存款业务回单一张 (5)户名苏文江、汇款日期为2008年8月18日的金额为1.2万元的中国农业银行银行卡存款业务回单一张 (6)汇款日期为1月8日的金额为27万元的中国银行汇票申请书一张	原告	证明原告支付给被告技术服务费总计462000元。
5	会议纪要	原告	证明被告技术研发工作失败,应赔偿原告全部损失。
6	损失明细表	原告	证明原告损失达32447596.13元。
7	资产评估报告	原告	证明原告建厂房损失经评估达29635000元。
8	支付环评费、安评费凭证	原告	证明原告支付的环评费4万元和安评费2万元。
9	管式反应器设计图纸及产品出厂质量证明文件	原告	证明被告在盛京市进行的技术服务和研发,合同履行地为盛京市。
10	照片	原告	证明被告在盛京市进行的技术服务和研发,合同履行地为盛京市。

二、技术服务合同纠纷中管辖法院的确定

(一)吴江大学就盛京市中级人民法院对于本案的管辖提出了异议

2013年4月12日,市中级人民法院受理了龙达化工厂、吴江大学技术服务

合同纠纷一案,并依法组成了合议庭进行审理。在答辩期间内,吴江大学向市中级人民法院提出了管辖权异议。2013 年 5 月 30 日,审判员对双方当事人及代理律师进行了管辖权异议的询问。吴江大学提出以下四点意见:

1. 龙达化工厂与吴江大学 2007 年 4 月 18 日的技术服务合同系伪造。龙达化工厂与吴江大学之间仅仅签署过两份技术服务合同,签署时间分别是 2007 年 1 月 11 日以及 2007 年 4 月 16 日,而龙达化工厂向法院提交的标注日期为 2007 年 4 月 18 日的技术服务合同是伪造的,吴江大学并没有签署过这样一份合同。2007 年 4 月 18 日技术服务合同的第 9 页内容采用了 2007 年 4 月 16 日订立合同的第 9 页签章页,而从封面至第 8 页的内容全部都是事后打印并拼接篡改完成的。因此,吴江大学主张应当将案件移送到吴江大学所在的吴江市法院管辖。同时,吴江大学认为,龙达化工厂涉嫌伪造 2007 年 4 月 18 日的技术服务合同一事,已经涉及刑事犯罪并向当地公安机关报案,因此,请求法院中止民事案件的审理。

2. 吴江大学认为其与龙达化工厂之间并不存在对于技术合同履行地的特别约定。龙达化工厂据以起诉的合同是 2007 年 4 月 18 日的技术服务合同,而非 2007 年 1 月 11 日以及 2007 年 4 月 16 日签订的合同,因此,前两份合同与本案无关,前两份合同中关于合同履行地点的约定亦不能推定适用于本案。而 2007 年 4 月 18 日的技术服务合同是龙达化工厂伪造的,也不涉及合同履行地点的问题。

3. 龙达化工厂与吴江大学技术服务合同的履行地应当是吴江大学所在地吴江市。无论是龙达化工厂与吴江大学 2007 年 1 月 11 日以及 2007 年 4 月 16 日签署的合同文本,还是吴江大学认为系伪造的 2007 年 4 月 18 日的技术服务合同,都没有在合同中特别约定合同的履行地,根据《合同法》的规定,技术服务合同的履行地约定不明确的,应该以提供义务的一方所在地为履行地,而提供义务的一方所在地即为吴江大学所在的吴江市。同时,根据《民事诉讼法》规定的民事诉讼管辖权确定的原告就被告原则,被告吴江大学所在地吴江市法院才是符合法律规定的管辖法院。因此,案件应当移送到吴江大学所在的吴江市西海区人民法院管辖。

4. 吴江大学认为龙达化工厂提供的 8 张照片和压力容器产品出厂质量证明文件的证据与合同履行地的确认无关。吴江大学认为,由于照片和证明文件是当庭拿到,无法证明其真实性。且无论照片和证明文件是否真实,事实上都不能对合同履行地产生变化和影响。由于本案涉及的是技术服务合同而非普通的买卖合同,因此,交货地点或者安装指导地均不能视为合同的履行地。对于技术服务合同而言,如果没有书面的特别约定,则提供义务一方所在地就是合同的履行地点。

此外,针对龙达化工厂提供的2007年4月18日的技术服务合同文本,吴江大学申请司法鉴定,即对4月18日的技术服务合同文本的第9页与第9页之外的其他页所用纸张的一致性、油墨的一致性、使用打印机的一致性以及形成时间的一致性进行鉴定。同时申请鉴定的是4月18日的技术服务合同文本的第9页与4月16日合同全部文件页纸张的一致性、油墨的一致性、使用打印机的一致性以及形成时间的一致性。

(二)龙达化工厂主张合同约定的履行地是龙达化工厂所在地盛京市

龙达化工厂与吴江大学对于其所签订的三份技术服务合同(2007年1月11日、2007年4月16日以及2007年4月18日的技术服务合同)均已经明确约定合同的履行地包括原告所在地,即龙达化工厂所在地盛京市,而且技术服务合同在实际履行过程中也是在盛京市进行的。因此,本案由盛京市法院管辖符合法律规定。具体来说:

1. 龙达化工厂与吴江大学2007年1月11日签署的技术服务合同约定,技术服务地点是吴江大学所在地吴江市和龙达化工厂。因此,吴江市和盛京市法院均有管辖权,龙达化工厂在盛京市法院提起诉讼,符合法律规定。

2. 龙达化工厂与吴江大学2007年4月16日签署的技术服务合同中的第12条约定,研究开发成果的交付地点是龙达化工厂所在地,第13条约定双方对于研究开发成果的验收地点也是龙达化工厂所在地,第19条约定,技术服务和指导的地点在龙达化工厂与吴江大学双方所在地。因此,将龙达化工厂所在的盛京市作为合同的履行地具有充分的依据。

3. 龙达化工厂与吴江大学2007年4月18日签署的技术服务合同中的第1条第2款关于技术服务内容的约定以及第3条第1款、第2款之规定,均表明吴江大学应当到龙达化工厂进行现场指导,故合同的履行地应当是龙达化工厂所在的盛京市。

4. 龙达化工厂向法院提交了8张照片和压力容器产品出厂质量证明文件,用以证明吴江大学的老师及其所带领的研究生进行现场生产安装指导的地点是龙达化工厂所在的盛京市,指导设备也是在盛京市加工制作的。

(三)盛京市中级人民法院驳回了吴江大学的管辖权异议

2013年6月13日,盛京市中级人民法院做出了驳回了吴江大学对于本案的管辖权异议的裁定。被告不服,上诉至省高级人民法院。省高级人民法院于2013年8月5日做出了维持盛京市中级人民法院管辖权异议的裁定。

三、技术服务合同纠纷中真实意思表示的确定

(一)龙达化工厂出具了关于双方技术服务事宜的会议纪要

2011 年 12 月 16 日,龙达化工厂的项目联络人王雄与吴江大学一方的项目联络人吴伟及双方的工作人员共计 7 人共同参加了在吴江大学校区内举行的会议。会议纪要第 9 行显示:“我们于 2007 年 1 月 11 日、2007 年 4 月 16 日、2007 年 4 月 18 日先后签订了 3 份合同,哪份都没有履行。”第 16 行显示:“如果这次开车还不成功,我会赔偿你全部建厂费用”。

(二)吴江大学申请对龙达化工厂提供的其与吴江大学 2007 年 4 月 18 日签订的技术服务合同及会议纪要进行司法鉴定

2013 年 9 月 6 日,吴江大学向盛京市中级人民法院提交了《司法鉴定申请书》。其要求鉴定的具体事项为:

1. 对 2007 年 4 月 18 日的技术服务合同文本的第 9 页(签字盖章页)与第 9 页之外的其他页所用纸张的一致性、油墨的一致性以及形成时间的一致性进行鉴定,以确认其是否为同一批次、同一时间形成的书证。

2. 对 2007 年 4 月 18 日的技术服务合同文本的第 9 页(签字盖章页)与第 9 页之外的其他页所用打印机的一致性以及形成时间的一致性进行鉴定,以确认其是否为同一打印机打印形成。

3. 对 2007 年 4 月 18 日的技术服务合同文本的第 9 页(签字盖章页)与 2007 年 4 月 16 日合同全部文件页纸张的一致性、油墨的一致性以及形成时间的一致性进行鉴定,以确认其是否为同一批次、同一时间形成的书证。

4. 对 2007 年 4 月 18 日的技术服务合同文本的第 9 页(签字盖章页)与 2007 年 4 月 16 日合同全部文件页纸张的打印特征的一致性进行鉴定,以确认其是否为同一打印机打印形成。

5. 对龙达化工厂提供的 2011 年 12 月 16 日的会议纪要第 16 行“如果这次开车还不成功,我会赔偿你全部建厂费用”、第 19 行“我们于 2007 年 1 月 11 日、2007 年 4 月 16 日、2007 年 4 月 18 日先后签订了 3 份合同,哪份都没有履行”的文字与会议纪要的其他文字进行一致性鉴定,以确认其是否为后期添加。

(三)盛京大学司法鉴定中心对 2007 年 4 月 18 日的技术服务合同及会议纪要出具了司法鉴定意见书

受盛京市中级人民法院委托,本案主审法官将 2007 年 4 月 18 日签订的技

术服务合同及会议纪要送到盛京大学司法鉴定中心进行变造文件检验鉴定。2013 年 11 月 13 日,盛京大学司法鉴定中心对 2007 年 4 月 18 日的技术服务合同及会议纪要出具了编号为“210006018”的司法鉴定意见书。鉴定意见为:

1. 2007 年 4 月 18 日的技术服务合同的第 9 页与第 1 ~ 8 页并不是同一台打印机一次打印形成。

2. 2007 年 4 月 18 日的技术服务合同与原被告提供的 2007 年 4 月 16 日的技术服务合同的第 9 页是同一台打印机一次打印形成。

3. 会议纪要中第 19 行“我们于 2007 年 1 月 11 日、2007 年 4 月 16 日、2007 年 4 月 18 日先后签订了 3 份合同,哪份都没有履行”是后添加的。不能确定第 16 行“如果这次开车还不成功,我会赔偿你全部建厂费用”的字迹是否为后添加形成的。

鉴定费用 6 万元由吴江大学支付。

(四)吴江大学对龙达化工厂提交的证据进行了质证

2013 年 12 月 13 日,吴江大学对龙达化工厂提交的证据进行了质证。

序号	原告(龙达化工厂)证据名称	被告(吴江大学)的质证意见
1	技术服务合同(2007 年 4 月 18 日)	对其真实性有异议。 该合同系原告伪造,已经由盛京大学司法鉴定中心第 210006018 号司法鉴定意见书的结论所证实;该合同并非原被告双方真实意思表示,故不能作为查明本案事实的依据。
2	技术开发(委托)合同(2007 年 4 月 16 日)	对其真实性、合法性无异议。对其关联性有异议。原告据以起诉的是证据 1 合同,证据 2 合同的履行状况与本案无关,不属于本案的审查范围。
3	技术服务合同(2007 年 1 月 11 日)	对其真实性、合法性无异议。对其关联性有异议。原告据以起诉的是证据 1 合同,证据 3 合同的履行状况与本案无关,不属于本案的审查范围。
4	支付技术服务费凭证 (1)汇款日期为 2007 年 1 月 8 日的金额为 27 万元的中国银行汇票申请书一张 (2)汇款日期为 2007 年 4 月 20 日的金额为 10 万元的中国银行电汇凭证一张 (3) 汇款日期为 2007 年 4 月 20	对其中凭证(1)的 27 万元、凭证(2)的 10 万元、凭证(3)的 5 万元的真实性和合法性无异议。对其关联性有异议。 凭证(1)的 27 万元、凭证(2)的 10 万元、凭证(3)的 5 万元分别对应的是原告所提交的证据 3 合同(2007 年 1 月 11 日)和证据 2 合同(2007 年 4 月 16 日)、吴江大学项目合同的付款,而与本案据以起诉的证据 1 合同(2007 年 4 月 18 日)

续表

序号	原告(龙达化工厂)证据名称	被告(吴江大学)的质证意见
	日的金额为5万元的中国银行电汇凭证一张 (4) 户名苏文江、汇款日期为2007年3月20日的金额为3万元的中国农业银行银行卡存款业务回单一张 (5) 户名苏文江、汇款日期为2008年8月18日的金额为1.2万元的中国农业银行银行卡存款业务回单一张 (6)汇款日期为1月8日的金额为27万元的中国银行汇票申请书一张	并无对应关系,该证据与本案无关,不属于本案的审查范围。 支付给苏文江的费用,并非被告收取,该证据与本案无关,不属于本案的审查范围。
5	会议纪要	对其真实性、关联性有异议。 该材料系原告变造,已经由盛京大学司法鉴定中心第210006018号司法鉴定意见书的结论所证实;故不能作为查明本案事实的依据。 该会议纪要倒数第8行显示,原告要求吴嘉等人退回吴江大学合力振荡器款,但实际上原被告之间并无设备买卖关系存在,再结合原告举证情况,并无其他证据显示原告曾实施了与被告受托项目有关的生产活动;因此,有关会议纪要的内容与被告并无关联,该证据与本案无关,不属于本案的审查范围。
6	损失明细表	对其真实性、合法性、关联性有异议。 原告无任何其他证据显示相关费用的发生,确属其损失,且与被告履约行为无关。该组证据与本案无关,不属于本案的审查范围。
7	资产评估报告	对其关联性有异议。 该资产评估报告的委托人并非本案原告。 该证据与本案无关,不属于本案的审查范围。
8	支付环评费、安评费凭证	对其关联性有异议。 该环评费、安评费的支付人并非本案原告。 该证据与本案无关,不属于本案的审查范围。

续表

序号	原告(龙达化工厂)证据名称	被告(吴江大学)的质证意见
9	管式反应器设计图纸及产品出厂质量证明文件	对其关联性有异议。 管式反应器设计图纸及产品出厂质量证明文件中并无被告签章或被告项目组成员的签字,不能证明这些文件与被告之间存在关联。 这些证据与本案无关,不属于本案的审查范围。
10	照片	对其关联性有异议。 这些照片均为化工装置中所用的分离设备,不是振荡流反应器(细长的管状容器)。 根据原告表述,这些照片的拍摄地点在其盛京市的厂房,但原告并无其他证据证明其在盛京市有厂房。 这些证据与本案需要查明的事实无关,不属于本案的审查范围。

(五)吴江大学对盛京市中级人民法院合议庭归纳的争议焦点提交了书面辩论意见

盛京市中级人民法院合议庭经过初步审理,将案件的争议焦点归纳为如下两点:(1)2007 年 4 月 18 日的技术服务合同是否为双方的真实意思表示;(2)原被告双方是否存在技术服务合同关系。

2013 年 12 月 13 日,吴江大学围绕合议庭总结的焦点问题发表了书面辩论意见:第一,吴江大学认为该合同系原告伪造,并非双方当事人的真实意思表示;第二,原被告双方之间并不存在技术服务合同关系。

(六)盛京市中级人民法院一审判决驳回龙达化工厂的诉讼请求

2013 年 12 月 4 日,龙达化工厂向盛京市中级人民法院申请变更诉讼金额,请求将诉讼请求金额由 32717596.13 元变更为 50 万元。2013 年 12 月 18 日,盛京市中级人民法院开庭审理了此案。一审法院认为,基于谁主张谁举证的原则,被告对原告举证的 2007 年 4 月 18 日的技术服务合同的真实性存疑,申请进行司法鉴定。原告未能提供其他证据解释鉴定意见中的存疑问题。因此,原告无法证明 2007 年 4 月 18 日的技术服务合同是双方的真实意思表示。据此,一审法院对 2007 年 4 月 18 日的技术服务合同的真实性无法确定。因此,原告基于此提出的诉讼请求没有事实与法律依据,一审法院不予支持,驳回龙达化工厂的诉讼请求。案件的受理费与鉴定费由原告承担。

（七）龙达化工厂不服盛京市中级人民法院判决提起上诉

2013 年 12 月 27 日，龙达化工厂不服盛京市中级人民法院做出的一审判决，向省高级人民法院提起上诉。龙达化工厂表示，2007 年 4 月 18 日签订的技术服务合同是吴江大学该项目负责人吴伟提供的文本。合同签订时，龙达化工厂现在合同上盖了公章，吴伟拿走后加盖了吴江大学的公章，之后又交给了龙达化工厂的法定代表人王雄。至于鉴定结论所称合同盖章页与其他页不是同一台打印机一次性打印形成，而是与 2007 年 4 月 16 日签订的技术服务合同的盖章页出自同一台打印机，与龙达化工厂没有关系。吴伟系吴江大学工作人员，既然吴伟交给龙达化工厂的合同印章是真实的，就应当具备法律效力。同时，鉴定结论所称会议纪要第 19 行是后添加的认定，没有科学依据，仅凭鉴定人员的主观臆断作出，没有证明效力。因此，请求二审法院依法撤销一审法院的判决并予以改判。

四、技术服务合同中违约责任的认定

（一）2007 年 1 月 11 日技术服务合同关于违约责任的约定

2007 年 1 月 11 日《技术服务合同》第 9 条规定，双方确定，按以下约定承担违约责任：

1. 乙方（吴江大学）违反本合同第 2 条第 3 款规定（关于技术服务进度的约定），应当支付违约金为已收合同款的 50%。

2. 乙方（吴江大学）违反本合同第 2 条第 4 款规定（关于技术服务质量要求的约定），应当由乙方为甲方提供备用振荡结构一台。

3. 乙方（吴江大学）违反本合同第 7 条第 1 款规定（关于乙方完成技术服务工作的形式的约定），应当支付违约金为已收合同款的 50%。

4. 乙方（吴江大学）违反本合同第 7 条第 2 款规定（关于技术服务工作成果的验收标准的约定），应当支付违约金为已收合同款的 50%。

5. 乙方（吴江大学）违反本合同第 3 条规定（甲方向乙方提供工作条件的约定），应当支付违约金为未付合同款的 50%。

6. 乙方（吴江大学）违反本合同第 4 条规定（甲方向乙方支付服务报酬及支付方式的约定），应当由乙方自由处置已经完成的技术成果。

（二）2007 年 4 月 16 日技术开发（委托）合同关于违约责任的约定

2007 年 4 月 16 日《技术开发（委托）合同》第 20 条规定，双方确定，任何一方违反本合同约定，造成技术服务工作停滞、延误或者失败的，按以下约定承担违约责任：

1. 乙方（吴江大学）违反本合同第1条（关于技术服务目标、内容与方式的约定）和第2条（甲方提交技术服务计划的时限）约定，应当支付甲方（龙达化工厂）合同到款的20%。

2. 甲方（龙达化工厂）违反本合同第5条（甲方支付技术服务报酬的数额和支付方式）约定，应当支付乙方（吴江大学）合同款的20%。

3. 违约方违反本合同第11条（保密条款）的规定，应当责成违约当事人支付违约金，合同款的100%。

（三）2007年4月18日技术服务合同关于违约责任的约定

2007年4月18日《技术服务合同》第20条规定，双方确定，任何一方违反本合同约定，造成技术服务工作停滞、延误或者失败的，按以下约定承担违约责任：

1. 乙方（吴江大学）违反本合同第1条（关于技术服务目标、内容与方式的约定）和第2条（甲方提交技术服务计划的时限）约定，应当支付甲方（龙达化工厂）建厂资金投入的全部。

2. 甲方（龙达化工厂）违反本合同第5条（甲方支付技术服务报酬的数额和支付方式）约定，应当支付乙方（吴江大学）合同款的全部。

3. 违约方违反本合同第11条（保密条款）的规定，应当责成违约当事人支付违约金，合同款的全部。

（四）龙达化工厂上诉要求吴江大学承担违约责任

在2013年12月27日向省高级人民法院提交的上诉状中，龙达化工厂称，由于吴江大学技术研发失败，从2007年签订合同至今始终无法向龙达化工厂交付技术服务成果，给龙达化工厂造成了重大的经济损失，吴江大学应对此承担赔偿责任。因此请求二审法院依法撤销原审判决，改判被上诉人吴江大学赔偿龙达化工厂损失50万元并承担全部诉讼费用和鉴定费。

（五）龙达化工厂一审时提交的损失明细表*

序号	损失项目	损失金额(元)
1	付吴江大学技术服务费	420000
2	苏文江设计费	42000
3	环评费	40000
4	安评费	20000
5	工资	621315.50
6	办公费	106551.45
7	电费	259247.78
8	车辆维修费	30204.00
9	触媒材料费	12306.60
10	电石费	18855
11	甲醛款	55200
12	伙食费	142399.56
13	差旅费	489600.30
14	房屋建筑费(评估报告)	2459000.00
15	机器设备(评估报告)	1600000.00
16	土地(评估报告)	2228000.00
17	机器设备(评估报告)	23348000.00
18	其他材料	554861.94
合计		32447596.13

（六）吴江大学辩称龙达化工厂的损失并不存在

吴江大学称，2007 年 4 月 18 日的技术服务合同并不存在，即使该合同存在，关于龙达化工厂所要求的 50 万元的损失赔偿，既没有损失明细，也没有任何证据证明。因此，请求二审法院驳回上诉，维持原判。

* 龙达化工厂在一审中将诉讼金额 32447596.13 元变更为 50 万元时，并未提供具体明细以及相关的凭证。

教学指导手册

教学对象及目标

本案例主要就诉讼代理人在民事诉讼中从事的法律活动和技术服务合同的认定问题进行讲授。具体要解决的问题包括:(1)律师在接受当事人委托后,进入诉讼前的法律活动;(2)委托代理人在庭前准备阶段应如何从事各项法律活动,如何撰写代理词;(3)以技术服务合同为例,如何解决合同纠纷的证据认定问题,尤其是提出处理具体案件的思路、分析步骤、事实认定与法律分析之间的基本框架。本案例供法律硕士案例教学使用,法学本科(大四)、民商法学硕士、民事诉讼法学硕士也可以参酌试用。

教学内容

1. 律师在接受当事人委托后,应当如何进行诉讼前的法律活动?

律师在受理案件后,应当详细了解案情,娴熟运用最高人民法院《关于民事诉讼证据的若干规定》,熟练掌握案件涉及的法律、法规及相关的司法解释。法律工作者在此阶段应多运用反向思维,即多从相反角度方考虑问题,这样的好处是能够及时发现自己当事人证据的不足、案件的风险等,能够多构思几种代理思路,以应对庭审中的突发情况。

在此基础上,应当了解案情,收集证据。首先要全面细致地了解案情、收集相关证据。收集证据的范围包括能证明起诉正确或答辩正确的证据;能证明对方起诉或答辩事实失真的证据,与案件处理有关的其他证据。审查主管与管辖、审查时效。无论是代为提起诉讼,还是代为应诉,律师都应从以下方面审查主管与管辖:(1)案件是否属法院受理范围;(2)仲裁条款、书面仲裁协议及其效力;(3)管辖条款及其效力;(4)是否属于专属管辖;(5)是否属于特殊地域管辖。此外,法律工作者还应当审查案件的诉讼时效。查明是否超过诉讼时效期间、有无诉讼时效中断、中止或延长的情节,准备诉讼资料。在全面掌握案情、充分收集证据的基础上,方能撰写起诉状或答辩状。

2. 民事诉讼代理人应当如何确定管辖法院?

起诉状写好后,管辖法院的确定亦需讲究技巧。根据《民事诉讼法》第 108

条的规定，此案是否属人民法院主管，如果属人民法院管辖，又涉及级别管辖、地域管辖等问题，为最大限度地节省诉讼成本、缩短诉讼时间、争取对自己最有利的判决，在选择受诉人民法院时应该细加权衡斟酌。例如，产品侵权赔偿案件，被告所在地、侵权行为实施地、侵权结果发生地的法院都有管辖权，选择哪一个法院对原告最有利，就需要综合考虑。起诉状写好后，在向人民法院提交起诉状的同时，还应代理申请财产保全。财产保全有诉前财产保全和诉讼财产保全两种。诉前财产保全是指利害关系人因情况紧急，不立即申请财产保全将会使其合法权益受到难以弥补的损害的，可以在起诉之前向法院申请财产保全，法院根据其申请采取的一种保护措施。诉讼财产保全是指法院受理案件后，对于可能因一方当事人的行为或者其他原因，使判决不能执行或者难以执行的案件，根据另一方当事人的申请或者依职权裁定有关当事人的财产所采取的一种强制措施。提出财产保全申请，应当选择恰当的时机，否则就无法达到目的。如债务人系外地经营户，申请财产保全可和起诉同时进行，防止对方接到诉状后转移财产。如诉讼中发现债务人官司缠身，因而有可能转移财产以及其财产不足以支付多个债权人时，要抢先提出诉讼保全，防止将来判决无法执行。

3. 技术服务合同中如何确定技术开发成果的交付？

（1）在《技术开发合同》中明确约定技术开发成果的具体交付地点、交付时间及交付的具体内容。

（2）技术开发分阶段进行的，在每个阶段结束后，分别制作阶段验收报告，并按照合同约定交付时间、交付地点分别进行交付。

（3）阶段验收报告需明确记载项目名称，项目合作双方名称，项目开工时间、竣工时间及验收时间，阶段交付具体内容及交付情况，验收方验收意见；并要求合同双方签字确认。

4. 技术服务合同纠纷案件中的举证责任应如何分配？

技术服务合同纠纷案件中所涉及的技术专业性较强，技术服务实施过程复杂，如何证实技术服务的正确实施与否，正确分配举证责任对于案件的处理有着十分重要的意义。依据最高人民法院《关于民事诉讼证据的若干规定》第 2 条的规定，当事人对自己提出诉讼请求所依据的事实或者反驳对方诉讼请求所依据的事实有责任提供证据加以证明。没有举证或者证据不足以证明当事人的事实主张的，由负有举证责任的当事人承担不利后果。在本案中，龙达化工厂就其提出的诉讼请求，负有举证责任。根据司法鉴定的结论显示，2007 年 4 月 18 日的合同真实性存疑，而龙达化工厂并没有提供其他证据解释鉴定结论中的存疑问题，因而无法证明2007年4月18日的合同是双方真实的意思表示。因此，龙达化工厂依据该合同所提出的主张缺少相应的证据支持。

5. 如何处理技术服务合同中开发方的风险？

在研究开发过程中，如果当事人一方或者双方已尽了最大努力，但仍因科技知识、认识水平或试验条件等客观因素的限制，出现无法克服的技术困难，致使研究开发全部或者部分失败，未能取得合同约定的预期目的，即为技术开发合同的风险。一项技术开发的失败或者部分失败属于风险，应当具备以下各项条件：(1)课题本身在国际和国内现有技术水平下具有足够的难度；(2)开发方已经尽了主观努力；(3)该领域专家认为研究开发失败属于合理的失效。

在实践中，还要注意以下两点：(1)由于技术开发存在的风险，风险一旦出现，将使技术开发合同无法履行，给当事人造成损失。因此，当事人应当在订立合同时明确约定风险责任的承担。如果当事人没有约定或者约定不明确，风险发生后，当事人可以协议补充风险责任。不能达成补充协议的，可以按照合同的有关条款或者交易习惯确定；仍不能确定，风险责任由当事人合理分担。(2)在研究开发过程中，当事人一方发现可能导致研究开发失败或者部分失败的情况时，应当及时通知另一方并采取适当措施减少损失。《合同法》明确规定这是技术开发合同当事人的义务。如果当事人未能及时通知对方当事人，也未能及时采取措施，制止损失的扩大，应当就扩大的损失承担责任。

6. 如何认定技术服务合同中开发方的违约责任？

研究开发方违反约定，造成研究开发工作停滞、延误或者失败的，应当承担违约责任。实践中，研究开发方承担违约责任的情形有：(1)研究开发方未按计划实施研究开发工作的，委托方有权要求其实施研究开发计划并采取补救措施。(2)研究开发方将研究开发经费用于履行合同以外的目的的，委托方有权制止并要求其退还相应的经费用于研究开发工作。因此造成研究开发工作停滞、延误或者失败的，研究开发方应当支付违约金或者赔偿损失。经委托方催告后，研究开发人逾期2个月未退还经费用于研究开发工作的，委托方有权解除合同。研究开发方应当返还研究开发经费，赔偿因此给委托方造成的损失。(3)由于研究开发方的过错，造成研究开发成果不符合合同约定条件的，研究开发方应当支付违约金或者赔偿损失；造成研究开发工作失败的，研究开发方应当返还部分或者全部研究开发经费，支付违约金或者赔偿损失。(4)研究开发方违约后，应当采取补救措施，继续履行合同。这方面尽管《合同法》未明文规定，但在实践中很常见。这是由委托开发合同的特性产生的。委托方订立合同的目的是为了获得一项新的技术成果，而这有待于研究开发方实际从事这项开发工作。如果研究开发方违约后直接采用解除合同或支付违约金或赔偿金的方式，一来委托方的损失无法估计；二来合同的目的落空。因此，研究开发方违约后，应当采取补救措施，继续履行合同。

本案中，因无法证明2007年4月18日的合同是双方真实的意思表示，故龙达化工厂依据该合同所提出吴江大学违约的主张不能成立。依据该合同提出赔偿损失的基础事实缺乏证据支持，且龙达化工厂没有提交证明其损失的充分证据，因此，赔偿损失的请求也得不到支持。

课堂时间安排

本案例可以作为专门的案例教学课来进行，整个案例课的课堂安排6个课时，每课时45分钟。

如下课堂设计，仅供参考。

1. 课前计划：安排学生阅读案例及相关参考资料，对案例所涉及问题进行思考，撰写实践题答案。

2. 课中计划：(1)介绍教学目的，明确讨论主题；(2)分组讨论，回答各项思考题，讨论实践题的撰写要点；(3)小组代表提出撰写要点，学生讨论和分析；(4)教师归纳总结。

3. 课后计划：布置学生进一步思考诉讼代理人在民事诉讼，特别是知识产权诉讼中的职能，以及如何发挥其职能。

思考题和实践题

1. 思考题

(1)吴江大学提出管辖权异议的理由是否充分？作为吴江大学的代理律师，应当如何提出管辖权异议，具体程序如何？如对一审法院驳回管辖权异议的裁定不服，可以寻求哪些法律救济？具体程序如何？

(2)技术服务合同的履行地点应如何认定？其与《合同法》关于一般合同履行地点的规定有何区别？

(3)龙达化工厂的代理律师应当如何围绕己方的诉讼请求收集相关证据？

(4)吴江大学的代理律师应当如何对龙达化工厂提交的证据进行质证？

(5)如果吴江大学认为龙达化工厂提交的合同文本涉嫌伪造，是否可以申请司法鉴定？其具体程序如何？

(6)吴江大学是否可以要求法院至其指定的鉴定机构鉴定？如何确保鉴定机构选择的中立性与客观性？

(7)如果龙达化工厂对吴江大学的司法鉴定结论不服，是否可以申请重新鉴定？其具体程序如何？

(8)如何确定技术服务合同中双方当事人的真实意思表示？

(9)龙达化工厂在一审审理过程中是否可以申请变更诉讼请求？原告申请变更诉讼请求的具体情形及应掌握的策略有哪些？

(10)对于龙达化工厂涉嫌伪造2007年4月18日合同一事，吴江大学是否可以向公安机关举报？该案由何地公安机关立案侦查？吴江大学报案时，应提供哪些资料？

(11)龙达化工厂在一审判决结束后，又发现了一个新的视频证据用以证明2007年4月18日合同的真实存在，作为龙达化工厂的代理律师，应当如何处理？具体程序如何？

(12)针对龙达化工厂一审结束后提交的新证据，吴江大学的代理律师应当如何进行质证？

(13)吴江大学的行为是否构成违约？如何区分技术服务合同中的技术开发风险与违约行为？

(14)你认为龙达化工厂二审时提出要求吴江大学赔偿其经济损失的诉讼请求是否恰当？龙达化工厂的代理律师应当如何准备证据进行支持？吴江大学的代理律师应当如何应对？

2. 实践题

(1)如果你是被告吴江大学的诉讼代理律师，应当如何撰写本案一审和二审的答辩意见？

(2)结合本案案情，原告龙达化工厂委托代理律师的诉讼策略是否得当？应当如何进行调整。

(3)请根据以上案件信息，评估本案的终审裁判结果及其对双方的影响。

参考文献

1. 程永顺:《务实知识产权判例精选(第1辑):技术合同判例》，知识产权出版社2010年版。

2. 许红峰:《技术合同案例评析》(第2版)，知识产权出版社2007年版。

3. 鲁统民、张宜廷:《技术开发合同的认定及违约责任的承担——以济兴医药化工有限公司与清华大学技术合同纠纷为例》，载《山东审判》(山东法官培训学院学报)2006年第3期。

4. 周长征:《技术开发合同如何确定成果权利归属》，载《检察日报》2002年5月29日。

5. 梅锋、缪静:《技术开发合同中的技术成果归属及利用分析》，载《中国发明与专利》2006年第6期。

撰稿人｜张猛，沈阳师范大学法学院讲师
王旭伟，沈阳师范大学法学院副教授

3 CASE 王斌与广州五金塑料有限公司劳动争议申请再审案

| 摘 要 |

本案例以一起真实的劳动争议案件为蓝本,介绍了劳动争议案件涉及的劳动仲裁和诉讼环节,涵括的知识点和执业技能内容包括委托代理人如何参与各阶段的劳动争议处理活动以及劳动争议案件的证据收集、事实认定、法律适用与程序推进等。

本案例涵盖劳动争议仲裁、民事诉讼一审、民事诉讼二审及民事诉讼再审等各个阶段,具体要解决的问题包括:(1)如何撰写再审申请书;(2)如何准备再审的申请材料;(3)如何启动再审;(4)劳动争议的受案范围具体包括哪些;(5)以劳动合同解除和加班费的认定为例,阐述律师在劳动争议案件中,如何最大限度地维护当事人的利益。

本案例对于其他类型的劳动争议案件也具有参考意义。

| 关键词 |

劳动争议案　委托代理人技能　证据分析　加班工资认定　申请再审

| 教学目标 |

本案例包括了劳动争议常见的实体问题和程序问题,主要是对委托代理人申请再审的诉讼活动和再审程序的启动进行讲授,并对劳动合同解除、经济补偿金、经济赔偿金及加班费争议等问题进行讲授,使学生在处理劳动争议案件时,能够厘清办案思路、分析步骤、事实认定与法律分析之间的基本框架。

教学案例主文

一、引言

王斌,男,40岁,湖南郴州人,于2007年11月1日入职广州五金塑料制品有限公司(以下简称五金公司)工作,任职叉车司机。双方于2008年1月1日签订劳动合同,约定:合同期限从2008年1月1日至2011年1月1日,工作时间为标准工时制,正常工作时间工资(计算加班工资基数)为860元/月。在此期间,由于受国际金融危机的影响,五金公司的工作量减少。2009年2月17日,王斌向五金公司递交辞工书申请辞职,并注明离职原因为"回家有事"。另王斌向五金公司递交一份书信,内容如下:"由于受金融危机的严重影响,我厂面临一定的窘境,我这个叉车司机几乎成了闲职,没班可上……我现在天天闲着,于公于私无分毫之利,在这种情况下,最好的办法就是裁员,我知道公司的苦衷,因此自愿辞工,以解公司之患……"经五金公司批准,双方于2009年2月18日解除劳动关系。但五金公司没有支付王斌2008年12月、2009年1月和2月的工资,引发劳动争议。

二、劳动争议仲裁情况

王斌向广州市南沙区劳动争议仲裁委员会申请仲裁,不仅要求五金公司支付2008年12月、2009年1月和2月的正常工作时间上班工资,还要求公司支付2009年1月8日至2009年2月16日放假期间(未上班期间)的月薪工资、2007年11月至2009年2月期间的休息日加班费、延长工作时间加班费和法定节假日加班费及补办社会保险等,合计12312元。王斌还认为公司利用不正当的手段迫使其辞工,要求公司补偿一个月工资1200元。此外,要求公司返还伙食押金100元,支付上班工卡押金20元。

2009年6月25日,仲裁委员会作出仲裁裁决,只支持了王斌的一部分仲裁请求,裁决五金公司向王斌支付正常工作时间工资、休息日加班费、延长工作时间加班费、法定节假日加班费合计1720.4元,五金公司向王斌退还伙食押金100元、工卡押金20元。王斌其他的仲裁请求都被驳回。五金公司收到仲裁裁决书后,按照该裁决内容向王斌支付共计1840.4元。

三、民事诉讼一审、二审情况

王斌不服仲裁裁决，向广州市南沙区人民法院起诉，并聘请广东合川律师事务所赵州律师为其委托代理人。赵律师分析案情后，根据相关劳动法律法规，建议王斌追究五金公司的解约责任，放弃补办社会保险的诉讼请求。

于是，原告王斌向广州市南沙区人民法院诉称：本人于2007年11月1日入职被告处工作，任叉车司机，约定月薪1000元，加班费按劳动法另算。2008年1月1日与被告签订劳动合同，合同期限从2008年1月1日至2011年1月1日，虽然劳动合同约定工作时间为每周五天制，每天八小时，但实际每周六、周日都安排上班，劳动节和国庆节也只放一天假。除开叉车外，还常常被调到其他部门无条件帮忙，超出了叉车司机的本职工作。2009年1月8日下午，公司主管通知我提前放假，等待通知再上班。我在宿舍等待通知，直到2009年2月17日才得到公司通知仅上一天班。公司不让上班，又不发基本工资，还出通告：凡是没有上班的员工，每天扣除伙食费6元。被逼无奈之下，只好交了辞工书和辞工说明书。据此，请求法院判令五金公司：(1)支付解除劳动合同的经济赔偿金7264元；(2)支付拖欠王斌2007年11月至2008年12月的加班费17910.53元和25%的经济补偿金4477.6元；(3)补发放假期间(2009年1月8日至2月16日)的工资1146.66元，并支付违约金286.66元；(4)退还体检费32元、水电费住宿费6个月72元；(5)支付2008年12月至2009年2月正常工作时间工资、延长工作时间加班工资、休息日加班工资合计1759.5元；(6)退还伙食押金100元和工卡押金20元。

被告辩称：被告不同意原告的第(1)、(2)、(3)、(5)项诉讼请求，同意第(4)、(6)项诉讼请求。原告于2009年2月17日提出书面辞职申请，并非公司单方解除劳动合同。由于原告辞职书上离职原因为“回家有事”，公司经过考虑同意原告的辞职申请，原告要求支付解除劳动合同经济赔偿金没有依据，公司已按照约定向原告支付了工资。自2009年以来，公司发放工资采取现金支付，而当时原告办理了离职手续无故不领取工资，经公司电话催促，原告一直都没来领取。公司也没有放假，是原告自己有时不来上班。2008年12月工资没有足额发放；2月17日没有发放1月的工资是正常的，因为应在2月底才发放。公司支付给原告的“固定加班费”是为了方便计算员工零碎的加班时间而发放的固定的加班费。

广州市南沙区法院经过审理，于2009年12月30日作出一审判决：(1)五金公司支付王斌2007年11月至2008年12月的加班工资共计4912.1元(其中已支付1840.4元)；(2)五金公司支付王斌2008年12月、2009年1月、2月正常工作时间工资、延长工作时间加班工资、休息日加班工资合计1293.7元;(3)五金公司支付刘士晓体检费、水电费、住宿费、伙食押金和工卡押金共计224元。

王斌不服一审判决,向广州市中级人民法院提出上诉,称:(1)其离职原因是“回家有事,公司无班可上”;(2)其提交的证人证言足以证明公司2009年1月至2月16日放假,其无班可上,导致劳动合同关系解除的原因在五金公司一方;(3)对加班时间的统计结果无异议,但认为加班工资的计算基数计算错误。

广州市中级人民法院经过审理,认为王斌的上诉理由部分成立,一审判决部分不当,对不当部分予以改判,于2010年11月5日作出二审判决:(1)维持南沙区法院的一审民事判决;(2)五金公司支付王斌解除劳动合同的经济补偿2400元、2009年1月8日至2月16日生活费903.6元。

四、如果不服生效判决,如何申请再审

广州中院的二审判决生效后,王斌仍然不服,认为其系被迫辞职,五金公司违法解除劳动合同,须按照《劳动合同法》第47条规定的经济补偿标准的二倍向其支付赔偿金,而且,终审判决对于加班费的计算基准认定不准确,津贴不同于加班费,不能将津贴代替加班费,遂委托赵州律师申请再审。

那么,赵律师该如何开展下一步的诉讼活动呢?

五、本案的证据材料

1. 原被告都各自提供了内容一致的《广州市劳动合同》,其中约定:原告在被告处任职叉车司机,合同期限从2008年1月1日至2011年1月1日。工作地点在仓库,工作时间为标准工时制,即每日工作8小时,每周工作5天,每周正常工作不超过40小时,并至少休息一天。正常工作时间工资(计算加班工资基数)为860元/月,发放工资的时间为每月30日。被告为原告提供食宿,但每天需扣除伙食费1.2元,水电费每月扣除16元。

2. 原告王斌在2009年1月8日至同年2月16日期间没有上班,王斌主张系五金公司通知其放假,并提供了证人证言。

(1)证人李立陈述:我在被告公司行政部任文员,主要工作是为新入职及离职人员办理手续,并配合行政主任做好其他多项事务。2009年2月12日公司的伙食费公告就是我贴的。关于行政部通知员工放假,只是口头通知部门主管,然后由部门主管通知员工本人放假,从来未见有书面通知放假的惯例。被告说没事做,要放假,在公司用餐要扣伙食费,每天6元,如果上班就不扣伙食费。原告要求上班,但公司没有事做,又要扣伙食费,就辞职了。我听同事说有些人没

有事做，就放假了，其中有王斌。

（2）证人黄伟陈述：我是被告水磨组的员工。被告在厂公告栏里贴公告，宣布在厂里吃饭的员工要扣6元伙食费，上班的时候扣1.2元。厂里的员工都是知道的。但我的工资是打到银行账号去的，不清楚被告是否有扣我的伙食费。

五金公司主张其没有放假，是王斌自己没有上班。

3. 被告五金公司提供了原告的辞工书和辞工说明书。

（1）辞工书离职原因一栏为“回家有事”。

（2）辞工说明书的内容如下：“由于受金融危机的严重影响，我厂面临一定的窘境，我这个叉车司机几乎成了闲职，没班可上，公司还要扣除高额的伙食费……我现在天天闲着，于公于私无分毫之利，在这种情况下，最好的办法就是裁员，我知道公司的苦衷，因此自愿辞工，以解公司之患，恳请领导能立即批示……”

4. 被告五金公司提供了原告王斌2007年11月至2008年12月的工资条。

（1）工资条反映了2007年王斌底薪为1000元，另支付加班工资共计44元。2008年1月至4月，“底薪”一栏为780元，“底薪/固定加班费”一栏为1000元，另支付加班工资共计64元。2008年5月至12月“底薪”一栏为860元，“津贴/固定加班费”一栏为340元，另支付加班工资共计840.9元。

（2）上述工资条中反映工资构成项目包括底薪、津贴/固定加班费、加班工资、出勤奖（勤工奖）及其他车间计件项目，扣除项目包括伙食费、住宿水电和早餐费。

五金公司主张工资条中“津贴/固定加班”费实际为加班工资，是根据王斌的工作性质有零碎的加班时间，为了方便计算而固定发放的。王斌确认上述工资条中的实发金额，但认为“津贴/固定加班费”实际为津贴而并非加班工资，并主张其每月工资为1200元（860元+340元）。

5. 原告王斌提供3份工资条。

这3张工资条与被告五金公司提供的2008年8月、9月、10月工资条相对应，其中工资构成项目中“津贴”一栏金额对应五金公司提供工资条的“津贴/固定加班费”一栏金额。

6. 被告五金公司提供了原告王斌2007年11月至2009年2月的考勤卡刷卡记录。

该考勤表反映了在此期间，原告所主张的上述休息日、加班日均有上班，原告王斌确认其真实性。

7. 社会保险的缴纳情况。

2007 年 11 月，五金公司于王斌入职后，即为其办理了社保手续，为王斌缴纳了 1 个月的社会保险费，之后就退保了。2 年内都没有再缴纳社会保险。

教学指导手册

教学对象及目标

本案例供法律硕士案例教学使用。民商法学硕士、经济法学硕士、民事诉讼法学硕士也可参照使用。

本案例包括了劳动争议常见的实体问题和程序问题，主要是对委托代理人申请再审的诉讼活动和再审程序的启动进行讲授，并对劳动合同解除、经济补偿金、经济赔偿金及加班费争议等问题进行讲授。

具体要解决的问题包括：(1) 如何撰写再审申请书；(2) 如何准备再审的申请材料；(3) 如何启动再审；(4) 劳动争议的受案范围具体包括哪些；(5) 以劳动合同解除和加班费的认定为例，阐述律师在劳动争议案件中，如何最大限度地维护当事人的利益。

教学内容

1. 律师如何撰写再审申请书？

(1) 民事再审申请书的格式

民事再审申请书分为首部、正文和尾部三部分。其中，首部应载明申请再审人、被申请人的基本情况和案由，案由应写明不服的原审法院名称和原判决、裁定、调解文书案号。正文应说明具体的再审请求、申请再审的法定事由及具体事实、理由。尾部应载明受理再审申请的法院名称、申请再审人的签名或者盖章、申请日期及附项。

(2) 民事再审申请书的撰写要旨

再审能否启动，关键在于再审事由是否具有说服力，所以，一份优秀的再审申请书，应将再审事由分析透彻。要做好这项写作，首先，要精读裁判文书和诉讼卷宗，其次，从中找出原审在诉讼程序和裁判基础上的瑕疵，最后，再对应上

《民事诉讼法》第200条所规定的再审事由。在撰写中,要注意以下几点:

第一,列明本案的再审事由。再审事由必须法定,应限于《民事诉讼法》第200条和第201条所规定的再审理由。如果提出的再审事由超出法定范围,则为再审申请不合法,法院一般不会受理,即便不小心受理了,也会裁定驳回。如有多项法定事由,应一次性提出来,逐项分别列明。在法院作出再审裁定前,如果再审申请人发现另有再审事由,应及时向法院提出追加或者变更再审事由的书面申请。

第二,针对再审事由,结合事实、证据和适用的法律进行分析论证。再审申请人必须指明生效裁判符合法定再审事由的具体事实,如果仅仅概言有再审事由,没有阐述具体事实,不能算是已合法表明再审事由。具体解释再审事由时,要直接针对原审裁判存在的瑕疵,切忌不可直接针对对方当事人。再审申请书常见的问题是写成了一审起诉状,罗列原审中的事实和证据,论证法院应当如何认定事实,如何裁判。

第三,要注意所提出的再审事由涉及的事实、证据应当对于再审申请人有利,即再审后可能得到比原审更有利的裁判结果。

第四,要针对各个法定再审事由的特点和要求,进行分析论证。例如,以有新的证据作为再审事由,除了要论证再审申请人所提出的证据为"新证据"即具有崭新性外,还必须论证该新证据"足以推翻原判决、裁定",即具有显著性。同时符合这两个属性的证据,才能构成作为再审事由的新证据。

2. 律师需要协助当事人准备哪些再审申请材料?

生效裁判要获得重新审理,需要先通过法院的民事再审审查程序。民事再审审查的主要任务是依据再审审查程序对再审申请是否符合法定再审事由进行审查,决定是否裁定再审。所以,在这个关键的入口,律师首先要认真细致地撰写再审申请书。再审申请书应载明下列事项:(1)申请再审人、被申请人的基本情况;(2)原审法院名称,原判决、裁定、调解文书案号;(3)具体的再审请求;(4)申请再审的法定事由及具体事实、理由;(5)受理再审申请的法院名称;(6)申请再审人的签名或者盖章。

除再审申请书外,还须做好充分的准备,应当提交以下材料:(1)申请再审人是自然人的,应提交身份证明复印件;申请再审人是法人或其他组织的,应提交营业执照复印件、法定代表人或主要负责人身份证明书;委托他人代为申请的,应提交授权委托书和代理人身份证明;(2)申请再审的生效裁判文书原件,或者经核对无误的复印件;生效裁判系二审、再审裁判的,应同时提交一审、二审裁判文书原件，或者经核对无误的复印件；(3)在原审诉讼过程中提交的主要证据复印件；(4)支持申请再审事由和再审诉讼请求的证据材料。

申请再审人提交再审申请书等材料的同时，应提交材料清单一式两份，并可附申请再审材料的电子文本，同时填写送达地址确认书。

3. 如果再审申请被法院裁定驳回，当事人如何寻求救济？

《民事诉讼法》第209条第1款规定："有下列情形之一的，当事人可以向人民检察院申请检察建议或者抗诉：(一)人民法院驳回再审申请的；(二)人民法院逾期未对再审申请作出裁定的；(三)再审判决、裁定有明显错误的。"这一规定将把原先的申请再审与申请抗诉的平行结构改为"申请再审在先，申请检察建议和抗诉在后"的有先后位阶的结构，即规定当事人首先应当向法院申请再审，只有在向法院申请再审被驳回、法院逾期未对再审申请作出裁定、法院再审后作出的判决或裁定有明显错误的情况下，当事人才可以向检察机关申请检察建议或者抗诉。

所以，当事人在其再审申请得不到法院系统支持的情况下，还可以通过向检察院申诉来对其认为存在错误的生效判决寻求救济。王斌如不服广东省高级人民法院驳回其再审申请的裁定，可向检察机关申诉，那么，应向哪一级检察机关申诉呢？根据《人民检察院民事诉讼监督规则(试行)》第35条的规定，人民法院裁定驳回再审申请或者逾期未对再审申请作出裁定，当事人向人民检察院申请监督的，由作出原生效民事判决、裁定、调解书的人民法院所在地同级人民检察院控告检察部门受理。由于原生效裁判是广州市中级人民法院作出的，王斌可以向广州市人民检察院申请抗诉。

赵律师应协助王斌书写"监督申请书"，向人民检察院申请监督，应当提交监督申请书、身份证明、相关法律文书及证据材料。提交证据材料的，应当附证据清单。人民检察院对当事人的申请应当在3个月内进行审查，作出提出或者不予提出检察建议或者抗诉的决定。当事人不得再次向人民检察院申请检察建议或者抗诉。

4. 社会保险争议可诉吗？一审时，律师建议原告删除要求五金公司支付社会保险的诉讼请求，是否妥当？

根据《民事诉讼法》第119条和第124条的规定，起诉必须符合法定条件，只有属于法院主管并符合受理条件的民事案件才能被受理。按照法院的内部职能分工，劳动争议案件被归为民事案件，《劳动争议调解仲裁法》第2条对劳动争议作了列举式规定,其中就包括了用人单位与劳动者之间发生的社会保险争议。

但是,社会保险争议是一种特殊的劳动争议,对于此类案件,法院在相关政策的掌握和适用方面毕竟不如社保管理部门专业,而且,即使法院作出了裁决,但具体能否办理社保以及具体缴纳社保费用的数额、类型等,均需要社保管理部门依据相关政策予以审核确认,从而很可能导致法院裁判不能得到实际执行,因此,最高法院认为不能不加区分地把所有社会保险争议都纳入法院的受案范围。

根据最高人民法院《关于审理劳动争议案件适用法律若干问题的解释(三)》第1条的规定,劳动者以用人单位未为其办理社会保险手续,且社会保险经办机构不能补办导致其无法享受社会保险待遇为由,要求用人单位赔偿损失而发生争议的,人民法院应予以受理。而对于用人单位、劳动者和社保机构就欠费等发生争议,是征收与缴纳之间的纠纷,属于行政管理的范畴,带有社会管理的性质,不是单一的劳动者与用人单位之间的社保争议。因此,对于那些已经由用人单位办理了社保手续,但因用人单位欠缴、拒缴社会保险费或者因缴费年限、缴费基数等发生的争议,应由社保管理部门解决处理,不应纳入人民法院受案范围。

本案中,五金公司原来为王斌办理过社会保险缴纳手续,但在劳动合同履行期间,五金公司停止缴纳社会保险。根据《社会保险法》第63条的规定,用人单位未按时足额缴纳社会保险费的,由社会保险费征收机构责令其限期缴纳或者补足。可见,社保管理部门负有征缴社会保险费的职能。劳动者、用人单位与社保机构之间就欠费发生的争议是征收与缴纳之间的纠纷,属于行政管理范畴,此类争议应通过社保管理部门解决。律师建议王斌取消要求五金公司支付社会保险的诉讼请求,是符合现行司法解释规定的。

5. 本案中的劳动合同,是合意解除还是单方解除?

劳动合同的解除,是指劳动合同订立后,尚未全部履行以前,由于某种原因导致劳动合同当事人一方或双方提前消灭劳动关系的法律行为。劳动合同的解除包括单方解除和合意解除两种。根据《劳动合同法》第36条的规定,用人单位与劳动者协商一致,即可合意解除劳动合同。发出合意解除的要约主体不同,法律效果就会不同:如果是用人单位提出解除劳动合同,应当向劳动者支付经济补偿金;如果是劳动者提出的,用人单位不承担支付经济补偿金的义务。劳动合同的单方解除以当事人享有单方解除权为前提条件,对于用人单位而言,分为两种情形:一是根据《劳动合同法》第39条的规定,在劳动者存在一定过错的情形下,用人单位单方解除劳动合同;二是根据《劳动合同法》第40条的规定,用人单位行使非过失性解除权。

本案中,劳动争议仲裁委员会和一审法院根据五金公司提交的辞工书和辞工说明书,认为原告是主动辞职,而被告也批准了原告的辞职申请,故双方的劳动关系系合法解除。二审法院则认为五金公司通过制造王斌“无班可上”的状态,迫使其辞工,是非法单方解除劳动合同。

两级法院认识的冲突,主要在于如何认定王斌“没有上班”的原因事实。依证明责任的分配法理,民事诉讼实行“谁主张,谁举证”的原则,当事人对自己提出的诉讼请求所依据的事实或反驳对方诉讼请求所依据的事实,有责任提供证据加以证明。如果当事人无法证明所主张的要件事实,则要承担败诉的风险。本案中,王斌主张2009年1月8日至2009年2月16日期间没有上班的原因是公司通知其放假,并提供了两位证人证言,与辞工说明书的内容相印证,完成了举证责任。而五金公司对员工负有管理的职责,五金公司主张没有放假,是王斌自己不来上班,应对相关的事实进行举证,但其只有主张,并未对此举证,应承担举证不能的法律后果。因此,二审法院的意见是正确的,王斌是“被迫辞职”,五金公司违法解除劳动合同,应当依法支付经济赔偿金。

6. 加班事实的举证责任如何分配?

根据《劳动法》第44条的规定,用人单位安排劳动者延长工作时间的,支付不低于工资的150%的工资报酬;休息日安排劳动者工作又不能安排补休的,支付不低于工资的200%的工资报酬;法定休假日安排劳动者工作的,支付不低于工资的300%的工资报酬。在劳动争议中,劳动者据此主张加班费而引发的诉讼居高不下,但其认定又比较复杂,须合理分配举证责任。

举证责任在民事诉讼中有双重含义,通常认为,证明责任包括主观的证明责任和客观的证明责任。主观的证明责任,又称为证据提出责任,是指当事人为避免败诉,负有以自己的举证活动证明该事实的责任,即行为责任。客观的证明责任,又称为实质的举证责任,是指由于法律规定的要件事实最后仍然真伪不明时,当事人所受的不利益(败诉),即结果责任。主观的证明责任着眼于“何人应该举证”,不涉及诉讼结果的问题;客观的举证责任着眼于“何事应该被举证”,并根据证明责任的负担确定案件的胜败结果。客观的举证责任在实体要件事实处于真伪不明状态时,便成为引导法院对案件作出正确裁判的航标,为法院判决提供了正当根据。

根据《民事诉讼法》和最高人民法院《关于民事诉讼证据的若干规定》在举

证责任方面确定的法律要件分类说，主张权利存在的人，应就权利发生的法律要件事实负证明责任；否认权利存在的人，应就权利妨害法律要件、权利消灭法律要件或权利受制法律要件事实负证明责任。劳动争议案件中，劳动者主张加班费的诉讼请求，属于主张存在劳动报酬的积极请求，劳动者应对劳动报酬请求权发生的原因事实（加班事实）进行举证，这是主观的举证责任。同时，考虑到劳动争议案件中，劳动者主张加班费往往面临缺乏证明手段的困难，加班的工作记录、审批单、反映加班事实的工资单等往往由单位保存，形成"证据偏在"的现象，需要通过适用证明妨碍规则进行矫正，根据最高人民法院《关于审理劳动争议案件适用法律若干问题的解释（三）》的规定，"劳动者有证据证明用人单位掌握加班事实存在的证据，用人单位不提供的，由用人单位承担不利后果"。

本案中，王斌主张加班事实，并指出公司要求员工上下班均要在公司打卡，但刷卡记录由公司保存。据此，王斌完成了主观的举证责任，按照证明妨碍法理，此时须由五金公司承担举证责任，五金公司提供了2007年11月至2009年2月期间的考勤卡刷卡记录，避免了证据法上不利后果的承担。王斌确认了考勤记录的真实性，并据此计算加班时间，从而证实了加班事实。

7. 如何认定加班工资的计算基数？

要统计加班工资，需要确定加班工资的计算基数。根据《劳动法》第44条、原劳动部《关于贯彻执行〈中华人民共和国劳动法〉若干问题的意见》第53条的规定，用人单位支付劳动者加班工资应当以劳动者正常工作时间的工资报酬为计算基数。有的法院为避免证明困难，不论当事人有无约定，都采取以当地最低工资标准计算加班费，显然违反了法律规定。

从劳动法的规定来看，加班费的计算标准之所以高于平时工资，主要原因是对劳动者丧失休息时间的一种补偿，因此，如果用人单位实际支付加班费的计算基准低于基本工资的，是对其法定义务的违反。即使用人单位在劳动合同中约定了基本工资和加班费的标准，也不能仅以基本工资为基数计算加班费，因为除了基本工资外，劳动者的工资报酬还有以津贴、生活补贴、奖金等其他形式，这一部分不加进来，将导致加班费的数额比劳动者的应得数额少。

在本案中，劳动合同虽约定王斌正常工作时间的工资标准（计算加班工资基数）按860元/月执行，但从五金公司提供的工资条看，860元为基本工资而非正常工作时间的工资。2008年1月至4月"底薪"一栏为780元，"底薪/固定加班费"一栏为1000元；2008年5月至12月"底薪"一栏为860元，"底薪/固定加班费"一栏为340元，因此，劳动合同约定的数额无法与工资条相对应。而且，如果采纳860元/月的数额,将直接导致王斌2008年的劳动报酬比2007年减少。根据劳动法的相关规定,用人单位如果要减少劳动者的劳动报酬,必须举证证明劳动者符合减少劳动报酬的法定或约定条件。实际上,公司未曾主张减少劳动报酬。五金公司主张津贴属于固定加班费,但这与工资条反映的公司多个月份另行向刘士晓发放加班费相矛盾。从津贴的性质来看,其是对劳动者正常工作时间内的劳动的其他补偿,并不随用人单位的效益或者其他因素的变化而变化,因此,应当计入加班费的计算基准之内。王斌主张2008年1月至4月的加班工资计算基数应为1000元,2008年5月至12月应为1200元,即津贴加底薪,津贴不属于加班费,较为合理。二审判决认定2008年1月至12月王斌计算加班工资基数为860元/月有误。

预期效果

通过本案例的演练,使学生了解如何处理劳动争议案件的仲裁程序和诉讼程序,学会撰写民事再审的司法文书,熟悉民事诉讼再审程序的流程,准确理解和运用《民事诉讼法》的证明责任规则,尤其是劳动争议案件的特别证据规定,从而能正确地认定案件事实。对于劳动争议案件常见的实体法律问题,如劳动争议的受案范围、劳动合同的效力、劳动合同的解除、加班工资的计算基准等,能根据《劳动法》《劳动合同法》《劳动争议调解仲裁法》等法律及司法解释作出客观的评价。

课堂时间安排

本案例可以作为专门的案例教学课来进行,整个案例课的教学课堂安排6个课时,每课时45分钟。如下课堂设计,仅供参考。

1. 课前计划:安排学生阅读案例及相关参考资料,对案例所涉及问题进行思考。

2. 课中计划:(1)介绍教学目的,明确讨论主题;(2)分组讨论及回答各项思考题,告知发言要求;(3)小组代表提出撰写要点,学生讨论和分析;(4)教师归纳总结。

3. 课后计划:布置学生进一步思考劳动争议案件中的特殊性,诉讼代理人要在劳动争议案件出色地代理案件,应该如何更好地完善自身素质?

思考题和实践题

1. 思考题

(1)从纠纷解决学思考,劳动争议应如何按不同类型导向行政或司法以获得最佳救济?

(2)劳动争议仲裁和劳动争议诉讼是什么关系?什么是劳动争议仲裁的终局裁决?如何救济?

(3)劳动诉讼中,如聘请诉讼委托代理人,需要符合哪些条件?

(4)劳动诉讼中,有何特殊的证明规则?

(5)加班事实如何证明?是否适用证明妨碍法理?

(6)加班工资如何计算?劳动合同中约定的加班工资计算基准是否一定有效?

(7)如果正常工作时间的劳动报酬采用计时工资标准,工资条中又有计件工资,将支付的计件工资认定为已支付的加班工资,是否恰当?

(8)劳动诉讼中,如何判断证人证言的证明力?

(9)如何认定用人单位违法解除劳动合同?

(10)用人单位违法解除劳动合同需要承担什么样的法律责任?

(11)本案当事人对生效判决不服,应向哪个法院申请再审?

(12)本案当事人应何时提出再审申请?法院受理后,须多久完成审查?

(13)如当事人的再审申请被法院裁定驳回,当事人还有什么样的救济程序?

(14)如当事人向检察院申诉,检察机关应如何处理?对检察机关的处理决定不服,还能申请复议或其他法律救济程序吗?

2. 实践题

(1)如果你是王斌的委托代理人,在申请再审阶段,应做好哪些准备工作?请根据一审和二审情况,编写工作计划。

(2)结合本案案情,为王斌撰写民事再审申请书。

(3)结合本案案情,为王斌撰写监督申请书。

参考文献

1. 林嘉:《社会保险的权利救济》,载《社会科学战线》2012 年第 7 期。
2. 侯玲玲:《我国加班工资计算基数的地方裁审规则——以北京、上海、广东、深圳为样本》,载《法学》2014 年第 6 期。
3. 涂永前:《我国特色的劳动争议仲裁终局化之理念和制度架构》,载《法律科学》2013 年第 3 期。
4. 李浩:《论民事再审程序启动的诉权化改造》,载《法律科学》2012 年第 6 期。
5. 汤维建:《民事诉讼法学》,北京大学出版社 2014 年版。

撰稿人｜黄旭东,华南理工大学法学院讲师

4 CASE 深圳市蒲公堂信息咨询服务有限公司与深圳市南山区投资管理公司、深圳市科汇通投资控股有限公司撤销权纠纷案

｜摘　要｜

本案例以一起真实的债权人撤销权纠纷案件为蓝本，围绕债权人撤销权纠纷案件民事诉讼各环节，涉及的知识点和执业技能内容包括代理律师如何参与民事诉讼一审和二审程序以及债权人撤销权纠纷案件的证据收集、事实认定与法律适用等。本案例涵盖民事诉讼一审和二审的各环节，涉及的实体问题包括股权转让、债权转让、债权人撤销权的行使主体和行使期间、债权人超过法定期限未行使撤销权的法律后果等，涉及的证据和事实问题包括债权人撤销权纠纷案件的证据收集、债权人是否享有撤销权的分析判断、证明标准等问题，涉及的程序问题包括法院在审判中如何适用裁定。

｜关键词｜

股权转让　债权转让　债权人撤销权　民事诉讼　民事代理

｜教学目标｜

着重让学生把握四方面内容：(1)原告代理律师接受委托后，应从事哪些法律活动，如何撰写民事起诉状；(2)被告代理律师接受委托后，应从事哪些法律活动，如何撰写民事答辩状；(3)在二审程序中，代理律师接受委托后，应从事哪些法律活动，如何撰写民事上诉状和答辩状；(4)以本案为例，提出如何处理具体民事诉讼案件的思路、分析步骤、事实认定与法律分析之间的基本框架。

教学案例主文

一、当事人概况

原审原告(上诉人):深圳市蒲公堂信息咨询服务有限公司;住所地:广东省深圳市福田区红荔西路交通银行大厦七楼713房。

原审被告(被上诉人):深圳市南山区投资管理公司;住所地:广东省深圳市南山区南山大道2038号百仕成大厦6楼北面。

原审被告(被上诉人):深圳市科汇通投资控股有限公司;住所地:广东省深圳市南山区劳动大厦15楼。

深圳市南山区投资管理公司(以下简称南山投资公司)于1991年3月28日由深圳市南山区政府出资设立,注册资金8000万元,经营范围是企业区属国有资产的产权管理,包括财务和产权代表的管理、向区属各类企业参股合作周转性投资、提供贷款担保、征收区属国营企业税后利润和资产占用费等。1995年8月2日,南山投资公司设立了深圳市虹企实业有限公司(以下简称虹企公司),注册资金5000万元。

2001年1月29日,中共深圳市南山区委、南山区政府下发深南发〔2000〕2号《关于调整完善区级国有资产经营公司的实施意见》,决定将南山投资公司所管理的虹企公司、深圳市凯虹实业股份有限公司(以下简称凯虹实业)、深圳市深南石油(集团)有限公司(以下简称深南石油)、深圳市顺安外资实业发展有限公司、深圳市常安物业服务有限公司、深圳市南岛实业开发有限公司(以下简称南岛实业)等企业的"区属国有净资产12.7亿从南山投资公司调整出来,组成第二家区级资产经营公司——深圳市科汇通投资控股有限公司(以下简称科汇通公司)管理;将南山投资公司调整出来的企业以及南山区政府再投资的资产与虹企公司共同组建新的资产经营公司——科汇通公司,撤销原虹企公司'番号',科汇通公司承担原虹企公司的债权债务"。2000年1月30日,南山区国资委作出深南国资委〔2000〕14号《关于划转部分区属国有企业的决定》,决定将南山投资公司下属的虹企公司等9家企业净资产127146万元划出,调整组建南山区第二家国有资产经营公司——科汇通公司。在上述决定划转的企业中包括了案涉南山投资公司参股的深南石油35.88%股权。2000年1月31日,南山投资公司与南山区国资委签订协议书,南山投资公司将其持有的虹企公司100%

股权转让给了南山区国资委。2000 年 3 月 2 日，虹企公司更名为科汇通公司，南山区国资委成为持有科汇通公司 100% 股权的股东。科汇通公司的经营范围包括兴办实业、受南山区政府委托行使区属国有资产产权所有者权利等。

二、第一审程序

（一）蒲公堂公司的债权

1994 年 7 月 6 日、12 月 1 日、1995 年 4 月 13 日，中国工商银行深圳市分行蛇口支行（以下简称蛇口工行）先后与南山投资公司签订了合同编号为 0006797 号、0012417 号、00012446 号的《借款担保合同》，借款金额分别为 3910 万元、500 万元、900 万元，借款月利率为 10.065‰，借款期限分别至 1995 年 7 月 6 日、1995 年 7 月 18 日、1996 年 1 月 13 日止。凯虹实业为前两笔借款提供了保证担保、深圳市罗湖区投资管理公司为后一笔 900 万借款提供了连带责任担保。

1996 年 6 月 21 日、12 月 20 日、1997 年 10 月 29 日，中国工商银行深圳市南头支行（以下简称南头工行）先后与借款人南山投资公司签订了合同编号分别为 0014011、0014301、156 号《保证/短期借款合同》，借款金额分别为 1800 万元、300 万元、港币 1200 万元，借款月利率 9.7875‰，借款期限分别至 1997 年 2 月 21 日、1997 年 7 月 20 日、1998 年 10 月 29 日止。南岛实业为 1800 万元借款、港币 1200 万元借款、南山中财公司为 300 万元借款提供保证。

上述 6 笔借款，合计人民币 7410 万元、港币 1200 万元。借款期限届满，南山投资公司未能归还上述借款本息，保证人亦未履行保证责任。

2000 年 6 月 7 日，蛇口工行与中国华融资产管理公司深圳办事处（以下简称华融资产深圳办）、南山投资公司、保证人凯虹实业、深圳市罗湖区投资管理公司签订了《债权转让协议》（1005 号），蛇口工行将上述 006797 号、0012417 号、00012446 号《借款担保合同》项下的未受清偿债权包括借款本金 5310 万元及利息、担保债权转让给华融资产深圳办。

2000 年 6 月 8 日，南头工行与华融资产深圳办、南山投资公司签订《债权转让协议书》（0902 号），南头工行将上述 0014011、0014301、156 号合同项下的全部债权转让给华融资产深圳办。

2003 年 5 月 12 日，中国华融资产管理公司与第一联合资产管理有限责任公司（以下简称第一联合公司）发表《关于债权转让的合同声明》称："根据原国家对外贸易经济合作部外经贸资函〔2002〕1326 号《关于第一联合资产管理有限责任公司设立的批复》以及中国华融资产管理公司与 CHINA ONE FINANCIAL

有限公司(外方)的《出资协议》,外方以从中国华融资产管理公司收购的债权出资,中方以所拥有的债权出资,双方在北京共同设立中外合作的'第一联合资产管理有限公司'。中外双方共投入第一联合公司的债权10687246829元。双方已于2003年1月13日履行了上述债权的交割手续并通知了债务人。因此中国华融资产管理公司10687246829元的债权及附属于该债权的所有从权利已经全部转让给第一联合公司"。该共同声明附有转让债权清单中的第84项即是对南山投资公司享有的包括本案6笔债权在内的债权本金。2003年5月28日,华融资产深圳办与第一联合公司联名向南山投资公司发出了债权转让通知,南山投资公司在转让通知上盖章确认。

第一联合公司受让的南山投资公司的本案6笔债权是已经由深圳中院生效判决确认的债权。其中,900万元债权被2000年10月20日的(2000)深中法经一初字第207号民事判决确认;1800万元债权被2000年11月21日的(2000)深中法经一初字第208号民事判决确认;港币1200万元债权被2004年10月28日的(2004)深中法民二初字第420号民事判决确认;500万元债权被2004年10月29日被(2004)深中法民二初字第422号民事判决确认;3910万元债权于2004年10月29日被(2004)深中法民二初字第423号民事判决确认;300万元债权于2004年12月27日被(2004)深中法民二初字第425号民事判决确认。前述六份判决现处于执行阶段。

2005年12月9日,第一联合公司与深圳市蒲公堂信息咨询服务有限公司(以下简称蒲公堂公司)签订《债权转让协议》,约定第一联合公司将于2003年3月13日自中国华融资产管理公司受让的对南山投资公司、深圳市罗湖区投资管理公司等公司的全部债权及所有从权利转让给蒲公堂公司,蒲公堂公司向第一联合公司支付3100万元交易价款。2006年1月13日,北京市东城区人民法院就蒲公堂公司诉第一联合公司债权转让合同纠纷一案作出(2006)东民初字第688号民事判决,确认蒲公堂公司与第一联合公司于2005年12月9日签订的《债权转让协议》合法有效。[1]

(二)本案所涉股权转让

1994年4月至2000年12月期间,南山投资公司的全资子公司南山中财公

---

〔1〕 2006年5月27日,即在本案诉讼过程中,第一联合公司在深圳商报上刊登了关于债权转让的通知公告,公告通知南山投资公司及各保证人,其已将对南山投资公司享有的经深圳中院判决确定的6笔债权转让给了蒲公堂公司。

司多次向南山区财政局借款未还。2000 年 12 月 31 日,南山区财政局与南山中财公司签订《还款协议书》,确认截至 2000 年 12 月 31 日南山中财公司共欠南山区财政局借款本金 124291533.28 元、按合同利率计算的正常利息 47172830 元、罚息和复息 23586415 元,南山中财公司保证在 2001 年 2 月 15 日前还清拖欠的本金和正常利息。由于南山中财公司未能在约定的期限内还款,2001 年 2 月 28 日,南山区财政局与南山中财公司、南山投资公司签订《债务转让协议书》,约定:截至 2000 年 12 月 31 日南山中财公司共欠南山区财政局借款本息 195050778.28 元;三方一致同意,由南山投资公司代南山中财公司偿还所欠南山区财政局本金 29240755 元及利息 70759245 元,总计 1 亿元;南山投资公司承诺积极筹措资金争取在短时间内以现金或其他资产将上述 1 亿元欠款偿还给南山区财政局;本协议书签订后,南山中财公司只欠南山区财政局本金 95050778.28 元;南山中财公司欠南山投资公司的 1 亿元由双方另行就南山中财公司还款事宜再作约定。2001 年 2 月 27 日,南山投资公司作为划出方与接受方科汇通公司签订《转让协议书》,内容为:根据南山区国资委会议精神,南山投资公司同意将其持有的深南石油 35.88% 的股权划转给科汇通公司。深圳市南山区国有资产管理委员会办公室以见证人身份在转让协议书上加盖南山区国资委办公室印章。2001 年 3 月 20 日,南山区财政局与南山投资公司、科汇通公司签订《债权债务清偿协议书》,内容为:南山区财政局报经国资委批准将对南山投资公司的 1 亿元债权划转给科汇通公司;划转完成后,南山投资公司尚欠南山区财政局的 1 亿元债务结清,科汇通公司对南山投资公司享有 1 亿元债权;科汇通公司以其对南山投资公司的 1 亿元债权冲抵科汇通公司应向南山投资公司支付受让深南石油 35.88% 股权尚欠的 1 亿元股权转让款;本协议书经三方加盖公章,并经区国资委批准后生效。2001 年 3 月 19 日,南山区国资委向科汇通公司作出深南国资委〔2001〕01 号《关于同意债权债务清偿的批复》,批复"同意将区财政局对南山投资管理公司 1 亿元债权转给科汇通公司;同意用所划转的 1 亿元债权冲抵你司收购南山投资公司持有的深南石油 35.88% 股权的受让款 1 亿元"。2001 年 4 月 6 日,深南石油依据南山投资公司与科汇通公司 2001 年 2 月 27 日的转让协议书,在工商局办理了股东变更登记手续,科汇通公司取代南山投资公司成为持有深南石油 45.9166% 股权的登记在册股东(科汇通公司原已持有深南石油 10.0349% 的股权)。

2003 年 7 月 20 日,南山区财政局与南山投资公司、南山中财公司签订《关于将财政借款转为投资的协议》,约定:三方确认南山区财政局于 1994 年 4 月至 1996 年 11 月期间向南山中财公司提供财政借款 18 项,合计金额 7420 万元;自协议签订之日起,南山区财政局将上述财政借款转为南山区政府国有资产管理部门代南山投资公司对南山中财公司的投资;上述对南山中财公司的投资由南山投资公司持有,并同时作为南山区政府国有资产管理部门对南山投资公司的投资。深圳惠德会计师事务所就此作出惠德验报字(2003)090 号验资报告,确认了上述协议约定的7420 万元财政借款转投资的事实。

因债务人南山投资公司无力偿还债务,使债权人蒲公堂公司的债权不能实现,故蒲公堂公司于2006 年3 月20 日向法院起诉,要求撤销南山投资公司将参股的深南石油35.88%的股权转让给科汇通公司的行为。

(三)一审裁判

在一审诉讼过程中,根据上述《关于将财政借款转为投资的协议》和深圳惠德会计师事务所作出的惠德验报字(2003)090 号验资报告,蒲公堂公司认为,南山区财政局对南山中财公司1994 年4 月至1996 年11 月期间的财政借款仅为7420 万元,并非南山区财政局与南山中财公司2000 年12 月31 日《还款协议书》中确认的1.95 亿多元。科汇通公司则辩称上述7420 万元是南山区财政局将1.95 亿元借款本息中的1 亿元转让给科汇通公司后剩余的借款。

本案一审诉讼过程中,蒲公堂公司向原审法院提交《关于调查收集真正的"深南国资委〔2001〕1 号文"的申请书》,认为南山投资公司、科汇通公司提交的《关于同意债权债务清偿的批复》是为诉讼而伪造的虚假文件,真正的深南国资委〔2001〕1 号文是《关于办理土地转款变更及退还差价手续的批复》,并提交了该文件的复印件。应申请,该院向南山区国资委进行调查。2006 年11 月21 日,南山区国资委(2005 年12 月9 日更名为深圳市南山区国有资产监督管理委员会)向该院出具了《关于深南国资委〔2001〕01 号文的情况说明》,主要内容为:由于客观和管理方面的原因,在区国资委文件编号方面可能出现重复或错漏的现象。经查,2001 年3 月19 日区国资委印发了《关于同意债权债务清偿的批复》(深南国资委〔2001〕01 号),该文件就科汇通公司以1 亿元债权冲抵其收购南山投资公司持有的深南石油35.88%股权受让款1 亿元作出了批复。同日,南山区国资委向该院出具了《关于南山投资公司转让深南石油35.88%股权给科汇通公司的情况说明》,确认科汇通公司受让南山投资公司持有的深南石油35.88%股权,实际支付了1 亿元对价。

2006 年11 月21 日,南山区财政局向该院出具《关于三份协议书的情况说明》和《关于南山中财公司财政借款的情况说明》,确认其签订的2000 年12 月31 日《还款协议书》、2001 年2 月28 日《债务转让协议书》、2001 年3 月20 日

《债权债务清偿协议书》真实有效。

2003年9月22日,深圳中院在执行长城资产深圳办与深圳市南山区商业贸易公司、南山投资公司借款合同纠纷一案(深圳仲裁委员会的深仲裁〔1998〕第70号裁决书)过程中,裁定追加了科汇通公司为被执行人。科汇通公司不服,提出异议。2004年7月20日,深圳中院作出(2003)深中法执三审字第230号民事裁定书(以下简称230号案),认定科汇通公司是从南山投资公司分立出去的企业,应对南山投资公司的债务承担连带责任,据此驳回了科汇通公司的执行异议。科汇通公司不服裁定,向深圳中院申请再审。2004年8月18日,深圳中院作出(2004)深中法审监执再字第3号民事裁定书,裁定对230号案进行再审。2004年8月28日,该院裁定将包括230号案在内的以长城资产深圳办为申请执行人的13宗案件交由广州铁路运输中级法院负责执行。2004年10月22日,深圳中院通知当事人,该院决定将再审案件移送广州铁路运输中级法院审理。

一审法院经审理认为:本案蒲公堂公司主张南山投资公司无偿转让优质资产给第三人科汇通公司,造成其不能实现债权,据此请求撤销南山投资公司的股权转让行为,将股权重新转至南山投资公司名下。因此,本案为合同当事人以外的第三人提起的撤销权纠纷。该院将本案诉争焦点总结为三个问题:(1)蒲公堂公司是否具有行使撤销权的主体资格;(2)南山投资公司与科汇通公司之间是否有无偿转让;(3)蒲公堂公司行使撤销权是否超过了法定期间。

首先,关于蒲公堂公司是否具有行使撤销权的主体资格问题。该院认为,本案6笔债权源自南山投资公司拖欠南山工行、蛇口工行的6笔借款本息,历经多次转让,至本案诉讼时,由蒲公堂公司受让。对此事实,本案三方当事人均无异议。在蒲公堂公司以债权人身份提起本案撤销权之诉时,没有证据证明其前手债权人第一联合公司通知了南山投资公司债权转让的事实。根据《合同法》第80条第1款规定,债权人转让权利的,应当通知债务人。未经通知,该转让对债务人不发生效力。但在本案诉讼过程中,第一联合公司于2006年5月27日在报纸上发布了债权转让公告,通知南山投资公司及各保证人债权转让的事实。鉴于《合同法》对债权转让通知的形式未作明确要求,同时,债务人南山投资公司在涉案6笔借款到期后长期未还的事实,该院认定第一联合公司在2006年5月27日以公告通知债权转让的方式,履行了《合同法》第80条第1款规定的通知义务。此时,涉案债权转让对南山投资公司发生法律效力,蒲公堂公司有权以债权人的身份向南山投资公司主张权利。法律规定债权转让需通知始对债务人发生效力,是为了保护债务人的利益,避免其因债权转让而增加负担,并非限制债权转让。因此,应允许前手债权人在诉讼中履行债权转让通知义务,对受让债权的主体进行补认。故南山投资公司、科汇通公司提出的蒲公堂公司不具有行使承销权的主体资格的答辩主张,该院不予支持。《合同法》规定的负有通知义务的"债权人",是指债权出让人。债权受让人以债权人身份向法院起诉债务人的诉讼行为,不能等同于债权出让人履行了债权转让通知义务。同样,北京市东城区人民法院作出的(2006)东民初第688号民事判决,仅是确认蒲公堂公司与前手债权人第一联合公司签订的《债权转让协议》合法有效,但没有认定第一联合公司通知了债务人南山投资公司债权转让事宜。故蒲公堂公司主张其以诉讼方式通知了债务人南山投资公司债权转让的事实,没有依据。

其次,关于科汇通公司取得深南石油35.88%股权是否向南山投资公司支付了对价的问题。该院认为,深圳中院的230号裁定书已经被深圳中院裁定再审,目前尚未审结,故不能作为本案认定科汇通公司是否支付了对价的依据。蒲公堂公司以此为依据主张科汇通公司无偿取得深南石油35.88%股权的理由不能成立。对于南山投资公司、科汇通公司就深南石油35.88%股权转让提交的一系列协议的真实性,蒲公堂公司没有异议,且案外人南山区财政局已向本院出具情况说明,确认其作为债权人签订的案涉三份协议书均真实、有效,故该院予以确认。依据南山区财政局、南山中财公司、南山投资公司与科汇通公司之间关于债权、债务转让、以债权抵股权转让款的一系列协议,该院认定科汇通公司以从南山区财政局受让的对南山投资公司1亿元债权冲抵了其购买南山投资公司持有的深南石油35.88%股权应支付的1亿元股权转让款对价。该股权转让也已于2001年3月19日得到了南山区国资委的批准。2003年7月20日,南山区财政局将其对南山中财公司剩余的财政借款转为了对南山中财公司的投资。南山投资公司与科汇通公司是否无偿转让深南石油35.88%股权即蒲公堂公司主张的"划转",应结合实际履行行为确定,仅以当事人在《转让协议书》中将股权转让称为"划转"的措辞,即认定股权转让没有支付对价,依据不足。

最后,关于蒲公堂公司的起诉是否超过了撤销权行使期间的问题。该院认为,《合同法》第75条规定,撤销权自债权人知道或者应当知道撤销事由之日起1年内行使。自债务人的行为发生之日起5年内没有行使撤销权的,该撤销权消灭。本案中,南山投资公司于2001年2月27日与科汇通公司签订《转让协议书》,将其持有的深南石油35.88%股权转让给科汇通公司。因南山投资公司系南山区人民政府设立的国有企业,其进行的股权转让行为应系国有资产管理部门南山区国资委批准时即2001年3月19日生效。蒲公堂公司于2006年3月20日向本院起诉,主张撤销该股权转让行为,但因其对南山投资公司的债权人主体资格自2006年5月26日始取得。因此,蒲公堂公司行使撤销权的时间应认定为2006年5月26日。此时,已经超过了法定的5年撤销权行使期间,撤销权消灭。《合同法》规定的撤销权的5年期限是不变期间,超过行使期限不仅消灭胜诉权,而且消灭起诉权。故对于蒲公堂公司的起诉,该院予以驳回。关于南山投资公司、科汇通公司答辩主张的债权人应自2001年4月6日股权工商变更登记起就知道或应当知道股权转让,撤销权从此起算的问题。2001年4月4日,深南石油依据《转让协议书》在深圳市工商行政管理部门办理了股权变更登记。工商登记具有公示功能,深南石油的债权人可以通过查询深南石油的工商变更登记,获知该信息。但是对于股权出让人南山投资公司而言,股权出让改变的仅是其资产形态,即股权变成了资金。退而言之,即使南山投资公司系无偿转让深南石油35.88%股权,减少的也仅是其资产。而公司资产形态的变化或减少,不属于需要办理工商变更登记的事项。南山投资公司的债权人并不能从其工商登记资料记载的事项知晓股权出让事宜。因此,南山投资公司、科汇通公司的该答辩主张不能成立。但其主张本案已经超过撤销权5年法定行使期间的答辩主张成立。至于蒲公堂公司提出的"在2005年12月受让债权时方得知债务人曾无偿转让财产,且没有超出无偿转让行为发生起5年的期限",对此,该院认为:债权转让只是债权主体的变更,因债权的性质所定的期间,对债权受让人自然适用,因此,依附于债权的撤销权,其行使期限不因债权主体的变更而延长;如因法定期间已过而消灭,则债权受让人也不能因受让行为重新取得已经消灭的撤销权。故虽然蒲公堂公司2005年12月受让债权时方得知南山投资公司转让股权的事实,但自债务人行为发生之日起至蒲公堂公司2006年5月26日行使撤销权,已经超过了5年的行使期间。故对蒲公堂公司的该主张,该院不予采信。依据《合同法》第74条、第75条、第80条第1款、第82条,《民事诉讼法》第108条第1款第1项之规定,该院裁定:驳回蒲公堂公司的起诉;案件受理费50元由蒲公堂公司负担;蒲公堂公司已向该院预交515510元,该院退回515460元给蒲公堂公司。

三、第二审程序

(一)蒲公堂公司的上诉

上诉人蒲公堂公司不服一审法院上述民事裁定,向二审法院提起上诉称:

1.一审裁定蒲公堂公司起诉超过撤销权行使期间,属于认定事实不清,适用法律不当。一审裁定认定自2001年3月19日起算本案撤销权期间,属于认定事实错误。南山区国资委2001年3月19日作出的《关于同意债权债务清偿的批复》仅仅是对其下属公司的内部文件,不能直接产生股权变更的效力;根据《公司法》和《公司登记管理条例》的规定,公司之间的股权转让自工商变更登记之日起生效,因此南山投资公司与科汇通公司之间的股权转让行为应从2001年4月6日即股权工商变更登记之日起生效,据此,本案撤销权期间的起算点应当是2001年4月6日。同时,一审裁定关于蒲公堂公司于2006年5月26日行使撤销权的认定,亦属于认定事实不清,适用法律错误。蒲公堂公司于2006年3月20日提起撤销权诉讼,而一审裁定否认通过诉讼的方式可以成立《合同法》第80条所规定的通知方式,根本违反了《合同法》的原则和精神,纵容了恶意债务人。蒲公堂公司行使撤销权的时间应当是通过本案诉讼方式通知债务人南山投资公司的日期,即2001年3月20日。

2. 一审裁定刻意模糊南山投资公司、科汇通公司证据的虚假性,淡化本案焦点问题。本案的焦点问题之一是"关于科汇通公司取得深南石油35.88%股权是否向南山投资公司支付了对价"。蒲公堂公司在一审庭审中对南山投资公司、科汇通公司向法院提交的《债务转让协议书》《债权债务清偿协议书》和《关于债权债务清偿的批复》等三份主要证据的真实性提出质疑,并明确要求一审法院进行司法鉴定。但一审裁定却作出蒲公堂公司没有异议的认定,严重偏袒对方,明显不公,应当撤销原审裁定。

3. 一审法院依据实体法律,采用裁定文书对实体权利义务关系问题作出判定,违反诉讼程序。本案民事裁定文书的法律依据限于程序性法律,主要解决民事案件的程序问题,而一审法院通过裁定方式驳回起诉,其实已经对实体权利义务关系的问题作出判定。此外,由于撤销权的期间问题为《合同法》所规定,因此撤销权的期间问题属于本案的实体权利义务问题。可见,一审法院运用裁定的方式解决本案,完全背离诉讼程序。

综上,请求二审法院依法撤销一审裁定,并判定南山投资公司和科汇通公司承担本案全部诉讼费用。

(二)南山投资公司、科汇通公司的答辩

被上诉人南山投资公司、科汇通公司分别进行了答辩。

(三)二审法院另查明的事实

二审法院另查明:本案所涉(2003)深中法执三审字第230号中国长城资产管理公司深圳办事处申请追加科汇通公司为被执行人案,深圳市中级人民法院

于2006年11月26日裁定撤销(2003)深中法执三审字第230号民事裁定书及(2003)深中法执一查字第436号之一民事裁定书。

教学指导手册

教学对象及目标

本案例供法律硕士案例教学使用,法学本科(大四)、民商法学硕士也可以参酌试用。

本案例主要就代理律师在民事诉讼(尤其是第二审程序)中从事的法律活动和债权人撤销权的行使进行讲授。具体要解决的问题包括:(1)原告代理律师接受委托后,应从事哪些法律活动,如何撰写民事起诉状;(2)被告代理律师接受委托后,应从事哪些法律活动,如何撰写民事答辩状;(3)在二审程序中,代理律师接受委托后,应从事哪些法律活动,如何撰写民事上诉状或答辩状;(4)债权人撤销权应如何行使;(5)以本案为例,提出如何处理具体民事诉讼案件的思路、分析步骤、事实认定与法律分析之间的基本框架。

教学内容

1.律师如何行使调查取证权?

向有关单位和个人调查、取证,是代理律师的一项诉讼权利,也是代理工作的一项重要内容。代理律师调查取证的目的有二:一是通过调查、取证,协助当事人履行举证责任,弥补委托方当事人向法院提供证据之不足;二是通过调查、取证,了解和熟悉案情,为发表代理意见奠定事实和证据基础。

代理律师调查、取证,侧重点在于收集和掌握有利于委托方当事人的事实与证据,但对于不利于委托方当事人的事实和证据也应予以足够的重视,这样能够形成正确的令人信服的代理意见,真正起到维护委托方当事人合法权益的目的。代理律师对于在调查中了解到的不利于委托方当事人的事实和证据,不应向法院提供,只可作为自己发表代理意见时的参考资料。

代理律师在调查、取证时,要坚持实事求是的原则,不得通过威胁、利诱、暗示等非法方法向知情人调查。对于收集到的实物证据,要注明出处、来源或提供者的姓名；对于证人口述案件事实的，要通过调查笔录的形式予以固定，调查笔录应当让被调查人签名。

2. 律师如何撰写民事起诉状、上诉状和答辩状等书状？

律师书状，既是律师工作的记录和总结，又是当事人权益的请求书和宣告书，因而是律师执业最为普遍和重要的活动成果，律师必须重视书状业务。律师在民事诉讼活动中，最为核心的内容之一，就是根据诉讼需要，撰写有分量的法律文书，包括民事起诉状、上诉状和答辩状等。撰写民事起诉状、上诉状和答辩状等书状的基本要求包括：(1)遵循格式，事项齐备；(2)主旨明确，取材精确；(3)叙事清楚，说理充分，法律分析要有权威的论理根据；(4)语言准确，句式规范；(5)修辞恰当，表述简练；(6)逻辑严密，结论正确。

3. 庭审中，律师应如何发挥代理职能？

庭审是律师参加全部诉讼活动的重心，是展现律师素质和风采的最重要平台。(1)律师在参与法庭调查时，事先要积极准备，全面而仔细地阅读卷宗，对各项证据材料要熟稔于心，查询相关法律、司法解释、指导案例等，拟定代理大纲。(2)注意依法行使申请回避权。(3)在庭审调查中，在己方举证时，围绕证明自己的主张举证；在对方举证时，倾听对方举证，对对方提出的证据要有明确的判断，围绕证据的客观性、关联性、合法性质证。(4)在法庭辩论中，应围绕争议焦点或者法庭调查的重点进行。从事实、证据、法律等不同方面进行分析，阐明观点，陈述理由，发表代理意见。(5)陈述最后意见时，用概括性的语言重申自己的主张。(6)必须认真核对庭审记录。(7)庭审中可以提交代理词，也可以在庭审后及时整理并向法庭提交代理词。(8)根据授权依法参与调解。(9)发言要遵守法庭纪律。

4. 债权人如何正确行使撤销权？

债权人撤销权又称“撤销诉权”或“废罢诉权”，是指当债务人所为的减少其财产的行为危害债权实现时，债权人为保全债权得请求法院予以撤销该行为的权利。债权人撤销权也为债权的保全方式之一，是为防止因债务人的责任财产减少而致债权不能实现的现象出现。因债权人撤销权的行使是撤销债务人与第三人间的行为，从而使债务人与第三人间已成立的法律关系被破坏，当然地涉及第三人。因此，债权人的撤销权也为债的关系对第三人效力的表现之一。

债权人的撤销权由债权人行使。凡于债务人为有害债权行为前有效成立的债权,债权人均可行使撤销权。因撤销权的行使于第三人有重大利害关系,因此,债权人的撤销权,须由债权人以自己的名义依诉讼方式为之。

债权人行使撤销权应以何人为被告,依对撤销权性质的认识不同而有不同。依折中说,债权人行使撤销权自应以债务人、与债务人为行为的相对人以及利益转得人为共同被告。因为行使撤销权既要求撤销债务人与相对人所为的行为,又要求受益人返还其所得利益。债权人行使撤销权的范围以债权人的债权额为限,因为行使撤销权的目的是为了保全债权。

债权人的撤销权如同其他撤销权一样,应有除斥期间。债权人自应于权利行使期间内行使,否则,除斥期间届满后,债权人的撤销权即消灭。《合同法》第75条规定:“撤销权自债权人知道或者应当知道撤销事由之日起一年内行使。自债务人的行为发生之日五年内没有行使撤销权的,该撤销权消灭。”其中1年与5年皆为除斥期间。

就本案而言,实体方面的核心问题在于:(1)蒲公堂公司是否具有行使撤销权的主体资格;(2)科汇通公司受让南山投资公司所持的深南石油35.88%股权是否支付了对价;(3)蒲公堂公司行使撤销权是否超过了法定期间。

5. 蒲公堂公司行使撤销权是否超过了法定期限?

关于蒲公堂公司行使撤销权是否超过法定期限问题,可谓本案当事人诉争较为激烈且富有较浓法理色彩的焦点问题。二审法院认为,该焦点问题应当进而分解为三个具体问题:第一,蒲公堂公司取得撤销权主体资格的时间;第二,蒲公堂公司行使撤销权的时间;第三,被撤销的债务人行为即南山投资公司向科汇通公司转让深南石油35.88%股权行为的生效时间。

首先,关于蒲公堂公司取得撤销权主体资格的时间问题。根据《合同法》第24条第1款关于“依法成立的合同,自成立时生效”之规定,本案中,第一联合公司与蒲公堂公司于2005年12月9日签订《债权转让协议》,转让本案所涉6笔债权;特别是2006年1月13日,北京市东城区人民法院(2006)东民初字第688号民事判决确认该《债权转让协议》合法有效,因此,债权转让合同应自2005年12月9日在合同双方当事人之间发生效力。蒲公堂公司自2005年12月9日成为该六笔债权的债权人,并应从该日起获得行使债权人撤销权的主体资格。至于该债权转让以及撤销权的行使是否对债务人产生法律效力,则属于《合同法》第80条第1款所规制的范畴,与蒲公堂公司是否具备债权人撤销权主体资格无关。故蒲公堂公司关于其与第一联合公司之间达成债权转让协议发生债权转移效果的主张成立,二审法院予以支持。一审法院关于蒲公堂公司具备行使债权人撤销权资格的认定正确,二审法院予以维持。

其次,关于蒲公堂公司行使撤销权的时间问题。《合同法》第 80 条第 1 款明确规定:“债权人转让权利的,应当通知债务人。未经通知,该转让对债务人不发生效力。”据此,在原债权人未通知债务人之前,该债权转让行为尚不能对债务人发生法律效力。因此,无论是蒲公堂公司以受让债权人身份向法院起诉债务人的诉讼行为,还是北京市东城区人民法院作出的(2006)东民初字第 688 号关于确认蒲公堂公司与前手债权人第一联合公司签订的《债权转让协议》合法有效的民事判决,都不能等同于债权出让人即第一联合公司履行了《合同法》第 80 条第 1 款所规定的债权转让通知义务。质言之,在本案原债权人第一联合公司未就所涉债权转让事宜通知债务人之前,债权转让尚未对债务人发生效力。蒲公堂公司虽然已经取得了行使撤销权的主体资格,但其行权条件尚未具备,尚不能发生对债务人的行权效力。在本案一审诉讼中,第一联合公司于 2006 年 5 月 27 日在《深圳商报》上刊登了关于债权转让的通知公告,通知南山投资公司及各保证人债权转让的事实。依据《合同法》第 80 条第 1 款的规定,本案所涉债权转让行为在 2006 年 5 月 27 日开始对债务人发生效力;同样,蒲公堂公司作为受让债权人向债务人南山投资公司行使撤销权的行为亦应在 2006 年 5 月 27 日发生效力。故蒲公堂公司关于其行使撤销权的时间应为通过本案诉讼方式通知债务人南山投资公司的时间即 2006 年 3 月 20 日的主张,于法于据,二审法院实难予以支持。

最后,关于被撤销的债务人行为即南山投资公司向科汇通公司转让深南石油 35.88% 股权行为生效时间问题。本案中,南山投资公司转让深南石油 35.88% 股权与科汇通公司之行为涉及三个日期:一是 2001 年 2 月 27 日即该股权《转让协议书》签订日期;二是 2001 年 3 月 19 日即深圳市南山区国资委批准股权转让的日期;三是 2001 年 4 月 6 日即工商管理部门办理该股权变更登记的日期。尽管依据《合同法》第 44 条第 1 款关于“依法成立的合同,自成立时生效”的规定,本案所涉南山投资公司转让深南石油 35.88% 股权与科汇通公司之行为应自 2001 年 2 月 27 日生效;但由于南山投资公司系国有企业,该国有资产的转让应经国有资产管理部门批准。根据《合同法》第 24 条第 2 款关于“法律、行政法规规定应当办理批准、登记等手续生效的,依照其规定”的规定,本案所涉股权转让行为应自办理批准、登记手续时生效。那么,本案所涉深南石油 35.88% 股权转让行为生效时间应当是深圳市南山区国资委批准转让之日即 2001 年 3 月 19 日,还是工商行政管理部门办理该股权变更登记的日期即 2001 年 4 月 6 日呢?二审法院认为,我国公司法并未明确规定股权转让合同是否以工商变更登记为生效条件。尽管《公司法》[2]第 33 条[3]规定“登记事项发生变更的,应当办理变更登记”,《公司登记管理条例》[4]第 35 条[5]规定“有限责任公司股东转让股权的,应当自转让股权之日起 30 日内申请变更登记”,但并不能从上述规定中得出工商登记是股权转让的效力要件。就股权转让行为的性质而言,股权转让实质上是在公司内部产生的一种民事法律关系,股权转让合同签订后是否办理工商变更登记,属于合同履行问题。就股权转让行为的外部效果而言,股权的工商变更登记仅为行政管理行为,该变更登记并非设权性登记,而是宣示性登记,旨在使公司有关登记事项具有公示效力。因此,是否进行工商变更登记对股权转让合同的效力问题不应产生影响,工商登记并非股权转让合同效力的评价标准。质言之,股权转让合同签订后,是否办理工商变更登记,不应导致股权转让行为是否生效或有效问题,仅应产生当事人的是否违约以及是否具备对抗第三人效力的问题。因此,二审法院认为,本案所涉深南石油 35.88%股权转让行为生效时间应当是 2001 年 3 与 19 日即深圳市南山区国资委批准转让之日。蒲公堂公司关于“债务人行为发生之日”应当是工商变更股权登记之日,即 2001 年 4 月 6 日,于法于据,二审法院不予支持。

综上一节,二审法院认为,蒲公堂公司取得撤销权主体资格的时间应为 2005 年 12 月 9 日;蒲公堂公司行使撤销权对债务人南山投资公司发生效力的时间应为 2006 年 5 月 27 日;南山投资公司转让深南石油 35.88%股权行为生效时间应为 2001 年 3 月 19 日。根据《合同法》第 75 条关于“撤销权自债权人知道或者应当知道撤销事由之日起一年内行使。自债务人的行为发生之日起五年内没有行使撤销权的,该撤销权消灭”之规定,蒲公堂公司未在法定期间内行使,故其撤销权已经消灭。蒲公堂公司关于其在撤销权行使期间内行使撤销权主张不能成立,二审法院难予支持。南山投资公司和科汇通公司关于蒲公堂公司提起撤销权之诉超过行权期限的主张有理,二审法院予以支持。原审法院关于蒲公堂公司行使债权人撤销权已经超过法定期间的认定正确,二审法院予以维持。

---

[2] 指 2005 年 10 月 27 日全国人民代表大会常务委员会修订的《公司法》。

[3] 现为全国人民代表大会常务委员会于 2013 年 12 月 28 日发布的《公司法》第 32 条。

[4] 指国务院于 2005 年 12 月 18 日公布的《公司登记管理条例》。

[5] 现为国务院于 2014 年 2 月 19 日修订公布的《公司登记管理条例》第 34 条。

6. 科汇通公司受让南山投资公司所持的深南石油35.88%股权是否支付了对价?

关于科汇通公司受让南山投资公司所持的35.88%股权是否支付了对价问题,是本案双方当事人在民事诉讼证据真实性方面存有较大争议的焦点问题。二审法院认为,对于该焦点问题,无论在一审还是在二审期间,南山投资公司和科汇通公司均提交了三份主要证据:

一是《转让协议书》,南山投资公司据此将其持有的深南石油35.88%的股权转让给科汇通公司。南山区国资委办公室以见证人的身份在转让协议书上加盖南山区国资委办公室印章。

二是《债权债务清偿协议书》,据此,南山区财政局报经国资委批准将对南山投资公司的1亿元债权转给科汇通公司;划转完成后,南山投资公司尚欠南山区财政局的1亿元债务结清,科汇通公司对南山投资公司享有1亿元债权;科汇通公司以其对南山投资公司的1亿元债权冲抵科汇通公司应向南山投资公司支付受让深南石油35.88%股权尚欠的1亿元股权转让款;该协议书经三方加盖公章,并经区国资委批准后生效。

三是深南国资委〔2001〕01号《关于同意债权债务清偿的批复》,南山区国资委向科汇通公司批复:"同意将区财政局对南山投资管理公司一亿元的债权划转给科汇通公司;同意使用所划转的1亿元债权冲抵你司收购南山投资公司持有的深南石油35.88%股权的收让款1亿元。"

本案现有的主要证据证明,南山投资公司与科汇通公司之间关于深南石油35.88%股权转让行为主要是依据上述三个合同、文件完成的,并已经办理工商变更登记。在一审期间,蒲公堂公司就深南国资委〔2001〕01号《关于同意债权债务清偿的批复》等证据真实性提出异议,并申请司法鉴定。对于蒲公堂公司的异议和申请,原审法院依职权向作出深南国资委〔2001〕01号《关于同意债权债务清偿的批复》的深圳市南山区国资委进行了调查,该委向一审法院出具了相关说明,确认科汇通公司受让南山投资公司持有的深南石油35.88%股权实际支付了1亿元对价。在二审期间,蒲公堂公司亦提出同样的意见并申请司法鉴定,二审法院合议庭经评议认为,证明科汇通受让深南石油35.88%股权实际支付1亿元对价的关键证据在形式上是深南国资委〔2001〕01号《关于同意债权债务清偿的批复》,但实质上是深圳市南山区国资委是否同意并批准该股权的转让。虽然本案出现了深南国资委〔2001〕01号文的重复编号问题,并由此导致对科汇通公司是否有偿受让深南石油35.88%股权的问题产生一定怀疑;但在本案一审审理期间,2006年11月21日,南山区国资委向一审法院出具了《关于深南国资委〔2001〕01 号文的情况说明》，解释了因客观和管理方面的原因导致在区国资委文件编号方面可能出现重复或错漏的现象；并承认其的确印发了深南国资委〔2001〕1 号《关于同意债权债务清偿的批复》，批准科汇通公司以 1 亿元债权冲抵其收购南山投资公司持有的 35.88% 股权受让款。尤其是，南山区国资委向一审法院出具的《关于南山投资公司转让深南石油 35.88% 股权给科汇通公司的情况说明》，明确地确认科汇通公司受让南山投资公司持有的深南石油 35.88% 股权，实际支付了 1 亿元对价。南山区财政局在一审期间也向原审法院出具《关于三份协议书的情况说明》和《关于南山中财公司财政借款的情况说明》，确认其签订的 2000 年 12 月 31 日《还款协议书》、2001 年 2 月 28 日《债务转让协议书》、2001 年 3 月 20 日《债权债务清偿协议书》真实有效。据此，二审法院认为，尽管因深南国资委〔2001〕01 号文的重号问题引发对科汇通公司是否有偿受让股权的怀疑，但南山区国资委在一审诉讼中出具的解释和说明以及南山区财政局出具的情况说明，在民事诉讼证据形式方面，已经排除了科汇通无偿受让股权的可能性。如果蒲公堂公司进一步对南山区国资委和南山区财政局的解释和说明的真意表示怀疑，即便对文件进行司法鉴定，也难以在本案的民事诉讼中予以解决。因此，二审法院认为，在南山区国资委已经向一审法院明确地确认科汇通公司受让南山区投资公司持有的深南石油 35.88% 股权中实际支付了 1 亿元对价的情况下，再对该委作出的深南国资委〔2001〕1 号《关于同意债权债务清偿的批复》文件本身的真实性进行司法鉴定，对于本案的民事诉讼而言，并无证据上的法律意义，因此，二审法院驳回蒲公堂公司关于申请相关司法的申请。此外，2003 年 9 月 22 日，深圳中院在执行长城资产深圳办与深圳市南山区商业贸易公司、南山投资公司借款合同纠纷一案过程中，裁定追加科汇通公司为被执行人。在科汇通公司不服而提出异议后，2004 年 7 月 20 日，深圳市中级人民法院作出〔2003〕深中法执三审字第 230 号民事裁定书，认定科汇通公司是从南山投资公司分立出去的企业，应对南山投资公司的债务承担连带责任，据此驳回了科汇通公司的执行异议。蒲公堂公司据此主张科汇通公司无偿取得了深南石油 35.88% 股权。科汇通公司不服裁定，向深圳市中级人民法院申请再审。2004 年 8 月 18 日，深圳市中级人民法院作出（2004）深中法审监执再字第 3 号民事裁定书，裁定对 230 号案进行再审。2006 年 11 月 26 日深圳市中级人民法院作出（2007）深中法执字第 93 号民事裁定书，裁定撤销（2003）深中法执三审字第 230 号民事裁定书及（2003）深中法执一查字第 436 号之一民事裁定书。蒲公堂公司在一审中依据 230 号案的原审执行裁定内容主张科汇通公司受让深南石油 35.88% 股权的证据效力已经丧失。

综上一节，二审法院认为，根据《转让协议书》《债权债务清偿协议书》《关于同意债权债务清偿的批复》《关于深南国资委〔2001〕01 号文的情况说明》《关于南山投资公司转让深南石油 35.88% 股权给科汇通公司的情况说明》，并结合(2003)深中法执三审字第 230 号民事裁定书被撤销的情形，可以认定南山投资公司和科汇通公司关于科汇通公司支付一亿元对价受让深南石油 35.88% 股权的抗辩成立。蒲公堂公司关于科汇通公司无偿受让南山投资持有的深南石油 35.88% 股权的主张，证据不足，二审法院不予支持。

7. 一审法院以裁定驳回蒲公堂公司的起诉是否妥当？并请说明理由。

关于原审法院以裁定驳回蒲公堂公司的起诉是否妥当的问题，涉及如何理解和认识债权人撤销权性质的纯粹法律问题。二审法院认为，债权人撤销权是一种兼具实体权利和程序权利双重性质的民事权利。根据最高人民法院《关于适用〈中华人民共和国合同法〉若干问题的解释(一)》第 8 条关于《合同法》第 75 条"规定的'五年'为不变期间，不适用诉讼时效中止、中断或者延长的规定"之规定，可以认为，债权人撤销权的五年行使期间在性质上类似于除斥期间，因此债权人撤销权属于一种实体权利，债权人未在法律规定的行权期间内行使，便发生消灭实体权利的效果。同时，债权人撤销权亦兼具程序权利的特点，即债权人须通过诉讼方式请求法院撤销债务人侵害债权的行为，故而债权人撤销权也是一种在法律规定期间内通过诉讼请求人民法院保护其权利的程序上的请求权，即债权人未在法律规定的期间内行使撤销权，便丧失通过诉讼程序获得救济的胜诉权乃至起诉权。因此，债权人未在法定期间内行使撤销权，既可消灭实体权利，亦可消灭程序权利。正是因为债权人撤销权兼具实体权利和程序权利双重性质，导致人民法院在审理债权人撤销权诉讼过程中，必然涉及实体和程序两个方面的不可分离的审查，也自然要综合适用实体法律和程序法律。结合本案现有的证据及其所证明的事实，二审法院认为，因蒲公堂公司未在法律规定的 5 年期间内行使撤销权，特别是在没有充分的证据证明南山投资公司与科汇通公司无偿转让深南石油 35.88% 股权的情形下，一审法院通过裁定方式驳回蒲公堂公司的起诉，并无明显不当。蒲公堂公司关于一审法院违反诉讼程序的主张，二审法院不予支持。

此外，通过对该案例的分析，要培养学生分析案例的法律推理能力。

课堂时间安排

本案例可以作为专门的案例教学课来进行,整个案例课的课堂安排6个课时,每课时45分钟。

如下课堂设计,仅供参考。

1. 课前计划:安排学生阅读案例及相关参考资料,对案例所涉及问题进行思考,撰写实践题答案。

2. 课中计划:(1)介绍教学目的,明确讨论主题;(2)分组讨论,回答各项思考题,讨论实践题的撰写要点;(3)小组代表提出撰写要点,学生讨论和分析;(4)教师归纳总结。

3. 课后计划:布置学生进一步思考代理律师在民事诉讼活动中的职能,以及如何发挥其职能。

思考题和实践题

1. 思考题

(1)蒲公堂公司应向哪一法院起诉?蒲公堂公司起诉时,应提供哪些材料?

(2)根据现行《民事诉讼法》,蒲公堂公司向法院起诉后,法院应如何处理?

(3)根据现行《民事诉讼法》,当事人起诉须符合哪些条件?本案是否符合民事诉讼立案的条件?

(4)根据现行《民事诉讼法》,如果本案符合立案条件,法院该怎么做?

(5)就本案而言,如果你是负责审理本案的法官,你可以依职权收集哪些证据材料?

(6)就本案而言,如果你是原告的代理律师,你可以向法院申请调取哪些证据材料?

(7)如果你是原告的代理律师,如何代理当事人提起上诉?

(8)假设你是蒲公堂公司的法律顾问,在该公司从第一联合公司受让债权的过程中,你应该如何提供法律服务?

(9)假设你是科汇通公司的法律顾问,在该公司从南山投资公司受让股权的过程中,你应该如何提供法律服务?

(10)如果你是二审中负责审理本案的法官,你如何归纳本案的争议焦点?

(11)根据现行民事诉讼法,如果你是法官,如何适用判决和裁定这两种裁判方式?

(12)如果你是负责审理本案的法官,如何判定南山投资公司与科汇通公司签订的《转让协议书》,南山区财政局与南山投资公司、科汇通公司签订的《债权债务清偿协议书》以及深南国资委〔2001〕01号《关于同意债权债务清偿的批复》这三份证据的真实性?

2. 实践题

(1)如果你是蒲公堂公司的代理律师,在准备起诉阶段和开庭审理前应该做哪些工作?请根据以上案情,编写工作计划。

(2)结合本案案情,为蒲公堂公司撰写民事起诉状。

(3)针对蒲公堂公司的起诉,为被告南山投资公司、科汇通公司撰写答辩状。

(4)结合本案案情以及一审法院的裁判结果,为蒲公堂公司撰写民事上诉状。

(5)结合本案案情、一审法院的裁判结果以及蒲公堂公司的上诉意见,为被上诉人南山投资公司、科汇通公司撰写答辩状。

(6)请根据以上案件信息,分析二审法院应如何裁判。

参考文献

1. 韩世远:《合同法总论》(第 3 版),法律出版社 2011 年版。
2. 崔建远:《合同法总论》(中卷),中国人民大学出版社 2012 年版。
3. 申卫星:《论债权人撤销权的构成——兼评我国〈合同法〉74 条》,载《法制与社会发展》2000 年第 2 期。

撰稿人 | 王小林,东北师范大学政法学院讲师

5 CASE 泰州市环保联合会诉江苏常隆农化有限公司等六公司环境污染损害赔偿案

| 摘　要 |

环境公益诉讼,“立案难、取证难、鉴定难、胜诉难”几乎是众口定调。2014 年泰州市环保联合会诉江苏常隆农化有限公司等六公司环境污染损害赔偿案,因其 1.6 亿元的天价赔偿成为迄今为止全国环保公益诉讼中赔付额最高的案件,同时该案通过赋予环保社会组织公益诉讼原告资格、环境案件专业化审判、吸收公众参与环境修复等多种创新审判方式,成为我国环境公益诉讼史上里程碑式的破局,并将对未来我国环境公益诉讼案件有重要指导意义。本案例研究通过介绍环境公益诉讼中的特殊审理要求,对环境公益诉讼原告资格、举证责任、环境案件修复费用的认定等内容进行讨论。通过对案例的学习,总结环境公益诉讼中存在的问题并提出解决方案,使学生对我国现存环境公益诉讼制度相关理论和实践问题有更为深刻的把握。

| 关键词 |

环境公益诉讼　原告资格　举证责任倒置　环境案件专业化审判

| 教学目标 |

本案例借助实践中发生的环境公益诉讼案例,重点介绍了当前我国环境公益诉讼的法律规定、审理的专业化要求等方面与其他民事诉讼的不同之处。通过学生对案例的阅读、分析,结合授课教师的指导,使学生主要把握四个方面的内容:(1)什么是环境公益诉讼?环境公益诉讼与传统诉讼相比,具有哪些特征?(2)环境公益诉讼原告需具备哪些条件?(3)环境污染民事责任的构成要件与一般民事责任构成要件有哪些不同?(4)在环境案件审判过程中,如何应对环境问题的专业性、技术性要求?

教学案例主文

一、引言

水资源是人类生产生活的关键资源，水生态环境恶化将严重影响人类生存和社会发展，珍惜水资源、保护水生态环境是所有单位和个人的社会责任和法律责任。按照《环境保护法》“谁污染、谁治理”的基本原则，企业对于其生产中产生的可能污染环境的废物，有责任进行无害化处理，防止污染环境。江苏常隆农化有限公司等六公司环境污染损害赔偿案中，六被告赔偿污染修复费用1.6亿元是环境领域的第一天价民事赔偿，而该案在审理过程中邀请江苏省环境资源司法保护专家库的专家参与审判，环境司法保护联动机制密切协作，引导公众参与环境修复决策活动等做法也使该案成为环境公益诉讼进程中里程碑式的案例。该案作为环境公益诉讼中的典型案例，为课堂教学提供了生动教材，更是反思我国现行环境公益诉讼制度与实践的重要素材。

二、基本案情

原告：泰州市环保联合会

被告：江苏常隆农化有限公司、锦汇公司、富安公司、施美康公司、申龙公司、臻庆公司

江苏常隆农化有限公司、锦汇公司、富安公司、施美康公司、申龙公司、臻庆公司系在泰兴市经济开发区内从事化工产品生产的企业，在化工产品生产过程中产生副产盐酸，对羟基苯甲醚催化剂废硫酸，盐酸、丁酸、二氧化硫、氯乙酰氯、氨基油尾气吸收液。2012年1月至2013年2月间，常隆农化有限公司等六公司违反国家环境保护法律和危险废物管理规定，将其生产过程中产生危险废物——废盐酸、废硫酸，以支付每吨20～100元不等的价格，交给无危险废物处理资质的主体泰州市江中化工有限公司、祥峰公司、鑫源公司、全慧公司（所涉人员戴卫国、蒋巧红、曹海锋、王长明、丁劲光等人因环境污染罪已被泰兴市人民法院一审判处刑罚和罚金）处置，后者违反国家规定，将从上述化工企业收集的2.5万多吨危险废物，通过车载或船运方式运输并倾倒至长江泰兴市境内的如泰运河、泰州市高港区古马干河内，致使上述地段水体严重污染。2012年12月19日，江苏卫视公共频道曝光泰兴疯狂槽罐车工业废酸偷排长江连续多年，引起巨大社会反响，被称为“12·19环境污染事件”。

原告泰州市环保联合会诉称,本案中副产盐酸虽然符合我国化学工业产品的标准并可以销售,但在其未能销售出去而被抛弃时,由于其具有强烈的腐蚀性,属于国家规定的危险废物。《固体废物污染环境防治法》第57条第3款规定:"禁止将危险废物提供或委托给无经营许可证的单位从事收集、贮存、利用、处置的经营活动。"第85条规定:"造成固体废物污染环境的,应当排除危害,依法赔偿损失,并采取措施恢复环境原状。"本案被告江苏常隆农化有限公司、锦汇公司、富安公司、施美康公司、申龙公司、臻庆公司违反国家环境保护法律和危险废物管理规定,将其生产过程中产生危险废物——废盐酸、废硫酸,以支付每吨20~100元不等的价格,交给无危险废物处理资质的主体处置,后者将收集到的危险废物偷排于泰兴市如泰运河、泰州市高港区古马干河中,导致水体严重污染,造成重大环境损害,需要进行污染修复。请求判令六被告赔偿污染修复费用用于环境修复,并担本案的鉴定评估费用、诉讼费。

被告江苏常隆农化有限公司等六公司辩称,其与江中公司、祥峰公司、鑫源公司、全慧公司之间签订了副产盐酸买卖合同,是合法买卖,与泰兴市如泰运河、泰州市高港区古马干河环境污染没有因果关系。

三、主要证据

1. 江苏省环境监测中心测定结论:废盐酸、废硫酸尾气吸收液腐蚀性pH值均小于1;

2. 江苏省环境科学学会评估结论:废盐酸、废硫酸尾气吸收液pH值小于2.0,均属于国家危险废物名录中的废物;

3. 戴卫国、蒋巧红、曹海锋、王长明、丁劲光等人的供述;

4. 常隆公司、锦汇公司、申龙公司、施美康公司、臻庆公司工作人员的陈述;

5. 江苏常隆农化有限公司等六公司与江中公司、祥峰公司、鑫源公司、全慧公司之间签订的副产盐酸买卖合同。

四、本案争议焦点

本案虽然是一起普通的非法处置危险废物而导致环境污染责任纠纷的公益诉讼案件,但却是江苏乃至全国目前诉讼标的额最大的环境污染公益诉讼案件,涉及被告人数多,法律关系复杂,同时法院在审理本案中尝试的相关法律实践问题,非常具有代表性。本案争议的焦点如下:

(一)泰州市环保联合会是否能作为本案的原告?

诉讼中的原告是指具有原告资格的主体为维护自己的合法权益向人民法院提起诉讼,从而开启诉讼程序的人。我国《民事诉讼法》第 119 条规定的民事诉讼起诉条件:"(一)原告是与本案有直接利害关系的公民、法人和其他组织;(二)有明确的被告;(三)有具体的诉讼请求和事实、理由;(四)属于人民法院受理民事诉讼的范围和受诉人民法院管辖。"只有在这四个条件同时具备的情况下,人民法院才会受理该案件,起诉人才取得原告地位。可见,只有自己的合法权益受到违法侵害,也就是直接利害关系人,才具备起诉资格,这种标准被称为"直接利害关系原则"。该原则的出发点是:救济是与权利相关联的,因此只有那些自身权利受到威胁的人才有资格获得救济,其余任何人在法律面前都没有这种必要的资格。"直接利害关系原则"在避免公民滥用诉权、浪费司法资源方面起到很大的作用。但它只关注了个体利益的救济,忽视了公共利益的存在,使公共利益陷入了司法救济缺失的危机中。尤其是在环境侵权中,有时侵权行为仅对环境造成损害,但是因为没有直接的受害人,依据《民事诉讼法》的规定不能提起诉讼,由此导致环境违法行为得不到法律制裁,环境公共权利也得不到法律保护。

随着社会经济发展变化,各种侵害公共利益的情况越来越多,表现突出的在于环境污染、生态破坏,侵害消费者权益等情况。现代诉讼法允许诉权的实体内涵和程序内涵在特定情况下分离,即赋予非实体争议的第三人以程序内涵的诉权来维护实体争议主体的权益,从而扩大诉讼主体范围,加大保护社会公共利益的强度。同时,为了防止诉讼权的滥用,将诉的利益作为诉讼实施权(当事人适格)的基础,即只要当事人存在通过诉讼获得一定的利益,从而有司法保护的必要性时,法院均应许可该当事人作为正当当事人进行诉讼。换言之,任何提交司法机构要求予以审判的民事纠纷都必须具有一种获得本案司法裁判的必要性,对于这种必要性,大陆法系民事诉讼理论冠之以"诉的利益"。如法谚云:"利益是衡量诉权的尺度,无利益者无诉权。"所谓诉的利益,"乃原告谋求判决时的利益,即诉讼追行利益。这种诉讼追行利益与成为诉讼对象的权利或者作为法律内容的实体性利益以及原告的胜诉利益是有区别的,它是原告所主张的利益(原告认为这种利益存在而作出主张)面临危险和不安时,为了消除这种危险和不安而诉诸法的手段即诉讼,从而谋求判决的利益及必要,这种利益由于原告主张的实体利益现实地陷入危险和不安时才得以产生。"诉的利益的存在并不以起诉者享有法律预先设定的权利为前提,所以,诉权建立在利益的基础上而不是建立在权利的基础上。也就是说,并不要求起诉者在主张时有实体法的权利规定，只要法院在起诉时承认起诉者有诉的利益，起诉者就被认为是当事人。与传统理论相比，这显然大大扩张了当事人适格的基础。在这一理论的基础上，2012年修订的《民事诉讼法》第55条规定，对污染环境、侵害众多消费者合法权益等损害社会公共利益的行为，法律规定的机关和有关组织可以向人民法院提起诉讼。这条规定意味着由于自然人、法人或其他组织的违法行为或不作为，使环境公共利益遭受侵害或即将遭受侵害时，法律允许其他的法人或社会团体为维护公共利益而向人民法院提起的诉讼。2014年修订《环境保护法》第58条允许社会组织作为原告对违法企业或地方政府提起环境公益诉讼。

本案泰兴市如泰运河、泰州市高港区古马干河水体严重污染，造成重大环境损害的事件中，不存在明显的因为此水体污染人身健康受损、财产受损的情况，也就是说没有直接的受害者，但是环境这个公共物品的质量受到严重损害，即环境公共利益受到严重损害。泰州市环保联合会作为正式成立的环保社会组织，当它认为环境公共利益受到损害时，有权作为原告向法院提起环境公益诉讼。

（二）六被告的行为危险固体废物的行为是否构成环境污染侵权？

一般民事侵权行为的构成要件通常采用四要件说，即行为违法、存在损害事实、违法行为与损害事实之间有因果关系、主观上有过错。由于环境问题的特殊性，导致环境污染民事责任的构成要件与一般民事责任构成要件上具有明显的不同，只要具有环境损害事实并且排污行为与损害事实之间具有因果关系就可以构成环境污染侵权。

本案六被告倾倒至如泰运河、古马干河中的副产品盐酸、废酸的数量，均有相关书证、证人证言证实。总数达25349.47吨的副产盐酸、废酸倾倒入河流中，对水生态环境产生的严重危害是无可争议的事实。

关键问题是六被告处置危险固体废物的行为与该损害事实之间是否存在因果关系。在本案审理过程中，江苏省泰州市中级人民法院认真审查了六被告与泰州市江中化工有限公司等公司签订的副产盐酸买卖合同，发现在这些1元/吨的买卖合同中，常隆公司每吨副产盐酸贴补江中公司45元、祥峰公司40元，锦汇公司每吨副产盐酸贴补江中公司20元的行为可以证实其处置副产盐酸的真实目的。施美康公司、申龙公司、富安公司、臻庆公司亦是以贴补一定款项的情况下直接将副产盐酸、废酸交给江中公司、祥峰公司、鑫源公司、全慧公司处置。戴卫国、蒋巧红、曹海锋、王长明、丁劲光等人的供述，常隆公司、锦汇公司、申龙公司、施美康公司、臻庆公司工作人员的陈述，均证实了六被告具有处置副产盐酸、废酸的主观故意。六被告对这些副产盐酸、废酸既未自行处置，也未送交有处置资质的单位处置，而是将其交给无处置资质和能力的江中公司等四公司处置，并且六被告支付的款项远不足以支付正常无害化处理上述危险废物的费用，导致大量副产盐酸、废酸被倾倒至如泰运河、古马干河，造成如泰运河、古马干河和周围水域严重污染。六被告主观上具有非法处置危险废物的故意，客观上造成了环境严重污染的结果，应该承担对污染环境修复的赔偿责任。六被告辩称的"其与江中公司、祥峰公司、鑫源公司、全慧公司之间是合法买卖，与环境污染没有因果关系"的理由，不能成立。被告具有非法处置副产盐酸、废酸的故意，并在客观上导致了环境污染损害的发生。被告的行为与环境污染损害有法律上的因果关系，应当承担环境修复费用的赔偿责任。

（三）环境污染修复费用如何计算？

本案六被告倾倒至如泰运河、古马干河中总数达 25349.47 吨的副产盐酸、废酸等危险废物对水生态环境产生的严重危害是无可争议的事实。这种损害是对环境本身的损害，而不是我们传统民法意义上的人身、私有财产和非财产性损害如精神损害。自然因素被污染损害而导致的生态环境恶化，生物群落及非生物因素组成的各种生态系统被破坏，也会间接地、潜在地、长远地影响着人类生活环境，也是构成侵权损失的重要一节。对于地区生态环境而言，存在修复的必要。但是，传统民法对于损害的范围是有一定限定的，"损害是指因故意和过失行为造成的权利和利益的不利益状态，包括了对各种权利和利益的侵害所造成的后果"。大体上包括人身、私有财产和非财产性损害如精神损害。而且，要成为承担民事责任构成要件的损害必须具备如下条件：第一，损害的可补救性。损害在本质上是对权利和利益侵害所产生的后果，而对权利和利益的侵害，必须达到一定程度，才能被视为可补救的损害。第二，损害的确定性。这意味着损害事实是一个确定的事实，而不是臆想的、虚构的、尚未发生的现象。由于环境侵害状态具有间接性、继续性、反复性、广阔性、累计性以及损害结果的潜伏性、滞后性等特点，只有当环境已经遭到严重损害时才能够表现出来可补救的损害要求的"达到一定程度"，同时因为环境侵害的上述特点导致了加害原因与行为侵害过程、损害程度、损害内容之间关系的不确定性。再加上"原因行为自身往往具有高度的科技性，更增加了该困难的程度"。所以本案最大的一个难点还是本案环境污染修复费用如何计算？

在本案审理过程中，为了对六被告污染环境行为造成的损害后果进行专业性认定，法院邀请江苏省环境资源司法保护专家库专家、东南大学吕锡武教授作为专家辅助人对案件所涉及的环境科学问题作出专业评判。在此基础上依据环境保护部《关于开展环境污染损害鉴定评估工作的若干意见》(环发〔2011〕60号)附件《环境污染损害数额计算推荐方法》(该规定是我国环境保护专业部门制定的专业性技术规范,可以作为本案环境污染修复费用的计算依据)第4.5条的规定,即关于污染修复费用难于计算的情况下,地表水污染修复费用采用虚拟治理成本法计算的原则为,Ⅲ类地表水的污染修复费用为虚拟治理成本的4.5~6倍,由此核定本案的环境修复费用应为160666745.11元。可见,在计算环境污染修复费用的时候,本案将生态环境的损害纳入案件审查范围。法院委托专业鉴定机构,将生态环境的损害纳入鉴定范围,并最终以判决的方式,要求侵权人承担。

为了让六被告及参加庭审旁听的公众更清楚地了解环境损害的严重性以及环境修复的高难度,本案开庭审理时,在鉴定人出庭作证的基础上,法庭首次聘请了江苏省环境资源司法保护专家库中专家吕锡武教授作为专家辅助人出庭,对损害后果的鉴定报告进行认证和接受咨询,同时向参加法庭旁听人员及六被告就环境危害的后果进行了阐述。审理法院力图通过追究源头企业的1.6亿多元的环境修复费用赔偿责任,从根本上解决“违法成本低,守法成本高”的突出问题,促使企业改变以牺牲环境为代价的经济增长方式。

(四)如何保证本案判决内容——生态环境修复的执行?

环境司法审判执行难是环境司法的困境之一,这主要是因为环境案件的败诉方,往往是当地的纳税大户,判决的执行往往涉及当地财税收入、企业职工安置等敏感问题,法院如果强制执行判决往往容易引发新的冲突,因此实践中很多法院都不愿意受理环境纠纷案件。针对这一现实问题,在本案审判过程中,法院加强了与环境保护机关、人民检察院、社会公众等的沟通交流,主动到受污染当地,了解群众感受。对泰兴地区水环境修复,泰州市环保联合会已委托江苏交通科学研究院拟定环境和生态修复方案,提前在当地公示,并在指定日期及时间以调查问卷的形式接受群众参与反馈意见。公众接受度高的方案才作为合议庭判定损失的重要参考,并在最终裁决中以损害赔偿的方式予以体现。实践表明,群众对于参与表达其对环境利益主张的积极性非常高,在法院公示指定时间主动到场参与填写调查问卷的超过百人。而因为法院通过主动将信息公开,合理接受反馈意见的方式,公众对于法院判决执行以及后续实际治理工作也会高度配合。在环境修复实施过程中,主管部门将成立专门的环境修复监督组织,邀请群众代表参与,全程监督执行财产的支付和环境修复工程的实施。所以引导公众参与环境修复决策与实施活动是本案审理的一大特点。

五、裁判

江苏省泰州市中级人民法院依照《侵权责任法》第 65 条、《固体废物污染环境防治法》第 85 条的规定，作出判决：

1. 被告江苏常隆农化有限公司、泰兴锦汇化工有限公司、江苏施美康药业股份有限公司、泰兴市申龙化工有限公司、泰兴市富安化工有限公司、泰兴市臻庆化工有限公司在本判决生效后 9 个月内分别赔偿环境修复费用人民币 82701756.8 元、41014333.18 元、8463042 元、26455307.56 元、1705189.32 元、327116.25 元，合计 160666745.11 元，用于泰兴地区的环境修复。

2. 被告江苏常隆农化有限公司、泰兴锦汇化工有限公司、江苏施美康药业股份有限公司、泰兴市申龙化工有限公司、泰兴市富安化工有限公司、泰兴市臻庆化工有限公司承担鉴定评估费用 10 万元，其中：江苏常隆农化有限公司给付 51473.5 元，泰兴锦汇化工有限公司给付 25527.5 元，江苏施美康药业股份有限公司给付 5267.5 元，泰兴市申龙化工有限公司给付 16466 元，泰兴市富安化工有限公司给付 1061.5 元，泰兴市臻庆化工有限公司给付 204 元。

教学指导手册

教学目标

本案例借助实践中发生的环境公益诉讼案例，重点介绍了当前我国环境公益诉讼的法律规定、审理的专业化要求等方面与其他民事诉讼的不同之处。通过学生对案例的阅读、分析，结合授课教师的指导，使学生对环境公益诉讼的特点以及各个诉讼参与人在诉讼过程中承担的工作任务和工作内容有较为熟悉的把握，从而对环境公益诉讼这一特殊的程序有更为深刻的理解；同时，以案例的讲授作为切入，引出环境公益诉讼中存在的相关理论问题（如环境公益诉讼的原告资格问题、环境公益诉讼的专业化审判问题等），并对之进行思考和检讨，为学生进一步学习提供方向。

■ 教学内容

1. 环境公益诉讼是学界讨论和司法实务的热点问题

学界普遍认为环境公益诉讼，乃"民众参与"与"司法监督"之力量，以达到环境保护目标之诉讼制度，值得重视与推展。在国家立法缺乏明确规定的情况下，贵阳市及其所属清镇市法院积极探索，自 2007 年 11 月 20 日正式成立环境法庭，受理和裁判环境公益诉讼案件，并注重环境公益诉讼的制度建设。那么，什么是环境公益诉讼？

长期以来，在我国的环保领域存在一个怪现象，一方面，环境污染现象和事件日益增多，受到社会的广泛关注；另一方面，虽然社会公共利益遭到严重损害，却普遍存在无人起诉、无人去追究责任的问题，致使环境污染者逃脱了应有的法律制裁，国家和社会利益遭受重大损失。例如，某个企业的排污行为造成环境污染，直接的污染受害人可以就其个人遭受的损害提起赔偿损失等民事诉讼，但是如果该污染仅仅造成环境本身的损害而没有直接利害关系人时，由谁来提起诉讼呢？环境保护部发布的《全国环境统计公报》表明，截至 2008 年年底，涉及环境的来信数量已达 8 万封左右，来访数量约 7 万批。而当年全国法院一审环境污染损害赔偿案件为 1509 件。另据不完全统计，目前我国每年的环保纠纷案件有 10 多万件，但起诉到各级法院的不足 1%。即使在利益关系比较明确的环境案件中，法律维权之路也不大好走。据中国政法大学污染受害者法律帮助中心的统计，其办理的环境案件中，超过 30% 的起诉长期不被受理，约 25% 的案件污染受害者败诉，部分虽然胜诉但得不到有效执行，污染受害者胜诉且被执行的案件约占三分之一。在环境案例中，通过法律维权，要面临原告资格认定以及鉴定举证等难题，对普通公民和民间组织来说，事实上是艰难的。

近年来，在各方面的推动下，建立环境公益诉讼制度逐步形成了社会共识，特别是全国"两会"代表、专家学者、环保组织持续不断地呼吁，环保部门大力推动，司法机关大胆实践，环境公益诉讼取得积极效果。2005 年 12 月 3 日，国务院发布的《关于落实科学发展观加强环境保护的决定》指出，"健全社会监督机制，发挥社会团体的作用，鼓励检举和揭发各种环境违法行为，推动环境公益诉讼"。显而易见，最高行政机关明确鼓励"社会团体"提起环境公益诉讼。2010 年 6 月 29 日，最高人民法院印发的《关于为加快经济发展方式转变提供司法保障和服务的若干意见》提出，"依法受理环境保护行政部门代表国家提起的环境污染损害赔偿纠纷案件，严厉打击一切破坏环境的行为"。由此可见，最高司法机关明确认可"环保行政部门"可以提起环境公益诉讼。2012 年修订的《民事诉讼法》第 55 条规定,对污染环境、侵害众多消费者合法权益等损害社会公共利益的行为,法律规定的机关和有关组织可以向人民法院提起诉讼。这条规定意味着由于自然人、法人或其他组织的违法行为或不作为,使环境公共利益遭受侵害或即将遭受侵害时,法律允许其他的法人或社会团体为维护公共利益而向人民法院提起的诉讼。2014 年修订《环境保护法》第 58 条明确规定,对污染环境、破坏生态,损害社会公共利益的行为允许符合条件的社会组织提起环境公益诉讼。

环境公益诉讼在美国被称为公民诉讼,它是指公民可以依法就企业违反法定环境保护义务、污染环境的行为或主管机关没有履行法定职责的行为提起诉讼。在日本被称为"公害审判",或"环境保护诉讼",还有"公害审判与环境保护诉讼";在我国台湾地区,"行政诉讼法"规定:"人民为维护公益,就无关自己权利及法律上利益之事项,对于行政机关之违法行为,得提起行政诉讼。但以法律有特别规定者为限"。而其目前只有"空气污染防治法"第 74 条及"废弃物清理法"第 34 条有此规定。所以在台湾地区,环境公益诉讼乃为环境行政诉讼之一种。我国的环境公益诉讼应该是指由于行政机关或其他公共权力机构、法人或其他组织及个人的违法行为或不行为,使环境公共利益遭受侵害或存在侵害可能时,公民或环保团体为维护环境公共利益而向法院提起民事或行政诉讼,以追究违法者法律责任,维护社会公共利益的诉讼。环境公益诉讼同传统公益诉讼相比有以下特征:

第一,环境公益诉讼主体资格的扩展性。环境公共利益的共同性特征和自然人独立享受性,决定了环境公益诉讼原告主体具有广泛性。传统诉讼要求原告须与案件的诉讼请求有直接的利害关系,将原告主体限定为直接利害关系人。而环境公益诉讼不要求原告与案件有直接的利害关系,即原告可以是直接受害人,也可以是无直接利害关系的国家机关、社会团体和公民。为了更好地保护我们人类赖以生存的环境,法律势必打破"直接利害关系人"理论,放开对环境公益诉讼起诉主体资格的限制,让环境公益诉讼成为公民及社会团体参与环境决策、环境保护实践的一个重要方式。

第二,诉讼的目的往往不是为了个案救济,而是为了维护社会公共环境利益,而由于环境的共同性导致这种利益对公众非常重要。

第三,诉讼的功能具有明显的预防性质,因为诉讼的提起不以发生实质性的损害为要件,即对公益的侵害不需要现实地发生,只要根据有关的情况合理地判断其具有发生侵害的可能性即可提起诉讼。同时,环境公益诉讼的请求内容不仅针对已发生的事件采取救济措施，还通过禁止令等，防止或减轻未来环境公益损害结果的发生。

第四，环境公益诉讼"以公益的促进为建制的目的与诉讼的要件，诉讼实际的实施者虽或因主张其与系争事件有相当的利益关联，但诉讼的实际目的往往不是为了个案的救济，而是督促政府或受管制者积极采取某些促进公益的法定作为，判决的效力亦未必局限于诉讼的当事人。"而传统的环境民事侵权诉讼主要解决污染受害者的人身和财产损害问题，赔偿受害者因环境污染遭受的损失，旨在保障民事主体的人身和财产权益，其判决也仅对当事人双方产生约束力。所以说，环境公益诉讼不只是处理该纠纷本身，对纠纷涉及的环境社会问题也将划入诉讼结果的影响范围，可谓一箭双雕。

2. 环境公益诉讼中的原告资格

古罗马法谚"没有原告就没有法官"道出了原告在诉讼程序中的作用。但并非任何人都可以成为任何诉讼程序的原告，环境公益诉讼中的原告资格问题历来就是该类案件的审判难点。根据我国现有法律法规的规定以及实践中的做法，有权提起环境公益诉讼的主体主要有哪些？

近年来，环境公益诉讼在全国冰封，即使有半官方背景的中华环保联合会，其在2013年提起的8起环境公益诉讼，全被拒绝受理。这是受我国《民事诉讼法》第108条"原告是与本案有直接利害关系的公民、法人和其他组织"的规定影响，法院以"直接利害关系原则"作为受案标准，认为只有当事人的人身或财产权益等方面的法定权利直接受到违法侵害时，才具备起诉资格。显然，这种对诉讼原告资格的严格限制是与环境保护要求相矛盾的，它造成了我国环境公益诉讼启动主体的缺位，严重阻碍我国环境公益诉讼的发展。经过近几年法律法规的修改完善，根据我国现有确定环境公益诉讼原告资格的法律依据，有权提起环境公益诉讼的主体主要表现为以下三种：

(1)环境行政机关

对于环境行政机关是否有权提起环境公益诉讼的问题，我国个别单项环保法律早在20世纪90年代末已开始探索突破。1999年修订的《海洋环境保护法》第90条规定："对破坏海洋生态、海洋水产资源、海洋保护区，给国家造成重大损失的，由依照本法规定行使海洋环境监督管理权的部门代表国家对责任者提出损害赔偿要求。"据此，"依照法律行使海洋环境监管权的部门"，可以提起海洋环境公益诉讼。根据《海洋环保法》的规定，这些部门具体包括五个部门，即所谓"五龙闹海"：国务院环保部门、国家海洋部门、国家海事部门、国家渔业部门、军队环保部门,此外还有沿海地方政府行使海洋环境监管权的部门。2010年,最高人民法院《关于为加快经济发展方式转变提供司法保障和服务的若干意见》首次明确环保行政部门可作为原告方,代表国家起诉索赔。由环保行政主管部门作为原告提起环境公益诉讼主要是因为环保行政管理部门熟悉、了解环境污染,在取证方面具有更加专业的知识、设备和手段,由环保部门进行环境公益诉讼,可以节约司法成本,提高司法效率。

(2)检察机关

早在1997年《刑法》修订完以后,为了制裁破坏环境资源的行为,有些地方检察院就开始提起环境民事公诉,只不过是以刑事附带民事诉讼的形式提起的。例如,1998年山西运城市检察院在针对天马造纸厂厂长杨军武重大环境污染行为提起刑事公诉的同时,就公众饮用水源遭受污染附带提起民事公诉。除此之外,检察院还以支持起诉的形式参与环境公益诉讼,如2009年的广东省佛山市首例环境公益诉讼案和2010年的云南省首例环境公益诉讼案中,检察院就参与了诉讼的整个过程,并以支持起诉的方式成功追究了排污企业的污染损害民事责任。截至目前,全国各地检察院已提起和参与了数百例环境公益诉讼案件,这些有益的探索为检察机关提起环境公益诉讼积累了丰富的实践经验。

从我国现实国情和法理基础出发,检察机关作为环境公益诉讼原告既具合法性也具合理性,理由如下:首先,检察机关是国家的代表者,公共利益的代表者,"最高法律秩序和道德秩序的代表者",无疑最能代表国家、公共利益参与具有公益性质的诉讼,从而保护公共利益不受侵犯,环境公益诉讼就是其中最典型的公益诉讼。其次,根据我国《宪法》第131条的规定,"人民检察院依照法律规定独立行使检察权,不受行政机关、社会团体和个人的干涉",检察机关是专门行使检察权的机构。而我国检察权是一种复合型的权力,除了法律监督权,还包含以公益为基础的公诉权,即检察机关代表国家对涉及国家利益和社会公共利益的违法行为提起控诉并出庭支持其主张的权能。所以当环境公共利益遭受侵害时,检察机关当然有权通过提起环境公益诉讼的方式来保护它,这是检察机关代表国家利益和社会公共利益行使公诉职能的具体表现。2014年10月公布的党的十八届四中全会公报也明确提出探索建立检察机关提起公益诉讼制度。可见,检察机关作为环境公共利益的代表之一,为维护环境公共利益,以原告身份提起环境公益诉讼已是一种必然趋势。

(3)社会组织

2014年修订的《环境保护法》第58条允许社会组织作为原告对违法企业或地方政府提起环境公益诉讼。与公民个人参与环境保护相比,环保社会组织参与具有相对优势。其一,公益性优势。环保社会组织一般可以基于设立团体的宗旨,维护公共环境利益。其二,专业性优势。环保社会组织基于对环境保护事务的了解与熟悉,在参与法律实施方面更加专业。其三,团体性优势。以组织形式介入更能产生强大效应,其影响范围更大。环保组织必将成为环境公益诉讼的主力军。2008 年《中国环保民间组织发展状况报告》显示,全国现有经过正式登记注册的各类环保民间组织 3539 个。比较活跃的环保民间组织,有中华环保联合会、自然之友、地球村等,如中华环保联合会目前每年提起 10 起左右环境公益诉讼案件。

但是,“社会组织”的具体名称林林总总,如社会团体、民间组织、民间机构、公民组织、非盈利组织、非政府组织等。根据我国民政主管部门的分类,社会组织包括民办非企业单位、基金会、社会团体三大类。截至 2011 年年底,全国登记在册的各类社会组织共有 45.7 万个,其中,社会团体 25.3 万个,民办非企业单位 20.2 万个,基金会 2510 个。可见,社会组织包含社会团体,社会团体是社会组织的主要组成部分,但并非其全部。所以,2014 年修订的《环境保护法》第 58 条规定只有符合下列条件的社会组织才可以向人民法院提起诉讼:依法在设区的市级以上人民政府民政部门登记;专门从事环境保护公益活动连续 5 年以上且无违法记录。

3. 环境污染民事责任的构成要件

一般民事侵权行为的构成要件通常采用四要件说,即行为违法、存在损害事实、违法行为与损害事实之间有因果关系、主观上有过错。由于环境问题的特殊性,环境污染民事责任的构成要件与一般民事责任构成要件具有明显的不同,具体表现在哪些方面?

(1)有排污行为,但不以行为的违法性为要件。

根据我国《民法通则》第 124 条的规定,环境污染侵权须以“违反国家保护环境防止污染的规定”为前提,这说明《民法通则》认为环境侵权民事责任的承担是以环境侵权行为人行为的违法性为前提条件的。但是,《民法通则》的这一规定没有考虑到环境问题的特殊性。众所周知,环境污染是人类正常生产、生活活动产生的伴随品,它在经济发展过程中具有不可避免性。所以国家必须允许企业排污行为的存在,只是通过制定环保标准将其排污限制在“忍受的限度之内”,只要是不超过国家规定的污染物排放标准排放污染物的行为均可以按照规定发放排污许可证。这些做法表明国家对排污行为的认可,它不属于“违法行为”。但合法的排污行为并不代表不会造成环境污染,更不代表污染者在损害受害人权益的时候可以免于赔偿,如果这样就违背了“有损害就有赔偿”的社会正义的要求。所以,在环境侵权责任追究时,不应考虑环境污染行为是否具有“违法性”,只要造成环境污染损害,即使排污行为是合法的,行为人也应当承担民事损害赔偿责任。因此,我国2009年《侵权责任法》第65条规定,因污染环境造成损害的,污染者应当承担侵权责任。此条规定纠正了《民法通则》第124条“违法性”要件的要求,更符合环境污染侵权的本质属性。

(2)有损害事实。

环境侵权的损害事实与传统的侵权行为相比区别在于,除了一般的人身损害、财产损害和精神损害外,还应该包括环境权益的损害以及生态破坏等。对环境本身损害进行确认的意义在于:

第一,环境损害的提出,能够改变传统上仅仅将环境看作致人权益受损之“媒介”,只重视对人的救济,忽略对环境损害之弥补这种观念。而实际上,自然因素被污染损害而导致的生态环境恶化,生物群落及非生物因素组成的各种生态系统被破坏,也会间接地、潜在地、长远地影响着人类生活环境,也是构成侵权损失的重要一节。在我国环境形势日益严峻的背景下,重视对环境本身损害的救济,具有重要的现实意义。

第二,环境损害的提出,有利于改变传统救济方式重于事后惩罚和补救,忽视事前的预防和保护的策略,将预防环境损害放在了第一位,这是一种先进而且更为有效的环境保护观念。在传统的环境侵权观念当中,只有当环境这一“介质”被损害到一定程度,以致产生人身财产严重损害后果时,惩罚救济措施方才启动,如此滞后的保护措施往往导致环境损害程度愈演愈烈。

第三,环境损害的提出,与传统的环境损害民事责任一起,构成了完整的环境损害民事责任体制。这样,既有对环境损害的预防和补救措施,又有对以环境为媒介造成的人身财产损害的救济,既有事前的预防,又有事后的补偿,如此则形成了全过程全方位的损害补偿机制,大大增强对环境及人类的双重保护。

目前一些国家和地区的环境法已经对环境损害本身赋予了赔偿请求权。例如,《俄罗斯联邦环境保护法》在规定环境请求权时把环境损害赔偿与环境污染和环境破坏造成的公民健康和财产损害赔偿明确区分开来,既规定了环境损害赔偿请求权,也规定了环境污染和环境破坏造成的公民健康和财产损害赔偿请求权。《欧盟环境民事责任白皮书》指出,拟议中的损害不仅包含了对人、财产和场所污染的损害,而且也包括对自然的损害,特别是对那些位于共同体内、从生物多样性保护观点看是非常重要的自然资源,即受自然2000网保护的区域和物体的损害。损害自然的民事责任是使那些经济活动人觉得应该为其操作活动可能产生的负面环境影响负责的一个先决条件。《德国环境责任法》认可了在一定条件下满足权利人对生态破坏的赔偿要求。该法规定,在环境侵权对财物造成损害的同时,使自然或风景也一同遭受不利影响的,受害人应当将之恢复至不利影响尚未发生前应有的状态,在此等情形下,恢复原状所需的费用,不能仅因为超过财物的价值而被认为过巨,对于恢复原状多需的必要费用,经赔偿权利人要求,加害人应当预先支付,如果加害人由于无知而损害了一个自身价值微小但却极具生态价值的物,权利人可以要求加害人事先赔偿恢复原状的必要费用,即使这笔费用超过了物自身的价值。

我国现行的环境法律法规中还没有明确赋予环境本身损害赔偿请求权,但是基于以上原因和前面我们讨论的案例实践来看,法律应该明文赋予环境本身损害赔偿请求权,并且法律在明确将环境损害这种环境污染或环境破坏造成的本原损害赋予赔偿请求权时,应该首先明确环境损害的权利主体,环境本身是无法充当损害赔偿的请求权人,法律应承认并赋予每个公民有保护环境之主观权利,以对共有物为有效之保护。这一点可以借鉴《俄罗斯联邦环境保护法》。该法第11条规定:"每个公民都享有良好环境的权利,有保护环境免受经济活动和其他活动,自然的和生产性紧急状态引起的不良环境影响的权利,有获得可靠的环境状况信息和得到环境损害赔偿的权利。"该条款赋予了公民保护环境的权利,这样如果发生环境损害,即使未造成公民的人身、财产损害,也可由环境保护公共利益的维护者环境保护社团组织等提起公益诉讼。

(3)排污行为与损害事实之间存在因果关系。

因果关系是指环境侵害行为与环境损害事实之间存在的一定逻辑联系。环境侵权具有间接性、复杂性、潜伏性和不确定性的特征,其因果关系十分复杂,不易查明和认定。这是因为:首先,一般侵权行为大多直接作用于受害人,环境侵权则要通过"环境"这一载体,再作用于人体和财产,其因果关系不容易显现出来。其次,环境侵权的原因事实是排放于环境的各种污染物。再次,污染物在环境中具有潜伏性和积累性,污染行为与损害结果之间,可能有一个相当长的时间差,有的数月甚至数年,也使因果关系认定极为困难。最后,很多污染是多因复合作用的结果,致人生病也可能有多种原因。由于这些特殊情况,在环境侵权中如果坚持严密科学的因果关系证明,很可能陷入科学争论和裁判难决的泥沼中,这无异于剥夺受害人的请求权而得不到救济。故在环境侵权中,因果关系理论的改进是与无过错责任代替过错责任相应而生的。

但是,我国环境法中尚未规定因果关系推定制度。为了有利于受害人参加诉讼并保护其合法权益,有利于环境纠纷公正合理地解决,使受害者及时得到赔偿,我国法律应尽快确立这一制度。推定因果关系又存在多种学说,主要包括:一是盖然性因果关系说。该学说主张在环境侵权案件中,关于因果关系的存在与否,只要达到盖然性程度(指在侵害行为与损害结果之间只要有如无该行为,就不会发生此结果的某种程度的可能性)即可。二是疫学因果说。该学说是指就疫学上可能考虑的若干因素,利用统计的方法,调查各因素与疾病之间的关系,选择相关性较大的因素,对其做综合性的研究,以判断其与结果之间有无联系。三是间接反证说。该学说认为环境损害的因果联系的因素较多,负举证责任的一方可以证明其中的部分关联事实,余下的部分事实可以推定为存在。如果不负举证责任的另一方反证其事实不存在时,则认为因果联系不存在。在实际应用中,这三种学说是相互配合的。在一个案件中,往往会结合运用两种以上的学说,其目的就是减轻作为原告的受害人的举证责任,扩大侵权行为与损害结果在法律上联系的可能性,降低环境侵权中因果关系的直接和相当程度,保证受害人能获得赔偿填补损害。

(4)实行无过错责任原则,不以行为人主观上有过错为要件。

无过错责任原则成为环境侵权领域各国所普遍采用的归责原则,其理由是:一方面,环境侵权自身的特征决定了在环境侵权损害赔偿的诉讼中要证明加害人的主观过错不仅是很困难的,而且往往对于受害人来讲是不经济的,无法实现对受害人充分有效的救济,维护其合法权益;另一方面,这也符合环境侵权损害赔偿社会化理论,不在于对具有"反社会性行为"的制裁,而在于对危险事故所致不幸损害的合理分配,补偿受害人所受的损失,即所谓"分配正义"。因此,无过错责任原则是环境侵权责任的必然选择。

我国关于环境侵权无过错责任的立法明确,不论是作为民事基本法的《民法通则》,还是作为环境基本法的《环境保护法》,抑或各环境单行法,都贯彻了无过错责任的立法原则。

4. 环境司法专业化

党的十八大报告明确提出生态文明建设制度化的构想,生态文明的法制建设就是将生态文明建设理念融入环境立法、执法、司法的过程中,从法律的角度促进生态环境立法体系的规范化、执法的有效化、司法的专业化。为什么要实现环境司法专业化,环境司法专业化又从哪些方面着手进行?

环境司法专业化的要求是因为以下原因:

首先,环境问题的特殊性所决定的。环境问题具有以下明显的特征:其一,高度科技背景。许多环境上的危害行为或产品往往是在经年累月后才被发现。

此外,环境问题在因果关系的认定上亦格外困难,时常牵涉到科学上的极限,难以立即给予一个固定的答案,以作为认定责任或采行相对措施的依据。环境品质的设定、环境影响的评估或环境改善的认定等,亦涉及科技水准的考量。其二,广度利益冲突与决策权衡。环境问题与传统法律问题不同,它所造成的危险是一种“容许性危险”。[1] 这样,环境纠纷中存在广度的利益冲突。如深夜仍在营业的餐厅的噪声影响了附近居民的休息,从理论上讲,居民有不受噪声打扰的权利,而餐厅有利用其财产收益的权利,这两种权利明显是冲突的。如果按照传统解决纠纷的方式判定餐厅停止营业,虽然保护了居民的休息权,但也剥夺了餐厅的经营收益权。由于涉及相当广度的利益冲突,造成环境行政上裁量空间扩大,也容易导致举证困难与决策拖延等现象。

其次,我国现行审判制度依赖传统的诉讼程序,难以应对环境案件专业性、技术性的特点。我国现行的环境案件依然沿用了传统的诉讼制度,在管辖范围、起诉主体资格、证据制度、处罚方式、审级制度、时效等方面没有突破传统诉讼制度的局限性。我国环境司法审判机构缺乏专业化的审判人员、陪审人员、专家陪审员,使得环境法庭在环境司法鉴定方面表现出很大的被动性、非专业性。

环境司法专业化可以从以下方面着手:

(1)环境司法审判机构专业化

2013 年 6 月,最高人民法院与最高人民检察院共同出台了《关于办理环境污染刑事案件适用法律若干问题的解释》,进一步明确了惩处污染环境犯罪的法律适用问题,并向社会公布了一批典型案件,有力地震慑了犯罪分子。与此同时,各地人民法院也在环境资源司法专门化方面进行了积极探索。据初步统计,自 2007 年贵阳清镇市人民法院成立我国第一家生态保护法庭以来,迄今已有 16 个省(区、市)设立了 134 个环境保护法庭、合议庭或者巡回法庭。这些法院依法审判了一批有影响的环境资源类案件,取得了良好的法律效果和社会效果,并在环境资源专门化审判方面积累了有益经验。为积极回应人民群众环境资源司法新期待,为生态文明建设提供坚强有力的司法保障,最高人民法院 2014 年 6 月设立专门的环境资源审判庭。第十二届全国人民代表大会常务委员会第九次会议通过最高人民法院的任免决定,任命郑学林为最高人民法院环境资源审判庭庭长,任命林文学、杨永清为副庭长,任命王旭光为副庭长、审判员。

---

[1] 所谓容许性危险,是指某行为或者活动虽侵害他人合法权益或者有侵害的可能,但基于其社会妥当性、有用性、必要性,性质上应受容许,在一定限度内,如在符合公法上标准或超过私法上忍受限度的情况下,不认为是违法。

环境资源审判庭的主要职责包括:审判第一、二审涉及大气、水、土壤等自然环境污染侵权纠纷民事案件,涉及地质矿产资源保护、开发有关权属争议纠纷民事案件,涉及森林、草原、内河、湖泊、滩涂、湿地等自然资源环境保护、开发、利用等环境资源民事纠纷案件;对不服下级人民法院生效裁判的涉及环境资源民事案件进行审查,依法提审或裁定指令下级法院再审;对下级人民法院环境资源民事案件审判工作进行指导;研究起草有关司法解释等。

2013 年 6 月 23 日,最高人民法院发布《关于全面加强环境资源审判工作 为推进生态文明建设提供有力司法保障的意见》指出:"本着确有需要、因地制宜、分步推进的原则,建立环境资源专门审判机构,为加强环境资源审判工作提供组织保障。高级人民法院要按照审判专业化的思路,理顺机构职能,合理分配审判资源,设立环境资源专门审判机构。中级人民法院应当在高级人民法院的统筹指导下,根据环境资源审判业务量,合理设立环境资源审判机构,案件数量不足的地方,可以设立环境资源合议庭。个别案件较多的基层人民法院经高级人民法院批准,也可以考虑设立环境资源审判机构。"可见,环境司法审判机构专业化已经成为当下中国必然之势。

(2)充分发挥专家在环境资源审判工作中的作用

各级法院应该建立环境资源审判专家库,在审理重大疑难案件、研讨疑难专业问题、制定规范性文件时,充分听取专家意见。可以聘请环境资源领域的专家担任特邀调解员,运用专业技术知识促使当事人自觉认识错误,修复环境,赔偿损失。保障当事人要求专家出庭发表意见的权利,对于符合条件的申请及时通知专家出庭就鉴定意见和专业问题提出意见。

(3)完善环境司法鉴定制度

证据是诉讼的核心问题,其重要性不言而喻。环境证据制度主要包括证据种类、证据规则、证明对象、证明责任、证明标准等制度。我国现已构建了较为完善的证据体系,但环境案件因为专业性较强,涉及环境司法鉴定、法律适用等系列难题。完善环境证据制度的主要任务是要解决环境案件审理中损害事实与损害结果间因果关系的鉴定、确定损失数额、合理的分配举证责任等。当下我国的环境证据制度完善,应主要以完善环境司法鉴定制度为重点。

我国在环境案件的事实认定方面采取的是司法鉴定制度。环境司法鉴定机构的任务主要是以维护环境正义为宗旨,保证环境司法鉴定的客观性、科学性、真实性,承担生态环境污染鉴定、环境保护或治理工程项目评估鉴定、环境污染损害评估鉴定等。我国当下的环境鉴定机构多是环境行政机关的下属机构,难以在行政与司法间保护中立、客观的立场,不利于环境正义。在前述案件审理过程中，法院邀请江苏省环境资源司法保护专家库专家、东南大学吕锡武教授作为专家辅助人对案件所涉及的环境科学问题作出专业评判，在此基础上，依据《环境污染损害数额计算推荐方法》核定本案的环境修复费用。这是值得借鉴的。

教学计划

本案例可以作为专门的案例教学课进行讲授，整个案例可安排 3 个课时，每课时 45 分钟。

课堂时间安排

1. 课前计划：安排学生阅读案例及相关参考资料，熟悉整个案例流程，对案例中提出的问题进行思考。

2. 课中计划：(1)介绍教学目的，明确讨论主题；(2)分组讨论问题及解决对策，告知发言要求；(3)小组代笔发言，提出解决反感，并对其他小组提出的方案进行评述；(4)教师进行引导性分析，并做最后归纳总结。

3. 课后计划：布置学生课后进一步细化了解环境公益诉讼的特点和难点，了解实践中所涉及的相关法律法规。

思考题

1. 环境侵权与一般民事侵权的区别有哪些？
2. 2014 年修订的《环境保护法》第 58 条允许社会组织作为原告对违法企业或地方政府提起环境公益诉讼。但是，环保社会组织数量过少是我国现存的严重问题。以上海市闵行区为例，截至 2011 年年底，各种社会组织（NGO）数量总共越过 200 个，其中环保组织或者与环境保护有关的社会组织数量不到 10 个，占全区社会组织数量 5% 不到。造成这一问题的原因有哪些？我国应该如何解决这一问题？
3. 2012 年修订的《民事诉讼法》和 2014 年修订的《环境保护法》均规定了环境公益诉讼，但都是原则性的规定。2014 年 10 月 1 日，最高人民法院又发布了《关于审理环境民事公益诉讼案件适用法律若干问题的解释（征求意见稿）》，对上述已有规定作了细化的司法解释，其中，对《民事诉讼法》第 55 条中规定的“有关组织”界定为依照法律法规的规定，在民政部门登记的社会团体、民办非企业单位以及基金会等社会组织。对《环境保护法》第 58 条规定的“专门从事环境保护公益活动连续五年以上”界定为，社会组织成立 5 年以上，章程确定的宗旨和主要业务范围是维护社会公共利益，且从事环境保护公益活动的。社会组织提起的诉讼涉及的社会公共利益，应与其宗旨和业务范围具有关联性。《对新环境保护法》第58条规定的“无违法记录”界定为，社会组织在提起诉讼前五年内未因违反法律、行政法规受到行政、刑事处罚。对于最高人民法院的此征求意见稿的内容你有何看法？

4. 我国有没有必要设立专门的环境法院？

5. 你认为目前我国实现环境司法审判专业化的困境有哪些？应该如何解决这些问题？

6. 你觉得环境公益诉讼最大的特点和难点在哪里？未来我国环境公益诉讼应该如何发展？

参考文献

1. 颜运秋、颜运夏：《质疑“直接利害关系人”制度》，载《行政与法》2003年第6期。

2. 王树义主编：《可持续发展与中国环境法治——〈中华人民共和国环境保护法〉修改专题研究》，科学出版社2005年版。

3. [日]谷口安平：《程序的正义与诉讼》，王亚新等译，中国政法大学出版社1996年版。

4. 韩志红、阮大强：《新型诉讼——经济公益诉讼的理论与实践》，法律出版社1999年版。

5. 王利明：《民商法研究》，法律出版社2001年版。

6. 王明远：《环境侵权救济法律制度》，中国法制出版社2001年版。

7. 叶俊荣：《环境政策与法律》，中国政法大学出版社2003年版。

8. 别涛：《环境公益诉讼立法的新起点——〈民诉法〉修改之评析与〈环保法〉修改之建议》，载《法学评论》2013年第1期。

9. 金瑞林：《环境侵权与民事救济——兼论环境立法中存在的问题》，载王曦主编：《国际环境法与比较环境法评论》（第一卷），法律出版社2002年版。

10. 王泽鉴：《侵权行为法之危机及其发展趋势》，载《民法学说与判例研究》（第2册），中国政法大学出版社1998年版。

11.《最高法设立环境资源审判庭 推进环境民事公益诉讼》，载《新京报》2014年7月4日。

撰稿人｜王彬辉，湖南师范大学法学院副教授

6 CASE

大连宝洋水产有限公司诉环世物流(美国)有限公司、深圳航荣物流有限公司大连分公司海上货物运输合同纠纷案

|摘　要|

本案例选取一起由于承运人不合理留置货物而引起的海上货物运输合同纠纷案件,结合我国《海商法》第87条对货物留置权的规定、《物权法》第233条合理留置货物的规定,以及《民法通则》第67条代理人与被代理人的连带责任的规定,对海上货物运输合同纠纷案件民事诉讼程序的各环节进行了详细阐释。其中涉及的实体问题包括承运人对货物的留置权、合理行使货物留置权的限制,以及代理行为的连带责任等。本案例对于解决其他类型的海事纠纷案件具有参考意义。

|关键词|

海上货物运输合同纠纷案　民事诉讼　货物留置权　合理留置

|教学目标|

着重让学生把握以下几个方面内容:(1)在涉外民商事纠纷案件中,如何处理法律适用问题;(2)应如何处理好海商、海事案件经常涉及的当事人适格的问题;(3)应掌握如何运用调解等多元化的手段解决纠纷;(4)了解处理海商、海事案件的有关技巧,学习如何撰写代理词等法律文书。

教学案例主文

一、引言

大连宝洋水产有限公司(以下简称大连宝洋)是一家经营水产品加工、出口的企业。长期以来,大连宝洋委托日邦食品(上海)有限公司(以下简称日邦食品)作为其外贸代理,向国外出口货物。

2008 年 12 月和 2009 年 1 月,大连宝洋委托日邦食品出口两票货物(均为冻无须鳕鱼片),并通过其货运代理人委托深圳航荣物流有限公司大连分公司(以下简称航荣大连)运输该两票货物,自大连运往美国巴尔的摩。每票货物均为 5 个冻高箱,两票货物共计 10 个集装箱。每箱货物的价值均在 5 万美元左右。同时,航荣大连作为环世物流(美国)有限公司(以下简称环世物流)的海运代理人,为上述两票货物分别签发了提单(提单号分别为 RWRD102800019388 和 RWRD102800019931),该两份提单记载的承运人均为环世物流,托运人为日邦食品。上述两票货物抵达目的港后,因受经济危机影响,收货人资金不足,无法付费通关。经大连宝洋与收货人协商,决定将货物退运回大连。受环世物流委托,长荣海运(Evergreen Line)承担了退运运输,并就该两票货物的退运运输签发给环世物流海运单 2 份(运单号分别为 EGLV450941367446、EGLV400941367512),其中载明:托运人为环世物流,收货人为航荣大连,承运人为长荣海运。退运货物于 2009 年 5 月 13 日抵达大连港。此后,因大连宝洋拖欠二票货物的去程海运费 102450 美元、去程杂费人民币 23993 元、美国港口产生的滞箱费及堆存费 4380 美元,航荣大连对上述退运货物未予放货,并将该情况告知环世物流。在此期间,日邦食品及大连宝洋曾多次要求航荣大连留置与其债权额相当金额的货物,并交付其余货物,但遭到拒绝。2009 年 6 月 4 日,大连宝洋支付了前述去程运费,航荣大连遂将退运单据(退运海运单)交给大连宝洋,大连宝洋凭此换取提货单后,于 2009 年 6 月 12 日将货物全部提走。

上述两票退运货物抵达大连港后,共计产生滞箱费人民币 153489.60 元,进口货物海关滞报金人民币 20896 元,港杂费人民币 77031 元。事发后,2009 年 9 月 29 日,日邦食品与大连宝洋达成一份《债权转让协议》,双方约定,因该两票货物被退运回大连后被不合理扣留,致使日邦食品支付滞箱费人民币

153489.60元以及海关滞报金和场地费用等人民币65039元，日邦食品将其就上述损失和费用所享有的债权转让给大连宝洋。大连宝洋因多次要求航荣大连和环世物流解决此事未果，遂诉至法院。

二、涉案当事人之间的关系

大连宝洋水产有限公司长期委托具有外贸经营资格的日邦食品作为其外贸代理，[1]向国外出口货物。

长荣海运、环世物流、航荣大连都是独立法人，其中，就去程运输（大连至美国的运输）而言，环世物流为承运人；而长荣海运与环世物流签有服务合约，长荣海运实际承担了运输，为实际承运人；航荣大连与环世物流签有代理协议，航荣大连为环世物流的代理人。

三、一审审理中的主要争议焦点

（一）原告的诉讼主体资格是否适格

诉讼过程中，原告大连宝洋认为，航荣大连应承担因其不合理留置货物造成的相关损失，而环世物流作为承运人，也应当对其代理人航荣大连不合理留置货物及退运单据的行为以及由此给货方造成的各项损失承担连带赔偿责任。

二被告航荣大连与环世物流提出，原告并不是本案适格原告，理由是从提单记载来看，本次货物运输是环世物流与日邦食品订立的货物运输合同，而原告大连宝洋所提交的《债权转让协议》并没有有效地通知被告，基于此，该债权转让对被告不发生效力，即使被告与日邦食品之间存在债权债务关系，也与原告无关，故原告无权就此对二被告起诉。

（二）日邦食品是否已将债权有效转让给原告大连宝洋

原告向法庭提交了一份由原告与日邦食品于2009年9月29日签订的《债权转让协议》，主张日邦食品已经将因涉案两票货物退运回大连后被不合理留置而产生的滞箱费、海关滞报金和场地费用等损失和费用所享有的债权转让给原告。原告同时还主张日邦食品已将该债权转让的事实以传真的方式通知了包括两被告在内的有关方，并向法院提交了一份从日邦食品处取得的传真记录，称

〔1〕 外贸代理，是指能接受国内公司、企业、事业单位和个人的委托，以委托人或自己的名义办理进出口业务，并收取报酬的企业。

其中几项记录即为日邦食品向各有关方传真该《债权转让通知》的记录。但原告提交给法院的《债权转让通知》上并无落款时间。两被告则均否认收到过该《债权转让通知》。

(三)原告出具的《保证书》是否有效

2009年5月12日,原告就两票退运货物向航荣大连出具了一份《保证书》,其中载明:"由于资金问题导致我公司仍欠贵公司和我公司货运代理海运费及在美国滞箱费和堆存费共计美元106830元,人民币23993元。其中出口海运费美元102450元,人民币23993元,美国滞箱费及堆存费美元4380元。现在我公司没有能力付清以上费用,我公司同意在以上所有费用结清后向贵公司索要有关单据及货权,在此期间产生的海关滞报金、集装箱场地堆存费、滞箱费等各项损失及费用均与贵公司无关,全部由我公司承担。"

诉讼中,二被告认为原告在上述《保证书》中已明确表示相关的海关滞报金、集装箱场地堆存费、滞箱费等各项损失及费用由其本人承担,与被告无关,故原告已无权向二被告索赔有关损失。

对于该份《保证书》,原告认可其中原告公章的真实性,但否认出具过该份《保证书》。原告并认为,根据该份《保证书》的内容、形式以及有关事实,该《保证书》是在原告向法院提起诉讼后,有人伪造的,理由为:

1. 这份《保证书》显示的日期为2009年5月12日,同时《保证书》上明确列出了该票货物退运运输的船名、航次号以及提单号。但事实上,在2009年5月12日时,退运货物尚未抵达大连港,原告还没有拿到退运海运单,根本不可能知道退运的船名、航次号以及退运运单号。

2. 该份《保证书》的抬头为"航荣大连物流有限公司大连分公司",而事实上,原告在那时候以及之前还根本不知道这个公司的存在,一直认为与其打交道的为环世物流,这也正是日邦食品2009年3月23日出具了另一份"保函"、其抬头书写为"环世"的原因。而在这份《保证书》上,却如此完整明确地写着航荣大连的全称,值得怀疑。

3. 该份《保证书》的最后一句话:"……在此期间产生的海关滞报金、集装箱场地堆存费、滞箱费等各项损失及费用……"与原告起诉状中第1项诉讼请求所使用的语句"请求判令……而产生的海关滞报金、集装箱场地堆存费、滞箱费等各项损失及费用……"两者的措辞及术语极其相似。原告的起诉状是由原告代理律师代为书写的,在2009年5月12日时,原告与其代理律师还根本不认识,原告不可能用如此专业的术语写出这样一份文件。

4. 原告在业务过程中,曾向其委托的货运代理人提供过若干份盖有其公司印章的空白纸,以备在后者临时需要时使用。这种情况,在外贸及货运代理行业中极为普遍。事后,原告未向货运代理人收回这些盖有其印章的空白纸。考虑到本案的事实是原告欠出口货代代垫的去程海运费,而航荣大连是应该货代公司的请求对货物行使了留置,因此,极有可能是该货代公司在原告起诉航荣大连及环世物流后,出于保护航荣大连的目的,伪造了该份《保证书》。

5. 在形式上,该份《保证书》的公章并未盖在单位落款的文字上,而是盖在了文字的下方,这与正常情况下单位出具的正式文书显然不同。这也从另一侧面印证了原告的上述推断,即该份《保证书》是先有的公章,后来才在上面打上了文字。

6. 在2009年5月12日时,日邦食品尚未将债权转让给原告,因此,即便航荣大连当时需要这样一份《保证书》,其也只可能接受由日邦食品出具的保证书,而不可能接受原告出具的保证书。而前面曾提及的2009年3月23日出具给环世物流的"保函"以及2009年6月9日出具给长荣海运的"减免滞箱费申请",都是由日邦食品出具的,就足以证明这一点。而被告提交给法院的这份《保证书》,却是由原告出具的,而不是日邦食品,这充分证明这一《保证书》是事后伪造的。

(四)被告留置货物的行为是否合理以及如何确定留置货物的价值

我国《海商法》第87条规定,承运人行使货物留置权时,应"在合理的限度内"留置货物。所谓"在合理的限度内留置货物",是指当货物为可分物时,承运人仅应留置价值与其债权额相当的货物。本案中,原告认为,由于涉案货物包括10个集装箱的货物,为可分物,因此,承运人仅应留置与其债权额(货方所欠去程运费及杂费以及在美国港口发生的滞箱费和堆存费,大约14万美元)相当的涉案货物,并主张应以货物出口报关单上列明的不含运费和保险费的FOB价格确定货物价值。二被告则认为,货物价值应以货物退运回国内时的国内市场价格为基础确定,因此,本案不存在不合理留置。但二被告并未举证证明涉案货物当时的国内市场价格。

(五)对于日邦公司出具的"保函"及"减免滞箱费申请"的效力

2009年3月23日,日邦食品出具给环世物流一份"保函",载明:"……由于客户资金不足,无法提货,现已产生滞箱,我司将此货物退运至大连,我司损失严重,导致成本增加,为此我司恳求贵司在滞箱费和海运费上予以减少。"二被告认为,该份"保函"体现了日邦食品承认并同意承担退运产生的滞箱费和海运费。原告指出,当时,涉案货物尚在美国,直到2009年4月6日才从巴尔的摩装船退运回中国。因此,该份"保函"中所指的"现已滞箱""滞箱费",均应指在美国港口发生的滞箱费,与本案无关。

2009年6月9日,日邦食品向长荣海运出具了一份"减免滞箱费申请",载明:"……因资金问题,货物抵达大连已28天,特向贵公司申请货物到港后,减免滞箱费,请贵公司给予协助。"二被告主张该份"减免滞箱费申请"是日邦食品对他们留置货物行为的认可和接受,因此,原告大连宝洋不应再就此行为向被告主张权利。但原告认为,日邦食品出具这份申请的目的旨在尽量减少损失,而且,该份"减免滞箱费申请"是日邦食品出具给实际承运人长荣海运的,并非出具给二被告,因此该份"减免滞箱费申请"不能作为原告对二被告错误及不合理留置货物行为的认可,不能就此剥夺日邦食品向二被告索赔因不合理留置而产生滞箱费的正当权利。

四、一审法院的判决

一审法院通过对提单、海运单、出口货物报关单、滞箱费发票、进口货物滞报金收据、港杂费发票、《保证书》、《债权转让协议》等经庭审质证的证据及庭审笔录加以佐证的事实进行认定后,认为各方当事人均引用中华人民共和国法律作为法律依据,应视为各方均选择适用中华人民共和国法律,故本案以中华人民共和国法律作为准据法。

关于原告是否适格的问题,因对于原告提供的其与日邦食品签订的《债权转让协议》,两被告均无异议,一审法院认定该协议合法有效。原告主张日邦食品已将《债权转让通知》以传真方式通知两被告,但两被告对此不予认可。法院认为,因该《债权转让通知》无落款时间,故原告所称传真记录系送达该份通知的记录无法确认。在该案审理过程中,一审法院通知日邦食品到庭调查该债权转让事实,日邦食品当庭确认确已将债权转让给原告;据此,一审法院认定,日邦食品已将该债权转让事实当庭通知两被告,因此,该项债权转让对两被告发生效力,本案中,原告作为该项债权的受让人主张涉案权利,主体适格。

关于《保证书》的效力,一审法院认为,因该《保证书》出具当时即2009年5月12日,EGLV450941367446、EGLV400941367512运单项下涉案货物的权利人系日邦食品,当时,原告尚未与日邦食品签订前述《债权转让协议》,原告尚未受让前述《保证书》所涉相关海关滞报金、集装箱场地堆存费、滞箱费等各项损失及费用的债权,原告不可能亦无权放弃该项债权,因此,该《保证书》中原告所作关于放弃该项债权的意思表示应为无效,对各方均无法律约束力。

关于二被告留置货物的行为是否合理，一审判决认定：航荣大连在原告付清涉案去程运费等项前对涉案退运货物予以留置，环世物流作为承运人对其代理人航荣大连的该项留置行为知晓并同意，因此，该项留置实际是环世物流的行为。《海商法》第87条规定："应当向承运人支付的运费、共同海损分摊、滞期费和承运人为货物垫付的必要费用以及应当向承运人支付的其他费用没有付清，又没有提供适当担保的，承运人可以在合理的限度内留置其货物。"《物权法》第233条规定："留置财产为可分物的，留置财产的价值应当相当于债务的金额。"本案中，在货方欠付涉案货物去程运费等项费用的情况下，承运人环世物流可以依法留置其合法占有的涉案货物，但由于涉案货物分装于10个集装箱，属于可分物，故环世物流仅应留置相当于货方所欠去程运费金额的涉案货物才属合理，该债务金额包括货方拖欠的涉案货物去程海运费102450美元、去程杂费人民币23993元、美国滞箱费及堆存费4380美元。经查，原告及两被告对涉案10个集装箱货物的报关价格没有争议，虽然两被告认为对涉案留置的货物价格应以退运当时国内市场价格为准，但其并未能就此价格举证，对此原告主张以不含运费和保险费的出口报关的FOB价格确定留置额度的主张较为合理，法院予以采纳。据涉案货物的三份出口报关单体现，其中一份报关单涉及3个集装箱，其货物FOB价格总计为136947.20美元，另一份报关单涉及2个集装箱，其货物FOB价格总计为91870.10美元，还有一份报关单涉及5个集装箱，其货物FOB价格总计为257493.60美元，上述10个集装箱中，其中任意三个集装箱内货物的价值都已超过导致留置涉案货物的前述债务总额。环世物流在行使留置权时，可通过提单载明的货物种类和数量并结合该货物的市场价值确定应留置的货物数量，故其应当知道其实际留置的货物价值超过了债权数额，故根据前述《物权法》第233条的规定，两被告留置涉案10个集装箱中的3个应为合理，对其余7个集装箱的留置依法属于不合理留置。

对于被告航荣大连在本案中的责任，一审法院认为：

根据《民法通则》第67条的规定，"代理人知道被委托代理的事项违法仍然进行代理活动的，或者被代理人知道代理人的代理行为违法不表示反对的，由被代理人和代理人负连带责任"，本案中，环世物流的代理人航荣大连在代理环世物流留置货物时，同样也应谨慎确定留置货物的数量，即应当知道环世物流多留置货物属于违法行为，却仍然进行该代理活动，因此，对因违法留置上述7个集装箱货物所造成相关权利人的经济损失，应由两被告承担连带责任，两被告应就其不合理留置涉案7个集装箱货物而产生的滞箱费、进口货物滞报金、港杂费等各项损失向原告进行连带赔偿。

一审判决同时认定:原告依据其提供的索赔明细,主张前述三项损失总额为人民币172482元,两被告虽坚持留置10个集装箱系合法留置,但其对该索赔明细中所记载每一项损失费用总额及原告按7个集装箱计算的费用数额和计算方法均无异议,故法院对该索赔明细予以采信,认定因环世物流不合理留置涉案7个集装箱货物所产生的滞箱费、进口货物滞报金、港杂费等各项损失合计为人民币172482元,两被告应就该项损失向原告承担连带赔偿责任,故对原告的诉讼请求,法院予以支持。

综上,一审法院依照《民法通则》第67条、《海商法》第87条、《物权法》第233条之规定,判决如下:被告环世物流(美国)有限公司与被告航荣大连物流有限公司大连分公司于本判决生效之日起15日内连带赔偿原告大连宝洋水产有限公司经济损失人民币172482元;案件受理费人民币3750元,由两被告连带负担,同上述判决款项一并给付原告。

五、二审上诉的理由及被上诉人的答辩

(一)上诉人的上诉理由

一审判决作出后,航荣大连和环世物流提出上诉,其上述理由均为:

第一,一审法院对《保证书》的法律效力及所涉当事人的权利义务等事实认定存在严重错误,该份《保证书》是被上诉人对相关的费用和责任承诺全部予以承担的书面保证。

第二,一审法院对留置财产价值的认定存在理解和适用法律方面的错误,本案不存在不合理留置,因为根据《海商法》第88条的规定,留置货物在经过一段时间后将会被进行拍卖,并以拍卖所得价款清偿保管、拍卖货物的费用和运费以及应当向承运人支付的其他有关费用;《物权法》也规定了留置权可以通过留置财产折价或者拍卖、变卖的方式实现,留置财产折价或变卖的,应当参照市场价格。由此可见,在判断留置是否在“合理的限度内”以及确定“留置财产的价值”时,应当以货物在当地经拍卖、变卖等方式处置的价格来确定,或者参照当地市场价格。而在一审中,大连宝洋所提供的涉案货物的出口报关单是涉案货物销往国外的价格,并不能证明涉案货物在国内的处置价格或市场价格。大连宝洋始终未能履行其证明所留置的涉案货物的价值这一举证义务,其仍应按照最高人民法院《关于民事诉讼证据的若干规定》继续提供证据证明其所诉称的“留置不合理”;否则,大连宝洋应当承担不利后果。一审法院在宝洋水产举证错误及未能举证的情况下,将涉案货物的出口报关价格认定为留置财产的价值,从而判

定一审被告方存在不合理留置，这是对相关法律的理解和适用存在错误。

(二)被上诉人的答辩意见

被上诉人大连宝洋提交了上诉答辩状，就《保证书》的性质、《保证书》的真实性、留置财产的价值三个方面作出答辩意见，请求法院依法驳回二上诉人的上诉。其答辩意见主要为：

首先，关于《保证书》的性质，大连宝洋认为《担保法》意义上的保证，是保证人向债权人作出的担保履行债务人债务的承诺，而本案中，航荣大连并非《保证书》中所提及的“海关滞报金、集装箱场地堆存费、滞箱费”等费用的债权人，上述费用的债权人应分别为海关、集装箱堆场以及实际承运人长荣海运等，因此，即使被上诉人愿意为债务人日邦食品提供保证担保，其也显然不应对非为债权人的航荣大连作出保证，而是应向长荣海运等真正债权人作出保证。换言之，即便《保证书》是真实有效的，被上诉人对上诉人航荣大连作出的该《保证书》，也不应理解为担保法意义上的保证。此外，该保证书中“我司仍欠贵公司……”“我公司没有能力付清以上费用”“在此期间产生的海关滞报金……各项损失及费用与贵公司无关”等措辞，显然是将大连宝洋视为了海运费等欠款的债务人以及海关滞报金、集装箱场地堆存费、滞箱费等费用的法律上的承担人，并以此身份向航荣大连作出了“有关费用与贵司无关，由我司承担”这样的承诺，这一承诺显然应理解为是对海关滞报金等费用的追偿之债的放弃。而正如一审法院所认定的那样，在2009年5月12日，被上诉人尚未取得上述追偿之债，显然无权作出这一债权的放弃。

其次，关于《保证书》的真实性，被上诉人在一审中就已经提出若干详细意见以支持其观点，至此仍认为该份《保证书》系事后伪造。

最后，关于留置财产的价值，被上诉人认为，一审判决以货物出口报关单上显示的货物FOB价格确定货物的价值，是完全合理的。上诉人如果认为这一价格不合理，而应按照更为合理的市场价格等确认货物的价值，就应当对涉案货物当时的市场价格进行举证。在上诉人不能完成此项举证的情况下，一审法院完全有理由、事实上也只能依据货物的出口报关价格确定货物的真实价值。

六、本案最终处理结果

经二审法院主持调解，同时在双方诉讼代理人的积极斡旋下，双方同意以未来继续合作、在合作过程中由被告航荣大连逐步减免海运费的形式补偿原告大连宝洋造成的损失，本案最终以调解方式结案。

教学指导手册

教学对象及目标

本案例供法律硕士案例教学使用,法学本科(大四)、海商法学硕士、民商法学硕士也可以参酌使用。

本案例主要就诉讼代理人在海事海商诉讼中从事的法律活动和海上货物运输合同下货物留置权行使的相关问题进行详尽的讲授。具体要解决的问题包括:(1)具有涉外因素的海事纠纷案件,通常是如何解决案件的法律适用问题的;(2)海商、海事纠纷案件中,常常涉及众多的主体,这些主体之间的法律关系也较为复杂,因此,原、被告主体是否适格,不仅是原告应加以特别重视和注意的问题,也常常是被告的首要抗辩理由;通过本案例的学习,应让学生对此种主体的复杂性有所认识,并学习如何在诉讼活动中防范因主体不适格而给己方带来不利后果,或如何利用这一点进行抗辩;(3) 以本案中涉及的不合理留置货物为例,让学生了解在实务操作中应如何防范此种因不当维权而产生的法律风险;(4) 通过本案例,学习如何运用多元手段解决纠纷。

教学内容

1. 如何解决具有涉外因素的海、商事纠纷案件的法律适用问题?

对于具有涉外因素的民商事纠纷案件,不论是当事方,还是法院,首先,需要解决的一项问题即为法律适用问题。在本案例的讲授过程中,教师应首先让学生知晓法律适用问题的重要性。其次,应重点讲解涉外海商、海事案件中,法律适用这一领域常常涉及的具体问题,包括:(1)提单首要条款及法律适用条款的性质和效力问题;(2)提单背面的地区条款的效力问题;(3)某些特殊类型的海事侵权纠纷案件(如油污案件、船舶碰撞纠纷案件等)的法律适用的特殊规则;(4)外国法(尤其是判例法)应如何查明等。

2. 在海商、海事纠纷案件中,应如何处理好当事人适格的问题?

海商、海事类纠纷案件,常常涉及众多的主体,各主体之间的法律关系往往也相当复杂。例如,在海上货物运输合同纠纷案件中,就可能涉及托运人、收货人、承运人、实际承运人、货运代理人、船舶代理人、港口经营人等众多主体,这些主体之间又各有不同的法律关系。如何准确地界定各主体的法律地位,厘清各主体之间的法律关系,从而确保原、被告主体资格适格,是原告必须要解决的问题。而海商、海事案件中的被告方,正如本案例中的二被告一样,也常常以"(原告或被告的)主体不适格"作为一项重要的抗辩理由。在本案例的讲解过程中,教师应着重讲解下列几个与主体适格有关的问题:(1)主体适格问题的重要性,以及海商、海事案件中主体适格问题的复杂性;(2)经常涉及主体适格问题的案件类型,如海上货物运输合同纠纷案件、货运代理合同纠纷案件、租船合同纠纷案件、船舶碰撞等海上侵权纠纷案件等;(3)作为律师或诉讼代理人,应如何防范掉入"主体不适格"的陷阱,以及不幸掉入这一陷阱后应如何补救;(4)作为律师或诉讼代理人,应如何利用主体适格问题对对方的诉讼请求提出抗辩。

3. 如何防范海商活动中因不当维权而产生的法律风险?

本案是一起因承运人的代理人不合理留置货物而产生的损害赔偿纠纷案件。在航运及贸易实践中,经常发生此种因当事人一方为了维护自己的权利,而采取了不符合法律规定或者合同约定的行为,从而给对方当事人造成损失、致使对方当事人向其索赔损失的情形。教师应结合本案例,讲解防范此种因不当维权行为而产生的法律风险的重要性,以及防范此种风险应遵循的若干规则,包括:(1)任何当事方都必须依法维护自己的权利,而不能以违反或者超越法律规定的方式维护自己的权利;(2)按照行业惯例行事可能未必正确,习惯做法常常并不合法;(3)应力争以协商和互谅互让的方式解决双方在实践中产生的争议;(4)当意识到自己的维权行为错误后应及时纠正;(5)应当始终寻求律师等专业人士的协助。

4. 在民商事诉讼中应如何运用多元手段解决纠纷?

本案最终在二审阶段经二审法院主持调解,同时在双方诉讼代理人的积极斡旋下调解结案,既化解了当事人之间的矛盾,减轻了当事人的诉累,节省了司法资源,同时也为当事人继续合作打下了基础,取得了良好的社会、经济效果。

目前,在我国的民商事诉讼活动中,运用调解等手段解决纠纷已经贯穿于诉讼的全过程。诉讼中的调解是指民事诉讼中双方当事人在法院的主持下,就案件争议问题进行协商,从而解决纠纷所进行的活动。教师应当结合本案例,讲解运用调解等多元化手段解决纠纷的意义:一是可以减少诉讼程序的对抗性,有利于在解决民事纠纷时维护双方当事人的长远利益和友好关系;二是可以最大限度地优化纠纷解决程序的效益,快速、简便、经济地解决纠纷,缓解当事人的讼累,降低诉讼成本,达到办案法律效果与社会效果的有机统一;三是有利于当事人充分行使处分权,发挥民事诉讼中当事人的程序主体性作用,实现当事人主义的私法功能;四是调解协议以合意为基础,更易为当事人实际履行,可避免执行中的困难,实现调解与执行的有机统一;五是在实体法律规范不健全的情况下,当事人可以通过调解中的协商和妥协,以探索双赢的审理结果。同时,教师还应讲解运用调解等手段解决纠纷的一些限制,如调解应以双方当事人自愿为基础、调解应遵循法定程序、调解协议不得违反法律强制性规定等。

另外,在本案的调解过程中,二审法院做了大量工作,最终运用高超的审判智慧、调解技巧化解了双方之间的矛盾,成功调解结案。教师应结合本案,向学生讲解运用调解手段解决当事人之间纠纷的有关技巧。

预期效果

通过对本案例的学习,学生应掌握海商类纠纷案件中经常涉及的一些法律问题,如法律适用问题、主体资格问题等,并知晓解决或防范这些问题的一般方法。同时,学生应通过本案例的学习,了解在海事、海商活动中防范某些因维权而产生的法律风险的重要性,并掌握某些基本规则。此外,通过本案例的学习,应培养学生通过调解等多元化的手段解决当事人之间纠纷的实际能力,掌握有关技巧。

课堂时间安排

本案例可以作为专门的案例教学课来进行讲授,整个案例的课堂授课可安排4课时,每课时45分钟。如下课堂设计,仅供参考。

1. 课前计划:安排学生阅读案例及相关参考资料,熟悉整个案例发展进程,针对案例中出现的问题进行思考。

2. 课中计划:(1)介绍教学目的,明确讨论主题;(2)分组讨论,回答各项思考题,讨论实践题的撰写要点;(3)小组代表发言,总结对相关问题的看法,其他小组进行辩驳;(4)教师进行引导性分析,并最终做归纳总结。

3. 课后计划:组织同学进行模拟法庭,让同学们在角色扮演中更深刻地体会案件的进展流程,并做进一步的思考与总结。

思考题与实践题

1. 思考题

(1)本案中,应适用哪国法律作为解决案件争议的准据法,为什么?

(2)债权转让应具备哪些法律要件?其在何种情况下对债务人发生法律效力?

(3)试分析本案中被告提供的《保证书》的效力,并说明原因。

(4)根据我国《海商法》的规定,航荣大连是否享有对货物的留置权?

(5)航荣大连留置大连宝洋水产公司的货物的行为,是否符合《海商法》所规定的"在合理限度内"这一规定?

(6)在海上货物运输合同纠纷等案件中,货物价值应如何确定?当事人对此应承担哪些举证责任?

(7)如果你是本案中二被告的代理律师,还应收集哪些证据材料?

(8)结合本案双方的争议焦点,思考作为律师撰写代理词应注意哪些要点。

(9)你是否认同本案一审法院判决,并说明理由。

(10)应如何撰写民事诉讼上诉状和上诉答辩状?

(11)对于运用调解手段解决民商事纠纷,你有哪些观点和建议?

2. 实践题

(1)如果你是本案原告的代理律师,请根据以上案情及证据,撰写《民事起诉状》。

(2)结合本案案情,就本案系争的涉嫌伪造的《保证书》,为原告撰写一份《司法鉴定申请书》。

(3)结合本案案情,分角色组织模拟法庭活动。

参考文献

1. 司玉琢:《海商法》,法律出版社 2012 年版,第 109~110 页。

2. 司玉琢:《海商法专论》,中国人民大学出版社 2010 年版,第 105 页。

3. 彭万林:《民法学》,中国政法大学出版社 2011 年版,第 347~352 页。

4. 谭兵、李浩:《民事诉讼法学》,法律出版社 2013 年版。

撰稿人|蒋跃川,大连海事大学法学院副教授

7 CASE 好又多管理咨询服务（上海）有限公司诉张家港好又多连锁超市有限公司等侵害商标权及不正当竞争纠纷案

| 摘　要 |

本案例以一起侵害商标权及不正当竞争纠纷案件为蓝本，涵盖知识产权调查取证阶段与审判阶段两个诉讼环节，涉及的执业技能内容包括知识产权律师如何进行保全证据公证以及如何撰写起诉状、上诉状与答辩状；涉及的实体问题和法律适用问题包括第35类"推销（替他人）"与商场、超市服务是否属于同类服务，商标侵权纠纷中相同或类似服务的认定标准以及最高人民法院《关于审理商标民事纠纷案件适用法律若干问题的解释》及《反不正当竞争法》相关规定的司法适用；涉及的证据和程序问题包括侵害商标权和不正当竞争纠纷案件的证据收集、审查与认定以及起诉状与上诉状的撰写等问题。本案例对于解决类似侵害商标权及不正当竞争纠纷案件具有参考意义。

| 关键词 |

民事诉讼　商标侵权　不正当竞争　相同或类似服务的认定　保全证据公证

| 教学目标 |

着重让学生把握四方面内容：（1）在调查取证阶段，律师接受当事人委托，在保全证据公证过程中应注意哪些事项；（2）律师如何根据事实，运用现有证据撰写起诉状（上诉状），最大限度地维护当事人的利益；（3）在商标侵权纠纷中，商品或服务是否相同或类似应如何认定？相关立法与司法解释应如何解读？（4）在不正当竞争纠纷中，《反不正当竞争法》第2条的原则性规定在何种情况下可以作为判决的直接依据？

教学案例主文

一、引言

(一)好又多管理咨询服务(上海)有限公司概况

好又多管理咨询服务(上海)有限公司(以下简称上海好又多公司)成立于2003年3月31日,注册资本500万美元,经营范围为企业管理咨询、企业投资开发咨询、经济信息咨询、科技咨询、商场规划、建设、装潢的咨询。上海好又多公司及其关联公司在多种商品和服务类别上以“好又多”为核心组成部分注册了多个商标,并在广州市、深圳市、湛江市、中山市、佛山市、成都市、上海市、苏州市、杭州市、武汉市、厦门市、合肥市、昆明市等35个城市开展百货超市经营业务,各地上百家超市均冠有“好又多”名称。

2000年5月14日,四川省宜宾宜金实业公司经核准注册了第1397620号商标,核定服务项目为第35类“推销(替他人)”。2003年6月7日,四川省宜宾宜金实业公司将该商标转让给四川诚达鞋业有限公司。2004年8月28日,四川诚达鞋业有限公司将该商标转让给上海好又多公司。2010年6月21日,该商标办理了续展手续,注册有效期自2010年5月14日至2020年5月13日。

(二)张家港好又多连锁超市有限公司与刘念龙签订合同概况

张家港好又多连锁超市有限公司(以下简称张家港公司)成立于2001年1月8日,注册资本为60万人民币,股东为徐乐飞和张丽芬,经营范围包括各类预包装食品、散装食品、百货、五金等。张家港公司的股东张丽芬申请注册了第3702299号注册商标,核定服务项目为张贴广告、广告传播、商业信息代理、成本价格分析、进出口代理、推销(替他人)、人员招收、订阅报纸(替他人)、会计、审计。该商标的有效期限为自2008年5月21日至2018年5月20日止。张家港公司表示张丽芬已授权其使用上述商标。

2009年11月18日,张家港公司(作为甲方)与刘念龙(作为乙方)签订《连锁商店协议书》,该协议书约定:甲方同意乙方在当地工商登记注册,位处广州市白云区永平街永泰十二领路26号兴建张家港市好又多连锁超市有限公司连锁店,使用张家港市好又多连锁超市有限公司的商号而依法经营;甲方负责授权乙方使用甲方注册的企业名称,在乙方当地以独立法人资格注册登记;甲方负责为乙方提供商标与公司的全套管理制度,并供应公司的品牌商品;甲方负责为乙方提供统一商店门面装饰,POP广告和宣传广告语,电脑与工作服、货架、塑料袋和带字样的一切耗材等;本协议有效期为5年,自2009年11月18日至2014年11月17日止等。2010年8月12日,刘念龙个体经营的广州市白云区同和好又多超市永泰店经核准注册成立,经营范围包括零售日用杂品、办公用品、工艺品、预包装食品等。

(三)上海好又多公司公证取证的情况

2010年11月15日,上海好又多公司的委托代理人在公证员的陪同下,在刘念龙个体经营的张家港市好又多连锁超市永泰店,对现场状况和在该超市购物所得的购物小票、购物发票及购物袋进行拍照。广东省广州市广州公证处为该购买行为公证并出具了(2010)粤穗广证内经字第131555号公证书。公证书所附图片显示,该店铺的门面、价格标签、宣传画、促销海报、购物袋上均有“好又多超市 张家港市好又多连锁超市(永泰店)”等字样,其中门店、价格标签、促销海报上“好又多”三字的字体与其他汉字字体明显不同且明显大于周围汉字。刘念龙表示其是张家港公司的被特许经营人,其店面装饰与宣传风格是由张家港公司统一策划和设计,其经营获得了张家港公司的合法授权,并提交了《连锁商店协议书》、商标注册证、张家港公司营业执照的复印件、授权书以及张家港公司其他加盟店的照片,张家港公司对刘念龙提交的证据的真实性无异议。

二、主体内容

(一)上海好又多公司的诉讼请求及理由

2010年12月27日,上海好又多公司起诉至广州市中级人民法院称:上海好又多公司及其关联公司(以下统称为好又多集团)是在中国大陆地区经营的百货连锁超市企业。经过多年经营,好又多集团在全国消费者心目中建立了良好的口碑,已成为行业排名前列的大型连锁超市。为保护自己的品牌,多年来好又多集团总计已在40类商品和服务上注册了超过70个商标。在好又多集团数十年的大力培育下,好又多品牌现已为公众所广为知悉,已具备驰名性。上海好又多公司发现刘念龙未经上海好又多公司许可,擅自在其字号中使用“好又多”

字样，且在其经营的超市擅自使用"张家港市好又多连锁超市""张家港市好又多连锁超市(永泰店)""好又多连锁超市""好又多超市"等名义，包括门面装饰、商品标签、宣传广告、塑料袋等处，且尤其突出其中的"好又多"字样，其行为构成了对上海好又多公司享有的注册商标专用权的侵犯，应承担相应的法律责任。经查刘念龙的工商登记资料，发现张家港公司与刘念龙签订有《连锁商店协议书》，约定张家港公司为刘念龙提供统一商店门面装饰，POP 广告和宣传广告语，电脑与工作服、货架、塑料袋和带字样的一切耗材等。张家港公司与刘念龙属共同侵权，应当为此承担连带的法律责任。张家港公司、刘念龙的行为给消费者造成了混淆误认，损害了好又多集团的商业信誉，不仅侵犯了上海好又多公司的注册商标专用权，而且构成对好又多集团的不正当竞争。据此，上海好又多公司提出如下诉讼请求：(1)判令刘念龙立即撤换和销毁侵犯上海好又多公司商标专用权的标识和用品，并不得在其经营活动中使用"好又多"字样和其他相关文字与图样；(2)判令刘念龙立即更改名称，去掉其中的"好又多"字样；(3)判令张家港公司、刘念龙不得以"好又多"字号发展加盟店；(4)判令张家港公司不得向其加盟店提供侵犯上海好又多公司商标专用权的标识和用品，并销毁已制造的库存标识和用品；(5)判令张家港公司、刘念龙共同赔偿上海好又多公司经济损失 210 万元；(6)本案的诉讼费用由张家港公司、刘念龙共同承担。

(二)张家港公司及刘念龙的答辩理由

张家港公司辩称：(1)上海好又多公司诉称的第 1397620 号注册商标至今既未被国家商标局认定驰名商标，亦未被任何人民法院以判例形式确认为驰名商标，因此，上海好又多公司无权禁止张家港公司在其企业名称中使用"好又多"字样作为字号。(2)张家港公司于 2001 年 1 月 8 日经苏州市张家港工商局依法核准设立，张家港公司对其企业名称的使用完全符合法律法规以及司法解释的相关规定，无任何侵犯上海好又多公司商标专用权的行为存在。上海好又多公司所拥有的第 1397620 号注册商标核准注册的服务范围为第 35 类"推销(替他人)"，而国家工商管理总局商标局在《关于国际分类第 35 类是否包括商场、超市服务问题的批复》中已指出"第 35 类的服务项目不包括'商品的批发、零售'，商场、超市的服务不属于该类的内容。"上海好又多公司及其关联企业在实际经营活动中从事的是日常生活用品的销售活动，而非为他人推销服务提供帮助和服务，上海好又多公司在超市的销售服务上并未取得过任何注册商标。张家港公司在销售活动中对"好又多"字样的使用仅仅是对字号的使用，由此产生的知名度是企业字号的知名度，而非第 1397620 号注册商标的知名度，故张家港公司的行为不构成商标侵权。

刘念龙辩称:(1)上海好又多公司的第1397620号商标品牌不具备驰名性,第1397620号商标未获得相关政府职能部门的认定,其提供的证据亦不足以证明该商标具有驰名性。(2)刘念龙是对企业名称和商标的正常使用,其服务不在上海好又多公司第1397620号商标保护范围内。刘念龙使用的是张家港公司授权的第3702299号商标和企业名称,该商标和企业名称均依法获准登记,受法律保护。刘念龙在合理的范围内使用商标和企业名称,与上海好又多公司的商标不产生混淆。(3)刘念龙是张家港公司的特许经营商,是被特许经营。2010年2月底,刘念龙被特许经营的永泰店得以正式开业,根据《连锁商店协议书》的约定,刘念龙经营活动严格按照张家港公司提供的统一标准而进行。鉴于发生知识产权诉讼纠纷,刘念龙已经拆除好又多超市的相关标识,并停止了广州市白云区同和好又多超市永泰店的经营。因此,请求依法驳回上海好又多公司对刘念龙的诉讼请求。

三、尾部

法院审理情况

广东省广州市中级人民法院于2013年12月18日作出以下民事判决:(1)张家港公司停止突出使用“好又多”三字的不正当竞争行为。(2)张家港公司赔偿上海好又多公司经济损失15万元。(3)驳回上海好又多公司的其他诉求请求。宣判后,张家港公司不服一审判决,向广东省高级人民法院提起上诉。广东省高级人民法院于2014年6月26日作出终审判决。

教学指导手册

教学对象及目标

本案例供法律硕士案例教学使用,法学本科(大四)、民法学硕士、民事诉讼法学硕士也可以参酌试用。

本案例主要就律师在知识产权诉讼中从事的法律活动和商标侵权纠纷中相

同或类似服务的认定问题进行讲授。具体要解决的主要问题包括:(1)在调查取证阶段,律师接受当事人委托,在保全证据公证过程中应注意哪些事项;(2)在知识产权侵权诉讼中,律师应收集、提交哪些证据材料;(3)律师如何根据事实,运用现有证据撰写起诉状(上诉状),最大限度地维护当事人的利益;(4)在商标侵权纠纷中,商品或服务是否相同或类似应如何认定?相关立法与司法解释应如何解读?(5)《反不正当竞争法》第2条的原则性规定在何种情况下可以作为判决的直接依据?

教学内容

1. 在调查取证阶段,律师接受当事人委托,在保全证据公证过程中应注意哪些事项?

在知识产权诉讼的调查取证阶段,委托公证机关对证据进行公证保全是常用的取证手段。然而,司法实践中经常发生因当事人或公证人员的疏忽或经验不足,导致公证书在程序或实体上存在瑕疵,从而直接影响公证书的证明力的情况。因此,知识产权律师在接受当事人委托后,委托公证人员进行公证保全的过程中,应当注意以下几个问题:(1)公证证据保全的合法性。包括取证方式和取证行为人的合法性要求。申请人必须和保全事项之间有利害关系,知识产权律师应当有当事人的委托授权。(2)公证证据保全的真实性。在公证过程中应保证固定、提取和保存下来的公证证据和其客观存在的本来面目完全相符,对于侵权场景的保全,应由公证人员亲自对现场拍照、摄影,以保证拍摄结果的公正性和中立性,公证记录应完整、详细、客观。封存实物应由公证机构进行封存(不能直接由当事人自行保管)。(3)公证的地域性。一般情况下不应超越公证的地域性管辖规定。教师在授课中,应为学生提出基本的注意要点。

2. 在知识产权侵权诉讼中,律师应收集和提交哪些证据材料?

基于知识产权是无形财产的特点,在知识产权侵权诉讼中,律师除了应当提交一般民事诉讼的证据材料(包括起诉状、证明当事人主体资格的材料、当事人的授权委托书)外,还应当收集并提交其他证据材料:一是证明知识产权权属的真实性、合法性和有效性,著作权纠纷、商标权纠纷和专利权纠纷等几类纠纷其需要提供的权属证据有所不同,如在商标侵权纠纷中,应提交商标注册证或商标转让证等权属证明材料,对此教师应在授课中指明;二是证明被告人侵权行为的证据。一般情况下,通过保全证据公证的方式向法庭提供被告人侵权行为的证据。本案就是进行保全证据公证的典型案例。

3. 律师如何根据事实,运用现有证据撰写起诉状(上诉状),最大程度地维护当事人的利益?

一份优秀的起诉状除了应当符合基本格式要求后,在内容撰写方面还应该注意:(1)对事实的描述应当简明清晰,重点突出;(2)起诉理由部分应当逻辑清晰,法律适用恰当,并选择最有利于当事人的案由进行起诉。如在本案中,一审律师基于张家港公司的行为,起诉其既侵犯了上海好又多公司的商标权,同时构成不正当竞争,最大程度地维护上海好又多公司的权益,一审判决认定张家港公司构成不正当竞争;但与此同时,一审律师没有从“好又多”构成驰名商标的角度进行维权,从而导致一审判决无法认定张家港公司侵害了上海好又多公司的商标权。张家港不服一审判决,提出上诉后,应该如何抓住争议焦点,撰写上诉状,教师应引导学生进行分析、思考。

4. 在商标侵权纠纷中,商品或服务是否相同或类似应当如何认定?相关立法与司法解释应如何解读?

在审理侵害商标权的案件中,对所涉及的商品或服务是否相同或类似,是认定是否构成侵权行为的前提。最高人民法院《关于审理商标民事纠纷案件适用法律若干问题的解释》第12条规定,人民法院依据《商标法》第52条第1项的规定,认定商品或者服务是否类似,应当以相关公众对商品或者服务的一般认识综合判断;《商标注册用商品和服务国际分类表》《类似商品和服务区分表》可以作为判断类似商品或者服务的参考。尽管该解释明确了对于商品或者服务是否类似的认定应当以相关公众对商品或服务的一般认识综合判断,但是该条款具体如何操作,对于相同商品或服务的认定是否可以参照适用该条款,司法实践中尚未形成普遍做法。而本案正是适用该司法解释的典型案例。

本案的争议焦点之一在于“好又多”商标注册在第35类“推销(替他人)”项下,该项下的核定服务项目与张家港公司经营的超市服务是否为相同或类似服务。这里存在三种判断,一是二者为不同服务,二是二者为类似服务,三是二者为相同服务。三种判断各自的法律依据是什么?难点在哪里?不足之处是什么?选择何种认定结果更合适?教师应在授课中进行详细分析,引导学生进行深度思考。

5.《反不正当竞争法》第2条的原则性规定在何种情况下可以作为判决的直接依据?

《反不正当竞争法》第2条规定,经营者在市场交易中,应当遵循自愿、平等、公平、诚实信用的原则,遵守公认的商业道德。本法所称的不正当竞争,是指经营者违反本法规定,损害其他经营者的合法权益,扰乱社会经济秩序的行为。这一规定通常称为一般条款。由于一般条款的高度概括性和抽象性,其内涵外延具有一定的不确定性,因此通常不直接适用于具体案件中。

本案中上海好又多公司提出张家港公司构成不正当竞争,一审法院予以支持,其支持的法律依据是什么?是否能够适用上述《反不正当竞争法》第2条的规定?授课教师应当根据《反不正当竞争法》的内容与立法意旨,结合当下的市场经济环境和司法实践的趋势,引导学生进行分析。

课堂时间安排

本案例可以作为专门的案例教学课来进行,整个案例课的课堂安排6个课时,每课时45分钟。

如下课堂设计,仅供参考。

1. 课前计划:安排学生阅读案例及相关参考资料,对案例所涉及问题进行思考,初步撰写实践题答案。

2. 课中计划:(1)介绍教学目的,明确讨论主题;(2)分组讨论,回答各项思考题,讨论实践题的撰写要点;(3)小组代表提出撰写要点,学生讨论和分析;(4)教师归纳总结。

3. 课后计划:布置学生对实践题答案进行修改完善,并根据对案例的学习体会,自选角度撰写一篇小论文。

思考题和实践题

1. 思考题

(1)上海好又多公司可向何地法院提起诉讼?

(2)上海好又多公司可以委托何地的公证处进行公证取证?需要向公证处提供何种材料?

(3)为了证明张家港公司的侵权行为,上海好又多公司应当向法院提交哪些证据材料?

(4)法官在审查上海好又多公司诉讼主体资格的时候应该注意哪些问题,查看哪些证据?

(5) 张家港公司与刘念龙之间存在何种法律关系?

(6)如果你是上海好又多公司的诉讼律师,为证明"好又多"商标为驰名商标,应提供哪些证据?

(7)列举法官在认定商标侵权行为时,可能运用到的法条。

(8)判定商品或服务类似时应考量的因素包括哪些?

(9)《商标注册用商品和服务国际分类表》和《类似商品和服务区分表》在认定商品或服务相同或类似时所起的作用是什么?

(10)《类似商品和服务区分表》第八版与第九版对第35类的规定,在内容上有何变化,对本案有何影响?

(11)实践中商场与超市服务商标一般如何进行注册?

(12)国家工商行政管理总局商标局于2004年8月13日作出《关于国际分类第35类是否包括商场、超市服务问题的批复》的法律效力如何?

(13)《反不正当竞争法》第2条的规定在何种情况下可以直接作为案件判决的依据?

2. 实践题

(1)如果你是上海好又多公司的代理律师,请描述公证取证的步骤及注意事项。

(2)如果你是张家港公司的代理律师,请为其撰写二审上诉状。

(3)针对以上上诉意见,如果你是上海好又多公司的代理律师,请为其撰写答辩状。

(4)如果你是二审法院的审判员,请你根据双方当事人的上诉事实和理由,撰写二审判决书。

(5)请根据以上案件信息,分析在商标侵权纠纷中,商品或服务是否相同或类似应当如何认定。

参考文献

1. 孔祥俊:《知识产权保护的新思维——知识产权司法前沿问题》,中国法制出版社2013年版。
2. 孔祥俊:《商标与不正当竞争法——原理和判例》,法律出版社2009年版。
3. 王莲峰:《商标法学》,北京大学出版社2013年版。
4. [美]本杰明·卡多佐:《司法过程的性质》,商务印书馆2005年版。
5. 吴非:《从35类是否包括商标、超市服务看〈尼斯分类〉第九版的变化》,载中华人民共和国国家工商行政管理总局研究中心工商研究工作网,2012年2月16日访问。
6. 中国人民大学知识产权与研究中心,中国人民大学知识产权学院编:《知识产权国际条约集成》,清华大学出版社2011年版。

撰稿人 | 陈胜蓝,暨南大学法学院讲师

8 CASE 腾讯科技(深圳)有限公司等与上海虹连网络科技有限公司等著作权侵权及不正当竞争纠纷案

| 摘　要 |

在本案中,被告虹连公司和我要公司共同开发的彩虹显 IP 软件,在运行过程中修改原告(腾讯科技有限公司和腾讯计算机系统有限公司)享有著作权的 QQ 客户端软件,侵犯了两原告对 QQ 客户端软件的著作权项下的修改权,引发纠纷而形成诉讼。本案例涉及的实体问题包括软件著作权人的修改权内容、侵犯著作权权行为判定、不正当竞争构成要件等。本案例对于解决其他软件著作权、网络侵犯知识产权案件具有参考意义。

| 关键词 |

侵犯软件著作权案　不正当竞争　著作权　修改权

| 教学目标 |

着重让学生把握以下几个方面的内容:(1)通过本案,准确理解有关不正当竞争的实体法规定、论证逻辑和判定过程,并能够熟练地运用相关理论知识分析实际案例;(2)透彻理解著作权相关理论,尤其是侵犯计算机软件修改权的判定方法;(3)初步具备在诉讼中提出请求、答辩等应诉能力;(4)准确理解民事诉讼一审和二审的有关程序法规定,熟悉民事诉讼各环节中诉讼当事人的任务和应当遵循的规则。

教学案例主文

一、一审环节

(一)一审法院(武汉市江岸区人民法院)认定事实

一审法院经审理查明:

腾讯科技公司开发了 QQ 即时通讯软件(以下简称 QQ 软件),并作为原始权利人就该软件的涉案版本在国家版权局进行了计算机软件著作权登记。2005 年 7 月 1 日,腾讯科技公司将 QQ 软件及其各升级版本授权腾讯计算机公司在腾讯网(www.qq.com)进行运营,同时将上述软件的著作权在不排除腾讯科技公司使用的情况下,授权给腾讯计算机公司专有使用。

2008 年年初,虹连公司针对腾讯 QQ 软件开发了彩虹显 IP 软件,并在其开办的网站 www.caihong.com 提供该软件的官方免费下载。我要公司参与了彩虹显软件的后期开发和运营,并为该软件的官方网站提供服务器等物质支持。彩虹显 IP 软件系完全针对腾讯 QQ 软件开发的一款软件,主要功能在于改变 QQ 软件用户上线时具有的隐身功能(简称显隐身)和显示在线好友的 IP 地址及地理位置(简称显 IP)。

中南财经政法大学知识产权司法鉴定所《司法鉴定意见书》及相关分析意见表明:(1)在未安装 QQ 软件的情况下,彩虹显软件无法独立运行,它必须要"依附"于腾讯 QQ 软件运行,只有安装了腾讯 QQ 软件,彩虹显 IP 软件才能在其基础上运行。(2)彩虹显软件修改了 QQ 软件的 19 处目标程序指令。(3)彩虹显软件在前述修改腾讯 QQ 软件目标程序的基础上,实现了"显 IP"、"显隐身"功能,从而破坏了腾讯 QQ 软件的隐 IP,隐身功能。(4)彩虹显 IP 软件在人机界面上加入提示,将"彩虹显"界面附着于 QQ 软件界面上。彩虹显软件在 QQ 软件界面设置中勾选"去除 QQ 侧边全部按钮"等设置选项,使用户可选择关闭 QQ 软件原有的侧边按钮等显示功能。

许子华于审理中自认:其在个人开办的网站 www.itmop.com 上提供彩虹显 IP 软件的下载服务。

继与虹连公司合作开发运营彩虹显 IP 软件后,我要公司又于 2009 年年初在 www.caihong.com 上对外发布了其开发的与 QQ 软件类型相同的即时通信交友软件“彩虹2009”。

两原告为制止涉案侵权行为支出了公证费7000元、鉴定费18000元、律师费10万元等费用。

(二)当事人意见及理由

原告腾讯科技公司、腾讯计算机公司诉称:腾讯科技公司开发了QQ软件,对该软件享有著作权及其他相关权益。腾讯科技公司授权腾讯计算机公司在其网站提供软件官方下载等经营活动。被告虹连公司和我要公司共同开发的彩虹显IP软件,在运行过程中修改QQ客户端软件,侵犯了两原告对QQ客户端软件的著作权项下的修改权。彩虹显IP软件作为QQ软件的挂接程序,用显示QQ好友IP地址、物理地址,显示隐身好友等功能,引诱用户下载、安装,部分彩虹显IP软件版本还捆绑了商业插件或进行商业推广,以这种“搭便车”手段从事经营行为,属于不正当竞争行为。被告我要公司和虹连公司对其共同侵权行为,均应承担相应的侵权责任。被告许子华在其开办的网站上为彩虹显IP软件设立下载链接,客观上造成对两原告侵权结果的扩大,应承担停止侵权的责任。两原告请求判令:(1)被告许子华立即停止在www.itmop.com上提供彩虹显IP软件的下载服务;(2)被告虹连公司和我要公司立即停止侵犯两原告计算机软件著作权的行为及不正当竞争行为;(3)被告虹连公司和我要公司在全国性媒体上向两原告公开道歉;(4)被告虹连公司赔偿两原告经济损失人民币50万元;(5)被告我要公司与虹连公司承担连带赔偿责任;(6)由三被告承担本案的全部诉讼费用。

被告许子华辩称:www.itmop.com上确实提供了彩虹显软件的下载服务,但系免费下载,没有商业利益。且因彩虹显IP软件被控侵权,该网站已经停止提供该软件的下载服务。

被告虹连公司、我要公司辩称:(1)虹连公司和我要公司的彩虹显IP软件并未修改QQ客户端软件的程序和文档,修改的只是QQ软件运行时载入用户电脑内存中的数据,不属于著作权法意义上的修改行为,不应认定为侵犯QQ软件的修改权。(2)彩虹显IP软件实现的是显IP、显隐身等QQ软件不具备的拓展功能,二者不具有竞争关系。彩虹显IP软件的功能特点决定了其用户必须成为QQ软件的用户,故其不可能分流QQ软件的客户,反而增加了QQ软件对用户的吸引力。彩虹显IP软件是完全免费的软件,从未捆绑商业插件进行商业推广,没有损害原告的合法权益、经济利益和竞争优势,因此不构成对原告的不正当竞争。

(三)一审法院审理意见

本案的争议点在于:彩虹显IP软件是否侵犯QQ软件的修改权、被告的行为是否构成不正当竞争。

1.关于被告是否侵犯了原告的修改权的争议

(1)从两原告所享有的著作权的权利内容进行分析,腾讯科技公司作为QQ软件的开发者,享有该软件作品著作权的人身权和财产权;腾讯计算机公司作为QQ软件的被许可使用人,享有该软件作品著作权的财产权,但不享有人身权。由于两原告在本案中共同主张修改权被侵犯,而修改权属著作权之人身权范畴,故应由腾讯科技公司享有该权利,而腾讯计算机公司不享有该项权利,故不享有对此项权利的主张权。

(2)被告虹连公司和我要公司开发并传播的彩虹显IP软件,依附挂接QQ软件运行,于运行中替换了QQ软件所调用的微软系统文件,使其主功能文件导入后修改了QQ软件的目标程序,本案虽因腾讯科技公司及腾讯计算机公司拒绝提交源程序进行鉴定而未能确认腾讯QQ源程序是否被修改,但由于计算机程序包括源程序和目标程序,无论是对源程序的修改或是对目标程序的修改,均构成对同一计算机程序的修改。因此,虹连公司和我要公司对腾讯QQ软件目标程序的修改行为,侵犯了腾讯QQ软件作品的修改权。

被告虹连公司和我要公司为其商业目的,恶意开发、传播彩虹显IP软件,其未经许可修改QQ软件程序的行为,侵犯了原告腾讯科技公司的著作权之修改权,应共同承担停止侵犯著作权、赔礼道歉、赔偿损失、支付合理开支的侵权法律责任。

彩虹显IP软件是侵犯原告腾讯科技公司QQ软件修改权的侵权软件,被告许子华在其开办的个人网站上为该侵权软件提供下载服务,属于帮助被告虹连公司和我要公司实施侵犯著作权的共同侵权行为,构成对原告腾讯科技公司著作权的共同侵权,应当承担停止侵犯著作权的法律责任。

2.关于被告是否构成不正当竞争的争议

(1)双方是否存在竞争关系的争议。本案双方当事人的经营证照表明,双方均为从事计算机软硬件开发、销售的经营者,市场地位平等,经营范围相同或相近,属同类或同业经营者。同时,本案所涉腾讯QQ软件和彩虹显IP软件,在双方将其提供给互联网用户使用的环境下,其本身所具有的实用性功能以及双方为实现该功能所进行的维护,更使双方具有了从事商品经营和服务的特性,而案涉彩虹显IP软件依附腾讯QQ软件运行并改变其功能的特性,使本案双方当事人形成了特定的、具体的即“一对一”的市场竞争关系。虹连公司和我要公司关于双方当事人不存在竞争关系的抗辩,一审法院不予支持。

(2)被告的行为是否构成不正当竞争。腾讯QQ软件作为用于满足互联网用户即时通信、交流需要的产品和服务,经过腾讯科技公司和腾讯计算机公司多年来不断的努力,已经拥有了庞大的QQ用户群,取得了巨大的市场占有率。虹连公司和我要公司为其商业目的,利用已经取得的市场成果,将自己的彩虹显IP软件依附或"捆绑"于腾讯QQ软件运行之,使腾讯科技公司、腾讯计算机公司经过长期努力而拥有的用户群体,轻松成为自己的潜在客户,这种以不付出实质性正当努力而"搭人便车"的行为,有违我国《反不正当竞争法》中自愿、平等、公平及诚实信用原则,构成对腾讯科技公司、腾讯计算机公司的不正当竞争。

同时,虹连公司和我要公司为了提高自己的市场影响力,将彩虹显IP软件"搭上QQ便车"后,还实施了攻击QQ运行程序,破坏QQ隐IP、隐身功能的手段,使腾讯QQ所具有的用户隐私保护功能遭到破坏,致那些具有隐身意愿的QQ用户在不知情的情况下,被动地显现了自己的IP地址和物理位置。虹连公司和我要公司的此种竞争方式和手段,有违正当的竞争法则和基本的商业道德,损害了腾讯科技公司、腾讯计算机公司和QQ用户的利益,构成对腾讯科技公司、腾讯计算机公司的不正当竞争。

而且,我要公司紧随其后向互联网用户推出与腾讯QQ即时通讯软件基本相同的"彩虹2009"即时通信软件,印证了前述不正当利用腾讯科技公司、腾讯计算机公司市场成果获取竞争优势行为的商业目的。

再则,从"彩虹显工P-360安全版"的下载安装过程及安装完毕后的状态可以认定,虹连公司和我要公司所称的"合作推出",实质是将该版本的彩虹显软件与360安全卫士软件产品进行捆绑下载。此捆绑下载行为与彩虹显官方网站的推送广告行为,均表明即便彩虹显软件的下载行为无须付费,虹连公司、我要公司亦可从该软件运行的其他途径中谋取商业利益,进一步证实了彩虹显IP依附腾讯QQ运行具有现实商业利益。虹连公司和我要公司主张其行为不构成不正当竞争的抗辩理由不成立,原审法院不予支持。

(四)一审法院判决

一审法院依照《民事诉讼法》第128条,《著作权法》(2001年修正版)第48条、第58条,《计算机保护条例》第2条、第8条第3项、第23条第5项,《反不正当竞争法》第2条、第20条的规定判决:

1. 自本判决生效之日起,被告许子华立即停止提供彩虹显IP软件下载的侵犯原告腾讯科技(深圳)有限公司的腾讯QQ计算机软件著作权的行为。

2. 自本判决生效之日起,被告上海虹连网络科技有限公司、上海我要网络发展有限公司立即停止使用彩虹显 IP 软件侵犯原告腾讯科技(深圳)有限公司的腾讯 QQ 计算机软件著作权的行为。

3. 自本判决生效之日起 30 日内,被告上海虹连网络科技有限公司、上海我要网络发展有限公司在全国性报刊上对彩虹显 IP 软件侵犯原告腾讯科技(深圳)有限公司的腾讯 QQ 计算机软件著作权的行为公开道歉(致歉内容须经法院审核,逾期不执行,法院将公告判决书主要内容)。

4. 自本判决生效之日起 15 日内,被告上海虹连网络科技有限公司、上海我要网络发展有限公司共同赔偿原告腾讯科技(深圳)有限公司因著作权被侵犯所受经济损失及为制止侵权所付合理费用合计人民币 30 万元。

5. 自本判决生效之日起,被告上海虹连网络科技有限公司、上海我要网络发展有限公司立即停止利用彩虹显 IP 软件对原告腾讯科技(深圳)有限公司、深圳市腾讯计算机系统有限公司实施的不正当竞争行为。

6. 自本判决生效之日起 15 日内,被告上海虹连网络科技有限公司、上海我要网络发展有限公司共同赔偿原告腾讯科技(深圳)有限公司、深圳市腾讯计算机系统有限公司因不正当竞争行为所受经济损失及为调查该不正当竞争行为所付合理费用合计人民币 20 万元。

7. 驳回原告腾讯科技(深圳)有限公司、深圳市腾讯计算机系统有限公司的其他诉讼请求。案件受理费人民币 8800 元,由被告上海虹连网络科技有限公司、上海我要网络发展有限公司共同负担。鉴定费人民币 22000 元,由被告上海虹连网络科技有限公司、上海我要网络发展有限公司各负担 11000 元。

二、二审环节

(一)上诉人诉讼请求及理由

虹连公司、我要公司不服原审判决,向本院提出上诉,请求:(1)撤销武汉市江岸区人民法院(2009)岸知民初字第 4 号民事判决第一项至第六项;(2)改判驳回被上诉人的全部诉讼请求。

其上诉理由是:(1)一审判决对彩虹软件修改内存运行数据行为的性质认定错误,据此判定上诉人侵犯被上诉人 QQ 软件的修改权超出著作权法调整的范围;(2)一审判决认定上诉人构成不正当竞争理由牵强;(3)一审判决的赔偿数额 5 万元无相应的证据支持且明显过高。

（二）被上诉人答辩意见

腾讯科技公司、腾讯计算机公司于二审开庭审理中当庭口头答辩：一审判决认定事实清楚，适用法律正确，判决赔偿的数额得当。据此，请求本院依法判决：(1)驳回两上诉人的全部上诉请求，维持(2009)岸知民初字第4号民事判决；(2)本案的诉讼费用由两上诉人承担。

许子华于二审开庭中当庭口头答辩：服从一审判决。

（三）二审法院（武汉市中级人民法院）认定事实及审理意见

二审法院（武汉市中级人民法院）经审理查明，一审法院查明的事实属实，应依法予以确认。二审法院（武汉市中级人民法院）认为：

1. 关于上诉人是否侵犯了被上诉人的修改权的争议

虹连公司和我要公司共同开发的彩虹显 IP 软件在 QQ 进程中删除 QQ 部分指令语句、补充彩虹软件的指令语句、改变 QQ 软件目标程序固有流程、结构、顺序、组织、原有函数的应用等，致 QQ 软件 19 处目标程序发生改变。彩虹显 IP 软件所改变的，正是 QQ 软件目标程序中必备的相关代码、指令及其顺序。虹连公司和我要公司针对 QQ 软件进行开发彩虹显 IP 软件的行为，依照《计算机软件保护条例》第8条第1款第3项的规定，构成对 QQ 软件目标程序的修改，侵犯了 QQ 软件著作权人腾讯科技公司对其软件作品的修改权。一审法院对此认定正确，依法应予维持。

两上诉人上诉称彩虹显软件仅修改 QQ 软件运行时载入内存中的数据而未修改存储在计算机硬盘上 QQ 软件的目标程序的意见，既与《计算机软件保护条例》第3条第1项的规定不符，也与软件目标程序的功能原理及运行机理不符。计算机软件的功能通过计算机程序的运行实现，功能的改变是计算机程序改变的外在表现形式。正是由于彩虹显软件修改了 QQ 软件目标程序，才导致 QQ 软件的部分功能缺失或发生变化。两上诉人关于其行为不构成侵犯 QQ 软件作品修改权的理由及相关上诉请求，本院不予支持。

2. 关于上诉人是否构成不正当竞争的争议

(1)两上诉人与两被上诉人的工商营业执照表明，双方的经营范围相同或相近，属同类或同业经营者。同时，彩虹显 IP 软件依附腾讯 QQ 软件运行并改变其功能的特性，使双方形成了特定的市场竞争关系。

(2)腾讯 QQ 软件经两被上诉人多年的努力，已经拥有庞大的腾讯 QQ 用户群，取得一定的市场占有率。虹连公司和我要公司为其商业目的，针对腾讯 QQ 软件开发出自己的彩虹显 IP 软件，并寄生于腾讯 QQ 软件，将自己的彩虹显 IP

软件依附于腾讯QQ软件运行,分享了腾讯科技公司、腾讯计算机公司经过长期努力而拥有的用户资源。虹连公司和我要公司以彩虹显IP软件寄生运行这一方式,改变了腾讯QQ软件的隐IP,隐身功能,致具有隐身意愿的腾讯QQ用户在不知情的情况下,被动地显现了自己的IP地址和物理位置,有可能导致该部分客户弃用腾讯QQ软件,分离了腾讯QQ软件的客户群。虹连公司和我要公司合作推出的"彩虹显工P-360安全版"下载安装,实质是将该版本的彩虹显软件与360安全卫士软件产品进行捆绑下载。该行为既是对自己软件产品的推广行为,又是对他人产品的捆绑促销行为。彩虹显IP软件产品的开发目的、结果及软件产品的功能和运行方式均表明,两上诉人利用该软件的寄生功能,分享腾讯QQ软件的潜在市场,分离腾讯QQ软件用户,捆绑搭售促销获利。上述行为未经腾讯QQ软件权利人的许可,是搭腾讯QQ软件"便车"、傍腾讯QQ软件品牌的行为。基于两上诉人与两被上诉人之间的同业竞争关系,两上诉人的行为违反了诚实信用原则,对两被上诉人构成不正当竞争。一审法院对此认定正确。两上诉人主张其行为不构成不正当竞争的理由与事实不符,该上诉请求本院不予支持。

(四)二审法院判决

二审法院根据《民事诉讼法》第153条第1款第1项的规定,判决如下:

1. 驳回上诉人上海虹连网络科技有限公司和上诉人上海我要网络发展有限公司的上诉,维持原判决。

2. 二审案件受理费人民币17600元,由上诉人上海虹连网络科技有限公司和上诉人上海我要网络发展有限公司备自负担8800元。

3. 本判决为终审判决。

教学指导手册

教学对象及目标

本案例供法律硕士案例教学使用,法学本科(大三)、知识产权法学硕士也可以参酌试用。

本案例主要就计算机软件著作权的相关实体问题及不正当竞争的判定问题

进行讲授。本案的教学目标与预期教学效果包括:(1)使学生通过本案准确理解有关不正当竞争的实体法规定、论证逻辑和判定过程,并能够熟练地运用反不正当竞争法、著作权法、计算机软件保护条例、民法等相关理论知识分析实际案例;(2)使学生能够更加透彻理解有关著作权的相关理论,包括著作权的客体、内容、取得方式、利用和法律保护,尤其是计算机软件修改权的含义以及侵犯计算机软件修改权的判定方法;(3)通过模拟诉讼的过程,使学生初步具备在诉讼中提出请求、答辩等应诉能力;(4)使学生准确理解民事诉讼一审和二审的有关程序法规定,熟悉民事诉讼各环节中诉讼当事人的任务和应当遵循的规则。

教学内容

1. 未经授权的第三方软件对主程序软件权利人修改权的侵犯

我国《计算机软件保护条例》第 8 条第 3 项规定:“修改权,即对软件进行增补删节,或者改变指令、语句顺序的权利。”同时《计算机软件保护条例》第 16 条第 3 项规定:“软件的合法复制品所有人享有下列权利:……(三)为了把该软件用于实际的计算机应用环境或者改进其功能、性能而进行必要的修改;但是,除合同另有约定外,未经该软件著作权人许可,不得向任何第三方提供修改后的软件。”

当前网络技术条件下主要包括三种类型的第三方软件:修改型第三方软件、系统拦截型第三方软件、封包拦截型第三方软件。

本案中,被告虹连公司和我要公司开发并传播的彩虹显 IP 软件,依附挂接 QQ 软件运行,于运行中替换了 QQ 软件所调用的微软系统文件,使其主功能文件导入后修改了 QQ 软件的目标程序,本案虽因腾讯科技公司及腾讯计算机公司拒绝提交源程序进行鉴定而未能确认腾讯 QQ 源程序是否被修改,但由于计算机程序包括源程序和目标程序,无论是对源程序的修改或是对目标程序的修改,均构成对同一计算机程序的修改。本案中的彩虹显 IP 软件是典型的修改刑第三方软件,且未经主程序软件权利人的授权。被告虽然是为了“改进功能、性能”的合法目的而修改了主程序软件的源代码,但是其将第三方软件在网络平台发布并提供其他用户下载的行为是违法的,因此其满足特定目的也不能成为其行为侵权的阻却性事由,因而从精神权利上讲,第三方软件侵犯了软件著作权人的修改权。

随着信息技术的发展,对于如本案中 QQ 软件那样主要通过网络方式传播的软件,侵害软件修改权的司法认定不应仅局限于传统上对计算机程序或有关文档的比对,还应考虑到软件与互联网等网络环境的互动关系以及信息技术的发展导致计算机软件侵权纠纷呈现的新趋势。在法律适用上,本案未将《计算机软件保护条例》第 8 条中关于"修改权"的定义仅理解为对源程序或目标程序静态的修改,而是综合考虑了修改的具体行为、手段与修改后的技术效果、功能等因素,将本案中的行为纳入软件著作权人修改权的调整范围。

2. 著作权人的权利内容与利用

著作权同时包括人身权与财产权。著作人身权是著作权原始主体享有的与其人身不可分离的非财产性权利,具有无期限性、不可分离性、不可剥夺性等特征。其主要包括发表权、署名权、修改权、保护作品完整权等权利。

著作财产权是指著作权人享有的利用或者许可他人利用其作品并获得报酬的权利,主要包括复制权、发行权、出租权、展览权、表演权、放映权、广播权、信息网络传播权、摄制权,改编权、翻译权、汇编权及其他权利。

著作权利用是指著作权人利用或者授权他人利用其版权作品以获得相应的报酬或者收益的法律行为。常见的著作权利用形式有著作权转让、著作权许可使用、著作权抵押等。

本案中,腾讯科技公司将 QQ 软件及其各升级版本的著作权在不排除腾讯科技公司使用的情况下,授权给腾讯计算机公司专有使用,此种利用方式是典型的非专有许可使用。

著作权许可使用是指著作权人授权他人以法律规定的方式、在一定的时期和一定的地域范围内商业性使用其作品的行为。许可使用的权利又分为专有使用权和非专有使用权。专有使用权是一种独占的、排他性的权利,在合同的有效期限内,著作权人既不再将合同约定的权利授权给第三人使用,自己也不能使用;非专有使用权则可以将约定的权利再许可第三人使用,但不排除原始权利人自己的使用。

3. 计算机软件著作权的保护

我国《计算机软件保护条例》第 14 条规定,软件著作权自软件开发完成之日起产生。

自然人的软件著作权,保护期为自然人终生及其死亡后 50 年,截至自然人死亡后第 50 年的 12 月 31 日;软件是合作开发的,截止于最后死亡的自然人死亡后第 50 年的 12 月 31 日。法人或者其他组织的软件著作权,保护期为 50 年,截至软件首次发表后第 50 年的 12 月 31 日,但软件自开发完成之日起 50 年内未发表的,本条例不再保护。

当存在侵犯著作权的行为时,著作权人有权采取相应措施并请求侵权人承担法律责任。在有著作权许可使用者的情况下,被许可人对第三人侵犯自己权益的行为,有权根据著作权许可使用合同,以自己的名义向侵权人提起诉讼。但要求保护的权利仅限于许可使用合同中被许可人享有权利的范围。本案中,腾讯科技公司作为 QQ 软件的开发者,享有该软件作品著作权的人身权和财产权;腾讯计算机公司作为 QQ 软件的被许可使用人,享有该软件作品著作权的财产权,但不享有人身权。由于两原告在本案中共同主张修改权被侵犯,而修改权属著作权之人身权范畴,故应由腾讯科技公司享有该权利,而腾讯计算机公司不享有该项权利,故不享有对此项权利的主张权。

4. 本案中第三方软件不正当竞争行为的判定

(1)判定本案的第三方软件与主程序软件开发者间是否存在竞争关系。竞争关系是取得经营资格的平等市场主体之间在竞争过程中形成的社会关系。于本案而言,由于计算机软件具有作品和产品的双重属性,其程序和文档作为对设计思想的表达成为著作权法意义上的作品,其实用性功能则作为产品在进入流通领域后具有了商品的属性。两原告及被告虹连公司、我要公司的经营范围表明,双方均为从事计算机软硬件开发、销售的经营者,市场地位平等,经营范围相同或相近,属同类或同业经营者。同时,本案所涉 QQ 软件和彩虹显 IP 软件,在双方将其提供给互联网用户使用的环境下,其本身所具有的实用性功能以及双方为实现该功能所进行的维护,更使双方具有了从事商品经营和服务的特性,而涉案彩虹显 IP 软件依附 QQ 软件运行并改变其功能的特性,进一步使双方形成了特定的、具体的即"一对一"的市场竞争关系。因此,可以认定本案的第三方软件与主程序软件开发者间存在竞争关系。

(2)判定本案中被告的行为是否属于不正当竞争。QQ 软件作为用于满足互联网用户即时通信、交流需要的产品和服务,经过两原告多年来不断的努力,已经拥有了庞大的用户群,取得了巨大的市场占有率。被告虹连公司和我要公司为其商业目的,利用两原告已经取得的市场成果,将自己的彩虹显 IP 软件依附或"捆绑"于 QQ 软件运行之,使两原告经过长期努力而拥有的用户群体,轻松成为自己的潜在客户,这种以不付出实质性正当努力而"搭人便车"的行为,有违我国《反不正当竞争法》中自愿、平等、公平及诚实信用原则,构成对两原告的不正当竞争。同时,被告虹连公司和我要公司为了提高自己的市场影响力,还实施了攻击 QQ 软件运行程序,破坏 QQ 软件隐 IP、隐身功能的手段,使 QQ 软件所具有的用户隐私保护功能遭到破坏,致那些具有隐身意愿的用户在不知情的情况下,被动地显现了自己的 IP 地址和物理位置。两被告的此种竞争方式和手段,有违正当的竞争法则和基本的商业道德,损害了两原告和 QQ 软件用户的利益,构成对两原告的不正当竞争。而且,被告我要公司紧随其后向互联网用户推出与 QQ 软件功能基本相同的"彩虹 2009" 即时通信软件,印证了前述不正当利用原告市场成果获取竞争优势行为的商业目的。再则,从"彩虹显 IP-360 安全版"的下载安装过程及安装完毕后的状态可以认定,虹连公司和我要公司所称的"合作推出",实质是将该版本的彩虹显软件与 360 安全卫士软件产品进行捆绑下载。此捆绑下载行为与彩虹显官方网站的推送广告行为,均表明即便彩虹显软件的下载行为无须付费,虹连公司、我要公司亦可从该软件运行的其他途径中谋取商业利益,进一步证实了彩虹显 IP 依附 QQ 软件运行具有现实的商业利益。因而,被告虹连公司和我要公司的行为构成对两原告的不正当竞争。

课堂时间安排

本案例可以作为专门的案例教学课来进行,整个案例课的课堂安排 3 个课时,每课时 45 分钟。如下课堂设计,仅供参考。

1. 课前准备:(1)提前一周将本案例正文以纸质材料或电子版形式发给学生,要求学生在课前即已熟知基本案情及主要争议点。(2)要求学生在课前进行分组,分为一审审判组、二审审判组、原告组、被告组,各组结合案例材料找出各诉讼当事人在本案中存在的问题。(3)将启发思考题在课前发给学生,要求学生在阅读案例正文时对这些启发思考题进行初步思考。

2. 课中计划:(1)老师简介基本案情,明确各小组任务。(0.5 课时)(2)各小组发言,发言顺序为:原告组、被告组、一审审判组、二审审判组。发言应围绕案例主要争点以及启发思考题展开。(1 课时)(3)各小组辩论。(1 课时)(4)老师作总结发言。(0.5 课时)

3. 课后计划:要求学生将课堂发言、讨论、总结的内容整理成书面材料,对本案例涉及的主要法律问题进行梳理、归纳。

思考题

1. 著作权的客体包括哪些内容?
2. 法律对一般作品著作权的规定与对计算机软件著作权的规定有哪些异同?
3. 著作权的利用形式有哪些?本案中,腾讯科技公司将 QQ 软件及其各升级版本授权给腾讯计算机公司专有使用,属于什么性质的利用形式?

4. 当前侵犯软件著作权的方式有哪些?侵犯软件著作权的第三方软件主要有哪些类型?
5. 著作权的修改权含义是什么?属于财产权还是人身权?结合本案谈谈一审被告的行为是否侵犯了原告的修改权。
6. 辨析著作权的“修改权”与“保护作品完整权”。
7. 简述知识产权领域的“搭便车”现象;论述不正当竞争的构成要素;结合本案论述被告的行为是否属于“搭便车”的不正当竞争行为。
8. 运用著作权法、民事诉讼法相关理论,结合本案的具体案情,分析腾讯计算机公司是否为适格原告?

参考文献

1. 刘春田:《知识产权法》,高等教育出版社、北京大学出版社2009年版。
2. 王迁:《论软件作品修改权——兼评“彩虹显案”等近期案例》,载《法学家》2013年第1期。
3. 刘有东:《论作品修改权》,载《现代法学》2010年第3期。
4. 张占江:《不正当竞争行为的认定的逻辑与标准》,载《电子知识产权》2013年第11期。

撰稿人|刘华,华中师范大学教授

9
CASE

奇虎科技诉腾讯科技等滥用市场支配地位案

| **摘　要** |

本案例讨论反垄断民事诉讼中垄断行为的认定与原被告举证责任的配置等实体法与程序法问题。案例以北京奇虎科技有限责任公司与深圳腾讯科技有限公司等之间发生的反垄断案为标本，围绕反垄断民事诉讼程序的相关环节展开，既涉及相关市场的界定、市场支配地位与滥用市场支配地位的认定等实体问题，也涉及案件管辖、原被告举证责任的分配和证明标准等程序问题，还涉及被告具有市场支配地位及滥用市场支配地位等相关证据的收集与采信等证据问题。本案例对于解决其他反垄断案件具有重大参考意义。

| **关键词** |

反垄断案　民事诉讼　滥用市场支配地位　代理律师技能　证据收集　证明标准

| **教学目标** |

本案例要求学生通过对一场看似胜券在握的反垄断诉讼案中原告败诉原因的分析，重点学习以下内容：(1)如何确定合理的诉讼请求；(2)如何撰写起诉状、答辩状，如何撰写代理词；(3)作为原告或被告的代理律师，如何收集各类相关证据；(4)在反垄断民事诉讼中，举证责任如何分配，如何确定己方的最低举证责任；(5)掌握滥用市场支配地位此类反垄断民事诉讼案的重点与难点。

教学案例主文

一、引言

该案被舆论界称为“中国互联网反垄断第一案”。[1] 原告北京奇虎科技有限公司与被告腾讯科技（深圳）有限公司、深圳市腾讯计算机系统有限公司均为国内知名的互联网大公司，两者间为争夺互联网用户而展开了所谓的“3Q大战”，从2010年到2014年，两家公司上演了一系列互联网之战，且相互间以对方为被告，分别在广州和北京提起了一系列诉讼。本案是其中赔偿额最高、影响最大的一起案件。

二、原被告双方的基本情况

原告北京奇虎科技有限公司（以下简称奇虎公司）创立于2005年9月，为一家互联网安全软件与互联网服务公司，2011年3月30日正式在纽约证券交易所挂牌交易，旗下拥有360安全卫士、360杀毒、360安全浏览器、360安全桌面、360手机卫士等系列产品。据第三方数据统计，截至2013年6月底，360的PC端产品和服务的月活跃数达到4.61亿，360产品的用户渗透率达到96%；使用360手机卫士的智能手机用户总数已达约3.38亿，市场渗透率近70%；360浏览器的月度活跃用户达到3.3亿，用户渗透率近69%，在国产浏览器中处于领先地位；360个性化起始页和其子页面的日均独立访问用户为1.14亿人，日均点击量约为5.9亿次；奇虎推出具有自主知识产权的搜索引擎服务，稳定拥有18%以上的市场份额，成为中国搜索市场的重要参与者。[2]

第一被告腾讯科技（深圳）有限公司成立于1998年11月，经营范围包括计算机软、硬件的设计、技术开发、销售（不含专营、专控、专卖商品及限制项目）、数据库及计算机网络服务及国内商业、物资供销业（不含专营、专控、专卖商

[1] 新浪科技专题：“中国互联网反垄断第一案”，http://tech.sina.com.cn/z/360qq2013/，最后访问日期：2014年8月11日。

[2] 资料来源于奇虎360官网，http://www.360.cn/about/index.html，最后访问日期：2014年8月10日。

品),是目前中国最大的互联网综合服务提供商之一,也是中国服务用户最多的互联网企业之一。2004 年 6 月 16 日,该公司在香港联交所主板公开上市。通过即时通信 QQ、微信、腾讯网(QQ. com)、腾讯游戏、QQ 空间、无线门户、搜搜、拍拍、财付通等网络平台,腾讯打造了中国最大的网络社区之一,满足互联网用户沟通、资讯、娱乐和电子商务等方面的需求。截至 2012 年 12 月 31 日,QQ 即时通信的活跃账户数达到 7.982 亿,最高同时在线账户数达到 1.764 亿。[3]

第二被告深圳市腾讯计算机系统有限公司是 QQ 即时通讯软件的实际运营人,QQ 即时通讯软件的著作权人是腾讯科技(深圳)有限责任公司(以下为表述便利,将两被告人简称为腾讯公司),两被告共同运营 QQ 即时通讯软件。

三、争议案件的基本情况

2010 年 10 月 29 日,一款名为“360 扣扣保镖”的“安全工具”发布,软件的开发商奇虎公司称,该软件能曝光 QQ 在用户不知情的情况下扫描用户电脑、偷窥用户个人隐私文件和数据,侵犯用户隐私的行为,扣扣保镖具有“给 QQ 体检”“帮 QQ 加速”“清 QQ 垃圾”“去 QQ 广告”“杀 QQ 木马”“保 QQ 安全”和“隐私保护”等功能,并屏蔽了腾讯 QQ 中的部分软件功能。腾讯公司很快发表了《关于 360 公司推出非法外挂的严正声明》,否认了奇虎公司的上述指控,并谴责扣扣保镖是“通过外挂手段对 QQ 的多项功能进行破坏,严重影响 QQ 软件的安全和完整服务”。

11 月 3 日,腾讯公司再次发出了《致广大 QQ 用户的一封信》,称奇虎公司“破坏腾讯公司的正常运营”,腾讯不得不做出“一个非常艰难的决定”,在 360 公司停止对 QQ 进行外挂侵犯和恶意诋毁之前,将在装有 360 软件的电脑上停止运行 QQ 软件。腾讯公司的这一决定,迫使同时安装了 QQ 和 360 软件的用户进行二选一式的抉择。虽然该方案只实际执行了 15% 左右,但在国内还是引起了轩然大波。

2010 年 11 月 5 日上午,工信部、互联网协会等部门开会讨论此事的应对方案。随着政府部门的介入,双方冲突得到化解。奇虎公司于 2010 年 11 月 10 日宣布 QQ 和 360 已经恢复兼容,并在官方网站发布名为《QQ 和 360 已经恢复兼容 感谢有您!》的公告;腾讯公司于 2010 年 11 月 21 日发布了名为《和你在一起》的致歉信。

---

〔3〕 资料来源于腾讯官网,http://www. tencent. com/zh - cn/at/abouttencent. shtml,最后访问日期:2014 年 8 月 10 日。

2011年10月12日,奇虎公司正式向广东省高级人民法院起诉腾讯公司,诉腾讯公司逼迫用户在360与QQ软件之间“选边站队”,妨害了市场竞争,构成了滥用市场支配地位,同时提出了以下具体诉讼请求:(1)请求法院判令两被告停止滥用市场支配地位的垄断民事侵权行为,包括但不限于停止限定QQ软件用户不得和原告交易、在QQ软件中捆绑搭售安全软件产品等行为;(2)请求法院判令两被告连带赔偿原告经济损失人民币1.5亿元;(3)请求法院判令两被告向原告赔礼道歉,其具体形式包括两被告在其网站QQ.com连续10日刊登经原告认可的道歉声明,以及要求被告在《人民日报》《电脑报》等平面媒体连续3日刊登经原告认可的道歉声明;(4)请求法院判令两被告承担原告为维权而支付的合理开支,包括调查费、公证费、律师费等共计100万元;(5)请求法院判令两被告承担本案所有诉讼费用。

广东省高级人民法院经审理查明,因互联网即时通讯领域对资金和技术的要求不高,每年都有大量的经营者进入,相关产品种类众多,用户选择余地大。对于奇虎公司主张的“QQ软件的市场份额为76.2%”,最主要证据是艾瑞咨询公司出具的报告,而该报告中涉及的统计产品范围与法院认定的商品市场范围存在差异,其未将手机和平板电脑终端、微博和SNS社交网站等纳入统计范围,且将地域界定在了中国大陆。法院审理后认为,由于原告对本案相关产品市场界定错误,其所提供的证据不足以证明被告在相关产品市场上具有垄断地位,故于2013年3月20日作出判决,驳回原告全部诉讼请求。

四、原被告双方的争议焦点

综合原、被告双方当事人的诉辩意见,本案争议焦点主要集中于三个方面:(1)相关市场如何界定;(2)被告在相关市场上是否具有支配地位;(3)被告是否滥用市场支配地位以排除、限制竞争。

(一)相关市场如何界定

原告认为本案相关商品市场为集成了文字、音频及视频等综合功能的即时通讯软件及其服务市场,相关地域市场为中国内地的综合功能的即时通讯软件及服务市场。其主要依据是:

1. 腾讯控股有限公司在香港证券交易所发布的中文招股说明书记载,与SMS、电子邮件和电话相比,作为一项增值通信服务,即时通信为用户提供跨平台和跨终端设备的沟通、能够侦测并及时发布用户的在线状态、能够获取用户资料及保存好友名单、能够进行密切而隐秘的沟通等独有的功能。

2. RBB 经济咨询公司[4]所作的《关于奇虎 360 与腾讯反垄断纠纷的经济分析报告》记载，和即时通讯相比，短信服务和电话服务为收费的服务，它们推广渠道不同而且共同属性有限；根据整个时间段的每周有效使用时间数据，即时通讯软件和社交网络软件没有明显的相关性；虽然没有关于微博产品的数据，但是报告制作者注意到欧盟竞争法委员会在微软/Skype 垄断案中，没有考虑社交网络或微博是否构成即时通讯产品的替代品；文字、音频及视频即时通讯的唯一区别在于通讯媒介，由于替代的非对称性，消费者只会用综合功能的即时通讯软件替代单一功能的即时通讯软件而非相反，故后者也仅可能成为综合即时通讯产品市场之外的市场。

3. CNNIC[5]出具的《中国即时通讯用户调研报告（2009 年度）》记载，即时通信产品已经拥有巨大的用户资源，且用户流失率较低，用户依赖程度较高；文字聊天依然是即时通信用户使用最多的功能，但随着即时通信软件功能的增多，这一比例较即时通信初期有所减少，而语音、视频等服务使用比例逐步增加；从使用功能上看，即时通信软件的平台作用已经呈现，50.2% 的即时通信用户通过即时通信软件登陆其他服务，这意味着即时通信已经成为其他服务推广的有效工具；作为互联网三大基础服务之一的即时通信对于用户的黏性较高，近六成的即时通信用户上网就登录即时通信工具。

4. 艾瑞咨询集团出具的《中国即时通讯行业发展报告简版（2009 - 2010 年）》记载，即时通讯在中国已经历了 11 年的发展历程，目前已成为用户覆盖最为广泛、使用最为频繁的网络服务之一。

被告则认为相关市场上提供即时通讯服务的产品非常多，其他互联网产品和服务亦可实现即通服务功能，原告故意采用过窄的标准来划分和界定本案相关商品市场范围，使被告产品的市场地位被明显高估远远超出原告界定的“相关商品市场”范围。其依据是：

（1）有众多其他软件具有和 QQ 相同或类似的功能。如“Windows Live Messenger 2009”“百度 Hi”“人人桌面”“网易 POPO”“新浪 UC 2010 SP1 版”“网易 CC”“阿里旺旺”“i Speak 7.1”“嘟嘟 1.1.15.38”“沃友”“飞信”等软件，具有添加好友、即时聊天、文件传输、语音聊天、视频聊天等功能。

（2）电子邮箱也具有即时发送信息等功能。如雅虎邮箱、163 网易免费邮

---

[4] 英国的经济咨询公司，为客户提供各个经济领域竞争法律的咨询建议。

[5] 中国互联网络信息中心的简称，是经国家主管部门批准，于 1997 年 6 月 3 日组建的管理和服务机构，行使国家互联网络信息中心的职责。

箱、139邮箱、Gmail邮箱等。

(3)微博，如新浪微博，也具有即时聊天、发送图片、发送文件、发送语音消息等功能。

(4)手机即时通讯市场也有众多软件，如“360口信”“米聊”“Youni”“微友”“飞聊”“飘信V5”“几米”“YY语音”等。上述软件都可以在两部手机之间进行文字聊天、图片发送等。

(5)周鸿祎[6]在新浪博客中发表过文章“360的未来是什么”，这篇博文可以证明，免费软件平台推广产品和服务、获取盈利是互联网平台企业通行的商业模式，即时通讯、搜索、安全都可以成为平台，平台之间存在竞争关系；《财富》封面文章“Facebook vs. Google Battle for the Future of the Web”，证明Google作为搜索领域的领导者，利用其搜索平台积累的用户迅速向SNS市场扩张，互联网企业的竞争实质上是平台的竞争。

(二)被告在相关市场上是否具有支配地位

原告认为被告在相关市场上具有支配地位，其主要依据是：

1. 艾瑞咨询集团出具的《中国即时通讯年度监测报告简版(2010－2011年)》记载，艾瑞咨询2010年即时通讯市场监测数据显示，腾讯公司在整体市场的份额占到76.2%，保持绝对的领先地位；CNNIC出具的《中国即时通讯用户调研报告(2009年度)》记载，IM软件用户渗透率中腾讯QQ/TM为97.4%，排在第二位的飞信仅为20.5%；根据易观智库的分析，从市场格局来看，累积账户数前三名分别是手机QQ、手机飞信、手机MSN，其市场份额分别为58.3%、27.7%和9.5%；根据易观国际发表的《2008年第二季度中国即时通讯市场季度监测报告》，腾讯QQ活跃账户数达到3.41亿，以80.2%的市场份额排名首位。

2. 被告具有控制交易的条件，根据RBB经济咨询公司所作的《关于奇虎360与腾讯反垄断纠纷的经济分析报告》，在奇虎公司与腾讯公司纠纷发生的当月即2010年11月，腾讯公司的市场份额相较前一月下降了1.1%，这和典型的季节性变化没有太大区别，表明腾讯公司的竞争对手很难抢走其市场份额，这个市场中的拓展壁垒偏高。此外，能够降低产品/服务质量但其用量不受影响，说明腾讯公司可以自由运作，这构成其在即时通讯市场具有支配地位的直接证据。

3. 被告能够阻碍、影响他人进入相关市场，RBB经济咨询公司所作的《关于奇虎360与腾讯反垄断纠纷的经济分析报告》记载，腾讯公司特有的产品组合

[6] 周鸿祎，奇虎360科技有限公司董事长。

构成进入和拓展壁垒。在某种程度上而言,因为消费者认为腾讯公司的即时通讯产品和服务与其他竞争对手的产品和服务有区别,竞争对手可能发现他们的产品难以吸引即时通讯用户,从而拓宽市场占有率,这也进一步增强了腾讯公司的市场支配力。由于开发一系列具有竞争力的附加产品和服务组合既昂贵又费时,同时也需要大量用户形成网络效应,腾讯公司明显的市场领先地位构成了进一步的进入和拓展壁垒。

被告抗辩主张即时通讯服务市场竞争激烈,可替代性高,进入门槛低。其依据主要包括:

1. 腾讯 QQ 面临着激烈的竞争。发表于 2008 年 9 月 25 日的《从飞信到 SNS,中国移动进军互联网之路,悬乎》文章认为,易观国际最新发布的第二季度即时通讯市场季度监测报告显示,中国移动的飞信以 15.7% 的市场占有率一举超过 MSN,仅次于腾讯 QQ,位居第二;微博客与即时通信、博客、社交网站用户的高度重合,将对其他社交网络应用市场产生较大影响,《新京报》网站登载的《新浪微博提升群功能挑战 QQ》的文章称,新浪微博近日提升了其微博的群功能,使这一产品在性能上与 QQ 的差距进一步缩小。[7]

2. 腾讯 QQ 并不具有不可替代性。据网易科技报道,2010 年 11 月 7 日凌晨消息,在 QQ 与 360 的冲突不断升级之后,微软 Windows Live Messenger 成为网友考虑的 QQ 替代品之一;[8] eNet 进行的如果 QQ 收费的调查结果显示,在参与调查的人当中,6.69% 的人表示将付费继续使用腾讯 QQ;81.71% 的人表示将不交费,将转用其他的即时软件;4.60% 的人表示不交费,并且不再使用即时软件;7.00% 表示现在就没有用 QQ。[9] 从调查的结果来看,绝大多数的人不愿意付费使用腾讯 QQ,QQ 并没有不可替代性。

3. 即时通讯新产品不断涌现。2011 年 1 月 21 日,腾讯推出“微信”;4 月 11 日,盛大移动 IM“Youni”发布;4 月 20 日,imo 运营中心推出“尚易 imo”;5 月 25 日,互联网服务商 Oray 正式发布“图度 Talk2. 0Beta 版”;6 月,苹果公司推出即时通信软件“iMessage”;8 月 5 日,中国联通“沃友”上线;8 月 29 日,360 安全中心推出“口信”;9 月 28 日,中国移动推出“飞聊”工具;10 月 18 日,中国电信推出“翼聊”;10 月 20 日,网易发布了“网易即时通”。一时间,跨平台、跨运营商、

[7] http://www.bjnews.com.cn/finance/2011/01/13/97742.html,最后访问日期:2014 年 8 月 11 日。

[8] “微软 MSN 推出导入 QQ 好友功能”,http://tech.163.com/10/1107/01/6KRNGMON000915BF.html,最后访问日期:2014 年 8 月 11 日。

[9] “如果 QQ 全员收费,81% 的用户将不再使用”,http://news.zol.com.cn/2002/0509/40463.shtml,最后访问日期:2014 年 8 月 11 日。

发送语音短信、视频、图片等模式更加清晰地展现在用户面前。

（三）被告是否滥用市场支配地位

原告认为，被告在取得市场支配地位后，存在滥用其市场支配地位的行为。其主要依据是：

1. 被告存在限制交易行为。（1）腾讯公司在2010年10月27日发表《反对360不正当竞争及加强行业自律的联合声明》，呼吁广大同行不与360发生任何形式的业务合作。（2）在2010年11月3日《致广大QQ用户的一封信》中称，在360公司停止对QQ进行外挂侵犯和恶意诋毁之前，决定将在装有360软件的电脑上停止运行QQ软件。（3）进入腾讯QQ2010网页后，可见以下内容："尊敬的QQ空间用户，QQ空间不支持360浏览器访问"并登载有"关于腾讯公司软件服务与360软件不兼容的声明"，内容为："近期360软件强制推广并胁迫用户安装非法外挂'扣扣保镖'，该外挂劫持了QQ的安全模块并严重破坏QQ的正常服务，近日来大量用户投诉反映360浏览器下QQ空间和空间应用无法正常使用，甚至空间内容被破坏。为保障用户利益，请您立即卸载360软件来保证QQ空间的正常运行。点击此处马上卸载"。（4）在奇虎推出WEB QQ客户端后不久，腾讯就关闭了WEB QQ入口。

2. 被告存在搭售行为。安装腾讯QQ2010正式版SP2的过程显示，腾讯QQ2010安装有自定义安装与快捷方式选项。其中自定义安装选项包括了安装QQ工具栏及中文搜搜、安装QQ拼音输入法、安装QQ音乐播放器，快捷方式选项包括桌面、快速启动栏，并没有QQ软件管理的提示，但QQ软件管理未经授权已经安装进入用户系统，该软件具有"系统清理、软件升级、卸载"等维护系统的功能。腾讯软件中心产品大全包括了IM、QQ电脑管家等软件；2010年中秋节假期，众多QQ用户发现QQ软件附带的"QQ软件管理"和"QQ医生"自动升级为"QQ电脑管家"；下载运行"腾讯QQ2010""360扣扣保镖"软件后，"QQ软件管理"会自动进入"腾讯QQ2010"系统。

被告则认为，原告在本案中指控被告实施的有关行为合理合法，不构成垄断。主要依据是：

1. 北京市朝阳区人民法院（2010）朝民初字第37626号民事判决书记载，腾讯公司、腾讯计算机公司作为原告，指控被告奇虎公司、奇智软件（北京）有限公司、北京三际无限网络科技有限公司实施不正当竞争。北京市朝阳区人民法院审理认为，奇虎公司等通过"360隐私保护器"及网络言论对腾讯公司、腾讯计算机公司实施了不正当竞争行为，判决奇虎公司等侵权行为成立。奇虎公司、北京三际无限网络科技有限公司不服该一审判决,向北京市第二中级人民法院提起上诉,该院经审理后作出(2011)二中民终字第12237号民事判决,维持一审判决。

2. 来源于360安全中心、发布于2010年10月27日的《360为保护用户隐私遭腾讯打击报复》的文章称,通过360隐私保护器和微软的Process Monitor,奇虎公司掌握了充足的证据,可以证明QQ“安全模块”主要不是用于查杀木马,而是以内置近700款软件的“超级黑名单”方式,非法扫描和获取竞争产品的各种信息,形成对竞争对手的精确打击。奇虎公司在介绍“扣扣保镖”时称,“扣扣保镖”提供了“阻止QQ查看用户隐私文件”的功能,这是对360隐私保护器功能的进一步完善,用户开启这个隐私保护功能后,就能自动阻止QQ聊天程序对电脑硬盘隐私文件的强制扫描查看;“扣扣保镖”的另一个重要功能是给QQ加速,通过提供灵活的禁用和开启QQ各种插件的功能,可以让QQ启动程序变小,让QQ聊天加速。

3. 在计算机中安装“360安全卫士”软件时弹出“360安全卫士”对话框,宣称在360隐私保护器曝光QQ涉嫌偷窥用户隐私后,腾讯谎称QQ是用安全模块进行安全扫描,同时用假新闻和多次QQ全网弹窗打击报复360。奇虎公司称QQ所谓安全模块只是一个借口,实则是按“超级黑名单”方式,偷偷扫描用户硬盘,监控竞争对手,进而获取巨额利益。

五、原被告双方提交的主要证据

(一)原告提交的主要证据

原告为支持其主张,主要向法院提交了以下证据:

1.《国家版权局计算机软件著作权登记证书》、北京市方正公证处(2012)京方正内经证字第01627、01628、01629、01630、02118号《公证书》、北京市通信管理局ICP备案证书、原告工商营业执照,证明原告为360安全卫士软件的著作权人和运营人。

2.《国家版权局计算机软件著作权登记证书》、北京市高级人民法院(2007)高民终字第591号《民事判决书》,证明被告一为QQ软件著作权人,被告二为QQ软件实际控制人,两被告共同运营QQ即时通讯软件。

3. 经公证的来源于香港证券交易所网站的腾讯公司在香港发行股票的中文招股说明书、经公证的QQ会员收费信息,证明被告即时通讯的商业模式、即时通讯软件构成独立的相关市场以及被告在该市场中具有市场支配地位。

4. 艾瑞咨询集团出具的《中国即时通讯年度监测报告简版(2010—2011年)》和《中国即时通讯行业发展报告简版(2009—2010年)》、艾瑞公司介绍、北京市方正公证处(2011)京方正内经证字第06745号《公证书》,证明被告在相关市场的份额占76.2%,保持绝对领先地位;经公证的被告英文招股说明书和被告网站对艾瑞公司报告的引用,证明被告认可第三方艾瑞公司报告的真实性、权威性。

5. CNNIC出具的《中国即时通讯用户调研报告(2009年度)》、北京市方正公证处(2011)京方正内经证字第06746号《公证书》,证明被告即时通讯用户渗透率高达97.4%,其他即时通讯软件用户渗透率最高只有20%左右。

6. 北京市方正公证处(2011)京方正内经证字第12605号《公证书》、经公证的艾瑞公司2003年即时通讯市场研究报告,证明被告具有市场支配地位持续的时间较长,截至目前仍然具有市场支配地位。

7. 经公证的来源于腾讯公司网站主页的腾讯公司2010年财务年报、2011年中期报告、2011年第三季度公司财务报表,证明即时通讯为被告核心业务,被告财务实力强大,有能力进行交叉补贴;北京市方正公证处(2011)京方正内经证字第12561号《公证书》,证明腾讯利用强大财务实力,就与原告有竞争关系的产品,通过向用户直接赠送Q币、加速提高等级等各种形式进行交叉补贴。

8. 北京市方正公证处(2011)京方正内经证字第12602号《公证书》,证明被告试图封杀广告厂商蓝港在线,对下游厂商具有较强的控制力;经公证的优视网站关于腾讯签订排他性协议的声明,证明腾讯对交易者具有控制力;经公证的来源于国家知识产权局网站的检索结果,表明被告拥有大量专利,其技术实力强劲。

9. 北京市方圆公证处(2010)京方圆内经证字第24521号、25084号、25527号《公证书》、经公证的被告《致广大QQ用户的一封信》、被告致用户的第二封信、新浪网站的载文,证明被告限制其用户与原告进行交易,损害市场竞争;经公证的来源于腾讯公司网站的被告总裁马化腾的讲话,证明被告认可被告具有较高市场支配地位,被告滥用市场支配地位的目的是限制原告进入即时通讯市场。

10. 经公证的网络报道、网络用户发帖及在腾讯网站下载QQ软件的全过程,证明被告将QQ医生、QQ软件管家等与即时通讯软件进行捆绑搭售,损害竞争。

11. 原告对其损失的列表陈述,证明原告因被告的侵权行为遭受825845167.40元人民币的损失。

12. 经公证的被告公司客户服务录音、网络用户对腾讯限制交易的批评言论、腾讯延长会员服务记录,证明市场竞争秩序因被告限制竞争行为遭受严重损害。

13. 北京市金杜律师事务所发票,证明为遏制被告侵权行为,原告支付了合理的律师费。

14. RBB 经济咨询公司关于本案行为的经济分析报告、经公证的易观智库网站报道、腾讯网站报道,证明即时通讯构成相关市场,腾讯在该市场具有市场支配地位,并且其涉嫌滥用该支配地位。

15. 经公证的在被告网站下载即时通讯软件的记载,证明被告所提及的即时通讯软件大多数已经计入市场份额。

16. 经公证的腾讯网站登载的腾讯 QQ 说明,证明被告未将具有聊天功能的腾讯 QQ 邮箱视为即时通讯业务,即便将邮箱聊天纳入本案相关市场考察,腾讯的份额也远远超过网易,对其市场支配地位不会产生影响。

17. 经公证的新浪网站报道,证明新浪在其微博中推出即时通讯功能的时间点远远迟于被诉侵权行为发生时间,不影响被诉行为滥用市场支配地位的认定。

18. 经公证的腾讯网站报道,证明腾讯微博具有聊天功能。即便将网页微博聊天功能计入相关市场,由于腾讯微博的用户量巨大,不会影响腾讯市场支配地位认定。

19. 经公证的网站发布的腾讯 2011 年年报预报,证明腾讯的微博占有率领先,腾讯独有的跨平台整合能力,增加了用户黏性,体现其市场支配地位。

20. 经公证的网站发布的腾讯 2006—2011 年年报、经公证的网站发布的神州泰岳 2010 年年报以及 2011 年上半年年报,证明腾讯公司虽然用户增长率看似低于飞信,但其基数庞大,绝对用户数量的增长远远高于飞信,收入增速也大大高于飞信。

(二)被告提交的主要证据

被告为反驳原告的相关指控,主要向法院提交了以下证据:

1. 经公证的互联网站发布的具有即时通讯功能的产品的不完全罗列及产品的即通功能展示,证明在即时通讯服务领域内,能够提供即时通讯服务、满足用户即时通讯需求的产品非常多;即时通讯服务市场是一个高速发展、高度竞争的新兴市场,经营者进入该市场的方式和途径越来越多,目前很多互联网产品和服务都整合和增加了即时通讯服务功能,与传统的即时通讯软件服务商开展竞争、争夺用户。

2. 经公证的 App Store 和 Samsung Apps 社区网络软件分类中相关软件的信

息，证明在行业分类上通常将QQ与新浪微博、人人、YY、阿里旺旺等产品归类为社交类型的商品，QQ与新浪微博、人人、YY、阿里旺旺可以相互替代，具有竞争关系；根据CNNIC报告，即时通讯本质上是一种SNS服务。

3. 北京市方圆公证处(2012)京方圆内经证第07595号《公证书》，证明互联网企业竞争的实质就是平台竞争。企业之间争夺用户资源，通过积累用户、搭建平台来开展盈利业务，尽管产品和服务不同，但平台之间存在竞争关系。

4. 广东省深圳市深圳公证处(2012)深证字第14603、20675号《公证书》，证明飞信、阿里旺旺进入即时通讯市场后，迅速扩张取得较大的市场份额，YY语音进入即时通讯市场后的扩张速度超过了腾讯QQ，微博完善即时通讯功能后，与被告的即时通讯产品竞争加剧，故腾讯不具备阻碍、影响其他经营者进入相关市场并且进行迅速扩张的能力；微博、社交网络、即时通讯用户高度重合，微博和社交网站具有即时通讯功能，其用户之间可以依靠自身的即时通讯服务实现即时沟通，成为即时通讯服务市场的强有力的竞争者。

5. 广东省深圳市盐田公证处(2012)深盐证字第1066号《公证书》，证明即时通讯服务市场竞争激烈，产品的替代性很强，“3Q大战”期间MSN与腾讯QQ的竞争加剧。

6. 广东省深圳市深圳公证处(2012)深证字第14604号《公证书》，证明腾讯在相关市场内不具有控制交易价格的能力；“3Q大战”激化了即时通讯市场的竞争，MSN、飞信、新浪UC等其他即时通讯服务商借机抢夺QQ用户资源，用户随时可以用其他即时通讯工具替代QQ，腾讯没有排除和限制其他竞争对手的市场能力，没有控制交易数量的市场能力。

7. 广东省深圳市深圳公证处(2012)深证字第14605号《公证书》，证明即时通讯软件及服务市场产品竞争异常激烈，新的即时通讯产品层出不穷；市场主体竞争激烈，市场准入门槛低，互联网厂商(如网易、谷歌、盛大、360)、终端厂商(如苹果手机、诺基亚、黑莓)、软件商(如小米科技、尚易)、运营商(如中国联通、移动、电信)等各类市场主体都在争抢该市场。在这样的新兴市场中，由于科学技术发展迅速、产品更新换代快，行业竞争非常激烈，市场竞争充分，经营者很难取得市场垄断地位。

8. 广东省深圳市深圳公证处(2012)深证字第20676号《公证书》，证明美国即时通讯企业Facebook在短时间内实现了对雅虎、Myspace等互联网企业的超越，Google+对Facebook形成竞争压力；Facebook通过推出中文版网页参与中国地区的即时通讯市场的竞争，证明语言习惯不是即时通讯地域市场的阻碍因素。

9. 广东省深圳市深圳公证处(2012)深证字第24362号《公证书》，证明新浪微博作为即时通讯软件及服务市场重要竞争者,不到两年时间就获得了2亿的注册用户,加剧了相关市场内的竞争;手机端即时通讯软件繁多,竞争极其激烈。

10. 北京市方圆公证处(2010)京方圆内经证字第32025号《公证书》、北京市朝阳区人民法院(2010)朝民初字第37626号民事判决书,北京市第二中级人民法院(2011)二中民终字第12237号民事判决书及《人民法院报》评出“2011年度人民法院十大典型案件”,证明原告利用360安全卫士嵌入“隐私保护器”,并利用360安全卫士的弹窗内容、“360隐私保护器”及网络言论损害被告商业信誉和商品声誉,对被告实施不正当竞争行为,法院终审判决认定原告侵权行为成立。

11. 北京市方圆公证处(2010)京方圆内经证字第32021号《公证书》、32022号、32061号《公证书》、北京市方圆公证处(2011)京方圆内经证字第52755号《公证书》、广东省深圳市盐田公证处(2012)深盐证字第1431号《公证书》,证明扣扣保镖是专门针对QQ软件的非法外挂程序,唯一的功能就是劫持、破坏QQ软件的正常运行;扣扣保镖对QQ软件的破坏包括但不限于:删除QQ的广告及增值服务,屏蔽QQ为其他功能提供的入口服务,阻止QQ软件升级,劫持腾讯安全中心,窃取QQ的用户数据;被告不得已对嵌入扣扣保镖的360安全卫士实施不兼容。

12. 北京市方圆公证处(2010)京方圆内经证字第26705号《公证书》,证明原告侵权软件传播速度之快和传播范围之广,在短时间内给被告造成了巨大损害。

13. 广东省深圳市深圳公证处(2012)深证字第156285号《公证书》,证明整合软件管理功能,为用户提供一站式全面优质的服务是软件行业的惯例。

14. 广东省深圳市深圳公证处(2012)深证字第20677号《公证书》,证明2009年年底至2011年原告上市公司的营业收入、注册用户都迅猛增长,原告良好的经营业绩和财务数据证实原告不仅未遭受任何损失,更因其不正当竞争行为而获得了巨大利益。

15. 经公证的网易网站信息、经公证的新浪网站发布的2010年度财报、经公证的中国移动官方网站公布的2007年至2010年度业绩报告、经公证的YY网站信息,证明网易免费邮箱具有即时通讯功能,网易旗下邮箱的用户总数超过3.2亿;新浪微博具有即时通讯功能,新浪微博用户数过亿,发展十分迅速;飞信从2006年推出至今,始终处于高速发展的状态;近年来YY的发展非常快,综上,腾讯在相关商品市场中不具有市场支配地位。

16. 广东省深圳市盐田公证处(2012)深盐证字第1433号《公证书》,证明艾瑞、CNNIC报告的调查数据、计算方式与反垄断法规定不一样,不能据此认定腾讯具有市场支配地位。

17. 广东省深圳市盐田公证处(2012)深盐证字第1432号《公证书》,证明原告多次实施诋毁竞争对手及产品名誉、恶评竞争对手软件、恶意误导用户卸载竞争对手软件等不正当竞争行为,已被法院判决赔偿。

18. 经公证的网站登载的欧盟竞争委员会作出的编号 COMP/M. 6281—微软公司/Skype 案裁决书,证明腾讯 QQ 在本案相关市场不具备市场支配地位。

19. 艾瑞公司出具的说明,证明艾瑞报告调查的范围与本案相关商品市场的范围不同。

教学指导手册

教学目标

本案例主要就代理律师在反垄断民事诉讼中从事的法律活动和滥用市场支配地位的认定进行讲授。通过对一场看似胜券在握的反垄断诉讼案件中原告败诉原因的分析,着重要求学生掌握以下五方面的知识:(1)原告如何确定己方合理的诉讼请求;(2)如何撰写起诉状、答辩状,如何撰写代理词;(3)作为原告或被告的代理律师,如何收集各类相关证据;(4)在反垄断民事诉讼案中,原被告双方的举证责任如何分配,原被告如何确定其最低举证责任;(5)掌握滥用市场支配地位此类反垄断民事诉讼案的重点与难点。

教学内容

本案例的教学内容涉及反垄断民事诉讼中的程序问题、证据问题和实体问题,具体包括以下五个方面。

1. 反垄断民事诉讼中原被告的举证责任如何配置?

举证责任是民事证据的核心,是反垄断民事诉讼的重点之一,举证责任的分配对诉讼进程的推进和当事人权益有着重大的影响。但《反垄断法》没有反垄断民事诉讼的程序性规则,举证责任配置的主要依据是《民事诉讼法》和最高人民法院《关于审理垄断行为引发的民事纠纷案件应用法律若干问题的规定》。

在本案例教学中,教师应引导学生充分认识反垄断民事诉讼中举证责任分配的特点。反垄断民事诉讼的举证责任首先应遵循民事举证责任分配的一般性规定,即“谁主张,谁举证”;但由于反垄断纠纷与其他一般民事诉讼相比所具有的特殊性,反垄断民事诉讼也需要设置特殊的举证规则;且反垄断民事案件具有多样性,造成的损害通常具有分散性,须证明的要件大都较复杂、专业性强。

在此基础上,教师应进一步指导学生掌握滥用市场支配案件中原被告举证责任的分配。根据前述最高人民法院司法解释的规定,滥用市场支配地位的垄断案件原告的举证标准较为宽松,只需提出被告有涉嫌滥用的行为,再由被告证明自己行为的正当性,从而减轻了原告的举证负担。该司法解释还确立了“可反驳的推定”规则,规定被告对外发布的信息可作为其具有市场支配地位的证据,即将该类信息视为被告的“自认”信息,只要该类信息的内容通过经济学分析能够反映其竞争状况,法官即可推定其是否具有市场支配地位,这也减轻了原告的举证负担。

2. 律师如何充分行使调查取证权?

在民事诉讼中,原被告承担着主要的举证责任,因此需要作为代理人的律师积极收集相关证据,能否充分、妥当地行使此一权利,将直接影响到委托人的合法利益。在本案中,律师如何在不侵害对方合法权利、不泄露己方商业秘密的前提下,充分利用我国的民事诉讼证据规则,通过多种渠道,如申请法院调查取证、申请法院证据保全、申请专家证人或者申请进行司法鉴定等调查、收集证据,是担任本案诉讼代理的难点之一。本案中原告方在此方面尚未做出充分的努力。

由于本案属于涉及计算机软件的经济纠纷案件,如何利用 IT 行业及经济学领域的专家证人证言,也是从事本案代理的难点之一。本案中,原告方聘请了曾担任英国伦敦公平贸易局官员、现任欧洲 RBB 调研机构顾问的英国学者David 以及 RBB 调研机构职员余妍作为专家辅助人出庭,被告方聘请了中国社会科学院信息化研究中心秘书长姜奇平和中央财经大学法学院副教授吴韬作为专家辅助人出庭。在本案例教学中,教师应对如何解决上述难点问题向学生提出基本的注意要点。

3. 律师如何撰写起诉状、答辩状及代理词?

在民事诉讼中,代理律师的主要职责之一,就是撰写起诉状、答辩状及代理词。法律对起诉状、答辩状的格式与内容都有基本的要求,在撰写起诉状、答辩状时必须满足相关要求。起诉状的主要内容包括原被告的基本情况、诉讼请求、事实和理由等,答辩状则需要对原告在起诉状中所提出的主张进行反驳。起诉状的重点与难点在于如何确定合理的诉讼请求、如何讲清楚事实与理由。诉讼请求是否适当,直接关系到案件的胜败和结果,很多案件因为诉讼请求不当导致败诉。撰写答辩状应当注意的问题是,答辩要具有针对性,列举的证据要充分,答辩请求必须明确、具体、完整且合情合理。

撰写代理词是开庭前律师准备工作的最后工序与总结。代理词是代理人在法庭辩论阶段发表的借以全面表明代理意见的基本诉讼文书。它是代理人代表委托人全面阐述和论证自己一方所主张的事实和理由,提出对案件处理意见,以及反驳对方主张的辩论性文件。代理词的内容,因律师代理对象不同而不同。原告委托律师的代理词,主要阐明诉讼请求的事实根据、证据材料和法律依据,论证原告主张的权利与事实之间、权利与法律之间以及事实与法律之间的因果关系;被告委托律师的代理词,则着重阐明反驳原告起诉的事实和诉讼请求的依据与理由,对被告的主张进行充分的论证。律师撰写代理词应注意以下问题:(1)代理词的观点要正确、立论要鲜明,所有观点都必须有事实和法律依据;(2)根据案件具体情况,抓住争执点,针对关键问题,进行准确、详尽而深入的剖析;(3)证据要周密、推理要严谨;(4)语言要朴实、生动、有力,通俗易懂;(5)应当随着诉讼进程不断修改、充实和完善,适时作出适当的调整,抓住对方的弱点进行辩驳。

在本案例教学中,教师应就起诉状、答辩状及代理词的格式要求作具体讲解,提示学生注意撰写起诉状、答辩状及代理词时应特别注意的问题。

4. 律师如何在庭审中充分发挥其代理职能?

庭审是整个民事诉讼活动的核心阶段,也是律师参加全部诉讼活动的重心。在本案例教学中,教师应提示学生,作为一名代理律师,在庭审阶段应特别注意的问题:(1)在参加庭审前,应全面而仔细地阅读卷宗,对各项证据材料要熟稔于心,注意从中发现对己方有利与不利的证据材料;(2)在庭审过程中,要遵守法庭纪律,配合法庭做好庭审工作;(3)语言表达要清晰准确,发表意见要重点突出、说理充分;(4)应认真倾听对方的发言,敏锐捕捉对方发言中的破绽并予以必要的辩驳。

5. 如何认定当事人滥用市场支配地位?

反垄断案件通常都非常复杂,涉及宽泛的事实问题与艰涩的法律问题,还牵涉纷繁的经济问题,尤其是对滥用市场支配地位的认定。本案涉及反垄断法中关于滥用市场支配地位的相关规定,核心问题在于:(1)如何界定即时通讯产品的相关市场?(2)腾讯公司的QQ产品在相关市场中是否具有市场支配地位?(3)腾讯公司的行为是否构成滥用市场支配地位?

要解决腾讯公司是否具有市场支配地位、是否滥用市场支配地位,最关键的问题是需要准确界定"相关市场",而这不仅是一个法律问题,更是一个事实问题,需要利用多种经济测试手段确定,如2009年国务院反垄断委员会发布的《关于相关市场界定的指南》建议的"假定垄断者测试法",欧美国家采用的"SSNIP(Small but Significant Not-transitory Increase in Price)"方法等。在本案中,原告败诉的最主要原因就是其对"相关市场"的界定未能为法院所接纳,法院认为原告方无论是对相关市场中的产品范围还是对地域范围的界定都过于狭窄,从而无法准确反映出腾讯公司相关产品的市场地位。

虽然《反垄断法》第17条、第18条对是否具有市场支配地位、是否滥用市场支配地位等作出了解释并列举了应分析的具体因素,但在案件审理中欲确定腾讯公司是否具有市场支配地位、是否滥用市场支配地位,仍存在诸多不确定因素。在本案中,虽然原告方提供了大量证据试图证明被告具有市场支配地位并滥用其支配地位,但法院仍然认为其所提供的证据不足以证明被告在相关产品市场上具有垄断地位。

课堂时间安排与教学计划

本案例可以作为专门的案例教学课进行,整个案例课的课堂安排为6个课时,每课时45分钟。

本案例教学经由组织学生进行课堂讨论予以实施,具体安排如下:

1. 课前计划:(1)安排学生阅读案例资料,查阅相关参考文献;(2)对案例所涉及问题进行思考,草拟实践题答案。

2. 课中计划:(1)介绍教学目的,明确讨论主题;(2)分组讨论,回答各个思考题,讨论实践题的撰写要点;(3)小组代表提出撰写要点,学生讨论和分析;(4)教师归纳总结。

3. 课后计划:要求学生进一步思考代理律师在反垄断诉讼活动中的职能,以及如何充分发挥其职能。

思考题与实践题

1. 思考题

(1)反垄断案件立案应具备哪些条件,本案是否具备立案条件?

(2)反垄断诉讼中适格原被告如何确定?

(3)在反垄断诉讼中如何确定管辖法院?本案中原告为何向广东省高级人民法院提起诉讼?

(4)反垄断诉讼中原被告双方的举证责任如何分配、转移?

(5)实施垄断行为者应承担何种民事责任?本案中原告要求被告承担赔偿损失、赔礼道歉的法律依据是什么?

(6)实施垄断行为者的赔偿责任范围如何确定?本案中原告提出的1.5亿元赔偿额是否具有相应的法律依据,是否合理?

(7)与其他传统行业相比,互联网行业反垄断执法具有什么特殊性?

(8)你认为原告提交的证据材料是否确实、充分,足以令被告滥用市场地位的指控成立?如果你是原告的代理律师,你是否还会收集、提交新的证据材料?

(9)你认为被告提交的证据材料是否足以驳回原告的相关指控?如果你是被告的代理律师,你是否会收集、提交新的证据材料?

(10)本案中法院一审判决结论是否正确,证据是否确凿,理由是否充分?

2. 实践题

(1)如果你是本案中原被告的代理律师,在庭审开始前需要做哪些准备工作?请根据以上案情,编写一份工作计划。

(2)结合本案案情,分别为原被告撰写起诉状、答辩状。

(3)结合本案案情,为原被告方撰写代理词。

(4)请根据以上案件信息,分析腾讯公司的行为是否构成滥用市场支配地位。

参考文献

1. 王晓晔:《反垄断法》,法律出版社2011年版。
2. 时建中:《反垄断法——法典释评与学理探源》,中国人民大学出版社2008年版。
3. 邹亚莎、李亚:《反垄断民事诉讼中的举证责任分配》,载《法律适用》2014年第2期。
4. Adrian Emch、梁勇:《反垄断民事诉讼中的举证责任分配》,载《电子知识产权》2013年第5期。
5. 周政:《奇虎诉腾讯滥用市场支配地位案评析》,湖南大学2013年硕士学位论文。
6. 刘旭:《奇虎诉腾讯滥用市场支配地位案中的市场支配地位认定》,载《电子知识产权》2013年第4期。

7. 何培育、钟小飞:《论滥用市场支配地位行为的法律规制》,载《重庆邮电大学学报》(社会科学版)2011 年第 2 期。

撰稿人｜钟立国,广东财经大学法学院教授

10 CASE 宏远公司诉东亚地产申请实现担保物权案*

| 摘 要 |

本案例以一起真实的申请实现担保物权案件为蓝本,主要围绕实现担保物权特别程序的适用问题展开讨论,其中涉及申请适用的前提条件、管辖法院、代理律师的诉讼策略、法院审查要点、最高额抵押担保、抵押权变更登记等较为棘手的实务问题。同时,引导读者衍生思考金融机构向非金融机构转让债权的效力认定这一尚有争议的问题。通过案例的分析与讲授,使读者能够理解并综合运用民事诉讼法、物权法、担保法以及金融法规政策的相关规定。同时,本案例对于办理其他实现担保物权案件也具有一定的参考价值。

| 关键词 |

实现担保物权　最高额抵押担保　金融债权转让　民事权益纠纷

| 教学目标 |

让学生学习和掌握以下知识技能:(1)担保物权的实现方式;(2)申请实现担保物权特别程序的适格主体;(3)实现担保物权特别程序案件的管辖法院;(4)实现担保物权特别程序适用的前提条件;(5)实现担保物权特别程序中代理律师的诉讼策略;(6)实现担保物权特别程序中法院的审查原则;(7)申请实现担保物权特别程序需要准备的材料;(8)实现担保物权申请书的写作格式和要点;(9)最高额抵押的基本特征及其转让问题,并引导学生衍生思考金融机构将金融债权向非金融机构转让的效力问题等。

---

* 为保护当事人隐私起见,文中对当事人、受理法院的名称(姓名)等皆作了技术处理。

教学案例主文

一、案件背景

2012年修订的《民事诉讼法》首次增加了“实现担保物权特别程序”的相关规定。据此，担保权人以及其他有权请求法院实现担保物权的人可以通过特别程序向法院申请拍卖、变卖担保财产，从而取得执行依据。该特别程序的增加，为担保物权提供了快捷、高效、低廉的实现方式，能够更好地保护担保物权人的合法权益，节约司法资源。但《民事诉讼法》的规定较为原则，导致立案审查、审理标准等司法实践面临困难和争议，诸多问题都值得进一步探讨、分析。

二、案情概要

2012年12月28日，远洋银行股份有限公司（以下简称远洋银行）与乾坤商贸有限公司（以下简称乾坤商贸）签订了一份《综合授信额度合同》。[1] 约定如下：(1)自2012年12月28日起至2014年7月28日，乾坤商贸可向远洋银行申请使用的授信额度为敞口金额[2]人民币1亿元；(2)乾坤商贸应于该合同生效之日起3个月内向远洋银行申请使用授信额度；否则，远洋银行有权全部或部分取消该合同项下授予乾坤商贸的授信额度。

为担保该合同的履行，东亚房地产开发建设有限公司（以下简称东亚地产）作为抵押人与远洋银行双方于2013年1月9日签订《最高额抵押合同》和《房地产抵押合同》。两份合同均约定：(1)东亚地产对《综合授信额度合同》项下2012年12月28日至2014年7月28日发生的债务承担最高额抵押担保责任；(2)抵押物为东亚地产名下位于Q市未央区“帝都广场”的部分房屋和土地使用权。

同日，该《房地产抵押合同》在当地国土房屋管理局办理抵押登记。

---

〔1〕 授信，是指金融机构（主要指银行）对客户授予的一种信用额度，在这个额度内客户向银行借款可减少烦琐的贷款检查。综合授信额度是指金融机构为客户核定的短期授信业务的存量管理指标，只要授信余额不超过对应的业务品种指标，无论累计发放金额和发放次数为多少，金融机构业务部门均可快速向客户提供短期授信，即企业可以便捷地循环使用金融机构的短期授信资金，从而满足客户对金融服务快捷性和便利性的要求。

〔2〕 敞口金额或敞口额度是指企业实际可用于支付的信贷资金额度，也是综合授信额度的另一种称谓。

2013年1月10日，远洋银行又与乾坤商贸签订一份《流动资金借款合同》。[3] 其中约定：(1)乾坤商贸向远洋银行借款人民币1亿元；(2)借款期限为2013年1月10日至2014年1月9日；(3)借款利率为固定利率7.2%/年，每月20日结息；(4)前述东亚地产与远洋银行签订的《最高额抵押合同》为该合同的担保合同。

2013年5月25日，东亚地产与国信投资有限公司（以下简称国信公司）达成转让协议，约定东亚地产向国信公司进行整体转让，并向东亚地产支付价款6000万元人民币。2013年5月28日，东亚地产的原法定代表人和其他公司经营管理人员全部变更，并完成工商登记备案。

2013年10月至12月，远洋银行与宏远公司陆续签订三份《债权转让协议》，约定将前述《综合授信额度合同》项下远洋银行对乾坤商贸所享有的债权（本金人民币1亿元及利息）转让给宏远公司享有。2013年12月25日，债权转让人（远洋银行）分别向借款人（乾坤商贸）和抵押人（东亚地产）发出《债权转让通知书》，告知借款人和抵押人应向宏远公司履行债务和担保责任。

2014年3月10日，宏远公司（申请人）以东亚地产为被申请人，向Q市未央区人民法院提起实现担保物权特别程序的申请。申请指出：依远洋银行和乾坤商贸签订的《综合授信额度合同》和《流动资金借款合同》，远洋银行于2013年1月10日向乾坤商贸提供借款人民币1亿元，至2014年1月9日借款期满后，乾坤商贸未偿还借款本金及利息。申请人在2013年10月至12月，从远洋银行处受让前述债权，且原债权人向乾坤商贸和东亚地产分别发出《债权转让通知书》并已送达。但截至2014年3月10日，乾坤商贸仍拒绝向申请人清偿债务，申请人的利益严重受损。

依上，请求法院依《物权法》第195条、《民事诉讼法》第196条、第197条之规定，启动实现担保物权的特别程序，拍卖、变卖东亚地产位于Q市未央区帝都广场的抵押房产，以优先偿还其对乾坤商贸享有1亿元债权，利息361万元以及从2014年1月10日期至全部清偿之日的罚息；其实现债权及抵押权的相关费用（律师费、催收费、诉讼费、过户费等）由被申请人承担。

2014年4月10日，被申请人向Q市第五中级人民法院提起诉讼，主张远洋银行将大额金融债权转让给非金融机构违法了我国有关法律法规之规定，要求确认远洋银行与本案申请人宏远公司签订的债权转让协议无效。同时认为，本

---

[3] 流动资金借款，是指借款人从商业银行申请到的用于正常生产经营周转或临时性资金需要的本外币贷款。

案所涉标的数额巨大，法律关系复杂，在简易的特别程序中不能查明基础法律关系，故主张终结实现担保物权之特别程序，而启动诉讼程序进行审理。

Q 市未央区人民法院受理了前述宏远公司提出的诉讼申请，并于 2014 年 4 月 18 日开庭审理。

庭审中，被申请人对申请人的申请提出异议，理由如下：

1. 本案债权的真实性及具体金额有待查明。本案被申请人非借款人，被申请人在整体转让以后其内部经营管理人员全部更换，现任经营管理人对借款合同及其实际履行情况的真实性均不知情。且申请人提交的《借款凭证》系原债权人远洋银行单方制作形成的票据，无借款人的签章确认或出具的收据；《账户交易查询》需要借款人乾坤商贸出具证明材料才能判断其真实性。且该巨额贷款的本金和利息偿还情况在出借人和借款人之间没有对账依据和催收依据。被申请人不清楚借款人是否偿还了部分借款，申请人未对本案债权的真实性予以充分证明。

2. 本案所涉抵押权不属于最高额抵押权，抵押合同上显示的主债务还款期尚未届满。尽管本案债权人与抵押人之间签订了所谓《最高额抵押合同》，但该合同是对确定的债权金额提供担保，不符合我国《物权法》第 203 条规定的“对一定期间内将要连续发生的债权提供担保”的最高额抵押的本质特征，故该抵押并非最高额抵押而只是普通抵押。远洋银行与被申请人签订的《房抵押抵押合同》中约定的还款截止日为 2014 年 7 月 28 日，该合同办理了抵押登记。但远洋银行与乾坤商贸签订的《流动资金借款合同》中约定的还款日为 2014 年 1 月 9 日，将还款期限提前。但被申请人对此并不知情，故《流动资金借款合同》中约定的还款时间对被申请人没有约束力。据此，本案主债务尚未到履行期，申请人的申请不符合实现担保物权特别程序的适用前提条件，请求被法院裁定驳回。

3. 本案原债权人将金融债权转让给非金融机构，违反了我国相关金融法律法规之规定，该债权转让合同无效。且 Q 市第五中级人民法院已经立案受理被申请人提起确认债权转让协议无效的诉讼请求，根据 Q 市高级人民法院印发的《关于实现担保物权特别程序若干问题的解答》之规定，[4] 本案实现担保物权之特别程序应当被裁定终止。

4. 申请人依法不享有抵押权，无权向被申请人主张实现抵押权。退求其次，

---

〔4〕 Q 市高级人民法院印发的《关于实现担保物权特别程序若干问题的解答》第 9 条第 2 款规定：“申请人在基层人民法院提起实现担保物权特别程序后，在该程序审查过程中被申请人又提起实现担保物权诉讼程序并被受理的，人民法院应当裁定终极而实现担保物权特别程序。”

即使本案债权转让合法有效。但债权人转让债权后,未依我国《物权法》第 9 条以及城市房地产抵押管理办法》第 35 条、第 37 条之规定办理抵押权变更登记,申请人没有依法获得抵押权,其实现抵押权本身缺乏法律依据。

针对被申请人律师的代理意见,申请人律师提出以下意见:

1. 本案债权事实清楚,证据充分,足以认定。申请人已提交与本案债权有关的《综合授信额度合同》《流动资金借款合同》《最高额抵押合同》《房地产抵押合同》原件。前述合同反映的债权债务关系能够被远洋银行出具的借款凭证、账户交易查询记录佐证。《流动资金借款合同》中约定了回笼资金的唯一专用账户,债务人如要偿还款项,只能通过该账户结算扣划,无其他还款方式存在的可能。对此,远洋银行专门出具说明予以证实。

2. 本案抵押权虽未办理变更登记,但无碍于申请人取得抵押权。根据《合同法》第 81 条、《物权法》第 92 条、《担保法》第 50 条等规定可知,抵押权与主债权一同转让,受让人取得债权时,一并取得与债权有关的从权利。担保法及物权法未规定随债权所转让的抵押权必须办理抵押权变更登记手续。抵押权的转让,是在其已有效成立的前提下发生的转移,并非重新设立一个新的抵押权。法律规定抵押权随主债权一并转让,第三人受让债权可以一并获得抵押权,无须进行再登记。且根据我国国土房管部门对于办理抵押权登记手续要求,需要抵押人的配合且要提供抵押权人与抵押人签订的书面抵押权变更协议原件,如抵押人不配合申请人无法办理抵押登记。同时,由于本案涉及的抵押物上存在多个法院查封,从程序上也根本无法办理抵押变更登记。

3. 被申请人向 Q 市第五中级人民法院提起的诉讼请求不能终结本案适用特别程序。Q 市高级人民法院印发的《关于实现担保物权特别程序若干问题的解答》明确规定只有在被申请人提起实现担保物权诉讼程序被受理以后才能终结特别程序,而被申请人提起的诉讼请求系确认债权转让协议无效,非实现担保物权的诉讼程序。

三、主要证据示例

(一)申请人向法院提交如下三组证据

第一组证据:

1.《综合授信额度合同》:远洋银行与乾坤商贸达成综合授信额度 1 亿元协议,有效使用期为 2012 年 12 月 28 日至 2014 年 7 月 28 日。合同尾部有远洋银行和乾坤商贸及各自法定代表人的签章。

2.《流动资金借款合同》:远洋银行向乾坤商贸贷款期限自2013年1月10日至2014年1月9日,贷款年利率为7.2%。实际放款日和放款金额以《借款凭证》的记载为准。合同尾部有远洋银行和乾坤商贸及各自法定代表人的签章。

3.《借款凭证》:由远洋银行制作,显示借款单位是乾坤商贸、金额为人民币1亿元、固定年利率7.2%;放款时间为2013年1月10日,到期日为2014年1月9日。

4.账户交易查询明细:远洋银行提供的账户交易记录显示,2013年1月10日转出转账现金人民币1亿元。

第二组证据:

1.《最高额抵押合同》:东亚公司以其名下的位于Q市未央区帝都广场的部分房屋,为债务人乾坤商贸的前述贷款提供抵押担保。担保范围为《综合授信额度合同》项下2012年12月28日至2014年7月28日发生的主债务及其利息、复利、罚息、违约金等。合同尾部有东亚地产和远洋银行的签章。

2.《房地产抵押合同》:合同签订主体、内容与《最高额抵押合同》一致。合同尾部有东亚地产和远洋银行的签章,同时有Q市未央区国土资源和房屋管理局办理抵押登记的签章。

第三组证据:

1.《债权转让协议》:2013年10月至12月,远洋银行与宏远公司就远洋银行对乾坤商贸享有的人民币1亿元的债权转让事项签订三份协议,转让的贷款债权包括主债权(即借款本金、利息及其他权利)、担保权利以及由此派生的其他权益。三份协议尾部均有远洋银行和宏远公司及各自法定代表人的签章。

2.《债权转让通知》、邮寄回单、邮单查询结果:债权转让通知书显示2013年12月30日,远洋银行分别向乾坤商贸、东亚地产告知其与宏远公司的前述债权转让事项,并提示两被通知人向宏远公司履行债务和担保责任。两份邮政EMS邮寄回单上显示的寄件人为远洋银行,收件人分别为乾坤商贸和东亚地产,2014年2月21日寄出。邮单查询结果显示向乾坤商贸寄出的邮单已被收件人签收。

3.《关于向宏远公司转让乾坤商贸公司贷款债权的情况说明》:2014年3月18日,由远洋银行签章出具一份情况说明,主要内容与前述组一、组二、组三(1、2)证据显示内容相同。同时指出,宏远公司受让债权和抵押权后,依据《债权转让协议》向远洋银行支付相应的转让价款。

（二）被申请人向法院提交以下证据

1.《东亚公司股东会会议决议》：决议内容显示因东亚公司被整体转让，2013 年 5 月 27 日东亚公司召开股东会，决定更换东亚公司原法定代表人、董事、经理等高级管理人员。决议尾部有东亚公司新任股东的全体签字盖章。

2.《起诉书》：诉状显示 2014 年 4 月 10 日东亚公司向 Q 市第五中级人民法院提起诉讼，请求确认远洋银行与宏远公司于 2013 年 10 月至 2013 年 12 月期间签订的三份债权转让协议因违反法律法规规定而无效。

3.《案件受理通知书》：2014 年 4 月 13 日，Q 市第五中级人民法院决定受理东亚公司提起的诉讼请求。

教学指导手册

教学对象及目标

本案例供法律硕士案例教学使用，法学本科（大四）、民商法学硕士、民事诉讼法学硕士也可以参酌试用。

本案例主要就实现担保物权特别程序中的适用问题、最高额抵押和金融债权转让问题进行讲授，内容涉及对民事诉讼法、物权法、担保法、金融法律政策等多部法律条文的解读与适用。希望通过教师引导尤其是学生训练，让学生学习和掌握相关法律知识和法律技能，尤其是培养学生探寻法律事实和寻找法律条文的能力，并在此基础上训练法律逻辑推理能力。

让学生学习和掌握以下知识技能：（1）担保物权的实现方式；（2）申请实现担保物权特别程序的适格主体；（3）实现担保物权特别程序案件的管辖法院；（4）实现担保物权特别程序适用的前提条件；（5）实现担保物权特别程序中代理律师的诉讼策略；（6）实现担保物权特别程序中法院的审查原则；（7）申请实现担保物权特别程序需要准备的材料；（8）实现担保物权申请书的写作格式和要点；（9）最高额抵押的基本特征及其转让问题，并引导学生延伸思考：金融机构向非金融机构转让债权的效力应如何认定？

■ 教学内容

1. 实现担保物权的基本方式

担保物权的实现主要有公力实现和私力实现两种方式。公力实现注重安全性,私力实现注重效率性。担保物权实现方式的立法体例需要在效率与公平、债权人、债务人及担保人之间利益价值之间作出平衡。就我国目前而言,完全依靠债权人之私力来实现担保物权尚欠可操作性。故2012年我国《民事诉讼法》修订之际,对担保物权实现的立法体例仍然继承了以往的公力方式,但同时出于对效率价值的考虑,增加了担保物权实现方式的特别程序。依此,我国目前实现担保物权的方式主要有:诉讼裁判模式、申请拍卖模式和特别程序模式。

2. 申请实现担保物权特别程序的适格主体有哪些?

依现行《民事诉讼法》第196条之规定,实现担保物权案件的申请人包括“担保物权人”以及“其他有权请求实现担保物权的人”。依照《物权法》及其他法律有权请求实现担保物权的人,都可以成为申请实现担保物权特别程序的适格主体,主要包括抵押权人、出质人和财产被留置的债务人、建筑工程承包人等。

对于抵押人、质权人、留置权人能否作为实现担保物权的申请人,《物权法》中并无明确规定。对此,实践中有不同观点:一种观点认为,考虑到该程序的设立主要是针对《物权法》等实体法中对担保物权实现而作出的程序性规定,因此应严格按照实体法的规定来执行。另一种观点认为,抵押权人未及时行使抵押权可能影响抵押人的利益,故抵押人也可以作为实现担保物权特别程序的申请人。质权人、留置权人可以自行拍卖、变卖担保财产并就所得的价款优先受偿,故当质权人、留置权人申请实现担保物权时,人民法院应当释明,告知其按照物权法的规定行使权利。如果质权人、留置权人坚持通过特别程序实现担保物权,人民法院应当受理。[5]

我们认为,可以允许抵押权人适用实现担保物权的特别程序,但质权人和留置权人完全可以自己行使质权和留置权,出于节约司法资源的考虑,不必再赋予其通过特别程序实现担保物权的权利。

---

〔5〕 参见重庆市高级人民法院《关于实现担保物权特别程序若干问题的解答》、浙江省高级人民法院《关于审理实现担保物权案件的意见》。

3. 实现担保物权特别程序案件的管辖法院

实现担保物权特别程序的管辖法院较固定,为担保财产所在地或者担保物权登记地的基层人民法院。根据民事诉讼法原理可知:当事人可以选择其中一个法院,也可以同时向两个法院提出请求,由先立案的法院获得对该案的管辖权;对于担保物为多个动产且分散在数个法院辖区内的,如果各个法院都有管辖权,申请人可以选择向其中一个有管辖权的法院提出申请。[6]

4. 实现担保物权特别程序适用的前提条件有哪些?

根据《民事诉讼法》第 177 条、第 179 条之规定,实现担保物权特别程序适用的前提条件有两个:第一,债务人不履行到期债务或发生当事人约定的实现担保物权的情形。所谓"到期债务"是指主合同中约定的债权金额确定、债务履行期已经届满、尚未受清偿的债务;所谓"当事人约定的实现担保物权的情形"是指担保合同当事人约定的实现担保物权的情形,包括担保人被宣告破产、被撤销等严重影响债权实现的情形。第二,申请人与被申请人之间不存在民事权益争议。这里的"民事权益争议"是指主债权是否成立、担保物权是否成立、担保债权具体数额等有关担保物权的实体事项争议。但不等于当事人提出异议即可终结特别程序,而需经过法院审查。如经审查,发现确实存在实体争议,即应当终止特别程序,告知利害关系人通过诉讼程序解决争议。因此,在立案审查阶段,申请人需向法院提交"权利是否存在""权利是否到期""权利义务是否无明晰"的证明材料。

5. 实现担保物权特别程序中代理律师的诉讼策略有哪些?

实现担保物权特别程序的优点在于一审终审,审结期限较短,诉讼效率高,诉讼费用低廉等。因此,针对拟实现担保物权一方当事人的代理律师,我们提出以下诉讼策略以供参考:

(1)对于债权债务确定,法律关系明晰的案件,建议当事人提起实现担保物权特别程序以便在较短时间内以最低成本来实现自身权益。但如当事人没有充分证据能够证明债权债务清楚无争议的,则通过特别程序顺利实现担保物权的可能性不大,若盲目提起,反而会浪费时间。

(2)如实现担保物权特别程序被顺利启动,在法院审理过程中,应积极搜集证据以证明担保物权已经到期但尚未受偿、权利义务明晰等,同时应注意防止被

〔6〕 参见重庆市高级人民法院《关于实现担保物权特别程序若干问题的解答》。

申请人提起恶意诉讼而终结此程序。

(3)如对方举示的证据能够证明案件尚存在民事权益争议或就同案其他事由另行提起普通诉讼的,在法院作出终结特别程序裁定前,则可考虑提出撤销实现担保物权的申请,以便保留再次提起申请的机会。

针对拟实现担保物权特别程序中被申请一方的代理律师,我们建议可采用以下应对策略:

(1)协助申请人积极收集能够证明案件法律关系尚未清楚,主债权债务或担保债权存在争议的相关证据,并依此提出抗辩推动案件进入普通程序,为当事人争取更多的应诉时间和举证机会。但也要特别注意,被申请人提出的证据应以事实为依据,切勿为达到终结特别程序之目的而伪造证据或进行恶意诉讼等。

(2)如案件存在债权受让、债务转移或标的数额特别巨大等情况,可提请法院慎重考虑采取特别程序,因为该审理方式可能不利于查清基础法律关系。

6. 法院受理实现担保物权特别程序应注意的问题

实现担保物权特别程序不解决实体争议问题,所以法院对双方主体提交材料的审查应实行形式审查原则(材料形式上的合法性、完整性、有效性等)。此类案件在性质上属于非讼案件,可以采用职权主义,在当事人不能提供充分的证明材料时,应依职权调查相关事实并询问相关利害关系人。但如果被申请人提出异议的,法院应该进行审查,不能仅依据被申请人提出的异议就驳回申请人的申请;否则,有违设立该程序的初衷目的。同时,审查中要注意区分担保合同的订立和担保物权的设立,前者属于合同法范畴,如担保合同不成立、无效等纠纷属于合同纠纷;后者属于物权法范畴,如担保物权不成立。担保物权实现等属于担保物权纠纷。被申请人对属于合同法范畴的合同不成立、无效等提出异议并提交初步证据的,证明力不必达到能够证明异议成立之程度,只要能够引起法官对本案属于民事权益争议的合理怀疑即可。

审查符合法律规定的,人民法院即可裁定对抵押财产进行拍卖或变卖。不符合法律规定的,则驳回实现担保物权申请人的申请。

7. 最高额抵押及其转让问题

我国《物权法》第203条规定:“为担保债务的履行,债务人或第三人对一定期间内将要连续发生的债权提供担保财产的,债务人不履行到期债务或者发生当事人约定的实现抵押权的情形,抵押权人有权在最高债权额度内就该担保财产优先受偿。”其本质特征是“对一定期间内将要连续发生的债权提供担保”，最终债权的数额在抵押合同签订之时存在不确定性。换言之，最高额抵押所担保的债权额是确定的，但实际发生的债权额不确定。

《担保法》第61条中有关于最高额抵押的主合同债权不得转让之规定，但《物权法》第204条对此作了修正，规定在最高额抵押担保的债权确定以前，可以转让部分债权，但最高额抵押不随之转让，也即转出去的债权部门丧失最高额抵押权。不过，在最终债务数额确定后，抵押人以抵押物变现价款在设定的最高债权额限度内承担担保责任。

8. 申请人向法院提起申请实现担保物权的特别程序时应提交的主要材料

(1)申请书。申请书中应载明申请人、被申请人的基本情况(包括姓名、性别、出生年月、民族、职业、工作单位、住所、联系方式，法人或者其他组织的名称、住所和法定代表人或者主要责任人的姓名、职务、联系方式)，申请请求，申请人、被申请人根据主合同签订担保合同并设定担保物权的事实，实现担保物权条件成就的事实。

(2)各方当事人签订的主合同及担保合同。

(3)担保物权办理登记的，应提供登记的相关凭证或其他材料。

(4)债务履行期届满或发生当事人约定的实现担保物权条件成就的证据。

(5)出质人申请实现担保物权的，应提供出质人请求质权人在债务履行期届满后及时行使质权的证据。

(6)留置关系中的债务人申请实现担保物权的，应提供债务人请求留置权人在债务履行期届满后行使留置权的证据。

(7)建设工程合同中的承包人申请实现担保物权的，应当提供发包人所欠工程价款已经确定及其催告发包人在合理期限内支付价款的证据。

9. 金融机构将金融债权向非金融机构的转让问题

金融债权是一种特殊债权，区别于民法上的普通债权。我国仍然实行金融管制，只有金融机构有权从事金融信贷、票据、结算等业务，对此，《商业银行法》《票据法》《银行业监督管理法》《贷款通则》等法律、法规均有明确规定。[7] 最高人民法院制定的相关司法解释也有类似规定。中国人民银行、国资委在具体案件答复最高人民法院征求意见函时认为，金融集中于金融机构，银行只有根据

---

〔7〕 参见《商业银行法》第6条、《银行业监督管理法》第19条、《贷款通则》第21条之规定。

法律、法规和政策向金融资产管理公司剥离不良债权，而无权自主向社会上的普通民事主体转让金融债权。[8] 最高人民法院目前倾向性意见仍然是认可金融债权不能随意或者自主转让，自主转让合同无效，并应作相互返还处理。[9]

但中国银监会则认为金融债权也是债权，按照合同法原理，在不违反国家强制性规定或当事人约定时，银行向普通民事主体转让逾期债权，只要能确保本金、利息收回，就是对金融债权的最有力的保护；对相关债权转让合同应当认定为有效。[10]

预期效果

本案例案情概要较为清晰，学生通过阅读和教师指导，应该能够归纳案件争议的焦点问题及教学内容中关于担保物权的实现方式、申请实现担保物权特别程序的适格主体、此类案件的管辖法院、提出实现担保物权申请需要准备的材料等几个基本问题。但教学内容中所涉及的担保物权案件中律师的诉讼策略、法院审理中的形式审查、最高额抵押及转让等几个问题相对复杂，需要教师深入讲解，并引导学生广泛阅读相关参考文献和类似案例材料才能真正掌握。

课堂时间安排

本案例可以作为专门的案例教学课来进行，整个案例课的课堂安排 4 个课时，每课时 45 分钟。

如下课堂设计，仅供参考。

1. 课前计划：安排学生自行阅读案例及相关参考资料，对案例所涉及问题进行思考，撰写实践题答案。

2. 课中计划：(1)介绍教学目的，明确讨论主题；(2)分组讨论，回答各项思考题，讨论实践题的撰写要点；(3)小组代表提出撰写要点，学生讨论和分析；(4)教师归纳总结。

---

〔8〕 参见中国人民银行办公厅《关于商业银行借款合同项下债权转让有关问题的批复》(银办函〔2001〕648 号)规定。

〔9〕 参见吴庆宝主编：《最高人民法院专家法官阐释民商裁判疑难问题金融裁判指导卷》(增订版)，中国法制出版社 2011 年版，第 5 页。

〔10〕 参见 2009 年 2 月 5 日中国银行业监督管理委员会《关于商业银行向社会投资者转让贷款债权法律效力有关问题的批复》(银监办发〔2009〕24 号)文规定。

3. 课后计划:布置学生进一步思考实现担保物权特别程序的适用问题和金额债权转让相关问题,并安排学生围绕本案撰写完整的申请书、裁定书、备忘录等法律文书。

思考题和实践题

1. 思考题

(1)实现担保物权特别程序与普通诉讼程序的区别?

(2)请归纳总结本案中当事人争议的问题焦点。

(3)对本案中东亚地产向远洋银行所提供的抵押担保如何定性?其主债权可否转让?

(4)本案申请人东亚公司提出的异议是否成立?是否说明本案尚存在“民事权益争议”?

(5)本案中申请人提供的由远洋银行出具的《借款凭证》的效力如何认定?

(6)假设本案中远洋银行与宏远公司之间的债权转让有效,根据申请人提供的证据,能否认为远洋银行已向债务人履行了债权转让通知义务?

(7)《物权法》第9条规定:“不动产物权的设立、变更、转让和消灭经依法登记发生效力;未经登记,不发生效力,但法律另有规定的除外。”此处“另有规定”的法律有哪些?这些规定之间应如何协调?

(8)你认为本案所涉债权能否转让?请说明理由。

(9)你认为本案中被申请人向Q市提起的诉讼程序能否终结本案特别程序的进程?请说明理由。

2. 实践题

(1)假设你是本案主审法官,请结合本案案情撰写一份《裁定书》。

(2)假设你是本案申请人的代理律师,请代申请人撰写一份《实现担保物权申请书》。

(3)假设你是本案被申请人的代理律师,请以《备忘录》的形式向本案被申请人阐释自己的代理思路并向被申请人提示本案的应对策略。

参考文献

1. 孙宪忠:《中国物权法总论》(第3版),法律出版社2014年版。

2. 奚晓明:《担保案件审判指导》(第1版),法律出版社2014年版。

3. 吴庆宝主编:《最高人民法院专家法官阐释民商裁判疑难问题金融裁判指导卷》(增订版),中国法制出版社2011年版。

4. 朱阁:《实现担保物权案件特别程序的适用研究》,载《法律适用》2014年第8期。

5. 李相波:《实现担保物权程序使用中的相关法律问题——以新〈民事诉讼法〉第196条、第197条为中心》,载《法律适用》2014年第8期。

6. 张传军:《转让房屋抵押权未重新办理抵押登记是否有效》,载《人民法院报》2008 年 1 月 29 日。

撰稿人｜李燕,西南政法大学民商法学院教授,博士生导师

11 CASE 腾讯等诉奇虎等互联网不正当竞争纠纷案

| 摘　要 |

本案例以一起真实的互联网不正当竞争案件为蓝本，研究讨论了互联网相关市场竞争规则，涉及的知识点和执业技能内容包括互联网不正当竞争案件的事实认定与法律适用等。本案例涵盖一审、二审两个环节，涉及的具体问题有：能否根据《反不正当竞争法》的一般条款来规制法无明文规定的不正当竞争行为；怎样认定互联网不正当竞争案件中的赔偿数额；如何把握互联网行业技术创新、自由竞争与不正当竞争的界限问题以及如何撰写裁判文书。

| 关键词 |

不正当竞争　一般条款　赔偿数额　自由竞争　技术创新

| 教学目标 |

着重让学生把握以下内容：(1)能否根据《反不正当竞争法》的一般条款来规制法无明文规定的不正当竞争行为的问题；(2)怎样认定互联网不正当竞争案件中的赔偿数额的问题；(3)如何把握互联网行业技术创新、自由竞争与不正当竞争的界限问题；(4)如何撰写裁判文书的问题。

教学案例主文

一、引言

这是一场历时四年的纷争。本案所涉及的腾讯科技（深圳）有限公司、深圳市腾讯计算机系统有限公司（两公司以下简称腾讯公司）与北京奇虎科技有限公司、奇智软件（北京）有限公司（两公司以下简称奇虎公司）之间的矛盾，主要源于几年前开始的“3Q 大战”。

2010 年 10 月 29 日，奇虎公司发布了一款“360 扣扣保镖”软件，宣称“可全面保护 QQ 用户的安全，包括防止隐私泄露、防止木马盗取 QQ 账号以及给 QQ 加速等功能”，并且“能自动阻止 QQ 聊天程序对电脑硬盘隐私的强制扫描查看”。据其官方消息称：“刚刚推出 72 小时的扣扣保镖软件下载量突破千万，平均每秒钟就有 40 个独立下载安装量，创下了互联网新软件发布的下载记录。”

2010 年 11 月 3 日，腾讯公司方面发布了《致广大 QQ 用户的一封信》，在装有 360 软件的电脑上停止运行 QQ 软件，要求用户二选一。这被奇虎公司方面认为是“3Q 大战”爆发的标志。业内人士称，“360 扣扣保镖”最大杀伤力在于，这一软件直接屏蔽了 QQ 的弹出广告以及 QQ 秀等增值产品，而互联网增值业务是腾讯最大的一块收入来源。

2010 年 11 月 20 日，随着工信部等有关部门的介入，该事件才暂时得以平息。

2011 年 6 月 10 日，腾讯公司向广东省高级人民法院起诉奇虎公司，认为自己遭到其“污蔑、破坏和篡改”，索赔 1.25 亿元。该案被称为“中国互联网不正当竞争第一案”。至此，“3Q 大战”转移到了法律层面，走上长达数年的诉讼之路。2013 年 4 月 25 日，广东省高级人民法院作出一审判决，奇虎公司不服，当庭提出上诉。

二、基本案情

腾讯公司一审起诉称：

2010 年 10 月 29 日，原告发现被告通过其运营的 www.360.cn 网站向用户提供“360 扣扣保镖”（以下简称扣扣保镖）软件下载，并通过各种途径进行推广宣传。该软件自称具有“给 QQ 体检”“帮 QQ 加速”“清 QQ 垃圾”“去 QQ 广告”“杀 QQ 木马”“保 QQ 安全”和“隐私保护”等功能，实质上是打着保护用户利益的旗号，污蔑、破坏和篡改腾讯 QQ 软件的功能；同时通过虚假宣传，鼓励和诱导用户删除腾讯 QQ 软件中的增值业务插件、屏蔽原告的客户广告，并将其产品和服务嵌入原告的 QQ 软件界面，借机宣传和推广自己的产品。被告的上述行为不仅破坏了原告合法的经营模式，导致原告产品和服务的完整性和安全性遭到严重破坏，原告的商业信誉和商品声誉亦遭到严重损害。被告的上述行为违反了公认的商业道德，构成不正当竞争，减少了原告的增值业务交易机会和广告收入，给原告造成了无法估量的损失，亦导致用户不能再享受优质、安全、有效的即时通讯服务，最终损害用户的利益。请求法院判令被告立即停止侵权、赔偿损失1.25亿元、赔礼道歉、消除影响,并承担原告维权费用。原告为支持其主张提供了相应证据。

奇虎公司答辩称:

1.扣扣保镖不破坏QQ软件系统的完整性。《著作权法》以及《计算机软件保护条例》已经对保护作品完整权有明确规定,原告以《反不正当竞争法》第2条为依据提起本案诉讼,应予驳回。根据《计算机软件保护条例》第16条的规定,软件的合法复制品所有人有权为了改进其功能、性能而进行必要的修改。因此,软件用户有权对QQ软件进行修改,而扣扣保镖协助用户实现该权利显然不构成著作权意义上的"破坏软件完整性"。

2.原告关于扣扣保镖破坏腾讯商业模式的指控不能成立。商业模式并不构成法律保护的客体,扣扣保镖采用符合公认商业道德的方式,促使腾讯对其掠夺性商业模式做出改变,有利于消费者和市场竞争,符合《反不正当竞争法》的规定。

3.被告不构成对原告商业声誉的诋毁。第一,扣扣保镖的打分只是对于QQ软件运行状况的反映与评价,不涉及对QQ软件整体的评价。第二,扣扣保镖的打分功能只是基于技术中立的原则,对运行状况客观评分,并未有贬低QQ软件的意图。第三,关于"扫描文件"的问题。扣扣保镖并未断言原告扫描了用户隐私,未使用"窥探""谋取利益""恶意"等词汇,更没有制造氛围,使用户进入不安全的心理状态,不存在对腾讯的任何贬损。

4.被告的行为不构成"搭便车"的不正当竞争行为。第一,关于"替代安全中心"问题。所有的"升级""替换"都是在用户的同意下,在用户的客户端进行。替换后的安全中心也仅有扣扣保镖本身,并未有广告或者其他应用的入口。因此,前述的替换并未有攀附、利用他人商誉的不正当竞争动机,不构成反不正当竞争法意义上的"搭便车"。第二,关于"提示安装360安全中心"问题。奇虎公司为扣扣保镖著作权人,其在所开发的软件运行过程中推荐"安全卫士软件"是软件著作权人的正当权益。扣扣保镖推荐软件的行为就是其安全功能的一部分,不构成"搭便车"的不正当竞争行为。

5.原告的高额赔偿请求缺乏法律和事实依据。被告在扣扣保镖发行三天之后就将扣扣保镖召回,并停止了对该软件的支持与更新,任何主要的软件下载渠道也无法下载涉案软件,原告也很快将QQ软件系统强制升级,使扣扣保镖难以正常运行,因此扣扣保镖的实际影响有限。进一步,由于原告"二选一"的反制行为招致广泛谴责,其商誉在一定程度下降的直接原因显然应归于原告自己。原告要求被告赔偿其经济损失1.25亿元,其所依据的网易科技关于360与腾讯

“3Q 大战”的专题分析报告、北京名牌资产评估有限公司出具的报告、深圳市银通联资产评估有限公司出具的评估报告，均缺乏事实依据，不能成立。相反，被告提供的腾讯公司年报证明，腾讯控股有限公司在2010年认为没有任何商誉减值的必要。扣扣保镖没有给原告造成实质性的损失。综上所述，原告起诉缺乏事实与法律依据，恳请法院驳回其全部诉讼请求。被告为支持其主张也提供了证据。

三、双方争议焦点

1. 关于被告专门针对 QQ 软件开发、经营的扣扣保镖是否破坏了 QQ 软件及其服务的安全性、完整性，该行为是否符合互联网行业商业惯例，是否违背了诚实信用原则和公认的商业道德而构成不正当竞争的问题。

原告认为：

扣扣保镖破坏了 QQ 软件及其服务的安全性、完整性，使被上诉人丧失了增值业务的交易机会及广告收入，被告开发、经营的扣扣保镖违背了诚实信用原则和公认的商业道德，构成不正当竞争。

QQ 软件采用的是“在免费服务平台上开展盈利业务以及推广其他产品和服务”的商业模式，在其 QQ 平台上设置了各种按钮和图标以便用户根据需要选用。被告针对该 QQ 软件专门开发了扣扣保镖，在相关网站上宣传扣扣保镖全面保护 QQ 用户安全，并提供相关下载。在安装了扣扣保镖软件后，该软件会自动对 QQ 软件进行体检，并以红色字体警示用户 QQ 存在严重的健康问题，以绿色字体提供一键修复帮助。同时将“没有安装 360 安全卫士，电脑处于危险之中；升级 QQ 安全中心；阻止 QQ 扫描我的文件等”列为危险项目。点击一键修复后，相应计算机页面提示“共有 31 个 QQ 插件，已禁用其中 11 个插件”，禁用了“腾讯搜搜”“QQ 书签”“企业 QQ”“SOSO 搜吧”“游戏人生”“QQ 网站”“QQ 宠物”“腾讯对战游戏”等 11 个插件，对话框上部显示“禁用掉您平时不需要使用的插件，让您的 QQ 运行如飞”，下部设有“一键优化”键。点击该“一键优化”功能键或手动模式禁用相关插件后，腾讯 QQ 软件界面上相应的功能按钮则无法使用。原告据此认为，扣扣保镖破坏了 QQ 软件的完整性。一键修复后，QQ 软件安全沟通界面被替换成扣扣保镖界面。此外，根据原告一审证据 22，“扣扣保镖具有阻止 QQ. exe 进程加载特定插件、加载扫描模块、弹出窗口等”对 QQ 的软件功能进行破坏、删除、篡改的行为，还具备“屏蔽 QQ 加载模块、替换 360 浏览器、备份和恢复 QQ、拦截 QQ 升级”四项隐藏功能。原告据此认为，被告为达到其商业目的，诱导并提供工具积极帮助用户改变被上诉人 QQ 软件的运行方式,并同时引导用户安装其360安全卫士,替换QQ软件安全中心,破坏了QQ软件相关服务的安全性并对QQ软件整体具有很强的威胁性。

原告为谋取市场利益,通过开发QQ软件,以该软件为核心搭建一个综合性互联网业务平台,并提供免费的即时通讯服务,吸引相关消费者体验、使用其增值业务,同时亦以该平台为媒介吸引相关广告商投放广告,以此创造商业机会并取得相关广告收入。这种免费平台与广告或增值服务相结合的商业模式是本案争议发生时,互联网行业惯常的经营方式,也符合我国互联网市场发展的阶段性特征。事实上,本案被告也采用这种商业模式。这种商业模式并不违反《反不正当竞争法》的原则精神和禁止性规定,原告以此谋求商业利益的行为应受保护,他人不得以不正当干扰方式损害其正当权益。被告专门针对QQ软件开发、经营扣扣保镖,以帮助、诱导等方式破坏QQ软件及其服务的安全性、完整性,减少了原告的经济收益和增值服务交易机会,干扰了原告的正当经营活动,损害了原告的合法权益,违反了诚实信用原则和公认的商业道德,构成不正当竞争行为。

被告辩称:

第一,扣扣保镖没有破坏QQ软件系统的完整性。

根据有关司法解释,在专门法有明确规定的情况下,不应当适用反不正当竞争法的规定。《著作权法》《计算机软件保护条例》已经对保护作品完整权有明确规定,原告以《反不正当竞争法》第2条提起本案诉讼,应予驳回。根据《计算机软件保护条例》第16条关于软件的合法复制品所有人有权为改进软件功能、性能而对后者进行必要修改的规定,软件用户有权对QQ软件进行修改,而扣扣保镖协助用户实现该权利显然不构成著作权意义上的"破坏软件完整性"。

第二,原告关于扣扣保镖破坏腾讯商业模式的指控不能成立。

商业模式并不构成法律保护的客体,扣扣保镖采用符合公认商业道德的方式,促使腾讯对其掠夺性的商业模式做出改变,有利于消费者和市场竞争,符合《反不正当竞争法》的规定。(1)商业模式本身并不构成任何法律所保护的对象。市场经济的发展就是不断用高效率的商业模式替代低效率的商业模式的过程。商业模式不是一种法定权利,也不是法律所需保护的利益,只是市场主体获取利益的方式。他人可以通过合法、正当的途径破坏既有的商业模式,攫取交易机会,但并不构成不正当竞争。(2)腾讯的商业模式为掠夺性的商业模式,明显涉嫌侵害了用户和其他经营者的利益。对用户而言,为了保持与大量好友的联系,用户不得不忍受过量广告或者其他服务的骚扰;腾讯的模仿、搭售,将其在即时通讯的支配地位传导至新兴领域,严重危害了互联网领域的其他企业。

(3)扣扣保镖促使腾讯调整商业模式的手段并不违反诚实信用原则以及公认的商业道德。扣扣保镖无意也不可能破坏腾讯的商业模式,至多促使腾讯对其现行商业模式做出调整。扣扣保镖赋予用户完全的选择权,由其决定是否屏蔽相应模块。对于"一键修复"功能,扣扣保镖也秉承技术中立性,仅从用户的使用频率以及占用资源的角度,建议用户禁止部分模块。而对于用户使用频度高、喜闻乐见的功能,即便其构成腾讯公司的主要收入来源,扣扣保镖也从未屏蔽或者建议用户禁止其运行。因此,大量增值服务的用户仍然会开启并使用腾讯的相关模块,腾讯的业务仍然可以正常展开。扣扣保镖仅系在用户同意、知情的情况下协助用户实现其原本应有的权利,不违反公认的商业道德。屏蔽广告、调整相应功能模块系业界通常做法,从未有人将对广告的屏蔽认定为违反了公认的商业道德。扣扣保镖对用户带来的效益以及对竞争秩序的促进远大于其对腾讯造成的损失。

2. 关于被告在经营扣扣保镖软件及其服务时,是否存在捏造、散布虚伪事实,从而构成商业诋毁的问题。

本案中,在安装了 QQ 软件的电脑上运行扣扣保镖后,该软件自动对 QQ 进行"体检",然后显示"体检得分 4 分,QQ 存在严重的健康问题";"共检查了 40 项,其中 31 项有问题,建议立即修复! 重新体检";"在 QQ 的运行过程中,会扫描您电脑里的文件(腾讯称为安全扫描),为避免您的隐私泄露,您可禁止 QQ 扫描您的文件"等用语,另外还有"阻止 QQ 扫描我的文件""一键修复"等按键设置。(1)扣扣保镖软件不具有任何安全防护的功能,从中国信息安全测评中心出具的《360 扣扣保镖测试报告》可以看出,扣扣保镖软件并不像安全软件调用病毒库或者木马库进行检查,其评分结果和 QQ 软件的运行状态和安全状况没有任何关联。当用户不禁止 QQ 的功能插件、自带的安全防护功能、聊天窗口广告和四种资讯弹窗等功能和服务时,扣扣保镖就会对 QQ 打低分,而在用户使用了扣扣保镖"一键修复"功能后,扣扣保镖才能给 QQ 软件打出 100 分。(2)扣扣保镖软件在"给 QQ 体检"功能界面、"隐私保护"功能界面中多处使用中伤 QQ 功能和服务的语言和描述,严重损害了答辩人的商业信誉、商品声誉,原告据此主张被告人在经营扣扣保镖软件及其服务时,存在捏造、散布虚伪事实,构成商业诋毁。

被告抗辩主张该等行为不构成商业诋毁,主要理由是:给 QQ 打分不是对 QQ 的整体评价,只是对 QQ 软件运行状态的反映与评价;扣扣保镖对 QQ 也曾经给予了 100 分的满分评价;原告对自己的产品的安全状况也有评分,也显示用户得分低,由此不能得出打低分就是贬损他人产品的行为。被告的行为不存在

“捏造、散布虚伪事实”的情况。(1)在计算机和互联网领域,采用打分的形式对软硬件系统的健康、运行状态进行评价是常见的方式;(2)在本案中,扣扣保镖依据的是业内通用的评价规则和标准,对 QQ 软件运行状况进行整体、综合评价,所述评价规则和标准是科学的、合理的。扣扣保镖并不存在《反不正当竞争法》第 14 条规定的“捏造、散布虚伪事实”的情况。(3)扣扣保镖通过打分行为对 QQ 软件的客观状况进行评价是完全合法的,而用户根据评价结果并结合自己的需要和判断,对 QQ 进行相应的设置,是其固有权利。显然,不能以此认定被告构成商业诋毁。

3. 关于被告是否在经营其扣扣保镖时将其产品和服务嵌入 QQ 软件界面,是否取代了原告 QQ 软件的部分功能以推广自己的产品,从而构成不正当竞争的问题。

原告认为,被告在给原告造成了严重经济损失的同时推销自己的产品,增加自己的交易机会,违反了诚实信用和公平竞争原则,构成不正当竞争。(1)被告通过“一键修复”和“保 QQ 安全”功能劫持 QQ 安全中心,以“升级 QQ 安全中心”为名篡改 QQ 功能界面,用扣扣保镖运行界面取而代之。(2)上诉人一方面通过安全恐吓和“一键修复”“隐私保护”等功能阻止 QQ 用于查杀木马的安全扫描功能;另一方面又在“给 QQ 体检”“杀 QQ 木马”等功能中强烈推荐用户安装使用 360 安全卫士的木马查杀功能。该事实充分地说明被告的主要目的是将自己的产品和服务嵌入 QQ 软件界面,依附 QQ 庞大的用户资源推销自己的产品,拓展 360 软件及服务的用户。(3)被告对相关事实的辩解无事实根据且缺乏合理逻辑。其关于“没有 QQ 软件,扣扣保镖也完全可以直接引导用户安装 360 安全卫士”的辩称毫无道理。首先,扣扣保镖专门针对 QQ 软件开发,没有 QQ 软件,也就不会存在扣扣保镖,遑论利用扣扣保镖引导用户直接安装 360 安全卫士。其次,扣扣保镖直接篡改了 QQ 软件安全中心界面,扣扣保镖直接依附在 QQ 软件之上。最后,扣扣保镖明显是通过诋毁 QQ 软件,制造用户对 QQ 软件安全性的恐慌,欺骗用户禁止 QQ 软件自身的安全模块并诱导用户安装 360 安全卫士的方式,来实现推广自己产品的目的。被告辩称扣扣保镖没有应用入口,与事实不符。实际上,扣扣保镖存在多个推荐 360 安全卫士的入口,以达到增加交易机会的目的。

本案被告则辩称:被告的扣扣保镖没有通过篡改 QQ 的功能界面从而取代 QQ 的部分软件功能以推销自己的产品。(1)上诉人的扣扣保镖并没有直接篡改 QQ 功能界面。所谓“替换”都是在用户的客户端进行,是经过用户同意并由用户操作的结果。(2)弹出“点击安装 360 安全卫士”窗口,是在“扣扣保镖对

QQ 进行体检后”。显然,该用户已经是被告产品的用户,被告作为扣扣保镖的著作权人和经营者,在所运营的扣扣保镖软件中推荐“360 安全卫士”是被告的正当权益。而且,扣扣保镖推荐安全软件的行为本身就是其安全功能的一部分。进一步而言,即便不通过 QQ 软件,扣扣保镖也完全可以直接引导用户安装“360 安全卫士”。可见,所谓为被告“增加交易机会”的观点显然不能成立。(3)所谓功能界面的更改也不等同于软件产品的替换,扣扣保镖“替换”的仅是“安全沟通”的信息页面,原告的安全软件并未替换。就被告和用户两者的关系而言,所有“替换”的用户在替换前已经是扣扣保镖的用户,“替换”前后两者关系没有发生变化。(4)所谓的“替换”发生后,用户的安全中心也仅有扣扣保镖本身,并没有广告或者其他应用入口。这种“替换”行为并没有为被告增加交易机会、谋取其他不正当利益。(5)“安全类”软件彼此存在潜在冲突,同一时刻同时运行必然导致系统的不稳定。因此,扣扣保镖对安全沟通页面的升级,避免用户同时使用两个软件,具有技术上的合理性。(6)所谓被告的行为给原告“造成了严重经济损失”的说法没有任何事实依据。

4. 关于被告侵权行为给原告造成的经济损失的数额问题。

原告认为,被告的不正当竞争行为给原告带来了严重的经济损失,确定损害赔偿数额问题时,法院应该综合考虑以下因素:扣扣保镖的不良影响至今仍未消除,被告已经实施的种种不良行为,被告主观恶性十分明显,互联网行业的特点等事实。原告为了证明被告的侵权行为对自己造成巨大的经济损失,向法院提供了以下证据来支持其主张:(1)网易科技关于 360 与腾讯“3Q 大战”的专题分析报告。报告结论为:腾讯因用户卸载导致的损失为 59.6 亿港元;腾讯 11 月 4 日的股价逆势下跌损失 106.3 亿港元。(2)北京名牌资产评估有限公司作出的京名评报(2011)第 056 号《腾讯科技(深圳)有限公司和深圳市腾讯计算机系统有限公司共有的“QQ”品牌受损害价值评估报告书》,报告结论认为“QQ”品牌受损害的价值为 7.34 亿元。(3)深圳市银通联资产评估有限公司作出的深银专咨报字〔2012〕第 0114 号《资产损失咨询报告书》,结论为扣扣保镖在 2010 年 10 月 29 日至 2011 年 8 月 4 日对腾讯公司造成的损失在评估基准日的评估值为人民币 142725155.00 元;(4)公证费用合计 26195 元。

被告则认为,其在扣扣保镖发行三天之后就将扣扣保镖召回,并停止了对该软件的支持与更新,任何主要的软件下载渠道也无法下载涉案软件,原告也很快将 QQ 软件系统强制升级,使扣扣保镖难以正常运行,因此扣扣保镖的实际影响有限。由于原告(腾讯)“二选一”的反制行为招致广泛谴责,其商誉一定程度下降,其直接原因显然应归于原告自己。原告要求被告赔偿其经济损失 1.2 亿元,其所依据的网易科技关于360与腾讯"3Q大战"的专题分析报告、北京名牌资产评估有限公司出具的报告、深圳市银通联资产评估有限公司出具的评估报告,均缺乏事实依据,不能成立。相反,被告提供的腾讯公司年报证明,腾讯控股公司在2010年认为没有任何商誉减值的必要。扣扣保镖没有给原告造成实质性的损失。被告为了证明其行为没有给原告造成经济损失,向法院提供了原告腾讯网登载的2010年腾讯控股有限公司年报作为证据,其中,截至2009年12月31日,无形资产账面净值为人民币268713000元,其中商誉账面净值为人民币62234000元。在2010年年度《综合财务报表附注》的"无形资产"中称:"就附注43业务合并所产生的商誉而言,于2010年使用价值计算法采用的主要假设如下:毛利率60%,增长率3%,贴现率17%。基于管理层所作的评估,于2010年12月31日毋须作任何商誉减损值。"截至2011年9月30日,3个月及9个月腾讯控股有限公司业绩公布,显示2011年9月29日收入总额为人民币7496157000元。

2013年12月4日,最高人民法院在第一法庭公开开庭审理了此案。同时,该案庭审利用电视、互联网进行全媒体直播。2014年2月24日下午,最高人民法院对此案进行了宣判,认为一审判决认定事实清楚,适用法律正确,维持原判。腾讯QQ和奇虎360均表示,尊重最高人民法院的判决。

教学指导手册

教学对象及目标

本案例供法律硕士案例教学使用,法学本科(大四)、民商法学硕士、经济法学硕士也可以参酌适用。

本案例主要围绕法院在审理互联网不正当竞争案件中对不正当竞争行为的认定问题进行讲授。具体要解决的问题包括:(1)能否根据《反不正当竞争法》的一般条款来规制法无明文规定的不正当竞争行为的问题;(2)怎样认定互联网不正当竞争案件中的赔偿数额的问题;(3)如何把握互联网行业技术创新、自由竞争与不正当竞争的界限问题;(4)如何撰写裁判文书的问题。

教学内容

1. 能否根据《反不正当竞争法》的一般条款来规制法无明文规定禁止的不正当竞争行为？

面对互联网新型不正当竞争行为，反不正当竞争法应当进行完善，应当具体列举不正当竞争类型。但目前，在面对类似本案的行为时，适用反不正当竞争法应当坚持诚实信用原则和公平竞争的理念，充分利用反不正当竞争法一般条款，即《反不正当竞争法》第2条的规定："经营者在市场交易中，应当遵循自愿、平等、公平、诚实信用的原则，遵守公认的商业道德。本法所称的不正当竞争，是指经营者违反本法规定损害其他经营者的合法权益，扰乱社会经济秩序的行为。"这就是对不正当竞争一般条款的规定。将违反诚实信用原则和互联网业界公认的商业道德，并损害其他经营者的合法权益，扰乱社会经济秩序的行为，认定为不正当竞争行为，可以让反不正当竞争法在互联网领域游刃有余。教师在授课过程中，应结合本案为学生讲解基本的法律适用问题，如一般条款在司法中的适用问题以及一般法与特别法的适用顺序等问题。

2. 怎样认定互联网不正当竞争案件中的赔偿数额？

《反不正当竞争法》第20条规定了以填补损害为追求的全部赔偿原则。在2007年施行的最高人民法院《关于审理不正当竞争民事案件应用法律若干问题的解释》第17条对不同类型的不正当竞争行为损害赔偿额的计算方式做了细化，采取了类比式的方法，将侵犯商业秘密的损害赔偿参照专利侵权赔偿额的规定，形成了以权利人实际损失、侵权人侵权获利、许可使用费的倍数及法定数额赔偿相结合的方式；将假冒标识、虚假宣传、商业诋毁的损害赔偿参照注册商标侵权赔偿额的规定，同样形成了权利人实际损失、侵权人侵权获利、许可使用费的倍数及法定数额赔偿相结合的方式。此外，2013年修订的《商标法》还首次出现了惩罚性赔偿的规定。因此，我国在司法实践中实际上是采取全部赔偿原则与法定赔偿原则相结合的混合方式，虽然修订的《商标法》自2014年5月才开始实施，但也意味着我国开始出现迈向惩罚性赔偿的趋势。[1]

---

〔1〕 邓志松：《基于互联网行业对反不正当竞争案件损害赔偿计算的若干建议》，载《电子知识产权》2013年第11期。

3. 如何把握互联网行业技术创新、自由竞争与不正当竞争的界限?

本案中的被告奇虎360认为其行为是互联网自由和创新精神的体现,认为如果法院违反行业发展规律,苛刻适用反不正当竞争法的一般原则,会限制竞争和打击创新。最高人民法院的判决对此作了明确回答。互联网的发展有赖于自由竞争和科技创新,互联网行业鼓励自由竞争和创新,但这并不等于互联网领域是一个可以为所欲为的法外空间。竞争自由和创新自由必须以不侵犯他人合法权益为边界,互联网的健康发展需要有序的市场环境和明确的市场竞争规则作为保障。是否属于互联网精神鼓励的自由竞争和创新,仍然需要以是否有利于建立平等公平的竞争秩序、是否符合消费者的一般利益和社会公共利益为标准来进行判断,而不是仅有某些技术上的进步即应认为属于自由竞争和创新。否则,任何人均可以技术进步为借口,对他人的技术产品或者服务进行任意干涉,就将导致借技术进步、创新之名,而行"丛林法则"之实。技术创新可以刺激竞争,竞争又可以促进技术创新。技术本身虽然是中立的,但技术也可以成为进行不正当竞争的工具。技术革新应当成为公平自由竞争的工具,而非干涉他人正当商业模式的借口。

4. 如何撰写判决书?

裁判文书作为阐释法律、表达裁判结果、彰显司法正义的重要载体,其制作既是人民法院审判工作的重要组成部分,也是法官履行国家审判职责的一项经常性工作。对法官而言,裁判文书是考察法官政治、业务素质和职业道德、思想作风的重要尺度;对当事人而言,裁判文书是其认同法律权威、息诉服判的主要依据所在;对社会而言,裁判文书是人民法院向社会公众展示司法公正与效率的重要平台和宣传法治的生动教材。教师在授课中,可以为学生展示本案的判决书,可分别就诉讼主张部分、诉讼证据部分、法律事实部分、判决理由部分、法律依据部分、判决主文部分分别为学生进行讲解,同时提出(民商事)裁判文书写作的基本注意要点,如裁判文书的篇章结构、语句表达、技术规范等,在课程最后,指导学生完成本案判决书的写作。

课程时间安排

本案例可以作为专门的案例教学课程进行(5个课时),每课时45分钟。如下课堂设计,仅供参考。

1. 课前计划:安排学生阅读案例以及相关参考资料,对案例所争议的问题进行思考，撰写思考题以及实践题的答案。

2. 课中计划：(1)介绍教学目的，明确讨论主题；(2)将学生分组，以抽签的形式随机分配各项思考题与实践题；(3)每组内部充分讨论后，由小组代表代表小组表达小组观点；(4)除发言小组外，其他小组要对代表的发言进行提问；(5)教师针对每组代表的发言和其他各组的提问情况做归纳总结；(6)教师对案例整体情况做归纳总结。

3. 课后计划：根据课堂讨论情况，引导学生进一步探索互联网不正当竞争案件中对不正当竞争行为认定方面的相关理论前沿和实践经验。

思考题和实践题

1. 思考题

(1) 扣扣保镖是否破坏了 QQ 的完整性、安全性？

(2) 扣扣保镖的开发和经营行为是否符合互联网行业商业惯例，是否违背了诚信原则和公认的商业道德，并构成不正当竞争？

(3) 奇虎 360 公司在经营扣扣保镖软件及其服务时，是否存在贬损 QQ 软件及其服务的行为，从而构成商业诋毁？

(4) 奇虎 360 公司是否在经营扣扣保镖时将其产品和服务嵌入 QQ 软件界面，是否取代了被上诉人 QQ 软件的部分功能以推广自己的产品，从而构成不正当竞争？

(5) 确定本案中的赔偿数额应该综合考虑哪些因素比较合理？

(6) 技术创新、自由竞争和不正当竞争的界限在哪里？

(7) 本案能否适用《反不正当竞争法》的一般条款对不正当竞争行为进行认定？

(8) 如何理解《反不正当竞争法》第 14 条中的“商业信誉”“商品声誉”？

(9)《反不正当竞争法》规定了哪些责任承担方式？

(10)《反不正当竞争法》都规定了哪些具体不正当竞争行为？

(11) 互联网不正当竞争案件中可否适用诉前禁令？

(12) 如何理解《反不正当竞争法》条款中的“公认的商业道德”？

(13) 在审理互联网行业领域的不正当竞争纠纷中，如何认定争议双方是否存在竞争关系？

(14) 在我国现行法律框架内，可用于规制互联网不正当竞争行为的法律法规有哪些？分别属于什么位阶的法律？

2. 实践题

(1) 如果你是本案的审理法官，根据以上案件信息，试分析并论证奇虎 360 的扣扣保镖是否构成不正当竞争行为？

(2) 如果奇虎 360 的行为构成不正当竞争行为，作为本案的审理法官，试分析并论证奇虎 360 对腾讯 QQ 的具体赔偿数额。

(3)如果你是本案的审理法官,请根据以上案件信息,撰写本案的判决书。

参考文献

1. 吉罗洪:《知识产权经典判 7. 商标、反不正当竞争卷》,知识产权出版社 2013 年版。
2. 倪振峰:《反不正当竞争法理解适用与修改完善》, 复旦大学出版社 2013 年版。
3. 张黎:《反垄断与反不正当竞争法律实务精解》,北京大学出版社 2012 年版。
4. 倪振峰:《竞争法学》,复旦大学出版社 2011 年版。
5. 程永顺:《其他不正当竞争判例》,知识产权出版社 2010 年版。
6. 韩赤风:《中外反不正当竞争法经典案例》,知识产权出版社 2010 年版。
7. 谢晓尧:《在经验与制度之间:不正当竞争司法案例类型化研究》,法律出版社 2010 年版。
8. 蒋强:《反不正当竞争纠纷新型典型案例与专题指导》,中国法制出版社 2009 年版。
9. 蒋志培:《不正当竞争新型疑难案件审判实务》,法律出版社 2007 年版。
10. 孔祥俊:《反不正当竞争法:原理·规则·案例》,清华大学出版社 2006 年版。
11. 陶凯元:《掩卷而思:反不正当竞争案例选萃》,法律出版社 2006 年版。
12. 邓志松:《基于互联网行业对反不正当竞争案件损害赔偿计算的若干建议》,载《电子知识产权》2013 年第 11 期。
13. 奚晓明:《人民法院裁判文书写作教程》,中国法制出版社 2013 年版。

撰稿人 | 韩赤风,北京师范大学法学院民商事法学教研中心主任、教授、博士生导师

12 CASE 厦门农村商业银行股份有限公司马垅支行诉陈衍禾等金融借款合同纠纷案

| **摘 要** |

这是一起金融借款合同涉及连带保证责任的真实案例，旨在探讨在借款合同发生纠纷后连带保证人的责任承担问题。涉及的知识点包括借款合同、最高额保证合同、连带保证责任以及连带保证人死亡后继承人是否应承担保证责任等。本案的法律适用涉及《合同法》《担保法》《继承法》，学生们通过本案的学习，将较为全面地掌握金融借款合同中借、贷当事人双方的权利与义务，了解何为最高额保证，分析连带保证人对保证责任的分担，同时，还可对我国现行相关法律中没有明文规定的连带保证人在保证期间死亡的，其继承人是否应承担责任进行探讨。这是一个学习连带保证时具有一定参考价值的案例。

| **关键词** |

借款合同　连带保证　连带保证人死亡

| **教学目标** |

旨在让学生掌握以下四方面内容：(1)借款合同中，借贷双方当事人应各自有何种权利与义务，在诉讼中，应承担哪些举证责任；(2)最高额保证中，保证人的权利与义务为何；(3)连带保证人的保证责任；(4)连带保证人死亡后，其继承人是否应承担保证责任。

教学案例主文

一、引言

（一）厦门农村商业银行股份有限公司概况

厦门农村商业银行股份有限公司原为厦门市农村信用合作联社马垅信用社，经股份制改造于2012年7月9日经厦门市工商行政管理局核准变更企业名称为厦门农村商业银行股份有限公司。

（二）借款合同订立的概况

2010年5月31日，陈建财与厦门市农村信用合作联社马垅信用社（以下简称马垅信用社）签订一份《最高额借款合同》，双方约定：

1. 自2010年5月31日起至2012年5月30日止，由马垅信用社在最高额贷款余额80万元内，根据陈建财的需要和农商行马垅支行资金供给的可能，对陈建财分次发放贷款。每笔贷款的最后到期日不超过2012年5月30日，每笔贷款的金额、用途、期限、利率和还款方式以借款借据为准。

2. 贷款利率为月利率，利率执行方式为浮动利率，即在贷款发放当日基准利率基础上上浮80%。如遇中国人民银行人民币贷款基准利率调整，自基准利率调整后的次年起，按调整后相应期限档次的基准利率和本合同约定的借款利率浮动幅度确定新的借款执行月利率，不再另行通知借款人、担保人。

3. 贷款逾期，则自逾期之日起按逾期贷款罚息利率计收利息，即按合同利率加收50%计收利息。

4. 农商行马垅支行将相关款项转入陈建财的账户即已履行贷款发放义务。

5. 若借款人连续三期（含三期）未足额偿还借款本息，则贷款人有权宣布合同提前到期及借款人与贷款人签订的其他借款合同均提前到期并提前收回所有未还贷款。

6. 借款人应承担与本合同及本合同项下担保有关的律师服务、保险、运输等所有费用。

7. 合同履行中如有争议，可由双方协商解决，也可诉讼解决，由贷款人所在地人民法院管辖。

同日，陈建财与马垅信用社签订《农村信用社借款借据》一份，载明："借款人陈建财；借款用途经营性物业；借款月利率0.81%；借款金额80万元；借款日期2010年5月31日；还款日期为2012年5月30日；还款方式按季收息、到期还本、利随本清。"

（三）保证合同订立的概况

《借款合同》订立的同日，林建利、陈衍禾作为保证人与马垅信用社签订《最高额保证合同》一份，约定：

1. 保证人自愿为2010年5月31日至2012年5月30日，农商行马垅支行与陈建财办理约定的各类业务形成的债权提供担保，担保的债权本金最高余额为80万元。

2. 保证范围包括主合同项下的本金、利息、罚息、违约金、损害赔偿金及实现债权的一切费用及其他应付费用（包括但不限于诉讼费、保全费、律师费、差旅费等）。

3. 保证方式为连带保证，本合同项下如有多个保证人，各保证人均承担连带保证责任。

4. 保证期间为主合同约定的债务履行期限届满之日起满2年。

5. 担保人知悉合同项下的贷款资金支付约定，并同意承担连带保证责任。

（四）保证人林建利死亡及其继承人的基本情况

林建利因道路交通事故于2011年5月2日死亡。江加俊系林建利的配偶，林皖敏系林建利的儿子，林招琪系林建利的父亲，陈金团系林建利的母亲。

（五）借贷双方合同义务履行的情况

借款合同签订当日，马垅信用社向陈建财开立于农商行马垅支行处的账户（账号90204101401010000098550）发放80万元贷款。

借款到期后，陈建财未偿还借款本金及最后一季度利息16397.91元。

二、案件诉讼的经过

马垅信用社在一审中提出如下诉讼请求：

1. 判令陈建财立即偿还借款本金80万元、截至2012年7月30日的利息24278.01元（包含自2012年5月31日起至2012年7月29日的罚息）、2012年7月30日之后的利息（以80万元为基数，自2012年7月30日起按每月0.887%

的利率计算至实际还清借款之日)。

2. 判令陈建财立即支付农商行马垅支行为实现债权的所支出的律师代理费10250元。

3. 陈衍禾对陈建财在本案中的债务承担连带还款责任。

4. 江加俊、林皖敏、林招琪、陈金团在接受林建利遗产的范围内,为林建利在本案中的债务承担还款责任。

5. 本案诉讼费用由陈建财、陈衍禾、江加俊、林皖敏、林招琪、陈金团共同承担。

一审法院认为:

马垅信用社与陈建财签订的《最高额借款合同》属金融借款合同,该合同是双方真实意思表示,未违反法律、法规的强制性规定,合法有效,因此农商行马垅支行与陈建财之间存在合法有效的金融借款合同关系,双方当事人均应按照约定全面履行各自的合同义务。《最高额借款合同》约定具体每笔贷款的金额、用途、期限、利率和还款方式以借款借据为准。马垅信用社已经依约出借80万元给陈建财,现借款期限已经届满,陈建财未举证证明其向农商行马垅支行返还借款本金,农商行马垅支行请求判令陈建财立即偿还其借款80万元及借款期间最后一季度(2012年2月29日至5月30日)的利息16397.91元,应予支持。《借款合同》中还约定若逾期罚息及败诉方承担律师费用,因而农商行马垅支行关于自逾期之日起按逾期贷款罚息利率计收利息请求及律师费10250元的请求,法院均予以支持。保证人陈衍禾自愿为陈建财的借款提供连带责任保证,约定的保证期间为债务履行期限届满之日起二年即2012年5月30日至2014年5月29日止,保证范围包括了主债权本金、利息、罚息、律师费等,且农商行马垅支行要求陈衍禾承担保证责任是在保证期间内提出,因此陈衍禾应对陈建财在本案中的上述债务(包括应还借款本金、利息、罚息、律师费)承担连带清偿责任。保证人林建利在主债务履行期限届满前死亡,保证人林建利死亡时并未产生确定的保证责任,保证人林建利因死亡免除保证责任,故其继承人无须承担保证责任。

一审法院判决:

1. 陈建财应于判决生效之日起十日内偿还厦门农村商业银行股份有限公司马垅支行借款本金80万元、借款期间的利息16397.91元、逾期付款利息(以80万元为基数,自2012年5月31日起,按月利率1.215%计算至2012年7月30日止;以80万元为基数,自2012年7月31日起,按月利率0.8775%计算至本判决确定的付款之日止)。

2. 陈建财应于判决生效之日起10日内赔偿厦门农村商业银行股份有限公司马垅支行律师代理费10250元。

3. 陈衍禾对陈建财的上述债务承担连带清偿责任。陈衍禾承担保证责任后,有权向陈建财追偿。

4. 驳回厦门农村商业银行股份有限公司马垅支行的其他诉讼请求。

一审宣判后,农商行马垅支行及陈衍禾不服,提出上诉。

农商行马垅支行上诉称:

1. 自2010年5月31日上诉人农商行马垅支行向陈建财发放80万元贷款时起,农商行马垅支行即对陈建财享有基于法律关系而产生的债权,同时对林建利享有基于担保法律关系而产生的担保债权。根据从合同依附于主合同的原则,既然陈建财自2010年5月31日起即对农商行马垅支行负有80万债务,由于林建利承担的民事责任为连带保证责任,此时林建利与陈建财同时产生相应债务,民事责任此时产生。原审法院混淆了民事责任(债)的产生与债的履行期限两个不同的法律概念。本案债的产生时间为2010年5月31日,而农商行马垅支行有权要求陈建财(主债务人)及林建利(从债务人)履行债务的时间为借款到期日或主债务人违约行为产生之日。虽然林建利死亡日期早于债务到期日,但绝不意味着其死亡时保证责任尚未产生。

2. 根据《继承法》相关规定,林建利作为债务人死亡后,其承担民事责任的范围及承担方式即自然而然转化为以林建利的一切财产进行偿付。根据原审法院查明的事实,既然"厦门市湖里区长乐路279号301室"及"厦门市同安区五显里302室"房产为林建利名下之遗产,本案被上诉人理应在此遗产范围内对上诉人承担相应的民事责任。

3. 若本案原判决得以维持,将对同样情形下的债权人极为不公,并且,将对金融机构的债权安全构成严重威胁。现实中,自然人控制有限责任公司并使公司空壳化而将资产转移到自然人名下的案件比比皆是,若以被控股的公司为借款人,以控股自然人股东为保证人,那么在主债务到期之间,若由于保证人因刑事犯罪被处以极刑或自杀身亡,难道说可以"一了百了",以逃避债务不成?若原审思路得以维持,则日后所有金融机构在签订合同时,还需另行追加保证人之全部法定继承人并要求后者出具承诺,显然将造成社会资源的极大浪费。上诉人农商行马垅支行据此请求二审直接改判江加俊、林皖敏、林招琪、陈金团在接受林建利遗产的范围内,为林建利在本案中的债务承担还款责任。

江加俊、林皖敏共同答辩称:

1. 林建利的保证责任只有在2012年5月30日借款期限届满,借款人陈建材不还款或无法还款时才产生保证责任。

2. 根据《民法通则》规定，公民死亡即不具有民事行为能力，无法承担民事义务。林建利于 2011 年 5 月 2 日发生交通事故死亡，其保证责任尚未产生，故农商行马垅支行要求江加俊、林皖敏在接受林建利遗产范围内承担还款责任没有依据。

陈衍禾答辩称：

1. 一审免除了林建利的保证责任，加重了陈衍禾的保证责任。根据《最高额保证合同》第 9 条约定，保证人死亡后继承人还应承担相应责任。一审判决没有按合同约定执行。

2. 陈衍禾现在没有任何财产，不符合担保法关于保证人资格条件的规定。

上诉人陈衍禾上诉称：

1. 上诉人陈衍禾不应承担保证责任。保证合同有效期内保证人死亡的，保证合同一方当事人消失，该保证合同终止，保证义务消失。本案因林建利死亡导致保证合同终止。

2. 原审免除了林建利的保证责任，无形中加重了上诉人的责任。根据《担保法》第 12 条，同一债务有两个以上保证人的，保证人应当按照保证合同约定的保证份额，承担保证责任。没有约定保证份额的，保证人承担连带责任，债权人可以要求任何一个保证人承担全部保证责任，保证人都负有担保全部债权实现的义务。已经承担保证责任的保证人，有权向债务人追偿，或者要求承担连带责任的其他保证人清偿其应当承担的份额。最高人民法院《关于适用〈中华人民共和国担保法〉若干问题的解释》第 20 条规定，连带共同保证的债务人在主合同规定的债务履行期届满没有履行债务的，债权人可以要求债务人履行债务，也可以要求任何一个保证人承担全部保证责任。连带共同保证的保证人承担保证责任后，向债务人不能追偿的部分，由各连带保证人按其内部约定的比例分担。没有约定的，平均分担。本案中林建利应承担一半的保证责任，依据法学通说，保证合同之债仍属债务，原则上可以继承，故林建利死亡后，其继承人作为保证人理应在继承保证人遗产范围内承担连带清偿责任。而原审法院免除了林建利的保证责任，无疑加重了陈衍禾的责任。请求二审法院依法撤销原判第三项，改判驳回农商行马垅支行要求陈衍禾承担保证责任的诉讼请求。

二审法院认为：

1. 本案所涉的借款及担保合同均系各方当事人的真实意思表示，内容形式合法，未违反法律、行政法规的禁止性规定，合法有效，对各方当事人具有法律约束力。

2. 在农商行马垅支行提供借款后，陈建财未按约定还款，已经构成违约，依法应承担还本付息的违约责任，并支付因此产生的律师费用。作为保证人，陈衍禾应当按照保证合同的约定，对陈建财的上述债务承担连带清偿责任。原审法院对此认定正确。

3. 本案二审的争议焦点在于：江加俊、林皖敏、林招琪、陈金团是否应在继承林建利遗产的范围内对讼争债务承担还款责任？本案讼争的借款及担保合同对各方当事人具有法律约束力。农商行马垅支行在履行提供借款的义务后即享有债权，作为权利人，农商行马垅支行可以追究债务人违约责任，也可以要求担保人承担相应的担保责任。债务履行期限是否届满并不影响债权的依法设立。由于林建利在债务履行期限届满前去世，作为继承人，江加俊、林皖敏、林招琪、陈金团应在继承林建利遗产的范围内对讼争债务承担还款责任。

4. 被上诉人林招琪、陈金团经本院合法传唤未到庭，本院依法缺席判决。

综上，上诉人农商行马垅支行的上诉请求合法有据，应予支持，原审判决结果依法应予调整。综上，二审法院依照《担保法》第 18 条、《继承法》第 33 条第 1 款、《民事诉讼法》第 170 条第 1 款第 3 项之规定，判决如下：

（1）维持福建省厦门市湖里区人民法院（2013）湖民初字第 1954 号民事判决第一、二、三项，即陈建财应于判决生效之日起 10 日内偿还厦门农村商业银行股份有限公司马垅支行借款本金 80 万元、借款期间的利息 16397.91 元、逾期付款利息（以 80 万元为基数，自 2012 年 5 月 31 日起，按月利率 1.215% 计算至 2012 年 7 月 30 日止；以 80 万元为基数，自 2012 年 7 月 31 日起，按月利率 0.8775% 计算至本判决确定的付款之日止）；陈建财应于判决生效之日起 10 日内赔偿厦门农村商业银行股份有限公司马垅支行律师代理费 10250 元；陈衍禾对陈建财的上述债务承担连带清偿责任。陈衍禾承担保证责任后，有权向陈建财追偿。

（2）撤销福建省厦门市湖里区人民法院（2013）湖民初字第 1954 号民事判决第四项，即驳回厦门农村商业银行股份有限公司马垅支行的其他诉讼请求。

（3）江加俊、林皖敏、林招琪、陈金团应在继承林建利遗产的范围内对陈建财的上述债务承担清偿责任。

教学指导手册

教学对象及目标

本案例供法律硕士案例教学使用,高年级本科生、民商法专业硕士研究生或民事诉讼法专业硕士研究生也可以参考使用。

教学目标旨在让学生掌握以下四方面内容:(1)借款合同中,借贷双方当事人应各自有何种权利与义务,在诉讼中,应承担哪些举证责任;(2)最高额保证中,保证人的权利与义务为何;(3)连带保证人的保证责任;(4)连带保证人死亡后,其继承人是否应承担保证责任。

教学内容

1. 借款合同的概念与特点

《合同法》第 196 条规定,借款合同是借款人向贷款人借款,到期返还借款并支付利息的合同。借款合同可分为金融机构借款合同与自然人间借款合同,两者所体现的特点有所不同。总的来说,借款合同有以下法律特点:

(1)借款合同是以转让货币所有权为目的的合同。货币是典型的代替物、消耗物,在任何情形下,货币的交付均发生其所有权的转移。因此,借款合同的目的就是由借款人取得所借货币的所有权。

(2)借款合同原则上为有偿合同,也可以为无偿合同。借款合同的贷款人既可以是金融机构,也可以是自然人。金融机构是以发放贷款为营业的,其贷款总是有利息的。因此,以金融机构为贷款人的借款合同均为有偿合同。但自然人之间的借款合同,当事人可以收取利息,也可以不收取利息。《合同法》第 211 条规定:“自然人之间的借款合同对支付利息没有约定或者约定不明确的,视为不支付利息。”因此,自然人之间没有明确约定利息的借款合同为无偿合同。

(3)借款合同为诺成合同,但自然人间的借款合同为实践合同。金融机构借款合同自双方当事人协商一致时成立,不以贷款人交付贷款为要件。因此,金融机构贷款合同为诺成合同。但依《合同法》第 210 条的规定,自然人之间的借款合同自贷款人提供借款时生效。因此,自然人间的借款合同为实践合同。也就是说,自然人之间的借款仅有当事人双方的合意还不能成立生效,只有贷款人将借款交付给借款人后才能成立生效。

(4)借款合同为双务合同,但自然之间的借款合同原则上为单务合同。金融机构借款合同自双方合意时成立生效,自合同成立后,贷款人负有按合同的约定交付借款的义务,借款人负有按期偿还借款和支付利息的义务。因此,借款合同应为双务合同。但是,由于自然人之间的借款合同为实践合同,只有贷款人将借款提供给借款人,合同才成立生效,而于合同生效后贷款人不再负担义务,仅有借款人一方负担返还借款的义务。所以,自然人之间的借款合同原则上为单务合同。

(5)借款合同为要式合同,但自然人间的借款合同为不要式合同。《合同法》第197条规定:“借款合同采用书面形式,但自然人之间借款另有约定的除外。”可见,金融机构借款合同属于要式合同。这是因为金融机构以贷款为营业,其发放贷款的数额较大,周期较长,采用书面形式有利于明确金融机构与借款人之间的权利义务,有利于减少纠纷,有利于保障借款人的用款计划和金融机构的信贷资金的安全。自然人之间的借款合同为不要式合同,可由当事人自由选择合同的形式,即使当事人间采用口头形式,也不影响合同的效力。

2. 借款合同中,借贷双方当事人的权利与义务

在借贷关系中,双方当事人互享权利、互担义务。

贷款人的主要义务。贷款人是否负有义务,依借款合同为双务合同还是单务合同而定。自然人间的借款合同为实践合同、单务合同,只有在贷款人将借款交付给借款人时合同才生效。因此,在借款合同生效后,贷款人并不负担义务。而金融机构借款合同为诺成合同、双务合同,自合同成立生效后,贷款人则负担一定的义务。因此,这里所说的贷款人的义务实际上是金融机构作为贷款人所负担的义务。贷款人的主要义务就是按照合同的约定按时向借款人提供借款。依《合同法》第200条、第201条的规定,贷款人提供给借款人的借款金额应当符合合同中约定的数额,而不得从中预先扣除借款违约金或保证金或利息。利息预先在本金中扣除的,借款数额按照实际借款数额计算。贷款人未按照约定的日期、数额提供借款,造成借款人损失的,应当赔偿损失。

借款人的主要义务包括:(1)按照合同约定的时间和数额收取借款贷款人为金融机构的,借款人有义务按照合同中约定时间和数额收取借款。《合同法》第201条第2款规定:“借款人未按照约定的日期、数额收取借款的,应当按照约定的日期、数额支付利息。”也就是说,不论借款人是否按照约定的日期和数额收取借款,都须按照合同中约定的借款日期和数额计算利息。(2)接受贷款人的用款监督,向贷款人提供必要的资料。《合同法》第 202 条规定:"贷款人按照约定可以检查、监督借款的使用情况。借款人应当按照约定向贷款人定期提供有关财务会计报表等资料。"(3)按照合同约定的贷款用途使用借款。《合同法》第 203 条规定:"借款人未按照约定的借款用途使用借款的,贷款人可以停止发放借款、提前收回借款或者解除合同。"(4)按合同约定的还款期限及时偿还借款。《合同法》第 206 条规定:"借款人应当按照约定的期限返还借款。对借款期限没有约定或者约定不明确的,依照本法第六十一条的规定仍不能确定的,借款人可以随时返还;贷款人可以催告借款人在合理期限内返还。"借款人未按照约定的期限返还借款的,应当按照约定或者国家有关规定支付逾期利息(《合同法》第 207 条);借款人提前偿还借款的,除当事人另有约定外,应当按照实际借款的期间计算利息(《合同法》第 208 条)。(5)按照合同约定的利率和期限支付利息。《合同法》第 205 条规定:"借款人应当按照约定的期限支付利息。对支付利息的期限没有约定或者约定不明确,依照本法第六十一条的规定仍不能确定,借款期间不满一年的,应当在返还借款时一并支付;借款期间一年以上的,应当在每届满一年时支付,剩余期间不满一年的,应当在返还借款时一并支付。"《合同法》第 211 条第 2 款规定:"自然人之间的借款合同约定支付利息的,借款的利率不得违反国家有关限制借款利率的规定。"1991 年最高人民法院《关于人民法院审理借贷案件的若干意见》中规定,民间借贷可以适当高于银行的利率,但最高不得超过银行同类贷款利率的 4 倍(包含利率本数),超过此限度的利息不予保护。

3. 最高额保证的概念与特征

《担保法》第 14 条规定,保证人与债权人可以协议在最高债权额限度内就一定期间连续发生的借款合同或者某项商品交易合同订立一个保证合同。此种保证就是所谓的最高额保证。从我国现行法的规定来看,最高额保证具有以下几项特征:(1)最高额保证担保的债权是一定期间内连续发生的债权。"一定期间内"这一特征决定了并非该期间发生的债权保证相保的范围,保证人对此不负保证责任。此外,我国法律没有限制最高额保证担保债权的发生期间,任由当事人约定。所谓"连续发生的债权"意味着在保证担保的债权被确定之前该债权不是特定的,从保证合同生效之时至被担保的债权确定之时,该债权不断发生、消灭,因此具有变动性、代替性,属于一定范用内发生的债权。(2)最高额保证担保的债权是一定范围内连续发生的债权。这里的"一定范围"是指最高额保证担保的债权必须是基于当事人之间某种特定的基础法律关系而发生的。《担保法》第14条将这些基础法律关系的范用界定为“借款合同”或者“就某项商品交易合同”。(3)最高额保证担保的债权存在最高债权额限度。所谓“最高债权额限度”,是指保证人与债权人约定的保证债权所担保的主债权的最高数额。最高人民法院《关于适用〈中华人民共和国担保法〉若干问题的解释》第23条明确规定:“最高额保证合同的不特定债权确定后,保证人应当对在最高债权额限度内就一定期间连续发生的债权余额承担保证责任。”最高债权额限度一般都由当事人具体约定,法律不可能也不应当作出特别的限制。

4. 连带共同保证

当为同一债务作保的不止一个人时,为共同保证,反之为单独保证。《担保法》第12条特别规定了共同保证,“同一债务有两个以上保证人的,保证人应当战照保证合同约定的保证份额,承担保证责任。没有约定保证份额的,保证人承担连带责任,债权人可以要求任何一个保证人承担全部保证责任,保证人都负有担保全部债权实现的义务。已经承担保证责任的保证人,有权向债务人追偿,或者要求承担连带责任的其他保证人清偿其应当承担的份额”。最高人民法院《关于适用〈中华人民共和国担保法〉若干问题的解释》第19条对不同时间承担共同保证的情形作出规定,“两个以上保证人对同一债务同时或者分别提供保证时,各保证人与债权人没有约定保证份额的,应当认定为连带共同保证”。这是从更全面地保护债权人的角度出发,将共同保证约定不明确时推定为连带共同保证,符合其设立共同保证的目的。如果允许各保证人承担按份责任,如果出现不能清偿的保证人,则对债权人来讲,反而比一人保证更为不利。从保证人的角度考量,保证人愿意承担保证也可能是因为考虑到有多人参与保证,在没有明确约定连带责任时,保证人难以预料到可能所有债务都要由他首先清偿的情况出现,因此,连带责任的推定对保证人来说不是较为严苛的。

5. 保证人死亡时,其继承人是否应承担保证责任

保证依法成立,保证人死亡,其继承人是否在其遗产范围内代保证人承担连带偿责任?

保证人是自然人的,如果保证人死亡,保证责任是否灭失,其遗产是否用于承担保证责任,我国法律并未明确规定,《担保法》司法解释也未涉及,理论界有三种观点:第一种观点认为,保证人的遗产应免于承担保证责任。因为保证是人保,这与抵押、质押不同的是,它并不在担保人的具体财产上设定权利,故人在信用在,人死信用亡,建立在信用上的保证,自然要承担保证人死亡的风险,且自然人死亡后,信用和保证责任不具有继承性,在保证人死亡后,保证责任随之消灭。第二种观点认为,保证人死亡不等于信用破灭,保证人的信用与保证人的情偿能力直接相关,而保证人的清偿能力与保证人的财产息息相关,即保证人的信用的实质就是保证人的财产,保证人死亡,但保证人的财产并未消灭,仍可用该遗产来承担保证责任。第三种观点认为,应当区分两种情况,如果债务到期后保证人死亡的,遗产应当用来承担担保证责任;如果债务未到期保证人死亡的,由于保证人的保证责任尚未发生,遗产不用承担保证责任。

我们认为,本案判决保证人的继承人应承担保证责任是正确的。理由在于:

(1)关于人的担保(信用担保)性质的分析

传统民法理论都将保证归为信用担保,与财产担保(抵押、质押、留置等)相对应。那么,信用是什么呢?一般认为,信用是人们对一个人偿债能力的评价。从现实生活中去观察,评价一个人的偿债能力,不仅要考察此人以前的履约状况,更重要的是考察此人现实财产的多少。在这个意义上,信用也是以一个人的财产的状况为基础的。因此,将信用担保从财产担保中划分出来实际上是对保证性质的一种误解。按照保证的规则,如果主债务人到期不能偿还债务,保证人将以自己的财产代债务人履行。保证人终究是以自己的财产履行债务的,而不是以自己的信用。

但是,保证意义上的财产责任,与其他财产担保形式还是有一定的区别的。保证人以自己的财产履行,财产的范围是不确定的,或者说保证人以自己的全部财产担保债务的履行。在物的担保,担保人是以确定范围的财产担保债务的履行的,债权人的权利及于这些特定的财产。而在保证,由于担保财产的范围不能确定,债权人的权利不能直接及于特定的财产,只能通过诉讼或仲裁等法律程序,对保证人的财产进行处分。保证与其他担保形式的真正区别在于:保证的成立,并不能在保证人特定范围的财产上产生受领债权清偿的优先权。从时间上看,信用担保所对应的担保人的财产,是在担保人具体承担责任之时才能确定。而在物的担保,担保成立之时将来可能用以承担责任的财产就确定了。

(2)保证是一种债务

关于保证的法律后果的性质,在学理上有三种不同的观点:第一种观点认为,保证是一种责任,是一种无债务之责任;第二种观点认为,保证实为债务。第三种观点认为,保证人所承担的法律后果是保证责任与保证责任的统一。我们认为,保证责任实质为保证债务。对保证人的保证债务,在我国《担保法》中称为“保证责任”,对“保证责任”之中的“责任”并非一般意义上的法律责任。一般意义上的法律责任,是指违反法律义务而产生的法律后果。保证责任并非保证人违反保证义务的法律后果,因此,保证责任实为保证债务。保证责任,实质上为保证人对债权人因保证合同而发生的债务。保证责任并非保证人违反民事义务的后果,而是基于保证合同而产生的第一性的义务,按照我国法学界关于责任为违反第一性义务时所产生的第二性义务的通说,它不是民事责任,而是真正的民事义务,称为保证债务。虽然我国《担保法》将保证之重心放在保证责任上,但并不表明其在性质上非债务而是责任。保证之基础为保证合同,与其他合同一样,当然在保证人与主债之债权人之间产生保证债务关系。此保证债务又是保证人承担保证责任之基础。从债务与责任之关系分析,如果认为保证之性质为责任非债务,这无异于说保证人在主债务人不履行债务时,都不能自觉自愿地承担保证之法律后果,一定要借助于法律的强制,这与保证之常态明显不符。

(3)继承人承担责任的范围

继承人应承担保证责任的范围,根据《继承法》第 33 条规定,继承遗产应当清偿被继承人依法应当缴纳的税款和债务,缴纳税款和清偿债务以其遗产实际价值为限。超过遗产实际价值部分,继承人自愿偿还的不在此限。可见,根据我国《继承法》的规定,继承人继承财产的是有义务清偿被继承人生前的债务的,清偿债务的范围以继承到的遗产的实际价值为限,如果债务大于继承人所继承的财产,超过的部分,继承人没有清偿的法定义务。但是,如果继承人愿意就超出的部分清偿的,债权人可以接受其履行,不构成不当得利。就本案而言,林建利的继承人应在其继承林建利遗产的范围内承担保证责任。

课堂时间安排

本案例可以作为专门的案例教学课来进行,整个案例的课堂安排 2 个课时,每个课时 45 分钟。如下课堂设计,供参考。

1. 课前计划:安排学生阅读案例及相关资料,对案例所涉及问题进行思考,撰写实践题答案。

2. 课中计划:(1)介绍教学目的,明确讨论主题;(2)分组讨论,回答各项思考题,讨论实践题的撰写要点;(3)小组代表提出撰写要点,学生讨论和分析;(4)教师归纳总结。

3. 课后计划:布置学生进一步思考保证的性质、保证责务与保证责任,思考作为金融机构的代理人或保证人继承人的代理人,如何准备代理材料,最大限度地保护被代理人的利益?

思考题与实践题

1. 思考题

(1)借款合同的概念与特征是什么？借款合同当事人的权利与义务是什么？

(2)金融借款合同与民间借贷有何不同？

(3)何为最高额保证合同？最高额保证的特征是什么？

(4)单独保证、共同保证、共同连带保证的概念与特征是什么？

(5)保证的性质是什么？

(6)保证责任与保证债务是否是同一概念？

(7)人的担保与物的担保有何异同？

(8)保证人死亡后，其继承人是否应承担保证责任？

(9)我国目前《担保法》中关于保证的规定是否需要进一步完善？

(10)思考我国未来民法典关于保证的立法体例应如何规范更加合理？

2. 实践题

(1)如果你是厦门农村商业银行股份有限公司马垅支行的代理人，试写一份起诉状并撰写一份代理词。

(2)作为林建利继承人的代理人，试写一份代理词。

参考文献

1. 费安玲:《比较担保法》，中国政法大学出版社 2004 年版。

2. 李明发:《保证责任研究》，法律出版社 2006 年版。

3. 蔡永民:《比较担保法》，北京大学出版社 2004 年版。

4. 程啸:《保证合同研究》，法律出版社 2006 年版。

5. 朱凡:《人的担保基本制度研究》，中国检察出版社 2006 年版。

撰稿人｜吴旭莉，厦门大学法学院助理教授

13 CASE 李春凤诉成都新蜀九香餐饮有限公司商业特许经营合同案

｜摘　要｜

本案例以一起真实的商业特许经营合同纠纷案件为蓝本。在商业特许经营合同案件审理中,被特许人是否有权解除合同以及解除后特许经营费用如何处置几乎是必争的焦点问题。针对本案,法官经过深入探析后认为,缔约双方掌握特许经营信息的能力不对等,被特许人处于明显劣势,为了平衡双方缔约和履约实力,被特许人应当享有单方解约权。主要知识点和考察点为:(1)如何正确理解合同法中平等自愿、诚实信用原则的真正制度内涵,以及如何适用原则性规范解读特殊合同关系中的"意思表示自治"的效力;(2)合同中没记载明显有利于缔约一方的条款时,如何看待;(3) 商业特许经营合同中关系下,有关合同解除权及特许经营费返还请求权问题;(4)行政法规在民事纠纷中的适用。

｜关键词｜

商业特许经营　缔约过失　单方解除权　特许经营费

｜教学目标｜

着重让学生把握三个方面的知识:(1)平等、自愿、诚实信用法律原则适用于合同纠纷中评价缔约双方地位强弱并实现真正有效的"意思自治";(2)商业特许经营关系中特殊的权利、义务法律体系;(3)在仅有行政管理法规可以参考适用时,作为民事纠纷的代理人和审判者,如何将行政法律规定转化为民事法律规则。

教学案例主文

一、引言

（一）成都新蜀九香餐饮有限公司概况

成都新蜀九香餐饮有限公司（以下简称蜀九香公司）系一家专门从事火锅餐饮服务的企业。由于其独特的风味和合理的价格，广受消费者的欢迎和爱戴，在成都和昆明设有多家特许经营加盟店。

（二）李春风与蜀九香公司签订特许加盟合同的概况

2009 年 2 月 18 日，李春风与蜀九香公司签订了《餐饮特许经营合同》，加盟其全牛油火锅品牌，约定特许加盟期限为 3 年（2009 年 6 月 1 日至 2012 年 5 月 13 日），特许加盟费人民币 50 万元，保证金人民币 5 万元。合同还规定，若李成风将重要资产转让别人或者擅自转让特许经营企业，改变经营地址和范围，不遵守《管理经营手册》或者特许经营规范时，蜀九香公司可以解除合同。该合同中没有订立李春风有权在合同签订后一定期限内解除合同的条款。合同签订后，李春风向蜀九香公司支付了约定费用，投资装修店铺，在昆明开始营业。

（三）蜀九香公司因劣质油被曝光概况

2010 年 3 月 15 日前后，包括蜀九香公司在内的 13 家餐饮企业因违法使用劣质油被成都市工商和卫生机关查处，并经媒体曝光。同年 3 月 31 日，昆明媒体报道此事后，原告于 2010 年 4 月停止经营，把店铺的租赁权转让给了案外人。

二、案件诉讼过程

（一）原告李春风的诉求

李春风认为导致其停止经营的原因是蜀九香公司使用不合格香油致使其特许经营品牌信誉度严重下降，于是起诉到法院，要求：（1）解除双方签订的《餐饮特许经营合同》；（2）成蜀九香公司返还其剩余两年的特许经营费人民币 333333 元和保证金 5 万元；（3）蜀九香公司赔偿其为经营投入的店铺装修费用等 62 万元。

（二）原告提供的证据

（1）《餐饮特许经营合同》以及六份附件；（2）原告支付加盟费保证金的收据；（3）媒体对被告使用不合格"大丰香油"事件的报道；（4）照片；（5）终止房屋租赁合同的协议；（6）装饰施工合同；（7）装修收据。

（三）被告蜀九香公司作出的答辩

其全面履行了与李春风签订的《餐饮特许经营合同》中约定的义务，帮助李春风经营走上正轨；2010 年 3 月 30 日，《成都晚报》等媒体就 13 家火锅店使用"大丰香油"的真实情况做出澄清，相关职能机关确认"大丰香油"并非"地沟油"和"潲水油"，而是玉米油添加食用香精勾兑而成的调和油，对人体无害。其也并未将"大丰香油"提供给包括李春风在内的各加盟店使用；"大丰香油"事件发生后，被告方积极澄清事实，消除舆论影响，同时努力提升品牌价值，所以其品牌价值并没有贬值，良好声誉也没有丧失；"大丰香油"事件带来的影响并不会导致李春风的经营难以为继，原告的经营困难是自己管理不善等因素造成的，而且在"大丰香油"事件之前，原告已经在和案外人商谈店铺转让的事宜；原告要求被告赔偿其经济损失 62 万元没有依据。综上，蜀九香公司认为没有发生原告可以解除合同的法定和约定事由。原告的诉求主张不成立，请求法院驳回。

（四）被告提供的证据

（1）《餐饮特许经营合同》以及附件；（2）加盟店照片；（3）《成都商报》报道被告等 13 家火锅经营者使用不合格香油的新闻；（4）《云南信息报》报道原告经营困难的情况；（5）终止店铺租赁合同的协议。

（五）云南省昆明市中级人民法院确认的事实

被告蜀九香公司系从事火锅餐饮服务经营的企业，广泛开展商业特许经营，在成都市和昆明市有多家特许加盟企业。2009 年 2 月 18 日，原告李春风与被告签订《餐饮特许经营合同》，合同约定以下主要内容：

1. 原告加盟被告经营的全牛油火锅品牌，被告向原告授予特许经营权并提供管理体系，管理体系即有价值的专用商品、商标、建筑风格、培训体系、财物体系和专有技术，核心内容是商标及其经营管理标准和技术质量标准；

2. 原告向被告缴纳特许经营加盟费人民币 50 万元及保证金人民币 5 万元，加盟期限为 3 年，自 2009 年 6 月 1 日起至 2012 年 5 月 31 日止；

3. 被告提供开办特许经营企业的证明材料、提供专业技术培训、提供《经营

管理手册》,并有权对原告经营、管理进行监督指导;

4. 在出现原告或者特许企业严重亏损,或者破产、解散、无偿还能力或者开始清算资产等情况时,本合同自动终止;

5. 在原告重要资产转让他人或者擅自转让特许经营企业,改变经营地址和范围,不遵守《管理经营手册》或特许经营规范时,被告可以解除合同。该合同中没有订立原告有权在合同签订后一定期限内解除合同的条款。

合同签订后,原告向被告支付了特许经营费人民币50万元及保证金人民币5万元,被告亦履行合同,向原告提供了约定的特许经营资源以及相关经营培训和指导服务。原告租赁位于昆明市关上宝海公园休闲广场D栋的房屋开始经营。

2010年3月12日,被告住所地成都市的媒体报道了当地一些餐饮企业使用"潲水油"的新闻事件,其中包括被告的直营店,引起广泛的媒体关注。2010年3月30日,成都市食品安全委员会办公室通过媒体对包括被告在内的13家火锅餐饮企业使用"大丰香油"事件的调查情况进行通报,认定该香油系玉米油和食用香精勾兑而成,虽然属于不合格产品,但本身无危害,并非"潲水油"或"地沟油"。

原告认为,由于被告的过错导致不合格香油事件爆发,致使其特许加盟店的经营产生严重困难,难以为继,经多次与被告协商解决未果的情况下,为避免进一步的损失,遂于2010年4月停止经营,随后将该店铺的租赁权转让给案外人。原告认为其停止经营系被告过错所致,遂诉至法院,要求解除《餐饮特许经营合同》,被告返还剩余两年的特许经营费和保证金,并要求被告赔偿其为经营投入的店铺装修费用。被告认为,不合格香油事件爆发后,其积极澄清事实,对负面影响进行了有效的弥补,不会导致被特许人经营难以维持,故不同意解除合同。并且被告怀疑原告在该事件爆发前就打算终止经营,与案外公司商谈转让店铺租赁权事宜,但参与转让的案外人钱小杰对此予以否认。

经查明,原告已经于2010年4月停止特许经营,并将店铺租赁权有偿转让给案外公司。

(六)云南省昆明市中级人民法院通过审理做出的判决

1. 解除原告李春风与被告成都新九蜀香餐饮有限公司签订的《餐饮特许经营合同》。

2. 被告成都成都新九蜀香有限公司于判决生效之日起60日内返还原告李春风预付的特许经营加盟费人民币333333元以及保证金5万元。

3. 驳回原告李春风其他的诉讼请求。

案件受理费用 13830 元,由被告成都新九蜀香有限公司负担 830 元,由原告李春风负担 13000 元。

（七）云南省昆明市中级人民法院的判决理由

1. 根据《商业特许经营管理条例》（以下简称《条例》）第 3 条审查原被告签订的《餐饮特许经营合同》的内容,双方形成特许经营关系,被告是特许人,原告是被特许人。在商业特许经营关系中,特许人掌握着特许经营事业的所有信息和经营资源,所以,特许人在与他人缔结商业特许经营合同时处于优势地位。不对等的能力与实力关系往往滋生不公平的合同关系,进而扰乱正常的商业特许经营秩序。因此,为了平衡特许人与被特许人不对称的信息、资源掌握能力和缔约实力,《条例》着重对特许人的资质以及所负担的缔约义务和履约义务进行规制,体现加重特许人义务,平衡双方能力与实力,营造公平、合理的商业特许经营秩序的立法宗旨。考虑到特许经营面临不可归责于低约双方的风险,继续经营将对被特许人造成无谓的损失,且终止特许经营关系,解除合同对特许人不会造成损害,《条例》第 12 条规定,特许人和被特许人应当在特许经营合同中约定,被特许人在特许经营合同订立一定期限内,可以单方面解除合同。我们认为规定中明确赋予被特许人要求特许人在与其商定商业特许经营合同时订立其享有单方解约条款的权利,并有权在获得合理的行使权利的期限,不得附加其他条件。特许人在缔结时有义务告知被特许人拥有此项法律赋予的权利,并应主动与被特许人商定单方无条件解约条款。特许人不得利用优势地位和其他合同条款积极排除被特许人的单方面无条件解约权,同样不得以订立合同条款的方式消极地排除此权利,更不能附条件或者设定不合理期限的方式减损被特许人的此项特权。

特许人作为应当完全知悉特许经营法律规定的主体,了解其法律意义,并占据优势地位的一方,应当以《合同法》第 3 条、第 4 条、第 5 条和第 6 条规定的平等、自愿、公平、诚实信用原则为指导,具体依据《条例》第 4 条和第 12 条的规定,与被特许人缔结公平、合理的商业特许经营合同,必须订立被特许人单方面无条件解约权条款。本案中原被告所签订的《餐饮特许经营合同》中并没有订立原告的单方面无条件解约权的条款。相反,订立了特许人可以单方面解约的条款。由此我们可以推知,首先,被告作为特许人没有向被特许人告知其享有的此项权利,让其在不了解此项合同条款的情况下签订了合同,实质上这是违背合同当事人在充分理解自己权利、义务前提下,真实、完整、准确地表达自己订立合同意愿的自愿原则。其次,鉴于特许经营人在形成特许经营关系中具有明显的优势,为了平衡不对等实力,实现平等和公平,《条例》方才赋予被特许人订立单方面无条件解约权。被告不予原告签订此条款,显然违背了《条例》中的规定,合同也失去了公平性,原告的合法权益被漠视。最后,作为专门从事特许经营的企业,被告不可能不知晓有关特许经营的法律规定,而且应当预料到若被特许人知道自己拥有此等特权,通常情况下是不可能主动放弃此特权的。由此可以推知原被告签订的《餐饮特许经营合同》中缺乏的被特许人无条件解约权条款是被告有意不向原告告知的结果,而有意隐瞒对合同相对方有利信息属于典型的不诚信行为。综上,法院认为,被告违背平等、自愿、公平、诚实信用的缔约原则,没有在缔约合同时订立原告在合同履行的合理期限内可以单方面无条件解约权的条款,被告在缔约中存在过错。当然,我们不能因为被告的过错而排除原告本应该享有的权利,为了恢复合同本身的公平性,应当认定在这样的情况下依然享有合理期限内的单方面无条件解约权。作为过错方,被告失去了本来拥有的对合理期限表达意见、进行平等协商的权利。只有被告提出来的解约期限明显不合理,损害其利益时,被告才能被动地行使抗辩权,以期调整期限或得到补偿。所以法院认为,原告提出的解除合同的诉求并不存在不合理之处,应该给以支持。

2. 在合同被解除的情况下,根据《合同法》第 97 条的规定,合同解除后,尚未履行的,中止履行;已经履行的,根据履行的情况和合同性质,当事人可以要求恢复原状,采取其他补救措施,并有权要求赔偿损失。根据《条例》第 3 条的规定,商业特许经营关系的主要特征在与特许人提供其拥有的无形经营资产给被特许人使用,而无心经营资源通常不会因使用而减损其价值。因此,当商业特许经营合同被解除,被特许人终止经营并不会对特许人的无形经营资源造成损害,依然保持原有的价值。所以,特许人占有或者收取未履行期间的特许经营费用缺乏正当理由。在合同签订后,被告从原告这里收取的是三年合同期的全额特许经营费 50 万元,原告在合同履行将近一年时终止了经营,并且行使权利解除了合同。故而,被告无理由继续占有后两年合同无履行期间的特许经营费,原告请求被告返还剩余两年特许经营费合计人民币 333333 元的请求应该得到支持。同时经过查明,由于被告使用不合格香油,减损了作为重要无形经营资源的商品标识所负载的信誉,造成相当范围的负面影响,引起被特许人的不安,成为被特许人终止经营的促因。因而,法院认定被告在履行合同中存在过错,没有维护好无形经营资源的价值,应当将原告预付的为担保合同义务履行的保证金人民币 5 万元返还给原告。

3. 对于原告提出的额外经济损害赔偿,法律规定,如果被特许人能够证明特许人违约知识其遭受额外的经济损失时,可以要求赔偿。本案中,原告认为由于被告使用不合格地沟油,致使其特许经营事业整体声誉严重下降,致其经营难以为继,其为开展经营所支出的店铺装修费用无法收回,构成损失,应当由被告赔偿。经过查明,被告使用不合格香油后,确实对其声誉产生了一定的负面影响。但是,随后经过行政主管机关的调查、澄清,此不合格香油并非影响商业信誉的"地沟油"或者"潲水油"。因此,被告的过错行为尚难证实足以导致原告经营难以为继。而且在终止经营后,原告将店铺的租赁权转让给案外人,难以确认店铺的装修费用是否确实无法收回。所以,法院认为原告提出的被告赔偿其经济损失的请求权不能得到支持。

最后,由于原告诉讼主张得以成立时基于行使单方解约权,而非被告严重违约,故诉讼费用应主要由原告负担比较合理。

针对云南省昆明市中级人民法院作出的一审判决,被告不服,向云南省高级人民法院提起上诉,高级人民法院审理后,作出了维持一审判决之裁判。

教学指导手册

教学对象及目标

本案例供法律硕士案例教学使用,法学本科(大四)、民法学硕士、民事诉讼法学硕士、知识产权硕士也可以参酌使用。

本案例需要讲授的法律问题有:(1)如何正确理解《合同法》中平等、自愿、诚实信用原则的真正内涵,以及如何适用于特殊合同交易中的"意思表示自治"的效力;(2)合同中没记载明显有利于缔约一方的条款时,如何看待;(3)商业特许经营合同中,关于合同解除权及之后特许经营加盟费返还请求权问题;(4)行政法规在民事纠纷中如何适用;(5)对于诉讼费的分担,法官是如何裁断的。

教学内容

1. 如何正确理解《合同法》中平等、自愿、诚实信用原则的真正内涵，以及如何适用于特殊合同交易中的“意思表示自治”的效力？

《合同法》总则部分明确指出合同法律关系产生于民事主体的意思自治，但同时又用不少条款强调了合同行为须秉承平等、自愿、诚实、信用这样的理性意识，这是否与当事人纯粹自主、自由缔约的基本理念产生矛盾呢？国家强制力机关在什么情况下可以依据四项原则强力介入民事主体的自由约定呢？其实，限于能力、知识、地位以及信息掌握的不对称，缔约时纯粹的基于实力和知识、信息掌握程度平等的理性的，相互权利、义务均等的情况并不是常例，不对等的情况在日常生活中到处可见。比如，商业主体与自然人消费者之间缔结买卖和服务合同关系时，其实力基本上不对等，故限制商业主体滥用实力，保护消费者利益的法律具有正当性。而且，在商业主体之间同样广泛存在实力不对等的情况，强势一方极易通过胁迫、隐瞒经营信息等方式强迫或者诱使弱势一方做出对自己利益保护不充分的“意思表达”，故强调缔约和履约的理性意识，对弱势方提供法律保护，修正不公平的合同关系，还原意思自治的真实制度目的甚为重要。作为强势的缔约方，在缔约时抱有侥幸和“铁的”依据（合同约定条款）的预期是缺乏对法律的正确认识，在审判过程中，法官通常均会根据理性四原则对不公平的合同条款和权利、义务关系进行调整，这一点在教学中必须明确。

2. 合同中没记载明显有利于缔约一方的条款时，如何看待？

在搞清楚前一个问题的基础上，对于不同类型、不同缔约主体之间缔结的合同进行审查时，若出现合同中没有记载明显有利于缔约一方的条款时，可能存在另一方滥用实力的情形，但要客观分析。若有利条款是在没有压迫和隐瞒的情况下，自愿放弃的，符合真实意思有效；若否，则当事人可以请求调整、还原，法官则应当根据理性四原则法律条款的内涵来判断是否调整、还原，改变缔约双方的权利、义务关系。

3. 商业特许经营合同中，关于合同解除权及特许经营经营费返还请求权问题如何看待？

根据《商业特许经营管理条例》第3条的解释，商业特许经营是指拥有注册商标、企业标志、专利、专有技术等经营资源的企业，以合同形式将其拥有的经营资源许可其他经营者使用，被特许人按照合同约定在统一的经营模式下开展经营，并向特许人支付特许经营费用的经营活动。特许人与被特许人能力与实力不对等是商业特许经营合同关系的一个重要特征，因此，《条例》凸显出严格规制特许人的资质和行为，加重其义务，平衡双方利益关系的目的和取向。《条例》对从业者规定了严格的准入条件，并要求特许人在缔约前向拟加盟者披露与特许经营有关的详细信息，以便拟加盟者了解特许经营的真实盈利能力和经营风险，在信息充分的基础上审慎决策。

此外，商业特许经营合同关系还存在另外两个不甚明显但独有的特征：一是被特许人经营的被动性。为了保持特许经营商誉的稳定性，特许人往往要求被特许人在统一的经营模式下开展经营。所以，特许人对被特许人的经营具有相当的控制权，包括经营场所选址、店铺装修风格、使用的技术和设备、服务人员的着装与工作方式、收费标准、原材料的采购等经营事项都要严格遵照特许人的要求。因此，被特许人在经营中处于被动按要求行事的地位，不能擅自改变经营方式或自主拓展经营。二是预期经营效果的不确定性。被特许人是基于对特许经营成熟的模式、良好的商誉和知名度以及盈利有保障的信赖而加盟的，但实际经营中却时有不归因于缔约双方的客观因素导致经营难以达到预期效果的状况发生。鉴于经营的被动性，当被特许人严格遵从特许人的指令进行经营，而经营效果仍然不理想，若仍要被特许人继续履行合同，不能及时终止经营，则对于不断扩大的单方损失将难以弥补。《条例》第 12 条规定，特许人和被特许人应当在特许经营合同中约定，被特许人在特许经营合同订立后一定期限内，可以单方解除合同。此条款正是为了应对因经营的被动性和预期经营效果的不确定性而引发明显不利于被特许人利益的情势，赋予被特许人及时终止履行合同的权利，修正双方因此而失衡的利益关系而专门订立的。

订立公平、合理的单方解约权条款是特许人的缔约义务。在一定合理期限内享有单方解除合同的权利意味着被特许人可以在特许人无违约、无过错的情况下，自主决定终止经营并解除合同。可以说这是超越普通合同权利的一项特权，对被特许人的利益起到了强有力的保障作用。单方解约权的存在使被特许人从被动履行合同的局势中解脱出来，获得了终局性的主动权。但是，特许人往往不愿意受制于此，致使其预收的特许费用的产权处于不稳定状态中，所以凭借处于优势的缔约实力，特许人往往有意不订立被特许人单方解约权条款或者附加限制条件。

但是，由于单方解约权条款具有在能力和实力不对等的情况下，维护和保障缔约双方最终利益平衡的重大功用，订立被特许人单方解约权条款属于特许人必须承担的缔约义务，同时也是被特许人应享有之合同特权。特许人在缔约时有义务告知被特许人拥有此项法律赋予的权利，并主动与被特许人商定具体条款。特许人不得利用优势地位采取订立其他合同条款的方式积极地排除被特许人的单方解约权，同样也不得以不订立合同条款的方式消极地排除此权利，而且亦不得以附条件或者设定不合理期限的方式减损被特许人的此项特权。

将上述法律论断移植到《合同法》的适用中，可以得出如下结论：特许人作为应当完全知悉特许经营法律规定，了解法律义务，并占据优势地位的一方，应当以平等、自愿、公平、诚信原则为指导，依照《条例》的规定，与被特许人缔结公平、合理的商业特许经营合同，其中必须订立被特许人单方解约权条款。特许人如若违反将构成缔约过失，被特许人若因特许人的过错而失去本应享有的合同权利，则有失公允。为恢复合同的公平性，应当认定这种情况下被特许人不必受制于合同条款，依然享有单方解约权，并且作为权益受损一方其拥有了行使权利的主动权。至于特许人，其应当承担因缔约过失带来的法律后果，在关涉合同解除问题的博弈中失去原先享有的平等磋商的权利，处于被动的境地。

本案中，原告、被告双方签订的《餐饮特许经营合同》中并没有订立原告单方解约权条款，故两审法院均认为被告存在明显的缔约过失，漠视了原告应享有的合同权利，原告有权决定在合同履行一年左右时解除合同，终止经营。

合同解除后，对特许费用、保证金、诉讼费用等应当公平处置，合理分担。预付合同期全部特许费用是商业特许经营的惯例，因此，被特许人起诉主张解除合同的真正意图是挽回损失，尽量争取收回已预付的特许费用。所以，如何公平、合理地处置特许费用成为裁判适用法律是否恰当有说服力的最终评价落脚点。在商业特许经营关系中，特许人的义务是提供其拥有的无形经营资源给被特许人使用，而无形经营资源与有形财产不同，通常不会因使用而减损价值。因此，当商业特许经营合同被解除，被特许人终止经营并停止使用特许人的无形经营资源后，由于这些无形经营资源依然保持原有的价值，没有损耗，特许人占有或收取合同剩余期间的特许费用缺乏正当性，应当返还对方方为公平。而合同已经履行期间的相应费用应当扣除，作为特许人付出所应得的合理对价。

本案中，原告预付了三年合同期的全额特许费用，在合同履行一年左右时终止了经营，并且行使权利解除了合同，故被告应返还原告剩余两年的特许费用；同时，由于被告使用不合格香油对特许经营的商誉造成一定的负面影响，引起被特许人的不安，成为被特许人终止经营的促因，故基于过错，被告应返还原告已付的履约保证金；最后，由于原告诉讼主张得以成立系基于行使单方解约权，而并非被告严重违约，故诉讼费用应主要由原告负担方为合理。

4. 国务院颁布的《商业特许经营管理条例》作为一种行政法规，如何在主体不适格时适用其他法律？

商业特许经营是一种区别于传统商业的特许经营合同，为此国务院颁布了《商业特许经营管理条例》来规范商业特许经营活动，但行政法规与民事关系存在非对应性，这使法院在审理案件时似乎有法可依，但又难以适用。尤其是在合同履行过程中，一旦被特许人因各种原因提出解除合同，并要求特许人返还预付的特许费用的主张时，如何适用法律存在特别大的争议。有的人认为应该适用合同法，因为特许与被特许人之间存在合同关系。但有的人认为作为法律执行的规则，特别法优于普通法，应该优先适用特别法。但是特别法存在主体不适格的情况，这似乎让特别法的适用难以实现。在这样的冲突的情况下，我们应该怎样适用法律的确是一个难题，不可否认法律存在的滞后性，导致了现在的情形。我们可以不断地完善法律，但在现阶段的情况下，我们能更好解决这类问题的办法应该是：现行的《合同法》条款难以有效规制特殊的商业特许经营合同关系，而《条例》中含有的权利、义务设置可以作为特别法的法律渊源。成为缔约当事人，尤其是处于强势地位的特许人，其应当知晓行政法规对其特别的要求，成为其缔约时必须主动履行的义务，这样就可以将适用于行政管理的规则转化为民事主体实施民事行为时应当知道且必须履行的行为义务，成为民事关系中可以适用的义务规则，从而弥补《合同法》等民法规则的局限和不足。

现行的法律制度不是一成不变，而是不断发展、进步、完善的，虽然现行的法律相对社会的发展存在一定的滞后性，这有待于我们不断地发现、弥补、完善现行的法律制度。但更重要的是在法律不够尽善尽美的情况下，我们如何处理面对的新问题，不管是作为法官还是律师或者是旁观者，每个人都应该对法律的社会价值、法治的精神有正确的认知，准确地定位法律所保护的社会价值，在此基础上解释、适用法律和评价事物，这样才是法律从业者应该具有思维意识和技术。

5. 对于诉讼费的分担，法官是如何裁断的？

对诉讼费如何在原、被告以及第三人之间分担，一直没有法律规定，目前我国司法审判实践中，法官对此裁量权巨大。很多案件诉讼标的大，相应的诉讼费也是一笔不小的金额,法院收取诉讼费后,对于原告预缴的诉讼费,通常根据所谓的"胜负比率"在原、被告以及第三人之间分担。然而,诉讼标的是由原告根据预期提出的,诉讼费也按此计算,其单方预测性导致在知识产权侵权案件中,当事人对赔偿的预期虚高性特征明显,高额诉讼费的负担成为一个棘手的问题。本案法官在原告基本诉讼主张和诉请金额得到支持的前提下,却判令原告承担绝大多数诉讼费,非常值得大家分析、思考。

课堂时间安排

本案例可以作为专门的案例教学课来进行,整个案例课的课堂安排 4 个课时,每节课 45 分钟。

如下课堂设计,仅供课堂参考。

1. 课前计划:安排学生阅读案例以及相关从参考资料,对案例所涉及问题进行思考,撰写实践课答案。

2. 课中计划:(1)介绍教学目的,明确讨论主题;(2)分组讨论,回答各项思考题,讨论实践题的撰写要点;(3)小组代表提出撰写要点,学生讨论和分析;(4)教师总结归纳。

3. 课后计划:布置学生进一步思考法律的形成途径,即一件新的事物出现后,相关法律规范是如何形成的。思考民事行为、民事争议、司法、立法之间的关系。

思考题与实践题

1. 思考题

(1)当缔结合同的主体实力不平等时,法律如何让他们实现平等,寻找相关理论、法律规定以及实例?

(2)如果被告使用劣质香油被曝光后,原告李春风经营的加盟店依旧非常生意红火,他们之间的合同争议应该怎么处理?

(3)如果没有发生劣质油事件,原告李春风自己难以经营下去,他应该怎么办?

(4)如果你是被告的 CEO 或法律顾问,当发生劣质油事件之后,你会预见到什么后果,你会采取什么样更为有效的应对措施?

(5)特许经营合同期限期满后,被特许经营人是否有权运用相似的经营模式开展经营?

(6)特许经营模式下,特许人应该如何保护自己的经营资源?

(7)被特许人除了案例中提及的单方解除权之外,还可能存在什么样的情形,可以主张单方解除合同?

(8)对于判决说理,大家有什么新的见解和想法?

(9)如果你是本案法官,你会如何在原、被告之间分担诉讼费,理由是什么?

(10)结合《合同法》和《商业特许经营管理条例》的规定,整理出特许人和被特许人的权利、义务。

2. 实践题

(1)如果你作为成都新九蜀香有限公司的代理律师,需要写上诉状,你有什么新的计划和想法。

(2)设想一下如果你作为李春风的代理律师,应该如何为他争取到损害赔偿金。

(3)设想你是立法参与者,根据实践中出现的亟待解决的问题以及司法判例中形成的规则和做法,尝试撰写一部《商业特许经营法》草案,对相关问题予以合理的规制。

参考文献

1. 张晓涛:《论特许经营中知识产权的保护》,载《特区经济》2006 年第 9 期。
2. 周霞:《 论特许经营主体对消费者责任的分担》,载《法制与经济》(下旬刊)2008 年第 9 期。
3. 张昕:《 特许经营法律问题初探》,载《甘肃联合大学学报》(社会科学版)2006 年第 1 期。

撰稿人 | 蔡涛,云南省昆明市中级人民法院法官,本案主审法官
王鑫,云南大学法学院讲师
冯德龙,云南大学法学院 2014 级法律硕士(非法学)专业研究生

14 CASE

中威船案

| 摘　要 |

本案例以一起真实的涉外船舶租赁合同案件为蓝本，围绕涉外民商事案件管辖权确立、审理、判决的承认与执行三个诉讼环节，设计的知识点和执业技能内容主要包括律师如何参与涉外民商事案件管辖权确立、审理以及判决与裁定的承认与执行等涉外民商事案件诉讼活动。具体包括定性、诉讼时效确定、涉外民商事案件事实认定，涉外船舶租赁合同应适用的法，国际司法协助——域外送达与域外取证、判决的承认与执行实施程序等。本案例对于解决国际私法案件具有参考意义。

| 关键词 |

学科属性　法的适用　判决的承认与执行

| 教学目标 |

让学生把握三方面内容：(1)在涉外民商事案件管辖权确立阶段，律师接受委托后应从事哪些程序活动；(2)律师在审理阶段如何认定涉外期限，如何从事国际私法协助活动，如何撰写司法与司法外文书；(3)以中威船案为例，就定性、诉讼时效确定、涉外民商事案件事实认定；涉外船舶租赁合同应适用的法；国际司法协助——域外送达与域外取证、判决的承认与执行实施程序等，明确审理案件规范思路与步骤，以培养学生贯彻实务与理论和立法相统一原则的自觉性。

教学案例主文

一、四代人接力索赔跨越77年的中威船案大事记

中威船案对日索赔大事记

1936年	9月和10月,上海中威轮船公司租赁给了日本大同株式会社两条远洋货轮。
1937年	年中,上海中威轮船公司老板陈顺通发现,两条远洋货轮不见了。
1940年	9月,日本大同公司正式函告中威称,两条船已于1937年8月22日被日本海军"捕获",日本政府取得两船所有权。
1946年	陈顺通通过国民党政府赴日代表团,向驻日盟军最高司令麦克阿瑟递交了战时被动财务偿还申请书。
1961年	陈顺通的儿子陈洽群第一次前往日本找日本政府交涉。
1970年	4月,陈洽群委托日本律师向日本东京地方法院起诉日本政府。
1974年	日本东京地方裁判所以"时效消灭"为由判决原告败诉。
1986年	位于香港的"中国法律服务公司"接手这一案件。
1988年	12月,陈洽群以香港中威轮船公司的名义向上海海事法院提起诉讼。
1991年	8月,上海海事法院第一次开庭审理中威船案。
1992年	陈洽群去世,他以遗嘱形式将索赔权留给了陈震、陈春两个儿子。
1996年	5月,上海海事法院重组了一个由5人组成的"超大合议庭",连续开庭9天。
2003年	11月25日,上海海事法院再次开庭审理中威船案。
2007年	12月7日,上海海事法院作出一审判决,判令被告赔偿原告各种损失共计约29亿日元。
2014年	4月23日,"商船三井"在法院强制扣留其船舶的情况下,向上海海事法院支付40亿日元,表示尊重法院判决。

此事始于1936年,本案原告陈震等人的祖父、中威轮船公司创始人陈顺通将两艘轮船签约租赁给日本的大同海运株式会社(商船三井株式会社前身),当时中国尚未正式对日本宣战。

原告称:

1937年8月后,大同海运株式会社便未支付租金,租借期间届满也未将船

只交还,直到船只沉没,故而在1988年于上海海事法院起诉接续大同海运株式会社的日本海运株式会社。[1]

2007年,上海海事法院判决日本商船三井株式会社支付赔偿约29亿日元。[2]

2010年,上海市高级人民法院终审判决维持原判。

2010年12月,中国最高人民法院裁定驳回被告的再审申请。

2011年,上海海事法院发出执行通知书。

2014年4月19日,上海海事法院扣留了被告方"商船三井"的一艘货轮——"宝韵"轮,以迫使对方执行法院判决进行赔款。

2014年4月23日商船三井株式会社向上海海事法院支付了40亿日元,这一金额相当于法院判决的赔偿金加上利息。

2014年4月24日上午8点30时分上海海事法院解除了对商船三井株式会社所属的"宝韵"轮的扣押令。

这场旷日持久的涉外民事索赔案,从1937年事发至今,已经持续了整整77年。其间,当事人本人及第二代、第三代子孙相继去世,如今还在坚持打官司的是当事人的第三代和第四代子孙;从1988年上海海事法院正式受理这起案件至今,26年间,专为这起案子组成的中方律师团、顾问团共56名成员中,2/3的人也相继离世。

二、船舶租赁合同概况

1937年年中,上海中威轮船公司老板陈顺通发现,自己独资所有的两条远洋货轮不见了。这两条船,一条是载重6725吨的"顺丰"号,另一条是载重5025吨的"新太平"号。彼时,拥有4条远洋货轮的他,在中国航运界位居第二,堪称"上海船王"。

丢了的两条货轮,从1936年9月和10月起就分别租赁给了日本大同株式会社(以下简称大同公司),为期1年。但1937年7月7日,"卢沟桥事变"爆发,陈顺通便与大同公司失去了联系。后虽合同期满,陈名下的两条船却再也没了音讯。他名下的另外两条船,也在抗战爆发后被国民政府征用,先后自沉于宁波湾和江阴港,用以阻击日军的进犯。

此后,陈顺通不断通过各种途径查询两条船的下落。三年后的1940年9月

[1] 现为商船三井株式会社。

[2] 约合1.9亿元人民币。

4 日，日本大同公司正式函告中威称，两条船已于 1937 年 8 月 22 日被日本海军“捕获”，日本政府“依法”取得两船所有权，并由日本递信省通过订立租船合同将两船再交予大同公司营运。[3]

函件的主要意思是，船被日本政府拿去了，大同公司现在正在向日本的交通部缴纳船租，因此建议陈顺通找日本政府交涉。但大同公司在函件中并没有告诉陈顺通，早在 1938 年 10 月 21 日，在大同公司营运下，两条船中的一条“新太平”号已在日本北海道的伊豆大岛触礁沉没。

上述这条“建议”把陈家带进一条死胡同。两国交战，被侵略国的一个个体老板，哪里敢找侵略国政府“要说法”？

三、找船

陈家从未放弃过“找船”。陈顺通于 1946 年日本投降后，即丢船 7 年后，就通过国民党政府赴日代表团，向驻日盟军最高司令麦克阿瑟递交了战时被劫财务偿还申请书。1 个月后，盟军司令部回信告知，“顺丰”“新太平”两轮已经“灭失”，建议“中威须于实物偿还之外，另求补救之道”。

到 1961 年，即船丢后 25 年，陈顺通的儿子陈洽群才在形势稍好的情况下，第一次前往日本找日本政府交涉。在 1962 年至 1967 年，日本政府和东京简易裁判所进行的有关中威公司“顺丰”“新太平”两船的调查和民事调停中，日本政府称“顺丰”“新太平”二轮是否被日本海军扣留或“捕获”过“证据不清，情况不明”。

针对上述回复，陈洽群于 1970 年 4 月委托日本律师向日本东京地方法院起诉日本政府。这场在日本的官司，打了 4 年。1974 年，日本东京地方裁判所以“时效消灭”为由判决原告败诉。

赴日诉讼，几乎花光了陈家所有的积蓄。7 年间，陈洽群先后去东京 37 次，日方开庭四十多次，花费高达 60 万美元。

四、香港“中国法律服务中心”接手案件

1986 年，位于香港的“中国法律服务公司”接手这一案件。经任继圣（时任全国律师协会会长）、曾俊伟（时任香港中国法律服务公司常务副总经理）、高宗泽等几位知名律师的研究，这起案件的诉讼主战场被选在了中国内地。

曾俊伟最先与陈洽群接触。说起决定接手此案的初衷，如今已经七十多岁

---

[3] 日本递信省，即交通部。

的他一字一顿地吐出6个字——主持公理正义。"感觉日本方面太欺负人了,我们一定要维护中国公民的合法利益。"看着桌上厚厚一沓发黄的案卷、证据,曾俊伟觉得,这案子仅靠一两名律师根本办不了,其中牵涉国际法、海商法、民法等多部法律中的各种晦涩、专业条款,很多法理、条文,水平一般的律师还理解不了。

他找到自己的上司、时任香港中国法律服务公司的总经理任继圣,两人商量决定,用自己的"朋友关系网"组织一个专家团队,一起研究这个案子。他俩为此专门从香港飞到北京,分头去找自己的熟人、朋友,包括海牙国际大法庭大法官王铁崖等诸多法律界"上层人士"加入了团队。

专家最后聚集在上海的一家饭店。在那里,专家团队给出了一个"转战上海海事法庭"的决定。曾俊伟回忆,正是那次专家会,奠定了今天胜诉的大局。

那次会议确定了三个要点。第一,根据当时最新的《民法通则》解释,推翻了此前日方作出的"已过诉讼时效"的说法;第二,确定了原上海中威公司有权在公司所在地上海受到法律管辖的事实;第三,在日方大同公司法人主体名称几次变化的情况下,确认其公司债务也同时变更至新的公司名下。

出乎曾俊伟预料的是,日本方面在"债权继承"问题上从没"赖皮"。尽管大同公司几经变更,但当中方法院传票送到日本海运株式会社(原大同公司的债权债务继承者)公司后,对方接受并派代表前来上海应诉。

律师们没有收陈家的钱,为"中威船案"组织了一个律师团,包含北京、上海两地的知名律师、法学界名人、学术界专家等共56人,陈家现任的出庭律师叶鸣就在其中。叶鸣告诉记者,这两个团队中的律师和顾问,迄今已有约三分之二的人去世,当事人陈洽群和陈春也先后在案件进行过程中病故。"这案子拖得实在是太长了!"叶鸣一边摇头一边感叹。

五、一审风波

1988年12月20日,经过近三年的准备,陈洽群以香港中威轮船公司的名义向上海海事法院提起诉讼。三年后的1991年8月15日,上海海事法院第一次开庭审理中威船案。

庭审一开始,被告日本海运株式会社就给原告来了个"下马威"。被告抓住上海中威轮船公司与香港中威公司之间的关系不放,对香港中威公司的诉讼主体地位提出质疑。

叶鸣回忆,当时被告一上来就抓住了这个"把柄",令原告方有些措手不及,"其实陈顺通当时是个体船舶所有人,如果他的继承人以个人名义要求索赔,就不会出现这个问题了。"

"增加自然人为诉讼主体"这件事儿,办了近十年。1995 年 1 月、5 月分别又开了两次庭,主要的问题还是围绕在"诉讼主体"上。

在第一次开庭以后,律师团队里的另一名出庭律师潘公波就通过各种渠道,找到了上海船政局所有有关陈顺通以中威轮船公司名义登记注册的有关产权和船舶登记证书。

1992 年陈洽群去世,他以遗嘱形式将索赔权留给了陈震、陈春两个儿子。三年后的 1995 年,原告方在第二、第三次开庭时要求增加陈震、陈春两个自然人为诉讼主体,法院经研究后,这一请求于 2003 年正式获得批准,历时 8 年。叶鸣 1995 年年初在美国获得法学博士学位后归国,并正式接受此案。

1996 年 5 月,距离第一次开庭五年后,上海海事法院重组了一个由 5 人组成的"超大合议庭",[4]连续开庭 9 天,叶鸣担任原告方法庭审理租船合同实体部分的主辩律师。这 9 天,法院进行了船案的事实调查、双方质证和法庭辩论,并听取了双方的最后陈述,很多问题都辩明白了,证据也都"连成线串起来了"。

叶鸣说,根据庭审结束后法庭方面的介绍,预计当年 9 月会作出一审判决,可谁知,关键时候又出了"案中案"。

六、赔款

一审即将判决之际,陈顺通的二儿子陈某突然向上海市第一中级人民法院起诉陈洽群所持陈顺通的遗嘱无效。这一案件自 1996 年开审,1997 年终审判决陈洽群胜诉。

叶鸣说,这一闹腾,虽然只耗费了一年多时间,却严重影响了中威船案在上海海事法院的诉讼进程。再加上法院人事变动,被告方被"商船三井"公司并购等原因,中威船案的一审判决又被搁置下来。

直到六年后的 2003 年 11 月 25 日,上海海事法院才再次开庭审理中威船案。这是上海海事法院最后一次开庭审理船案。这次开庭前的年初,合议庭正式确定陈震、陈春两个自然人加入诉讼主体中,并确定将被告主体变更为现在的"商船三井"公司。

自此,围绕"诉讼主体资格"的争议算是有了结果。从 1991 年第一次开庭审理,到 2003 年最后一次开庭审理,这一争议整整持续了 12 年。

最后一次顺利庭审之后,又是漫长的等待。四年后的 2007 年 12 月 7 日,上

---

〔4〕 合议庭一般为 3 人。

海海事法院作出一审判决，判令被告赔偿原告各种损失共计约29亿日元。

从1988年正式起诉，到获得一审判决，叶鸣和他背后的律师、顾问团队等了近二十年。这一过程中，有人因为“等不起”“不看好”而退出，也有人因病离世，还有的人听说“案子大、金额大”而来考察一下，但一般吃顿饭后就不再联系了。

从2007年一审判决到2014年4月23日“商船三井”在法院强制扣留其船舶的情况下很快“全面履行了生效判决确定的全部义务”，这一过程，又耗费了六年多的时间。

教学指导手册

教学对象及目标

本案例供法律硕士案例教学使用，法学本科（大三）、国际法学硕士也可以参酌试用。

本案例主要让学生把握三方面内容：(1)在涉外民商事案件管辖权确立阶段，律师接受委托后应从事哪些程序活动；(2)律师在审理阶段如何认定涉外期限，如何从事国际私法协助活动，如何撰写司法与司法外文书；(3)以中威船案为例，就定性、诉讼时效确定、涉外民商事案件事实认定，涉外船舶租赁合同应适用的法，国际司法协助——域外送达与域外取证、判决的承认与执行实施程序等，明确审理案件规范思路与步骤，以培养学生贯彻实务与理论和立法相统一原则的自觉性。

教学内容

1. 如何确定中威船案的学科属性?

目前学界关于海商法的学科属性有一种通行的观点，即“兼具国内经济法和国际经济法性质的法律”，进而推出广义的海商法既调整平等主体之间的横向民事关系，又调整非平等主体之间的纵向行政关系。

随着“撂荒案”[5]——瑞士公司诉俄罗斯组织供货合同案得到普遍认可,[6]加之1993年7月1日起施行的《海商法》“第十四章 涉外关系的法律适用”规定了9条国际私法规范,其中包含冲突规范7条,海商法毫无疑问属于国际私法学科。

中威船案的律师在参与涉外民事诉讼活动时,首先应当就案件性质定性,才能确保有效发挥其职能。

2. 如何确定本案的诉讼时效

1990年12月5日最高人民法院《关于贯彻执行〈中华人民共和国民法通则〉若干问题的意见(修改稿)》第225条规定:“涉外民事法律关系的诉讼时效,依冲突规范确定的民事法律关系的准据法确定。”(原第195条)

中威船案既属于涉外民事法律关系,又属于涉外民事案件——有当年签约的文件为证,符合《民法通则》第207条“凡民事法律关系的一方或双方当事人是外国人、无国籍人或外国法人的;民事法律关系的标的物在外国领域内的;产生、变更或者消灭民事权利义务关系的法律事实发生在外国的,均为涉外民事关系”以及1992年7月14日最高人民法院《关于适用〈中华人民共和国民事诉讼法〉若干问题意见》“304、当事人一方或双方是外国人、无国籍人或外国企业或组织,或者当事人之间民事法律关系的产生、变更、终止的法律事实发生在外国,或者诉讼标的物在外国的民事案件,为涉外民事案件”的规定。

1987年1月1日生效的《民法通则》第145条规定:“涉外合同的当事人可以选择处理合同争议所适用法律,法律另有规定的除外。涉外合同的当事人没有选择的,适用与合同有最密切联系的国家的法律。”中威船案显然与《民法通则》有最密切联系,1990年12月5日最高人民法院《关于贯彻执行中华人民共和国民法通则若干问题的意见(修改稿)》第191条规定:“民法通则实施前,民事权利被侵害超过二十年的,民法通则实施后,权利人向人民法院请求保护的诉讼时效期间,分别为民法通则第一百三十五条规定的两年或者第一百三十六条

[5] 所谓“撂荒”,即对于国际经济法和国际私法共同调整的涉外商事关系,由于国际经济法没有冲突规范而无法审理下去的状况。“撂荒”的普适性在“瑞士公司诉俄罗斯组织供货合同案”已得到验证。

[6] 瑞士公司诉俄罗斯组织供货合同案——由于俄方未支付货款,原告将俄方诉至俄罗斯法院。根据国际条约优先适用原则,俄罗斯法院首先适用的是瑞士和俄罗斯1991年共同加入的《1980年联合国国际货物销售合同公约》,然而公约没有相关的具体规定。俄罗斯法院适用了本国的冲突规范:涉外买卖合同适用卖方设立地/居住地国家法,在本案中为瑞士的实体法。

规定的一年,从1987年1月1日起计算。"(原第166条)"原告称1937年8月后,大同海运株式会社便未支付租金,租借期间届满也未将船只交还,直到船只沉没",表明符合"民事权利被侵害超过二十年的"的要件,中威船案在中国涉外民事案件管辖的诉讼时效内。

涉外民事法律关系诉讼时效是律师参与涉外民事诉讼活动时应注意的要点。

3. 如何确定中威船案"应适用的法"?

"applicable law",传统上译为"法律适用"。现今看来,在世界范围内很多国家都使用"三权分立"的立法权力与立法渊源的称谓相对应,如1999年4月22日联邦议会通过的《俄罗斯联邦商船航运法典》"第414条外国公民或外国法人参与的,或含有涉外因素的航运关系应适用的法的确定:'外国公民或外国法人参与的,或含有涉外因素、包括民事权利的客体位于俄罗斯联邦境外的航运关系应适用的法,根据俄罗斯联邦参加的国际条约、本法典、其他法律以及俄罗斯联邦承认的航运惯例来确定。'"可见,"应适用的法"包括与"三权"相对应的国际条约、国际惯例,该法典、其他法律,以及政府法规(见《俄罗斯联邦商船航运法典》第1条)。

4. 如何撰写涉外民事案件代理词?

律师参与涉外民事诉讼活动时,最主要的职能就是撰写一份有分量的代理词。撰写涉外民事案件代理词应着重从以下三方面着手:(1)确定民事案件的涉外属性。(2)正确适用"应适用的法"。这既包括解决程序法冲突的"应适用的法",亦包括解决实体法冲突的"应适用的法"。而关注"与'三权'相对应;以国际条约、国际惯例,本法典、其他法律,以及政府法规为核心内容的'应适用的法'",是"以事实为根据,以法(律)为准绳"之依归。(3)庭审是律师参加全部诉讼活动的重心,是展现律师素质和风采的最重要平台。正确理解"应适用的法",将使律师涉外民事诉讼活动时如虎添翼。

5. 如何执行法院判决?

上海海事法院扣留了被告方"商船三井"的一艘货轮——"宝韵"轮,以迫使对方执行法院判决进行赔款,表明涉外民事案件"应适用的程序法"至关重要。有效地运用涉外民事程序立法,亦是律师参与涉外民事诉讼活动发挥其职能所必备的素质。

中威船案的审理,印证了"涉外诉讼,依受理案件的法院所在地法"这一"放之四海而皆准"的经典的冲突规范。虽然《民事诉讼法》对此语焉不详。国际民事诉讼"三部曲"之一是确立"管辖"。依据案情,1988 年 12 月 20 日,经过近三年的准备,陈洽群以香港中威轮船公司的名义向上海海事法院提起诉讼。三年后的 1991 年 8 月 15 日,上海海事法院第一次开庭审理中威船案。属于涉外民事案件中威船案,"应适用的法"《民事诉讼法》第 243 条规定:"因合同纠纷或者其他财产权益纠纷,对在中华人民共和国领域内没有住所的被告提起的诉讼,如果合同在中华人民共和国领域内签订或履行,或者标的物在中华人民共和国领域内,或者被告在中华人民共和国领域内有可供扣押的财产,或者被告在中华人民共和国领域内设有代表机构,可以由合同签订地、合同履行地、诉讼标的物所在地、可供扣押财产所在地、侵权行为地或者代表机构住所地人民法院管辖。"根据当年签约文件所在地、履行地和诉讼标的物等均在上海,上海海事法院受理了此案。

课堂时间安排

本案例可以作为专门的案例教学课来进行,整个案例课的课堂安排 3 个课时,每课时 45 分钟。

如下课堂设计,仅供参考。

1. 课前计划:安排学生阅读案例及相关参考资料,对案例所涉及问题进行思考,撰写实践题答案。

2. 课中计划:(1)介绍教学目的,明确讨论主题;(2)分组讨论,回答各项思考题,讨论实践题的撰写要点;(3)小组代表提出撰写要点,学生讨论和分析;(4)教师归纳总结。

3. 课后计划:布置学生进一步思考律师在涉外民事诉讼活动中的职能,以及如何发挥其职能。

思考题和实践题

1. 思考题

(1)本涉外船舶租赁合同的涉外性是如何体现的?

(2)围绕涉外民商事案件管辖权确立、审理、判决的承认与执行等三个诉讼环节,思考受理案件的法院所在地法之适用范围。

(3)律师如何参与涉外民商事案件管辖权确立、审理以及判决与裁定的承认与执行等涉外民商事案件诉讼活动?

(4)涉外船舶租赁合同应适用什么法律?

(5)本案例对于解决国际私法案件具有什么参考意义?

2. 实践题

(1)如果您是中威船案律师,在诉讼阶段应该做哪些工作?请根据以上案情,编写工作计划。

(2)结合本案案情,为原告陈震撰写代理词。

(3)在审理阶段如何更好地阐释“应适用的法”?

(4)制作国际司法协助——域外送达与域外取证、判决的承认与执行文书。

(5)请根据以上案件信息,绘制本案的诉讼流程,以体现其示范价值。

参考文献

1. 司法部法学教材编辑部:《学生常用法律汇编》,中国政法大学出版社1992年版。
2. 司玉琢:《海商法》,法律出版社2003年版。
3. 中国海事审判年刊编辑部:《中华人民共和国海事诉讼特别程序法》,中国海事审判年刊编辑部编印。
4. 英国广播公司网站:《上海海事法院解除对日本货轮的扣押令》,载《参考消息》2014年4月25日。
5. 王烨捷:《4代人接力索赔——跨越77年的中威船案》,载《贵州都市报数字报》2014年5月4日。

撰稿人｜王晓玲,黑龙江大学法学院副教授

15 CASE 两个案例比较：麦某诉GZ市创恒房地产开发有限公司等借款、房屋买卖及让与担保的混合合同纠纷案

| 摘　要 |

两件案例来源于真实的二审判决案件，均起因于房地产开发中的资金借贷，为确保借款债权的清偿和实现，双方当事人在订立合同时和合同履行中又设计了复杂的担保方式，但两件案例的判决结果迥然有别。两个案例的比较和分析，为课堂教学提供了一个很好的案例讨论和学习范本。本案例材料偏重于相关民事实体法的解释和适用，主要包括虚伪表示、意思表示解释、混合合同、让与担保、流质契约和债务更新等法理的讨论，也涉及证据的分析、诉的客体合并等民事诉讼程序问题。学生以案例材料所附的思考题为主线条，阅读、消化和整理案例所涉及的主要法律概念、法理，通过进一步阅读案例材料所附参考文献资料，形成对案例的分析和评论意见。

| 关键词 |

虚伪表示　意思表示解释　混合合同　让与担保　流质契约　债务更新

| 教学目标 |

着重让学生把握四个方面的问题：(1)法律概念的准确掌握，是法律适用中概念涵摄的关键，法律概念之间的比较和辨别，也是正确适用法律的关键，以避免法律适用的“张冠李戴”，深入理解并能应用本案例材料所涉的若干重要民法概念和法理。(2)意思表示解释的目的、客体和方法，以本案例演示它们的应用。(3)如何对证据材料的内容进行分析和应用。(4)针对案例材料，练习如何撰写民事上诉状和民事代理词。

教学案例主文

一、麦某诉GZ市创恒房地产开发有限公司等借款、房屋买卖及让与担保的混合合同纠纷案

(一)案件基本信息

上诉人(原审原告):麦某,男。

被上诉人(原审被告):GZ市创恒房地产开发有限公司(以下简称创恒公司)。

被上诉人(原审被告):GZ精彩投资有限公司(以下简称精彩投资公司)。

原审第三人:梁某,男。

原告主诉讼请求:交付房屋并办理所有权登记;支付迟延交房的违约金。

(二)一审法院判决结论、事实和理由

1. 一审法院认定的事实和证据

一审经审理查明:

(1)2002年9月9日,创恒公司(出卖人)与梁某(买受人)签订了2000036039号《商品房买卖合同》,约定:买受人向出卖人购买文明路36－48号安泰大厦自然层首层08号房,该商品房建筑面积180平方米,该房属预售,总金额400万元,一次性付款;出卖人应当在2003年3月30日交房;如果出卖人逾期交房,买受人有权解除合同,也有权选择要求继续履行合同;买受人要求继续履行合同的,出卖人按日向买受人支付已交付房价款0.12‰的违约金,直至实际交房之日。

(2)2002年9月11日,创恒公司出具了《预收款收据》,内容为"兹收到梁某交来购买安泰大厦一层08号铺购房款400万元"。

(3)2002年9月10日,GZ市房地产交易所对该合同进行了登记。

(4)2003年9月3日,GZ市房地产交易所发出了预契字2000036039号《GZ市预售房地产转让登记记录》,显示:转让人梁某,受让人麦某。预售房产坐落于文明路36－48号安泰大厦1栋08铺,转让面积为180平方米。同日,GZ市房地产交易所向创恒公司发出了《GZ市预售房地产转让情况通知》,文明路36－48号安泰大厦自然层首层08号铺由梁某转让给麦某。

(5)创恒公司提供一份名称为《借款协议》的证据材料,《借款协议》由创恒公司(甲方)与梁某(乙方)签订,日期为 2002 年 9 月 9 日。一审法院确认和采信了《借款协议》。《借款协议》约定的主要内容为:甲方向乙方借款 400 万元,借款期限为 1 年;甲方提供坐落于 GZ 市文明路 36 - 48 号安泰大厦首层 08 号商铺作抵押,面积为 180 平方米,并签订商品房买卖合同,编号为 2000036039 号;甲方返还乙方借款后当天,双方共同办理有关退房手续,上述商品房买卖合同同时终止,乙方不得无故拖延,否则视乙方以 8 万元/平方米价格购买该房屋,并补交相应的差价。

(6)2010 年 7 月 21 日,原审法院发出了(2006)越法执字第 2638 - 3 号执行裁定书,裁定拍卖被执行人创恒公司名下的 GZ 市文明路 36 - 48 号安泰大厦的土地使用权及其建筑物整体项目。精彩投资公司为最终的拍得人。2010 年 9 月 15 日,原审法院发出了(2006)执字第 2638 - 4 号《执行裁定书》,裁定:第一,安泰大厦的土地使用权及其建筑物整体项目(不含其他购房人已预售登记的商铺、住宅房,不含需回迁安置的商铺、住宅房及由生效法律文书另行确定权属的部分)的所有权及相应的其他权利归拍得人精彩投资公司所有;第二,拍得人(精彩投资公司)负责对不含部分的他人商铺和住宅房的权利人交付房屋和办理产权登记。

(7)至起诉时,精彩投资公司未向原告交付该商铺,也未支付迟延交房的违约金。

2. 一审法院的判决结论和理由

判决主文:驳回麦某的诉讼请求。

判决理由如下:

一审法院认为,鉴于在 2002 年 9 月 9 日《借款协议》中已约定创恒公司向梁某借款 400 万元,创恒公司提供本案讼争的安泰大厦首层 8 号商铺作抵押,并签订 2000036039 号《商品房买卖合同》,创恒公司返还梁某借款后当天,双方办理有关退房手续,上述《商品房买卖合同》同时废止,故可认定创恒公司与梁某签订该《商品房买卖合同》的真实目的是以讼争的安泰大厦首层 8 号商铺作为 400 万元借款的抵押,而非真正买卖安泰大厦首层 8 号商铺,该《商品房买卖合同》非梁某与创恒公司的真正意思表示,是无效合同。

在本案中,麦某是以其受让了梁某与创恒公司签订的《商品房买卖合同》中梁某的全部权利义务为由提出诉讼请求,但因梁某与创恒公司签订的该《商品房买卖合同》是无效合同,合同自始无效,不存在麦某可承接该合同中梁某的全部权利义务问题,故对麦某的诉讼请求,原审法院不予支持。至于梁某将无效合同中的权利义务转让给麦某，对麦某造成的损失，麦某与梁某可另行解决。

麦某不服，提起上诉。

（三）二审法院判决结论、事实、证据和理由

二审对一审认定的事实予以确认，无新的证据。

二审判决主文：驳回上诉，维持原判。

二审判决理由如下：

首先，关于《商品房买卖合同》与《借款协议》的关系。从签约时间来看，两份合约的签订日期显示为同一天。从内容来看，一方面，后者约定的抵押物即为前者的买卖标的；另一方面，后者约定"创恒公司返还梁某借款后当天，双方共同办理有关退房手续，上述商品房买卖合同同时终止，梁某不得无故拖延，否则，视梁某以8万元/平方米价格购买该抵押物，并补回相应部分的差价"，并未约定前者履行的条件。综上，创恒公司、精彩投资公司主张《借款协议》是双方的真实意思表示，《商品房买卖合同》只是为将案涉商铺设定为抵押物的担保而签订的，合理有据，本院予以采信。至于麦某抗辩抵押因未签订抵押合同以及未办理登记而并未成立生效等，并不能否定双方的真实意思是"真抵押、假买卖"。

其次，如上所述，由于梁某与创恒公司并非基于真实意思表示而签订《商品房买卖合同》，而意思表示真实是民事法律行为是否有效的基础，故原审法院认定上述《商品房买卖合同》无效并无不当，麦某主张其作为受让人承接该合同买受人的权利而要求合同相对方履行交楼义务以及承担逾期交楼违约金缺乏理据，本院不予支持。

综上所述，麦某的上诉理由不成立，应予驳回。

二、赵某诉YW市天元置业有限公司等借款和房屋买卖合同纠纷案

（一）案件基本信息

1. 当事人

上诉人（原审被告）：YW市天元置业有限公司（以下简称天元公司）。

上诉人（原审被告）：朱某。

上诉人（原审被告）：杨某。

被上诉人：赵某。

2. 原告的主诉讼请求：（1）天元公司立即协助赵某办理其购买的44套房产（房产总价款为人民币31166890元）过户登记手续；（2）逾期违约金若干元；

(3)朱某和杨某承担连带保证责任。

(二)一审法院判决结论、事实和理由

1. 一审法院认定的事实和证据

一审法院根据双方当事人提出并经庭审质证的证据,以及当事人陈述,认定以下事实:

(1)2006年9月8日,原告赵某(甲方)与被告天元公司(乙方)签订《借款协议书》。约定由赵某出借给天元公司人民币6000万元,专项用于乙方天元·滨江国际房地产项目的投资。年回报率36%,计2160万元,相关税费由乙方承担。甲方出借的6000万元人民币及由此产生的回报不受该项目亏损风险影响,属无风险出借资金。借款期限自2006年9月29日起至2008年3月28日止。为保证甲方能安全回收其借款和收益,乙方承诺在该项目领取预售许可证之日后三天内,与甲方签订《商品房销售(买卖)合同》,作为对甲方借款届满后付款的保证。乙方将其天元·滨江国际项目地面上商场一层至二层相应面积的房产以其该楼层公开销售均价的50%的单价销售给甲方,甲方原借款及收益视为购房款,一旦乙方在约定的付款日支付甲方借款及借款收益,甲方即与乙方办理退房手续。如乙方在约定的付款日不支付甲方借款及借款收益的,乙方不得要求甲方退房,甲方对《商品房销售(买卖)合同》项下的房产享有所有权并可任意处理。双方重申对该合同项下的销售价格及销售面积等条款无异议,系双方真实意思表示等。朱某愿将其个人在乙方100%股权、收益以及其个人资产为乙方对甲方的债务承担连带保证责任。朱某也在该借款协议书上签字。2006年10月9日,赵某通过银行汇款给天元公司6000万元。借款到期后,天元公司未能还款。

(2)2008年2月27日、3月28日天元公司与赵某签订了44份《商品房买卖合同》(2月27日签订20份,3月28日签订24份),确定赵某购买天元公司房产的具体位置、面积、单价、交易期限、办证期限等内容。其中约定:出卖人应当在2009年9月30日前,将具备验收合格条件的商品房交付买受人使用;出卖人若逾期交房,除合同第8条规定的特殊情况外,逾期不超过90日,自本合同第8条规定的最后交付期限的第二天起至实际交付之日止,出卖人按日向买受人支付已交付房价款0.2‰的违约金,合同继续履行;逾期超过90日后,买受人有权解除合同。买受人解除合同的,出卖人应当自买受人解除合同通知到达之日起60天内退还全部已付款,并按买受人累计已付款的10%向买受人支付违约金。买受人要求继续履行合同的,合同继续履行,出卖人仍应支付迟延交房违约金;出卖人应当在商品房交付使用后90日内，将办理权属（包括契税证、房屋所有权证和土地使用权证）登记需由出卖人提供的资料报产权登记机关备案。同日，天元公司就涉案44套商品房各出具承诺书一份，承诺其与赵某签订的《商品房买卖合同》项下的房产，房款已付清，在签订合同前未预售给其他人，保证赵某为唯一买受人。同日，由天元公司开具了44套房屋房款的收款收据。

（3）2008年10月14日，赵某等（甲方）与天元公司（乙方）和杨某、朱某（丙方）签订了《和解协议》，约定了商品房向YW市房地产管理部门申请登记备案、费用的支付、回购等，其中第4条约定：在2009年9月30日前，乙方可以按原《商品房买卖合同》的价格向甲方回购，逾期则乙方无权回购。甲方可自行处理乙方没有回购的《商品房买卖合同》项下的房产，甲方通过转让（转让价格不得低于同层同方向房产市场交易价格）或拍卖等途径所得的转让款在扣除原购房价款、2009年9月29日以后的投资回报款、所有的产权登记和交易税费后的余额部分，甲方应当返回给乙方。第8条约定，为确保甲方所购房产享有完整的物权和由此发生的相关债权的实现，丙方杨某、朱某承担连带保证责任。天元公司对赵某购买的44套房屋进行了合同备案并于2009年1月20日办理了预售登记手续。

（4）2009年1月20日，赵某等（甲方）与天元置业公司（乙方）、杨某、朱某（丙方）达成《补充协议（二）》，在确认前述《和解协议》及《补充协议》有效的前提下，对部分商品房的价格进行了调整。赵某认购的44套房屋购房总价为31166890元。

（5）2010年8月10日，赵某等（甲方）与天元公司（乙方）、杨某、朱某（丙方）又签订了《补充协议》，该协议约定：购房款退回时间统一约定于2011年11月30日前全部退清，具体退款计划为……各方确认2008年10月14日签署的《和解协议》和《补充协议》即2009年1月20日签署的《补充协议（二）》继续有效。本协议约定的内容与之前协议约定不符的，以本协议约定的为准。为保护甲方的权利，丙方继续承担连带责任担保。

（6）截至起诉前，甲方一直在向天元公司、杨某、朱某主张权利，并就相关事宜进行了多次协商。

（7）赵某在庭审中陈述，其购买的44套房屋，天元公司于2011年11月14日已全部交付。

2. 一审判决结论

判决主文：（1）由天元公司于判决生效后30日内协助赵某办理其所购买的44套房产（房号见附件）的过户登记手续；（2）支付违约金若干元；（3）杨某、朱某承担连带保证责任。

3. 一审判决理由

一审法院认为:

(1)赵某与天元公司签订了《借款协议》,赵某向天元公司汇款6000万元,履行了义务。借款到期后,天元公司未能归还借款。因此,双方依据《借款协议》中的约定,签订了《商品房买卖合同》,约定交房日期为2009年9月30日,并将借款转为商品房的购房款,天元公司为此开具了房款收据并承诺保证赵某系所购房屋的唯一买受人。之后又达成了《和解协议》《补充协议》等,在上述两份协议中,赵某与天元公司确认涉案商品房在2009年9月30日前,天元公司可以商品房买卖合同约定的价格进行回购,这实质上是对商品房买卖合同是否履行给予了一定的宽限期,同时协议也明确了逾期则天元公司无权回购,而到期后天元公司未能回购。上述事实证实《商品房买卖合同》《和解协议》《补充协议》均是在《借款协议》的前提下,经过双方不断协商形成的,此过程中天元公司并无受欺诈、胁迫或重大误解之情形,符合意思自治原则,且涉案的商品房已向房管部门办理了预售登记手续,双方应按约定履行。杨某、朱某提出《借款协议》《商品房买卖合同》无效的抗辩理由不能成立。

(2)2011年11月14日,天元公司虽然已经将44套房屋交付给赵某,但一直未配合办理房产过户手续,天元公司应当协助办理。

(3)虽然双方间存在赵某享有所有权的约定,该约定属于流质条款,应认定无效,但双方间存在的商品房买卖意思表示真实,该约定不因此无效。

综上,赵某的诉讼请求成立,应予以支持。

4. 上诉人的上诉理由

天元公司上诉称:

(1)天元公司和赵某之间是单纯的借贷关系,签订《商品房买卖合同》是作为债的担保,商品房买卖的相关约定条款属于流质条款,因此,双方的真实意思表示并非商品房买卖,而是通过签订《商品房买卖合同》以及后续的备案程序保障赵某债权的实现。

(2)天元公司和赵某之间就赵某享有所有权的约定系流质条款,根据《担保法》第40条"订立抵押合同时,抵押权人和抵押人在合同中不得约定在债务履行期届满抵押权人未受清偿时,抵押物的所有权转移为债权人所有"的规定,应属无效。

(3)目前司法实践中也一致认为,以借贷为目的的签订房屋买卖合同作为担保的,应当认定双方名为房屋买卖关系实为民间借贷关系。JS省高级人民法院办公室于2013年6月21日印发的《JS省高级人民法院审判委员会关于审理民间借贷纠纷案件的会议纪要(2013)1号》第3条第3款规定:"当事人之间以借贷为目的的签订房屋买卖合同作为担保的,人民法院应当认定双方名为房屋买卖实为借贷关系。出借人以房屋买卖关系提起诉讼,请求履行房屋买卖合同并办理房屋过户登记手续的,人民法院应当向其释明按照民间借贷关系变更诉讼请求;出借人坚持不予变更的,人民法院应当判决驳回其诉讼请求"。根据该观点,本案应当以民间借贷关系审理,而不应该以房屋买卖合同纠纷审理。

综上,请求二审法院撤销一审判决,改判驳回赵某的全部诉讼请求。

朱某上诉称:天元公司和赵某之间订立的商品房买卖合同系对借款本息的担保,符合学理上有关让与担保的理论,但让与担保并不被我国法律所承认,故这种担保方式是违法的。

(三)二审判决结论、事实和理由

二审认定事实如下:经审核当事人于原审程序提出的证据及所作陈述,对原审判决查明的事实予以确认。

二审判决主文:驳回上诉,维持原判。

二审判决理由如下:

本院认为,2006年9月8日,赵某与天元公司签订了《借款协议书》,赵某按约将6000万元款项出借给天元公司。借款到期后,因天元公司无力偿还借款,天元公司与赵某签订了案涉《商品房买卖合同》。天元公司同时向赵某分别出具承诺书,承诺相应房款已付清,保证赵某系唯一买受人,并开具了收款依据。至此,双方当事人的法律关系已由最初的借款合同关系变更为商品房买卖合同关系,相应的天元公司未能偿还的借款也已转变为购房款。2008年10月14日签订的《和解协议》中,各方约定在2009年9月30日前天元公司有权按原《商品房买卖合同》的价格回购,该约定的本质实际是给予天元公司一定的履行宽限期,由于天元公司未能在该期限前予以回购,按照和解协议的约定,天元公司即丧失了相应的回购权利,天元公司应按照《商品房买卖合同》的约定履行其交付房屋、办理权证等义务。此后,各方签订的《补充协议(二)》《补充协议》等再次确认了《和解协议》的效力。上述一系列协议的签订,均可以证明各方已经平等自愿协商对天元公司无法偿还借贷的后续事宜处理达成一致意见,并予以多次重申,即将相应的借贷转化为购房款,由赵某得相应购房权利。事实上,天元公司将涉案的44套《商品房买卖合同》进行备案、交付房屋等行为更进一步证明44套《商品房买卖合同》系其真实意思表示,其自愿按照合同约定履行相应义务。据此,涉案44套《商品房买卖合同》应依法认定有效。综上,天元公司、朱某、杨某的上诉理由均不能成立。

教学指导手册

教学目标

着重让学生把握四个方面的问题:(1)法律概念的准确掌握,是法律适用中概念涵摄的关键,法律概念之间的比较和辨别,也是正确适用法律的关键,以避免法律适用的"张冠李戴",深入理解并能应用本案例材料所涉的若干重要民法概念和法理;(2)意思表示解释的目的、客体和方法,以本案例演示它们的应用;(3)如何对证据材料的内容进行分析和应用;(4)针对案例材料,练习如何撰写民事上诉状和民事代理词。

教学内容

1. 虚伪表示理论在本案中的应用[1]

(1)虚伪表示的概念和法律效果。

虚伪表示,指表意人为某种意思表示,但内在的真实意思是不愿受其表示所拘束。虚伪表示区分为单独虚伪表示和双方通谋虚伪表示。

单独虚伪表示,又称心中保留,指行为人单方面为虚伪表示,其法律效果是对表意人强制有效,以保护相对人的交易安全和信赖利益。

双方通谋虚伪表示,指表意人与相对人通谋为虚伪的意思表示。在法律效果上,通谋虚伪表示的法律行为无效。

依现行法理,通常使用不真实意思表示这一概念,但要注意"不真实意思表示"是虚伪表示的上位概念,其内涵和外延大于虚伪表示。

(2)如何解释或判断一项意思表示是真实的,或者是虚伪的,涉及意思表示的解释对象、意思表示的目的和意思表示的方法。

---

〔1〕 关于虚伪表示的理论,参见王泽鉴:《民法总则》,中国政法大学出版社2001年版,第356页以下。

通说认为,意思表示的解释对象,就是如何处理意思和表示的关系,解释对象包括内在意思和表示行为两个方面,是两者的协力,应当将两者作"功能上的一体性"把握,[2]即不能只考虑内在意思而忽视外在表示行为。而外在表示行为,表意人除了通过语言外,还有其他行为,如履行行为,我国《合同法》第37条"采用合同书形式订立合同,在签字或者盖章之前,当事人一方已经履行主要义务,对方接受的,该合同成立"的规定,指的就是用履行行为来表示意思。在麦某诉创恒公司一案,法院在审理时只考虑了合同中出现的"抵押"文字,没有考虑当事人在履行中的行为,没有把握好意思表示的对象。关于意思表示的目的和方法,后面再论述。

(3)麦某诉创恒公司一案,是否存在双方通谋虚伪表示?两级法院在证据的使用上不全面,有失偏颇。

两级法院均使用"意思表示不真实",作为判决的主要理由,但没有指出是属于双方通谋虚伪表示这种类型,就判决书所涉的案情来说,应该是暗指双方存在通谋虚伪表示。本案两级法院对通谋虚伪表示,存在误判。当事人两方同时签订"借款合同"和"房屋买卖合同",应该将两份合同结合起来,作出统一解释以探求当事人的真意。在本案中,房屋买卖的意思也是真实的,理由如下:第一,合同条款的设计复杂,表明双方对待交易的态度严肃和认真;双方约定了借款偿还作为房屋买卖合同的"附解除条件",即偿还借款后就得"立即"退房;合同中还约定了"如果卖方偿还借款后,买方(麦某)有权选择补缴购房款差价,以继续履行房屋买卖合同", 如果双方通谋虚伪表示,就没有必要设计这样复杂的合同条款,因为这不合常理;第二,当事人同时签订两份合同,就表明具有将房屋买卖合同作为借款债权担保的真实意思(关于本案所涉的担保问题,容后再评析)。第三,法院判定双方通谋虚伪表示,在证据方面明显缺乏优势,其仅有的依据是合同中出现了"抵押"文字,就认为是"真抵押、假买卖""两者必有一样为假",这是一种"非白即黑"或"非此即彼"的就形式而论的简单思维方法,依据法院的形式立论的逻辑,"假抵押、真买卖"在形式上也是成立的;相反,证明房屋买卖是真意表示的证据具有明显优势性,有签订房屋买卖的合同,还有预售登记等。

2. 非典型合同、混合合同的理论在本案中的应用

典型合同是经济活动中交易的理想形态,但经济活动通常表现为非典型性

〔2〕 王泽鉴:《民法总则》,中国政法大学出版社2001年版,第354页。

和复杂性，就需要应用非典型合同、混合合同的理论和法律思维。[3]

冠以某种名称的合同书可能是两种或多种合同内容的结合。在一桩交易中，当事人分别签订了冠以不同名称的合同书，从合同书形式上看，它们是分开的，但如果当事人将其作为“一揽子”交易，也可能是一种混合合同关系。在“一揽子”交易中，可能存在两个以上的合同关系或多个意思表示，这些合同之间存在关联性，或者是联立关系，或者是互为条件或限制关系，不应轻易认为“一个是真，一个是假”；因此，对于复杂法律关系，需要混合合同理论的指导，否则，将陷入“非白即黑”或“非此即彼”的错误思维。

麦某诉创恒公司一案，提供了一个训练混合合同法律思维的生动案例。

3. 意思表示解释目的“应探求当事人的真意，不得拘泥于所用之文字”在案例中的应用[4]

解释合同时，谨记解释的目的在于“探求当事人的真意”，要达成这个目的，须综合应用“文义解释”“整体解释”“历史解释”“诚实信用解释”等解释方法。望文生义的解释，是应该避免的错误。在麦某诉创恒公司一案中，合同文字中出现了“抵押”，就判断是抵押，有拘泥于文字的“嫌疑”。

依据历史解释方法，签订合同时的相关情事、当事人在合同履行过程中的行为，都是解释合同得以依据的资料。当事人在履行合同中并没有抵押行为（指签订抵押合同或为抵押登记），但是签订了“房屋买卖合同”和“预售登记”，应该依据“房屋买卖合同”和“预售登记”这些客观行为，来解释曾经出现的“抵押”文字的真实意思。由于抵押是大家熟悉的一种常见担保，这里的“抵押”，解释为当事人双方在合同中借用“抵押”文字，表达了要建立某种担保，包括其他担保方式（比如，让与担保），并不是专指要设定抵押，这应更符合当事人的真实意思。依据当事人的实际行为，解释当事人意图建立让与担保行为，即通过签订“房屋买卖合同”和“预售登记”，约定移转预售房屋的所有权，来建立“让与担保”，至于让与担保是否有效，那是本案真正有争议的法律问题，容后评析。

从整体解释的角度来看，合同中仅出现了“抵押”文字，但既没有“上文”相互承启，也无“下文”如签订抵押合同或进行抵押登记的行为来相互呼应，这也不符合整体解释的观点。

---

〔3〕 王利明：《合同法研究》（第1卷）（修订版），中国人民大学出版社2011年版，第20页以下。

〔4〕 崔建远等：《民法总论》，清华大学出版社2010年版，第86页以下。

4.流质契约(条款)禁止规定的解释和适用

(1)流质契约(条款)禁止规定的含义

流质契约(条款)禁止,指在债务清偿期届至之前,担保权人(债权人)和担保人(债务人或第三人)不得预先约定到期不清偿债务,担保物的所有权归担保人所有,以抵偿债务。

如果有如上相反内容的约定,称为流质契约条款或流质契约,以下统称流质契约。

(2)流质契约成立的"时间要件"

应特别注意,流质契约禁止的"时间要件",必须是在债务清偿期届至之前,当事人不得为"流质契约的约定",在这一点上经常有人误解。

债务清偿期届至之前,包括在成立主债关系时;主债清偿期到来之前;主债清偿期届至后当事人达成延长债务履行的宽限期,该宽限期到来之前。

应注意区别:如果债务清偿期到来,债权人不同意给予宽限期,当事人达成"以物抵债协议",由于不存在"债务清偿期届至之前"这一"时间要件",就无流质契约的说法(流质契约不存在),当然,就无流质契约禁止规定的适用。

(3)流质契约禁止的立法理由

关于流质契约条款的立法理由,通说认为,主要有两条:

一是避免债权人利用其优势地位,在债务人有举债需要时,"压迫"债务人接受可能存在不公平因素的流质契约,因为担保物的价值通常没有进行"公允估价"。

二是在没有公允估价的情形下就预先约定"以物抵债",就可能存在担保物"预先约定贱卖",这样,债务人一方的总财产就不当减少,有害于债务人的其他债权人的利益。

流质契约禁止过于刚性,有过度干预契约自由之嫌,民法学界也不乏解除或缓和[5]流质契约禁止的主张和建议。

(4)如果流质契约有效,其效力的内容在我国现行法律规定下,流质契约是无效的,如果我们拟制它有效,对其效力内容的研究有助于我们更加深刻地认识流质契约。如果流质契约有效,其效力的内容有:

一是担保人对担保权人负担交付标的物和移转所有权的债务,这个与买卖合同的出卖人所负担的债务相类似,具有相似内容的法律强制效力,只是流质契约附有"债务人到期不清偿债务"这个停止条件。如果担保权人依据流质契约

---

〔5〕 李媚:《流质契约解禁之反思》,载《比较法研究》2013年第5期。

取得了担保物的所有权，流质契约所产生的债权（对应于担保人的债务）就是担保权人保有担保物所有权的法律上原因。

二是担保人一旦履行了流质契约所产生的债务，就发生所担保的主债务消灭的法律效果，即担保目的实现。担保人履行流质契约所产生的债务，有人称为"以物抵债"的行为，但是，"以物抵债"并非民法上一个成熟的概念，使用该概念带来了法律适用上的困惑，后面再详述。

（5）流质契约无效的法律效果

流质契约条款无效的法律效果就是流质契约条款有效的反面，从前文可以推导出流质契约条款无效的法律效果。

流质契约无效，就不能发生流质契约的债权债务关系，担保权人不能取得相应的"债权"，无权依据流质契约请求担保人交付标的物和移转所有权；在不动产情形，即使已经为不动产所有权移转给担保权人的"登记"，担保权人也不能取得所有权，因为流质契约无效是自始无效，担保权人自始无从取得所有权，担保人得请求涂销"登记"。

5. 关于让与担保效力的争论

在麦某诉创恒公司一案中，当事人围绕借款债权的发生和安全实现，意图建立某种担保，依据签订"房屋买卖合同"和"预售登记"这些客观存在的履行行为，事实上建立了让与担保，这个判断应该能成立。那么，让与担保在中国大陆是否有效，值得进一步讨论。

（1）让与担保的含义和性质

让与担保指以担保物的所有权移转给债权人所有，而设定的一种物的担保，当债务人到期履行债务，债权人负有返还担保物所有权的义务，而到期债务人没有清偿债务，债权人应对担保物予以清算，对价金或价值有权优先受偿。其性质是物权性担保，大陆法系各国民法典或物权法通常没有规定这种担保物权，而是通过判例法确认，是一种非典型担保。

（2）我国的立法态度

在2002年12月提交全国人大常委会审议的《物权法（草案）》中，曾经有让与担保的内容，当时民法学界对让与担保的争论非常激烈，2007年立法机关通过的《物权法》最终暂未将其纳入。

（3）让与担保的比较法

大陆法系主要国家，如德国和日本等，均通过判例法早已确认了让与担保这种非典型的物权担保。在英美法系，法律性质上相类似的担保是信托占有。

(4)关于让与担保的争论

反对让与担保的主要理由有:违反物权法定原则;违反流质契约条款禁止之规定。

支持让与担保的主要观点有:让与担保已经是一种国际惯例;经济交易活动需要;对物权法定原则不能墨守成规。

(5)法院的司法态度

对让与担保,各地法院的态度有较大的不同,本案例资料提供的来自不同地方的两个判决,其判决结果大相径庭。

持否定态度的法院,其依据的法理多数是"流质契约条款无效",而持"通谋虚伪表示"理由的比较少见。

(6)"清算型让与担保"和"流质型让与担保"

让与担保有若干种分类。依据在担保债权到期不获清偿时,是否要对担保物的价值进行评估和清算或直接以担保物的所有权受偿,让与担保分为"清算型让与担保"和"流质型让与担保"。"清算型让与担保",指执行让与担保物权时,担保物所有权并非直接归属于担保权人,而须对担保物的价值进行评估和清算,担保权人对担保物变价后价金享有优先受偿权。"流质型让与担保",指执行让与担保物权时,担保物所有权直接归属于担保权人,以终局抵偿债务。

"清算型让与担保",不存在流质契约的现象,其效力容易获得法律的承认。而"流质型让与担保"与流质契约的禁止性法律规定相抵触,其效力经常受到质疑。

(7)在南通三建公司诉江苏天骄房地产公司一案中,最高人民法院在指定再审所附的依据中承认了"清算型让与担保(合同)"的效力。[6] 最高人民法院在指定再审中所附的法律适用意见指出:"补充协议约定的以地抵债属于流质契约,违反《物权法》第186条、《担保法》第40条、最高人民法院《关于适用〈中华人民共和国担保法〉若干问题的解释》第57条的规定,应属无效,涉案土地应经评估后由天骄公司折价转让给三建公司。"准此,最高人民法院的法律适用意见主要有两点:第一,直接将担保物约定归属于债权人,用于抵债,属于流质契约,应属无效;第二,该约定并非全部无效,即具有流质契约意思这部分无效,并将该约定变通解释为"清算型让与担保合同",则有效,即最高人民法院意见中

〔6〕 应严格区分"让与担保合同"和"让与担保物权"。关于两者的区别,见后文详述。该案例载江苏法院网,http://www.jsfy.gov.cn/llyj/gdjc/2013/12/17161218259.html,最后访问日期:2014年10月7日。

所指出的“涉案土地应经评估后由天骄公司折价转让给三建”公司。概言之,对于让与担保合同,最高人民法院的态度是没有“一棍子打死”。上文提到的“清算型让与担保合同”相当于学者所主张的“后让与担保”。[7]

(8)关于让与担保还需要掌握的重要问题

第一,应该注意区分“约定设定让与担保物权的合同(让与担保合同)”和“让与担保物权(已经)设定”,其道理如同要区分“抵押合同”和“抵押权设定(成立)”这两个概念,也就是要把握债权和物权变动关系的“区分原则”。“让与担保合同”仅仅产生债的效力;“让与担保物权设定”,指已经产生了一个担保物权,具有优先效力和对世效力。只有让与担保合同,当事人没有履行物权变动的公示要件,即“动产非经交付,不动产非经登记”,不发生让与担保物权设定的效力。由于人们在使用“让与担保”这一概念时,通常是在“让与担保物权”这个意义上使用,以致有人在使用“让与担保”用语时,所指的其实是“让与担保合同”,将两者发生了混淆和误认,这一点应该注意避免。

第二,让与担保合同和让与担保物权的法律关系构造,的确比较独特。先说让与担保合同,它产生三项基本债务;一项债务是针对担保人的,担保人(债务人或第三人)负有将动产交付、不动产登记,移转所有权给担保权人,以设定让与担保物权的义务;另一项债务是针对担保权人(债权人)的,担保物的所有权只是在形式上转移给担保权人以供担保目的,担保权人负有不得擅自以“所有权人的名义”处分担保物的义务,否则,构成债务违反,须承担违约责任;而对于清算型让与担保合同,还有第三项基本债务,在担保的债务到期不获清偿而执行让与担保物权时,担保人和担保权人双方负有配合协力,对担保物进行清算的义务。再说让与担保物权,担保物的所有权在形式上转移给了担保权人,担保权人在法律上是担保物的所有权人,这个没有疑问,但担保权人在担保物的所有权上负有债务(让与担保合同约定的义务)的拘束,即不得背于担保目的擅自处分担保物,并且在担保的债务清偿时,担保权人负有返还担保物所有权给担保人的义务,即担保权只是基于担保目的持有标的物所有权;这个类似于信托关系,[8]担保人是委托人,担保权人是受托人,委托人(担保人)将担保物的所有权转移给受托人(担保权人),担保权人负有信托义务,英美法上类似的担保为信托占有,有关信托占有的法理可以帮助理解让与担保的法律关系构造。

---

〔7〕 杨立新:《后让与担保:一个正在形成的习惯法担保物权》,载《中国法学》2013年第3期。

〔8〕 庄加园:《让与担保缺乏公示性引发之权利冲突》,载崔建远主编:《民法九人行》,法律出版社2012年版,第266页。

第三,关于让与担保(合同)的效力与流质契约的关系。依据我国台湾地区学者对让与担保的观点,让与担保均指"清算型让与担保",在执行让与担保物权时均负有清算义务,[9]即将"流质型让与担保"一律排除在外。准此,让与担保合同与"清算型让与担保合同"是同义语,让与担保合同不存在流质契约现象。有人认为让与担保存在规避流质契约禁止规定的问题,由于将让与担保限定为"清算型让与担保",故认为该观点不成立。[10] 笔者主张,如果当事人在让与担保合同中约定了流质契约条款,应将该约定认定无效,而用"清算型让与担保"的解释补充当事人的意思瑕疵,这样就避免了流质契约条款对整个让与担保合同效力的影响。

第四,让与担保(物权)真正的核心问题是"已经设定的让与担保物权"是否具有物权的效力(优先受偿效力和对世效力)。检验让与担保(物权)是否被承认的典型案型设想如下:债务人(甲)有数个债权人(乙、丙、丁),在债务人甲的某特定A物上为债权人乙设定了让与担保物权,当债务人甲资不抵债宣告破产时,对于其他普通债权人(丙、丁)而言,债权人乙对A物是否享有优先受偿权,是判断是否承认让与担保的试金石。在上述案型情形下,如果法院判决承认债权人乙对A物享有优先受偿权,就是承认了让与担保是一种真正担保物权。

第五,担保权人是担保物的法律上所有权人,这个是否得到法院判决或裁定的承认,是检验让与担保是一种真正物权的"试金石"。如果法院承认担保权人是担保物的法律上所有权人,在担保人的债权人对担保物申请强制执行时,担保权人得提出执行异议之诉,法院应当裁定该异议成立。

6. 关于赵某诉天元公司一案判决法理依据的讨论

在赵某诉天元公司一案中,法院以"债务更新"作为判决的法理依据,但以"清算型让与担保"作为判决的法理依据,也许更妥当。在该案中,二审法院指出,"双方当事人的法律关系已由最初的借款合同关系变更为商品房买卖合同关系,相应的天元公司未能偿还的借款也已转变为购房款",这表明法院所持的判决理由是"债务更新"的观点。因此,有必要进一步分析该法律适用观点的妥当性。

---

[9] 谢在全:《民法物权》(下册),中国政法大学出版社1999年版,第902页。

[10] 谢在全:《民法物权》(下册),中国政法大学出版社1999年版,第903页。

（1）债务更新的含义和法律效果

债务更新，指“债权人与债务人成立新债务，同时消灭旧债务之契约”，〔11〕又称债的更改。

其法律效果如下：第一，债务更新的合同（债务）替代了原合同（债务），并且，成立的新债务是原（旧）债务消灭的法律事实或原因。第二，债务更新后，旧债务上的一切从属性权利义务关系，如旧债务上的担保物权等，一并消灭。第三，债务更新后，债务人不履行新债务的，债权人只得对新债务诉请履行和救济，不得诉请履行旧债务。

债务更新不同于债的变更，虽然两者都属于债的变更，但债务更新是指债的“要素变更”或“质的变更”，〔12〕通常的债的变更指债的“量的变更”。债的“质的变更”，指债的主体变更（债务人变更或债权人变更）；也指债的标的物在“质”上发生变更，债的标的物原定为金钱而变更为房屋所有权。

（2）债务更新和让与担保有一定相似性

债务更新和让与担保，均是增加债务履行或实现可能性的法律手段。

债务更新，是用成立新债来代替和消灭旧债（原定债务）。

在让与担保情形下，债务人到期不履行原定主债务，担保权人得对担保物优先受偿，也可以解释为债的标的发生了某种程度的变更，由处于从属地位的担保债取代了主债，履行了让与担保下的担保物，债的关系（包括原定主债）全部消灭。

（3）债务更新和让与担保的区别

债务更新和让与担保是不同的法律概念，蕴含了不同的法理。这两者的区别，笔者认为主要在当事人意思表示的“效果意思”上有根本的不同：

对于让与担保而言，让与担保毕竟属于担保，它处于从属地位，当事人的效果意思仍然是追求履行主债务，只有当主债务仍然不获清偿，才执行让与担保，以抵偿主债务，也就是说，当事人的效果意思包括了主债务关系和从属的让与担保关系这两种法律关系的同时存在。对于债务更新，当事人的效果意思是让“新债”取代“旧债”，并消灭了“旧债”，也就是说，在债务更新情形下，只存在“新债”这一种法律关系。

（4）在赵某诉天元公司一案中，当事人意思表示中的“效果意思”认定为“让

〔11〕 邱聪智：《债编通则》（下），中国人民大学出版社2004年版，第454页。

〔12〕 蒋学跃：《论债的更新》，载中国民商法律网，www. civillaw. com. cn/article/default. asp? id = 13898，最后访问日期：2014年10月7日。

与担保效果意思”或“债务更新效果意思”，哪一种依据更充分？

认定这个问题，就得靠“证据说话”，现对相关证据及证明内容分析如下：

当事人自2006年9月8日签订第一份“协议”以来，至提起诉讼，其间签订了若干次“补充协议”、“和解协议”或“合同”。

以天元公司作为一方当事人签订的最后一次“补充协议”是2010年8月10日三方（赵某为甲方、天元公司为乙方、两个保证人为丙方）签订的《补充协议》（以下简称2010年8月10日《补充协议》）。2010年8月10日《补充协议》的一项重要约定是：“各方确认2008年10月14日签署的《和解协议》和《补充协议》即2009年1月20日签署的《补充协议（二）》继续有效。本协议约定的内容与之前协议约定不符的，以本协议约定的为准。”

2010年8月10日《补充协议》有三个核心条款：第一个核心条款是分期偿还全部借款的计划。第二个核心条款是，“各方2008年10月14日《和解协议》和2008年10朋14日《补充协议》继续有效”。第三个核心条款是，“本协议约定的内容与之前协议约定不符的，以本协议约定的为准”。

2008年10月14日《和解协议》第4条约定：“在2009年9月30日前，乙方可以按原《商品房买卖合同》的价格向甲方回购。逾期则乙方无权回购。甲方可自行处理乙方没有回购的《商品房买卖合同》项下的房产，甲方通过转让（转让价格不得低于同层同方向房产市场交易价格）或拍卖等途径所得的转让款在扣除原购房价款、2009年9月29日以后的投资回报款、所有的产权登记和交易税费后的余额部分，甲方应当返回给乙方。”

2008年10月14日《和解协议》该第4条所提到的原《商品房买卖合同》，是指44份《商品房买卖合同》（分别于2008年2月27日和2008年3月28日签订），并且44份《商品房买卖合同》下的44套房产已经为“预售登记”。“预售登记”的法律效果是44份《商品房买卖合同》下的买方的购房债权具有物权的对世效力，相当于取得了预售房屋的“所有权”。当事人签订44份《商品房买卖合同》和移转44套预售房屋的“所有权”给借款债权人赵某的目的是设定让与担保。该第4条明确约定“天元公司对44套房屋有回购权”，所谓回购权，就是债务人天元公司向债权人赵某偿还借款（当事人在合同中的话语又称购房款），就有权向赵某回购预售房屋，也就是说，债务人清偿借款债务后，债权人负有返还预售房屋（担保物）的义务，这完全符合让与担保的特征。

当事人是否将主债关系（借款债务关系）及从属的让与担保关系，进行了债务更新而变更为“房屋买卖合同这种新债”，并让“房屋买卖合同这种新债”完全取代和消灭“主借款债务关系及从属的让与担保关系这种旧债”呢？依据前述

"债务更新和让与担保的区别"的法理,关键是看当事人的意思表示中是否存在"新债取代旧债,并使旧债消灭,债务人仅须履行新债"的效果意思或目的,应注意这种效果意思是当事人客观上表示出来并可以证(查)明的意思。2010年8月10日《补充协议》重申了2008年10月14日《和解协议》继续有效,这明确表示包含有回购权内容的让与担保继续有效;并且,2010年8月10日《补充协议》约定了具体偿还全部借款的计划(于2011年11月30日前全部退清);结合前面两点,当事人的意思应该清楚和明确,即仍然要按照"借款债务及从属的让与担保关系"来履行,并没有"成立新债取代旧债的意思"。

2008年10月14日《和解协议》第4条还约定:如果天元公司(乙方)到期仍没有清偿债务,则丧失回购权,甲方(赵某)有权自行处理房产,"甲方通过转让或拍卖等途径所得的转让款在扣除原购房价款、投资回报款、所有的产权登记和交易税费后的余额部分,甲方应当返回给乙方",这是关于对担保物清算以偿还债务的约定,显然,这是"清算型让与担保"。

根据以上对证据的分析,比较而言,认定为"清算型让与担保"更有依据。

前文已经分析,"清算型让与担保"并不存在流质契约问题,最高人民法院的态度也是支持"清算型让与担保"的效力。据此,判决将"44套房产担保物公允估价后抵偿债务"也许更合理和妥当。

■ 教学计划和教学设计

1. 课前安排学生阅读和熟悉案例材料,指出案例所涉及的主要法律概念和法理,指定学生必须阅读的参考文献。

2. 在课前,根据学生的自愿,挑选部分学生分成两组,一组代表原告方撰写发言要点,另一组代表被告方撰写发言要点。

3. 在课堂教学时,两个组的代表分别从原告和被告的立场进行发言,发言后进行辩论。在课堂发言和讨论中,鼓励没有进入小组的同学提问和发表评论意见。

4. 教师对学生的讨论进行点评,对案例所涉及法律问题和法院判决结论进行评析。

■ 课堂时间安排

建议整个案例的课堂教学安排6个课时,每课时45分钟。

思考题和实践题

1. 思考题

(1)在麦某诉创恒公司一案中,法院判决理由中所指“非真实意思表示”是单独虚伪表示还是通谋虚伪表示,两者在法律效果上有何不同?

(2)在麦某诉创恒公司一案中,法院认定“虚伪表示”是否符合民事诉讼证明标准的优势证据规则?

(3)在麦某诉创恒公司一案中,应用意思表示解释的目的和客体的法理,对当事人意思表示的“真”和“虚”进行分析。

(4)意思表示解释的方法有若干种,在麦某诉创恒公司一案中,如何综合应用各种意思表示解释的方法,来探求当事人的真实意思?

(5)如何理解经济交易活动的多样性、复杂性与非典型合同、混合合同的关系?混合合同法律适用的法理是什么?

(6)在混合合同案型的情形下,是否存在多个诉讼标的?在程序处理上是否可以考虑诉的客体合并?

(7)如何理解流质契约条款禁止的立法理由?

(8)对于我国大陆民法学界围绕让与担保的争论,支持让与担保一方所持的理由是什么?反对让与担保一方所持的理由是什么?

(9)如何理解“约定设定让与担保合同”和“已经设定让与担保”这两个概念的区别?尤其法律效果上的区别是什么?人们在使用“让与担保”这一用语时,通常是指哪个概念?如何避免用语上的误认?

(10)如何理解“清算型让与担保”和“流质型让与担保”的区别?

(11)“清算型让与担保”存在流质契约的现象吗?其效力是否受流质契约禁止规定的影响?

(12)在赵某诉天元公司一案中,二审法院在判决理由中所持的主要观点是“双方当事人的法律关系已由最初的借款合同关系变更为商品房买卖合同关系”,该观点蕴含了什么法律概念?

(13)请辨析让与担保、债务更新、代物清偿和以物抵债这些概念。

(14)如何把握让与担保与债务更新的根本区别?

(15)在赵某诉天元公司一案中,赵某与天元公司之间产生了借款合同关系,后面双方又签订了44套房屋买卖合同并办理了预售登记,并约定天元公司有回购权,如何认定这种法律关系的性质?

(16)在赵某诉天元公司一案中,当事人在2008年10月14日签署的《和解协议》中约定“逾期则乙方(天元公司)无权回购,甲方(赵某)可自行处理乙方没有回购的《商品房买卖合同》项下的房产,甲方通过转让或拍卖等途径所得的转让款在扣除原购房价款、投资回报款、交易税费后的余额部分,甲方应当返回给乙方”,请分析该约定对当事人之间的法律关系类型有何重大的影响?

(17)在赵某诉天元公司一案中,当事人先后签订了若干份《和解协议》和《补充协议》,分析这些证据的内容,至起诉前,当事人之间是否发生了债务更新?

2. 实践题

(1)在麦某诉创恒公司一案中,如果麦某委托你作为其上诉的代理人,请撰写一份民事上诉状。

(2)在赵某诉天元公司一案中,如果你是天元公司上诉审的代理人,请撰写一份民事代理词。

(3)在赵某诉天元公司一案中,如果一审法官在庭审中作出"本案将以借款合同纠纷为审理对象的释明",你作为原告赵某的代理人,针对法庭的该项"释明",撰写一份书面的陈述意见书。

参考文献

1. 王泽鉴:《民法总则》,中国政法大学出版社2001年版。
2. 王利明:《合同法研究》(第一卷)(修订版),中国人民大学出版社2011年版。
3. 崔建远等:《民法总论》,清华大学出版社2010年版。
4. 李媚:《流质契约解禁之反思》,载《比较法研究》2013年第5期。
5. 杨立新:《后让与担保:一个正在形成的习惯法担保物权》,载《中国法学》2013年第3期。
6. 庄加园:《让与担保缺乏公示性引发之权利冲突》,载崔建远主编:《民法九人行》,法律出版社2012年版。
7. 谢在全:《民法物权》(下册),中国政法大学出版社1999年版。
8. 邱聪智:《债编通则》(下),中国人民大学出版社2004年版。

撰稿人｜李庭鹏,云南大学法学院副教授、法学博士

16 CASE 博士捐精死亡索赔案

| 摘 要 |

本案例以一起真实的博士捐精死亡索赔民事诉讼案件为分析对象，郑金龙、赵华之子郑某生前系华中科技大学外科学、神经解剖学在读博士。2010 年 12 月至 2011 年 2 月，郑某先后多次捐精，最后一次在捐精室内死亡。经过一审判决后，上诉人郑金龙、赵华为与被上诉人华中科技大学、华中科技大学同济医学院生殖医学中心、华中科技大学同济医学院附属协和医院及吴某生命权纠纷一案，不服武汉市洪山区人民法院(2012)鄂洪山民三初字第 00256 号民事判决，向武汉市中级人民法院提起上诉。一审判决华中科技大学同济医学院生殖医学中心支付郑金龙、赵华损失 42505.50 元，加上中心已经支付的 88000 元，合计 130505.50 元。二审法院受理后依法组成合议庭，于 2014 年 6 月 11 日不公开开庭进行了审理，二审审理后判决驳回上诉，维持原判。本案例涵盖案件处理的第一审、第二审、案后分析等环节，对于解决其他类似民事案件具有参考意义。

| 关键词 |

博士捐精　死亡赔偿　民事诉讼

| 教学目标 |

培养学生创新思维，掌握民事诉讼法及实体法相关基本理论、知识、技能，提升素质，提高学生提出问题、分析问题、解决问题的能力。

教学案例主文

一、引言

上诉人郑金龙、赵华为与被上诉人华中科技大学（以下简称华科大）、华中科技大学同济医学院生殖医学中心（以下简称生殖中心）、华中科技大学同济医学院附属协和医院（以下简称协和医院）及吴某生命权纠纷一案，不服武汉市洪山区人民法院（2012）鄂洪山民三初字第00256号民事判决，向武汉市中级人民法院提起上诉。二审法院受理后依法组成合议庭，于2014年6月11日不公开开庭进行了审理。上诉人郑金龙、赵华，被上诉人华科大的委托代理人何丹，被上诉人生殖中心的委托代理人万利强、孟天庆，被上诉人协和医院的委托代理人王建强到庭参加诉讼，被上诉人吴某经二审法院合法传唤，无正当理由拒不到庭。本案现已审理终结。

二、第一审环节

郑金龙、赵华向原审法院起诉称，郑金龙、赵华之子郑某生前系湖北省老河口市某某医院心脑外科主治医师。2008年到华科大攻读外科学硕士，2010年硕士毕业后继续在华科大进行硕博连读，是外科学、神经解剖学和法律在读博士。2011年年初，隶属华科大的湖北省人类精子库正在试运行，在华科大校园内大力倡导在校学生捐精。经协和医院多次动员，郑某答应加入捐精队伍，为社会公益事业尽一份微薄之力。郑某顺利通过湖北省人类精子库组织的体检后，于2010年12月29日进行了第一次捐精，此后又连续捐精三次。2011年2月12日上午，郑某第五次走进湖北省人类精子库捐精，在捐精室内非正常死亡，而湖北省人类精子库的试运行期已经届满，还未获得正式运行的批文。华科大附属同济医院出具一份《居民病伤死亡医学证明（推断）书》，认定郑某系猝死。郑金龙、赵华不相信郑某会猝死，强烈要求对郑某的尸体进行异地尸检，查出真正死因，未获同意。郑金龙、赵华认为生殖中心在监管方面存在重大过错，非法运行，没有尽到安全保障义务。协和医院为了自己的声誉，置郑金龙、赵华的知情权于不顾，于郑某去世的第三天早上，在还没有进行尸检的情况下，便仓促将其尸体火化，严重剥夺了郑金龙、赵华对自己儿子死因的知情权。华科大作为郑某的就读学校,没有按照《侵权责任法》《学生伤害事故处理办法》的规定合法合理处理该事故,迅速组织生殖中心、协和医院对郑某家属采取软硬兼施的手段,在郑金龙、赵华全家沉浸在失去亲人的痛苦之中,思路不清的情况下,强迫郑金龙、赵华签订《协议书》,由生殖中心、协和医院支付郑金龙、赵华及吴某 88000 元,减免吴某学费 10000 元并补偿其生活费 10000 元,同意以后安排吴某工作,要求郑金龙、赵华全家不得再以此事主张权利,郑某博士的生命仅以 108000 元就此买断。该协议书是郑金龙、赵华在被欺诈、胁迫的情况下违背真实意思所签订的,而且协议内容也违反了《学生伤害事故处理办法》的规定,该协议书无效。请求依法判令撤销协议;由华科大、生殖中心、协和医院连带赔偿郑金龙、赵华之子郑某死亡赔偿金 964720 元、丧葬费 73200 元、被抚养人生活费 487068 元、精神损害抚慰金 2200000 元、上访的经济损失 284030 元,合计 4009018 元。

原审法院查明,郑金龙、赵华之子、吴某之夫郑某(1977 年××月××日出生)于 2008 年 6 月 10 日被华科大录取为外科学硕士研究生,就读院校为协和医院,正常毕业时间应为 2011 年 7 月。郑某在就读过程中,参加了 2011 年博士学位研究生的考试报名,考试时间为 2011 年 3 月 26 日至 28 日。2010 年 12 月 29 日,郑某在生殖中心所属湖北省人类精子库签署了《捐精知情同意书》,内容包括同意自愿捐精,捐精期间每 6 个月作一次健康检查,并表示已知道捐精前禁欲 2 至 7 天,捐精不会对自身身体造成伤害,但会耗费时间和精力,而自己也会得到相应的经济补偿。2011 年 1 月 5 日,湖北省人类精子库对郑某的基本情况、病史、家系情况进行了调查,并进行了体型体态、脸部特征、一般情况体检(包括主要器官体检、血压)、生殖系统专项检查,确认合格。2011 年 1 月 5 日至 10 日,又对郑某进行了血型、性传播疾病、艾滋病、TORCH、精液检查,结果合格,接纳郑某为捐精者。2011 年 1 月 14 日、1 月 19 日、1 月 22 日、1 月 25 日,郑某均在湖北省人类精子库进行了捐精。2011 年 2 月 12 日上午 11 时许,郑某进入生殖中心的取精室通过自慰的方式进行捐精,13 时 50 分,工作人员见郑某仍未完成取精,便进入取精室,发现郑某倒在地上神志不清,即呼叫“120”急救。“120”医生于 14 时赶到取精室,发现郑某双瞳孔放大,无呼吸、脉搏、心跳,立即对郑某采取了心脏复苏术,同时转运至华科大附属同济医院抢救。14 时 46 分,郑某经抢救无效,被宣布死亡。华科大附属同济医院于当日出具了一份《居民病伤死亡医学证明(推断)书》,确认郑某系猝死。郑某死亡后,其家属经过与生殖中心、协和医院协商,郑金龙、赵华、吴某(协议书甲方)与协和医院(协议书乙方)、生殖中心(协议书丙方)于 2011 年 2 月 13 日签订协议书一份,内容为:“郑某系郑金龙、赵华之子、吴某之夫,系乙方在读硕士研究生。2011 年 2 月 12 日,郑某到丙方自愿捐精,在取精室意外发生猝死。为妥善处理此意外事故,甲、乙、丙三方经协商,达成如下协议:一、出于人道主义,乙、丙方自愿向甲方支付丧葬费、郑某父母的生活补助费共计人民币捌万捌仟元整;二、上述费用于签订本协议后叁个工作日内支付给甲方;三、甲方承诺:本协议签订后,由甲方自己办理郑某丧事及其他善后事宜,不再就此事以任何形式向乙、丙方主张任何权利,也不发布任何对乙、丙方不利的言论;四、乙丙双方承诺:减免吴某在校读研期间一年学费壹万元,补偿其一年半生活费用壹万元,共计贰万元整;五、吴某恳请乙方考虑解决其工作问题(已删除,吴某在删除处签字并加按手印);六、本协议经甲、乙、丙三方签字或盖章之日生效。本协议一式三份,三方各执一份。"该协议书签订后,生殖中心于 2011 年 2 月 13 日、2 月 14 日分两次向郑金龙支付了 88000 元,并承担了处理郑某后事的亲属往返的交通费及食宿费用二万余元,协和医院亦按协议约定履行了对吴某的义务。2011 年 2 月 14 日,郑某的哥哥郑某甲为郑某办理了死亡殡葬证,并于次日安排了火化,郑金龙、赵华支付了丧葬费用。后郑金龙、赵华对签订的协议不服,起诉要求增加赔偿额未果,于 2011 年 12 月向武汉市政法委及武汉市中级人民法院上访。原审另查明,生殖中心(武汉同济生殖医学专科医院)于 2005 年取得医疗机构执业许可证,诊疗项目包括计划生育专业、优生学专业、生殖健康与不孕症专业。2009 年 12 月 8 日,经湖北省卫生厅组织专家现场论证评审,于 2010 年 1 月 27 日,批准其试运行人类精子库 1 年,并要求试运行期满前一个月提出正式运行申请。2010 年 12 月 21 日,生殖中心向湖北省卫生厅提出正式运行人类精子库的申请。2011 年 2 月 20 日,湖北省卫生厅组织专家现场论证评审,认为生殖中心已达卫生部规范的要求,于 2011 年 3 月 18 日,批准其正式运行人类精子库 2 年。华科大、生殖中心、协和医院,均系独立的事业法人。

原审认为:

1. 本案是由郑某在生殖中心捐精时猝死引发的侵权纠纷,但郑某和三被告并无过错,故不适用过错推定和过错责任原则。郑金龙、赵华认为三被告存在过错,应承担赔偿责任,但过错责任是指行为人因过错侵害他人民事权益,应承担侵权责任;过错推定是指根据法律规定推定行为人有过错,行为人不能证明自己没有过错,应当承担民事责任。华科大与协和医院系郑某生前就读的院校,郑金龙、赵华认为华科大对捐精活动进行了宣传,协和医院对郑某进行了捐精动员,且在郑某死亡后的处理上违反了《学生伤害事故处理办法》的规定,存在过错。郑某虽属于全日制学生,但其具有完全民事行为能力,能够独立实施民事行为,其捐精系自愿参加的校外活动,非学校组织,而《学生伤害事故处理办法》所适用的范围是“在学校实施的教育教学活动或学校组织的校外活动中,以及学校负有管理责任的校舍场地、其他教育设施、生活设施内发生的,造成在校学生人身损害后果的”,故本案不适用《学生伤害事故处理办法》,华科大与协和医院均无任何过错,不应承担赔偿责任。郑金龙、赵华认为生殖中心在监管方面存在重大过错,非法运行,没有尽到安全保障义务,应承担赔偿责任。原审认为,在捐精过程中捐精者死亡国内没有先例,取精过程属自慰行为,生殖中心很难预测到风险的发生,且其设立的人类精子库达到了《人类辅助生殖技术管理办法》所要求的各项标准,试运行得到了卫生主管部门的批准,符合安全运行的各项条件,已尽到了相应的安全保障义务。生殖中心在试运行期满前30日已向卫生主管部门提出正式运行申请,根据《行政许可法》第50条“被许可人需要延续依法取得的行政许可的有效期的,应当在该行政许可有效期届满三十日前向作出行政许可决定的行政机关提出申请。但是,法律、法规、规章另有规定的,依照其规定。行政机关应当根据被许可人的申请,在该行政许可有效期届满前作出是否准予延续的决定;逾期未作决定的,视为准予延续”的规定,生殖中心在试运行期满后,正式运行获批之前继续运行,符合法律规定,不属于非法运行。生殖中心在发现郑某异常后,积极进行了抢救,充分尽到了自己的义务,无任何过错。而我国法律对过错推定的适用范围作了严格限定,包括机动车交通事故责任、物件损害责任、无民事行为能力人在幼儿园、学校或者其他教育机构内受到损害等,而本案不属于该适用范围,故本案亦不适用过错推定。故对郑金龙、赵华提出三被告存在过错的理由,均不予采信。

2. 本案亦不适用无过错责任原则。我国《侵权责任法》规定第7条“行为人损害他人民事权益,不论行为人有无过错,法律规定应当承担侵权责任的,依照其规定”,但无过错责任原则的适用范围包括产品质量责任、从事高度危险作业致人损害、环境污染致人损害等法律明确规定的情形。由此,本案不属于无过错责任原则调整的范围,不适用无过错责任原则。

3. 本案适用公平分担损失规则,双方所签订的协议应予部分撤销。首先,根据《侵权责任法》第24条“受害人和行为人对损害的发生都没有过错的,可以根据实际情况,由双方分担损失”的规定,本案中郑某在捐精时猝死属于意外,郑某及生殖中心均无过错,郑某死亡产生的损失应由郑金龙、赵华及生殖中心分担。郑某死亡所产生的损失为:死亡赔偿金367480元(18374元/年×20年)、丧葬费16025元(32050元/年÷2),合计383505元。郑金龙享有社会保险,有生活来源;赵华未提交其丧失劳动能力并无其他生活来源的证据,故对郑金龙、赵华请求的被扶养人生活费不予支持。郑金龙、赵华诉请的精神损失费,因生殖中心无侵权行为，对该项请求不予支持。对于郑金龙、赵华的其他诉讼请求，因无法律依据，亦不支持。考虑到郑金龙、赵华的损失程度及双方的经济状况等实际情况，根据公平分担损失规则，由生殖中心分担 50% 的损失，金额为 191752.50 元(383505 元×50%)。其次，郑金龙、赵华及吴某与生殖中心、协和医院达成的协议第 1 条的内容为生殖中心、协和医院补偿郑金龙、赵华及吴某丧葬费及郑金龙、赵华生活补助费 88000 元，因实际是由郑金龙、赵华支付丧葬费用，生殖中心支付的 88000 元应归郑金龙、赵华所有，协议第 1 条约束的权利义务人为郑金龙、赵华及生殖中心，而协议第 4 条的内容涉及的是吴某与协和医院的权利义务，与郑金龙、赵华无关，故郑金龙、赵华仅能就协议第 1 条的内容主张撤销。根据协议第 1 条约定，生殖中心补偿的金额为 88000 元，而根据公平分担损失规则，生殖中心应分担郑某近亲属即郑金龙、赵华、吴某的损失份额为 191752.50 元，因吴某明确表示放弃实体权利，生殖中心分担的损失应扣除吴某的应得部分，故郑金龙、赵华应得的死亡赔偿金为 122493 元(367480 元×50%÷3 人×2 人)，丧葬费因系郑金龙、赵华实际支付，故郑金龙、赵华应获得的丧葬费为 8012.50 元(16025 元×50%)，合计 130505.50 元。协议书第 1 条中约定的 88000 元的金额显失公平，且郑金龙、赵华在协议书签订之日起 1 年内就开始主张撤销协议，未超过法律规定的撤销期限，该协议书的第 1 条撤销后，并不影响协议其他条款的效力，故法院对该协议书的第 1 条予以撤销，扣除生殖中心已经支付的 88000 元后，生殖中心仍应向郑金龙、赵华支付 42505.50 元。综上所述，根据《侵权责任法》第 24 条、《合同法》第 54 条之规定，判决：(1)撤销郑金龙、赵华、吴某与生殖中心、协和医院于 2011 年 2 月 13 日签订的协议书的第 1 条“出于人道主义，乙、丙方自愿向甲方支付丧葬费、郑某父母的生活补助费共计人民币捌万捌仟元整”；(2)生殖中心支付郑金龙、赵华损失 42505.50 元；(3)驳回郑金龙、赵华的其他诉讼请求。如果未按判决指定的期间履行给付金钱义务，应当依照《民事诉讼法》第 253 条之规定，加倍支付迟延履行期间的债务利息。案件受理费 38869 元免于交纳。

三、第二审环节

一审判决后，郑金龙、赵华不服，向武汉市中级人民法院提起上诉，称 2011 年 2 月 12 日中午 11 时 15 分，郑金龙在深圳突然接到郑某电话，郑某在电话中说身中剧毒无救，要异地鄂州尸检为其申冤。话没说完，就听到电话那边人在地上打滚，后挂断电话。郑某留下的血衣说明可能是中毒而死，根本不是因捐精猝死。有内部人士吐露，郑某其实是在协和医院死亡，被送到生殖中心伪造成捐精猝死的案发现场。神秘的生物工程实验项目或许是导致郑某死亡的根本原因。上诉人请求撤销原判,查清郑某的死因、死亡时间、地点、生前参与了多少秘密生物工程实验项目,对郑某的血衣移送我国香港、台湾地区进行化验检测,改判2011年2月13日签订的协议书非法无效,吴某洗劫郑某生前证据,造成郑某死因不明,判决吴某、吴某某、汪某某赔偿郑金龙、赵华汉访、京访、出境、血衣鉴定费共计损失1030868元,且吴某不得参与郑某死亡赔偿金的分割,判决华中师范大学招聘吴某为非法容留。改判2011年2月12日捐精活动为无证运营,由华科大赔偿郑金龙、赵华400万元,如果移案北京,追加为1亿元。本案一审、二审、申诉审的一切受案费,血衣出境鉴定费,文据出省鉴定费,在汉、进京上访的一切费用,车船票、飞机票、羁押费、罚款,请求判决由华科大承担。

华科大答辩称,华科大不是适格被告,不应承担赔偿责任。请求驳回上诉,维持原判。

生殖中心答辩称:

1. 生殖中心对一审查明事实和对生殖中心没有过错的认定无异议。

2. 对一审判决存在三点异议:(1)上诉人一审提交的武汉市政法委及武汉市中级人民法院的信访转送单未在开庭时提交。也未经三被上诉人质证,却被一审法院推定有撤销协议的意愿。(2)以显失公平为由撤销协议书存在错误。协议书于2011年2月13日签订,但上诉人直到2012年12月1日本案一审第三次开庭时才向法院提出撤销协议书的请求,超过了1年的除斥期间,其撤销权消失。(3)对一审判决适用公平原则存在异议,生殖中心没有过错,三方在自愿合法的情况下达成协议,如果再适用公平原则,则对生殖中心不公平。

3. 鉴于上诉人的不幸遭遇,生殖中心愿意接受一审判决结果。请求驳回上诉,维持原判。

协和医院答辩称,一审法院认定事实清楚,适用法律正确,请求驳回上诉。本案死者与协和医院之间只有就读的师生关系,没有侵权损害关系。

二审中,郑金龙、赵华提交如下证据:

1. 2011年4月10日的起诉状。证明原来起诉的不是华科大一家,起诉标的是10308686元,而不是400万元。

2. 访民拉横幅的照片。证明武汉市访民都对这个案子很同情,武汉市民对本案很关注。

3. 2012年6月20日的《长江商报》。报道中记载了上诉人要求尸检;报道标题写的是捐精博士"猝死",猝死加引号证明记者对这个案子很清楚,就是为了保护华科大的脸面,而郑某实际上是中毒死亡(庭审中,上诉人称郑某是死于氰化钾中毒)。

4. 2014 年 4 月 28 日公安局局长接待通知单,证明郑某是遭人谋害。经质证,华科大、生殖中心、协和医院认为证据 4 只是信访接待通知单,如果认为涉及刑事案件,应该有刑事立案手续,郑金龙、赵华在一审中也没有提过郑某中毒死亡这种说法。其他证据和本案没有关联性,对以上证据均不予认可。二审法院认为,证据 1 起诉状与上诉人向原审法院提交以及原审开庭时宣读的起诉状内容不一致,故证据 1 不能作为确定原告诉讼请求的依据;证据 4 仅能证明上诉人怀疑郑某遭人谋害而向公安机关反映,不能证明郑某中毒身亡;其他证据与本案没有关联,不予采信。

二审查明,原审认定事实属实。

庭审后,上诉人郑金龙、赵华提交管辖异议申请,要求按照《民事诉讼法》关于"人民法院受理案件后,当事人对管辖权有异议的,应当在提交答辩状期间提出。人民法院对当事人提出的异议,应当审查。异议成立的,裁定将案件移送有管辖权的人民法院;异议不成立的,裁定驳回"的规定,将本案移送管辖,交由北京市海淀区人民法院审理。

二审法院认为,对上诉人郑金龙、赵华要求移送管辖的申请,因本案系二审,上诉人的申请超出法定期限,且上诉人要求移送北京市审理缺乏法律依据,对上诉人要求移送管辖的申请不予准许。上诉人二审要求将标的追加为 1 亿元的请求,因其超过了法律规定的变更诉讼请求的期限,本院不予准许。关于生殖中心的运营资质问题,原审已作充分阐述,二审法院亦确认生殖中心不存在非法运行的情形。二审经审查,郑某在捐精时猝死属于意外,郑某及生殖中心均无过错,而本案亦不属于法律规定的无过错责任原则调整范围。在双方无过错又不能适用无过错责任原则的情况下,原审依据《侵权责任法》第 24 条"受害人和行为人对损害的发生都没有过错的,可以根据实际情况,由双方分担损失"的规定,考虑郑金龙、赵华的损失程度及双方的经济状况等实际情况,适用公平分担损失规则,判决生殖中心分担 50% 的损失,已充分考虑了郑金龙、赵华的请求。上诉人郑金龙、赵华陈述郑某死前还与郑金龙通话称身中剧毒,认为郑某是被谋杀,该陈述与其一审主张以及 2011 年 2 月 13 日签协议的行为矛盾,也没有证据予以证实,二审法院对该上诉主张不予采纳。对郑金龙、赵华要求被上诉人赔偿 400 万元的上诉请求不予支持。上诉人要求判决吴某、吴某某、汪某某赔偿损失、判决华中师范大学招聘吴某为非法容留的请求超出其一审诉讼请求,不属于二审审理范围。生殖中心虽对一审判决有异议但没有上诉,二审中也表示愿意接受一审结果,二审法院视为生殖中心服从一审判决。经二审法院审判委员会讨论决定,依照《民事诉讼法》第170条第1款第1项之规定,判决如下:(1)驳回上诉,维持原判。(2)二审案件受理费38869元由郑金龙、赵华负担,予以免收。

教学指导手册

教学对象及目标

本案例供法律硕士案例教学使用,法学本科(大四)、诉讼法学、民商法学硕士也可以作为教学参考。

本案例主要就人身损害赔偿的民事诉讼及实体法律问题进行讲授。培养学生创新思维,掌握民事诉讼及实体法基本理论、知识、技能,提升素质,提高学生提出问题、分析问题、解决问题的能力。

具体要解决的问题包括:(1)本案的管辖权异议和移送管辖如何处理?(2)变更诉讼请求可以准许吗?(3)二审审理范围如何确定?(4)本案归责原则如何适用?(5)本案诉讼费用如何处理?

教学内容

1. 本案的管辖权异议和移送管辖如何处理?

庭审后,上诉人郑金龙、赵华提交管辖异议申请,要求按照《民事诉讼法》关于“人民法院受理案件后,当事人对管辖权有异议的,应当在提交答辩状期间提出。人民法院对当事人提出的异议,应当审查。异议成立的,裁定将案件移送有管辖权的人民法院;异议不成立的,裁定驳回”的规定,将本案移送管辖,交由北京市海淀区人民法院审理。

所谓管辖权异议,是指当事人认为受诉法院对该案没有管辖权,而要求将该案移送有管辖权的法院审理的意见。提出管辖权异议时,应注意:当事人对管辖权有异议的,应当在提交答辩状期间提出。提交答辩状期间就是被告在收到起诉状之日起15日内。被告不提出答辩状的,不影响人民法院审理。但是,人民法院对当事人提出的异议,应当审查。异议成立的,裁定将案件移送有管辖权的人民法院;异议不成立的,裁定驳回。

移送管辖是指人民法院发现受理的案件不属于本院管辖的,应当移送有管辖权的人民法院,受移送的人民法院应当受理。移送管辖必须具备如下条件:第一,移送的案件必须是已经受理的案件;第二,移送的人民法院对本案没有管辖权;第三,受移送的人民法院对该案有管辖权。移送人民法院的裁定,对受移送的法院具有法律约束力,受移送的人民法院,不得将案件再移送给其他人民法院,也不得将案件退回原移送的人民法院。如果认为移送的案件依照规定确实不属于自己管辖,只能报请上级人民法院指定管辖。以避免案件往返移送,延误诉讼时间,给当事人造成不必要的损失。因此,受移送的人民法院认为移送的案件依照规定不属于本院管辖的,应当报请上级人民法院指定管辖,不得再自行移送。

本案中,对上诉人郑金龙、赵华要求移送管辖的申请,因本案系二审,上诉人的申请超出法定期限,管辖权异议不成立,且上诉人要求移送北京市审理缺乏法律依据,对上诉人要求移送管辖的申请应当不予准许。

2. 变更诉讼请求可以准许吗?

原告提出具体的诉讼请求,是起诉能否成立的要件。诉讼请求,是原告起诉所要达到的目的,应当明确具体。原告要求人民法院保护自己的哪些民事权益,要求被告履行什么民事义务,或者要求人民法院确认同被告的某种民事法律关系,或者要求变更同被告的某种民事法律关系,在起诉时应当明确、具体,列明一、二、三;《民事诉讼法》除规定原告起诉必须提出具体的诉讼请求外,还要求原告提出诉讼请求的事实和理由。这里所说的事实和理由,是指证明或说明诉讼请求真实、可靠、可行所必要的事实和理由,原告提不出事实和理由,人民法院也难以入手审理。

原告可以放弃或者变更诉讼请求。被告可以承认或者反驳诉讼请求,并且有权提起反诉。

上诉人二审要求将标的追加为 1 亿元的请求,因超过了法律规定的变更诉讼请求的期限,应当不予准许。

3. 二审审理范围如何确定?

我国《民事诉讼法》第 168 条规定:“第二审人民法院应当对上诉请求的有关事实和适用法律进行审查。”上诉人要求判决吴某、吴某某、汪某某赔偿损失、判决华中师范大学招聘吴某为非法容留的请求超出其一审诉讼请求,不属于二审审理范围。

4. 本案诉讼费用如何处理?

《诉讼费用交纳办法》第2条规定:"当事人进行民事诉讼、行政诉讼,应当依照本办法交纳诉讼费用。本办法规定可以不交纳或者免予交纳诉讼费用的除外。"第29条规定:"诉讼费用由败诉方负担,胜诉方自愿承担的除外。部分胜诉、部分败诉的,人民法院根据案件的具体情况决定当事人各自负担的诉讼费用数额。共同诉讼当事人败诉的,人民法院根据其对诉讼标的的利害关系,决定当事人各自负担的诉讼费用数额。"第44条规定:"当事人交纳诉讼费用确有困难的,可以依照本办法向人民法院申请缓交、减交或者免交诉讼费用的司法救助。诉讼费用的免交只适用于自然人。"本案中,二审案件受理费38869元由郑金龙、赵华负担,二审法院予以免收。

教学计划

运用案例分析式、研究型、探讨式、参与式教学方法,尤其是案例教学法。"案例教学法"又称"苏格拉底式教学法",是英美法系国家法学院最主要的教学方法。主要采用对话式、讨论式、启发式的教育方法,通过向学生提问,不断揭露对方回答问题中的矛盾,引导学生总结出一般性的结论,从而培养学生分析问题和解决问题的能力。但在不同的教学内容中,案例的引入时机、引入目的、引入方法却有不同之处,要考虑到教与学的整个环境。

课堂时间安排

本案例可以作为专门的案例教学课来进行,整个案例课的课堂安排3个课时,每课时45分钟。

如下课堂设计,仅供参考。

1. 课前准备。课前主要准备如下事宜:(1)提前一周布置案例,将案情简介纸质版或者电子版以适当形式提供给学生,要求学生熟悉案例,明确关键问题,指导学生初步分析案例。(2)分组。按照上诉人、被上诉人、法官三种角色分成三个小组,各自按照角色进行准备,确定各组发言代表。(3)将启发思考题提前一周布置给学生,结合案例,提炼观点及理由。

2. 课堂讨论。(1)确定讨论会主持人。可以由教师或者学生干部担任主持人。(0.5个课时)(2)小组发言。各小组按照上诉人、被上诉人、法官的顺序发言,各组代表发言。(1课时)(3)辩论。在代表发言的基础上,补充自由发言与

辩论。(1个课时)(4)教师评论与总结。教师全面分析案例、得出结论并总结。(0.5个课时)

3. 课后拓展。要求学生将发言与讨论情况整理成书面材料或者小论文,言之成理,持之有据,提交评审。

在这一系列程序中,有几个环节非常重要,直接关系到案例教学法的效果。第一个重要环节:指导学生初步分析案例。案例教学法的主要作用在于培养学生的思考分析能力及实践应用能力,教师在此环节的主要职责是指导学生如何分析案例。第二个重要环节:课堂讨论。学生事先进行思考分析以后,通过课堂讨论使事实脉络清晰,找出案例争议的焦点,从而寻求恰当的解决思路。因此,在课堂讨论中,教师驾驭课堂的能力要求较高。一方面,要使学生勇于发言、陈述观点;另一方面,要保证讨论的秩序和效率,使讨论能够围绕主题,有针对性。这就要求教师充分准备,适当指引学生围绕关键问题进行讨论,不要在细枝末节上浪费时间。第三个重要环节:总结。总结是一个评价过程。总结包括两方面内容,一方面要总结案例的知识点及相关知识点的联系;另一方面要总结整个教学过程,包括分析问题的思路恰当与否、观点归纳的逻辑性与全面性、课堂讨论主旨问题的把握及表达效果。通过总结,使学生对自己进行客观的评价,从中汲取经验,逐步培养知识的应用能力。

思考题

1. 本案的管辖权异议和移送管辖如何处理?
2. 变更诉讼请求可以准许吗?
3. 二审审理范围如何确定?
4. 本案归责原则如何适用?
5. 本案诉讼费用如何处理?

参考文献

1. 郑净方:《人工生殖技术下夫妻生育权的契合与冲突》,载《河北法学》2012年第5期。
2. 李信晓等:《关于在校大学生捐精的伦理研究》,载《中国医学伦理学》2014年第1期。
3. 苏海清、王琳:《捐精者隐私权的法律保护研究》,载《学理论》2013年第26期。
4. 季江云:《博士捐精猝死引出的科学话题 捐献精子卵子的是是非非》,载《环境与生活》2012年第8期。
5. 滕若冰、覃敏、王志强、许代娣、吴永明、何树生:《精子库供精志愿者初步分析》,载《中国性科学》2013 年第 11 期。
6. 魏清沂:《生育科技化的法律问题思考》,载《社科纵横》2004 年第 6 期。
7. 廖小平:《从代际伦理看现代生命科技》,载《江西社会科学》2014 年第 4 期。
8. 张凡、张欣宗、姚康寿:《人类精子库运行中常见的伦理问题及应对机制》,载《中国医学伦理学》2010 年第 5 期。
9. 唐秋姗、冯泽永、苏巧莲、雷明明:《精子捐赠伦理学问题的思考》,载《中国卫生事业管理》2011 年第 2 期。
10. 倪新兴、田侃:《浅析黑市人工授精活动带来的问题及解决措施》,载《中国卫生事业管理》2014 年第 4 期。

撰稿人｜石先钰,华中师范大学法学院教授

17 CASE 飞扬一人有限责任公司恶意解散损害债权人利益案

| 摘　要 |

公司的解散与清算本是公司退出市场竞争的正常程序，但实践中，对公司进行恶意解散成为当前一人公司股东逃避债务的常用手段，也成为一人公司债权人深恶痛绝的现象。本案例描述了一人公司中隐形出资人实施"金蝉脱壳"之术以及债权人维权之路的详细情形，启发我们思考如何正确对待一人公司的治理、一人公司解散清算的特殊性以及应当如何更好地保护一人公司债权人等重要问题。

| 关键词 |

一人公司　恶意解散　损害　债权人

| 教学目标 |

通过对本案例的分析和研讨，使学生熟悉民事诉讼程序，能用具体原理解决实际问题，培养学生的实践能力。在锻炼实践能力的同时，发现并认识该案例中所涉及的公司治理与债权人利益保护的理论问题，并通过进一步的理论分析、思考与论证，探寻出改善当前一人公司解散与清算程序的有效途径，进而发掘有效维护一人公司债权人合法权益的可行对策。

教学案例主文

一、引言

2006年设立的飞扬电脑技术有限公司（以下简称飞扬公司）为一人有限责任公司。公司成立后，由于经营规模不断扩张，经营业绩蒸蒸日上，很快成为当地的明星企业。但是，就在公司设立后的第三年，飞扬公司竟在公司职员与债权人毫不知情的情况下解散、消失，而离奇的是，次日在原地又成立了一个崭新的“物是人非”的飞扬公司。飞扬公司“金蝉脱壳”的背后，掩藏着一人公司实际出资人（隐名股东）恶意解散公司，逃废债务的阴谋。

二、飞扬公司背景

飞扬电脑技术有限公司，为自然人独资的一人有限责任公司，成立于 2006 年 4 月，注册资本 500 万元，总部位于广东省中山市工业大道丽景大厦 1802 室，毗邻东方时代广场，是中山地区较大的综合电脑配件销售公司。公司的一人股东及法定代表人为李仁志，2009 年 2 月，公司法定代表人变更为何欢，2010 年 9 月再度变更为刘志。公司共有 20 名职员，其中工程师级别职员有 4 名。

2012 年 5 月，飞扬公司法定代表人刘志申请注销飞扬公司的法人资格，经当地工商行政管理部门审核后批准。2012 年 7 月中旬，经当地人民法院对“志达公司、瑞驰公司、景泰公司、中国建设银行中山分行与天际公司职员诉天际公司”[1]一案的审理，撤销批准飞扬公司注销的决定，并宣告飞扬公司破产。

三、飞扬公司的成立与发展

（一）公司成立及相关法律文件

2006 年 6 月，中山市某机关公务员刘强看好电脑配件销售市场，打算成立一家有限责任公司，专注经营综合电脑配件销售业务。随后，刘强与其几位朋友李仁志、王慧、戴耀斌、陈梓苗五人商量决定，成立一家注册资本 500 万元的一人有限责任公司，公司注册资本全部由刘强出资。但是，由于刘强为政府部门公务员，根据我国《公务员法》的相关规定，公务员不得从事经营性活动。因此，刘强不方便以自己的名义作为公司的显名股东对公司直接进行投资。于是，刘强向另外四人口头提出以下建议：（1）公司设立登记时，由其本人出资 500 万元，以一次性缴纳出资的方式成立一家一人有限责任公司，公司名字为飞扬公司，但其姓名并不在公司登记的所有文件中予以明确记载；（2）由于李仁志已多年从事综合电脑配件销售工作，对企业的经营与业务拓展比较熟悉，因此在公司设立登记时 500 万元的注册资本直接记载于其名下，并由其作为公司的唯一股东与法定代表人，全面负责公司的经营与管理活动；（3）王慧、戴耀斌、陈梓苗三人作为

〔1〕 这几家公司为飞扬公司恶意转让公司资产的买受公司。

飞扬公司的首批职员，在公司发展进入轨道、经营规模扩大后，成为公司的部门经理。

经过多次商量，李仁志等四人最后决定接受刘强所提出的建议。

虽然五人对于设立飞扬公司的这一关键性问题达成了共识，但考虑到李仁志等四人实际上对于飞扬公司的设立根本没有投入任何资金，仅仅为飞扬公司的第一批职员，而公司的实际出资人刘强却"消失"在工商行政管理部门的公司登记资料之中。刘强为了防止其所出资的500万元完全成为其余四人的挥霍资金，提出公司章程的制订工作由其一人承担，其他四人无权发表异议的声明。李仁志等四人认为，既然刘强为该公司的全资出资人，提出该要求也属于理所当然之事，在刘强提出该声明的当天做出了"同意"的答复。

2006年7月15日，刘强向李仁志等四人提交了一份飞扬公司设立的公司章程。该章程第八章"公司管理与经营"对公司的内部管理与对外经营做出了两项特殊性规定，具体为：(1)公司的法定代表人由公司的股东李仁志承担；(2)未经公司的法定代表人书面同意，公司所有职员在任何时候均无权对外代表企业作出任何承诺，也无权对外代表企业签订任何合同。

李仁志等四人深知飞扬公司的"实际控制人"就是刘强，也清楚自己于公司的角色就是飞扬公司的职员，对于刘强的规定，四人一致认为与自身的核心利益没有产生实质性影响。最后，四人在刘强提交公司章程的当天也做出了"同意"的答复。

2006年7月16日，刘强担忧日后公司经营过程中出现资金链断裂的情形，向李仁志、王慧、戴耀斌、陈梓苗四人又提交了一份《补充规定》，具体内容如下：(1)自公司设立之日起2年后，公司职员可于工资发放次日将当月工资总额的5%，以个人名义贷给公司作为公司的运营资金。(2)当公司职员向公司发放的总贷款达到公司注册资本的10%时，公司职员可以向法定代表人协商成为公司股东，并把飞扬公司变更为一般的有限责任公司。

李仁志等四人也认为，上述规定对自身的核心利益没有产生实质性影响，但对于该《补充规定》并未作出明确的答复。接下来，李仁志和刘强紧锣密鼓地进行公司设立准备工作，终于在2006年8月1日取得营业执照，公司正式成立。

(二)公司迅速发展

自2006年8月1日飞扬公司成立后，刘强以自己所拥有的强大人际关系网为公司介绍了不少订单，而李仁志等四人则按照公司章程的规定开展日常经营活动，使得飞扬公司的经营蒸蒸日上，职员的福利也随之有了较大的提高。

2008年9月,王慧、戴耀斌与陈梓苗三人通过翻查飞扬公司的有关财务会计文件,认为飞扬公司当前的发展状况确实不错,发展前景比较可观,主动要求刘强按照《补充规定》的内容,把各人每月工资的5%以发放贷款的方式借给公司以作运营资金。李仁志在征得刘强的同意后,对三人的要求予以答应。

在公司经营过程中,戴耀斌凭借自己的专业知识发明了一项技术专利。正当戴耀斌前往专利局申请专利的前一天,李仁志要求戴耀斌立刻前往公司商量该技术专利的归属问题:李仁志认为,该项技术专利属于戴耀斌的职务发明,专利的所有者理应为飞扬公司,而并非公司的职员;戴耀斌强调该技术专利仅自己钻研而得,并未利用公司所提供的物质条件,与公司的职务无任何关系。经过多日的协商,双方均未对技术专利的归属问题作出任何妥协。后来,刘强认为双方的争执并不利于公司日后经营的开展,于是以个人名义向戴耀斌支付50万元,"购买"了这一技术专利,并要求李仁志代表飞扬公司到专利局办理相关专利申请手续。

四、飞扬公司法定代表人的两次变更

尽管飞扬公司获得了一项专利技术,经营业绩节节攀升,公司规模不断扩大,但是面对订单标的额的不断增大,李仁志的忧虑也随之增加。飞扬公司目前仅为一家一人有限责任公司,虽然职员的福利不错,但由于公司内部组织机构过于简陋,甚至连正式的会计人员都没有,若以后公司运营出现任何状况,在公司承担法律责任之后,本人仍然极有可能按法律规定成为最后的债务承担者,当前所承担的风险与收益相去甚远。2008年10月15日,刘强为了防止李仁志担心自身风险过大而限制公司业务的进一步扩展,主动召开公司内部会议,并在会上作出以下决议:"职员王慧在公司法定代表人李仁志无法或难以做出公司决策之时,暂时代为行使公司法定代表人的职权。"

(一)法定代表人的第一次变更

2008年12月21日,B公司应飞扬公司的邀请前往飞扬公司签订综合电脑配件销售合同。按照公司的业务需要,李仁志当天乘飞机前往南京出差。B公司代表到达飞扬公司后得知飞扬公司法定代表人不在时,以飞扬公司对于双方合作无诚意为由,主张双方谈判取消。王慧为了挽回公司的订单,谎称本公司法定代表人早已更换,而工商登记的记载其实早已过时,公司将会在合同谈判结束后次日前往工商管理行政部门办理变更登记。在王慧的劝说与解释之下,双方最终签订了综合电脑配件销售合同。李仁志出差回公司得知王慧行为后,认为王慧的行为威胁到自己在公司中的地位,开始与王慧交恶并先后请求离职。

经过了解,刘强得知李仁志与王慧两人交恶、先后请求离职的原因在于自己在公司内部会议所作的决定。但其也认为两人确实是公司内部重要的人力资源,均对公司的发展具有不可忽视的作用。2009 年 2 月 1 日,刘强为了解决公司内部的矛盾,召开公司内部会议。会议通过了以下事项:

1. 公司的法定代表人由原来的李仁志变更为何欢(刘强的妻子)。公司的法定代表人对公司的一切经营事务具有最终决定权。

2. 李仁志于会议结束后的次日,协助办理公司法定代表人的变更手续。

3. 从公司法定代表人变更之日起,公司事务的处理,于公司法定代表人不能或难以履行相关职务时,对外经营业务由王慧决定,对内管理仍由李仁志负责,两人仍然为本公司职员。

会议结束后,李仁志经过考虑,认为飞扬公司设立时的注册资金并非由自己实际承担,变更法定代表人的行为能使其摆脱当前风险过于巨大的局面,于是,会议结束后的第二天,李仁志根据会议所作出的决定,协助何欢办理公司法定代表人的变更事项。对于会议所作出的第三条事项,虽然会议召开之时李仁志与王慧二人并未提出异议,但两人在会议结束后仍然多次向何欢提出离职的请求。

(二)法定代表人的第二次变更

刘强得知李仁志与王慧两人在会议通过后仍多次向其妻子请求离职,负面影响已波及公司其他重要职员时,让其妻子于公司内部召开秘密会议,对李仁志、王慧等四人作出以下承诺:若李仁志、王慧、戴耀斌与陈梓苗四人承诺自今日,即 2009 年 8 月 8 日起 5 年内于飞扬公司继续任职,本公司愿意赠与每人 100 万元,合计 400 万元,履行期限为自李仁志、王慧、戴耀斌与陈梓苗四人同时签署赠与合同(由本公司拟制)之日起,以每年 40 万元的方式于 10 年内支付完毕。李仁志等四人起初对公司的该项承诺抱有疑心,但考虑到刘强及其妻子已是结交多年的朋友,且签订该赠与合同属于完全受益行为,于何欢向四人递交赠与合同后的一个月内,均先后在该赠与合同上签字。通过该赠与合同的签署,公司内部的离职风波得到了平息。

自何欢担任飞扬公司的法定代表人之日起,得益于赠与合同的签订,公司内部管理实效得到了显著的改善,经营业绩也有了很大的提高。但是,由于公司事务的繁重,2010 年 6 月,何欢因操劳过度而被迫住院。刘强眼看妻子因管理飞扬公司疾病缠身而深感惭愧,命令公司以后内部所有文件必须经公司法定代表人签署的,均由其代何欢进行签署。2010 年 8 月,刘强也因操劳过度而被迫住院。

面对亲自建立的公司,刘强所担忧的并不在于公司的业绩,而在于公司下一任管理人之人选。2010 年 9 月,经过慎重考虑,刘强决定由其刚留美回国的儿子刘志担任公司的新一届的法定代表人,并让妻子协助刘志办理公司法定代表人之变更手续。

五、飞扬公司实施“金蝉脱壳”之术

刘志自担任公司法定代表人一职后,由于和公司的原始职员李仁志等四人并无多年的交情,加上父母亲均卧病在床,需要照顾,对飞扬公司的运作并无太多的关注。这样一来,飞扬公司业绩大大下降,运作日渐艰难,员工怨声载道。

(一)“金蝉脱壳”之术的第一步:转移公司资产

2011 年 1 月,何欢病情告急。刘志为了筹措医疗费用,在未召开公司会议,也未于公司内部进行备案的情况下,把飞扬公司的专利以 80 万元(后经相关评估机构评估,市场价值约 200 万元)转卖于 C 公司。在转卖该专利过程中,刘志代表飞扬公司与 C 公司签订了一份专利权转让协议,大致内容为:第一,双方当事人应当对合同的内容予以保密,保密期限为自合同签订之日起 6 个月。第二,保密期限内,C 公司授权飞扬公司继续免费使用该项专利。第三,保密期限届满后,飞扬公司应当协助 C 公司,把其唯一的专利权所有人变更为 C 公司。第四,C 公司自合同签订之日起三天内,把转让款项交付于飞扬公司。合同签订后次日,C 公司把应付款项打入飞扬公司的账号。刘志在确认 C 公司已履行合同之后,把转让专利权所得的款项全部用于支付其母亲的医疗费用。

2011 年 6 月 10 日,刘志委托其一位美国朋友 Tom 于美国本土代为设立一家有限责任公司 D 公司。为了掩人耳目,刘志与 Tom 约定:Tom 为名义股东,未经刘志同意,Tom 不能接纳新的投资人作为股东;Tom 担任 D 公司的法定代表人,并由其承担公司的经营与管理。2011 年 7 月 1 日起,刘志以引进美国先进设备为由,与 D 公司法定代表人 Tom 签订了三个合同,涉及金额高达 700 万元,且均采用由飞扬公司先付款,D 公司于飞扬公司付款半年后交货的方式。经过三个合同的签署,飞扬公司资产所剩无几。刘志为了不让公司职员产生怀疑,以父亲病重,未能“获取”更多订单且先进设备暂未引进为由,让公司职员带薪休假半个月。

(二)"金蝉脱壳"之术的第二步:恶意解散公司成立同名新公司

刘强在得知刘志已把飞扬公司主要资产转移于国外之后,2012 年 3 月,刘强以国内治疗对其妻的病情无效,美国的医疗技术更为先进为由,把何欢送往国外并办理了刘强、何欢与刘志三人的移民手续。

2012 年 4 月 8 日,经刘强的撮合,刘志与第三人李丁约定:第一,刘志于 2012 年 5 月 11 日把飞扬公司现有设备与商标以 300 万元全部转卖给李丁,并于转卖当日把飞扬公司解散后,到工商行政管理部门办理注销登记。第二,李丁应当于 2012 年 5 月 12 日把购买飞扬公司现有设备的价款全部支付完毕,且在原飞扬公司所在地设立新的一人飞扬公司。第三,李丁于担任新的飞扬公司法定代表人时,应当聘请刘志为公司的高级经理人,对公司的内部管理与外部经营具有决定权。

六、飞扬公司债权人的维权之争

2012 年 7 月,已经担任新的飞扬公司高级经理人将近两个月的刘志认为时机已经成熟,开始与其父商量移民美国的相关事宜。2012 年 9 月,刘志以与美国 D 公司进行谈判为名,坐飞机前往美国。

2012 年 10 月,C 公司认为飞扬公司(原来的飞扬公司)应当按照合同的约定,协助其办理专利权变更手续。但当 C 公司代表到达飞扬公司(原来的飞扬公司)时,当初签订专利权转让协议的人员已前往美国"谈判"。C 公司认为,飞扬公司继续使用专利会对其产生严重的损失,于是主张飞扬公司立即停止使用。但飞扬公司职员对该转让协议的真实性存在疑问,对 C 公司的要求不予理睬。面对飞扬公司的表态,C 公司只能向法院提起诉讼,要求飞扬公司履行合同。

但是,令 C 公司意想不到的是,法院以被告不存在为由驳回了 C 公司的诉讼请求。此时,李仁志等四人与 C 公司通过向工商行政部门查阅相关资料才发现,飞扬公司早已不是原来的飞扬公司,公司章程、法定代表人等已经"面目全非"。

2012 年 11 月 21 日,刘强向单位提交的辞职申请通过,准备前往美国。2012 年 11 月 30 日,得知情况的李仁志等四名职员以刘强与飞扬公司为共同被告起诉至中山市某区法院,以刘强与飞扬公司(现飞扬公司)的法定代表人李丁恶意串通损害债权人利益为由,请求判决刘志与李丁于 2012 年 4 月 8 日所签署的协议无效,并撤销工商管理机构注销原飞扬公司的行为,恢复原飞扬公司的法人资格,并由原飞扬公司返还李仁志等四名职员 10 年内对其的借款及利息。刘强则认为,李仁志等四名职员的借款对象为原飞扬公司,并不是本人,故本人与该案无关。飞扬公司的法定代表人李丁则认为原飞扬公司已经注销,债权债务关系已经终止,现飞扬公司为新的法人,对李仁志等四名职员的债权承担履行义务于法无据。

七、本案当事人主张的事实和提供的证据

(一)原告李仁志等四名职员主张的事实和提供的证据

1. 原告主张的事实

(1)刘强为原飞扬公司的实际控制人

尽管2006年8月1日原飞扬公司成立之时,刘强并未显名出现于工商管理部门所要求备案的所有文件之中,但原飞扬公司的首批职员都深知自己于原飞扬公司中的角色。同时,根据李仁志2005年至2008年的银行账户记载,除了刘强于2006年7月16日转账于其账户的500万元,其余转入金额总额不足300万元。另外,虽然公司章程第八章"公司管理与经营"表面上对公司中的法定代表人权利给予了充分的肯定与保护,但该章程的制定者为刘强,而并非原告中的李仁志等四名职员。因此,公司章程中对法定代表人权利的肯定与保护仅为刘强控制原飞扬公司的手段。刘强实质上为原飞扬公司的实际控制人。

(2)原告中王慧、戴耀斌与陈梓苗三人对原飞扬公司享有200万工资债权

尽管2006年7月16日,刘强向李仁志等四名职员提交《补充规定》之时,李仁志等四名职员并未作出明确的答复。但2008年9月,王慧、戴耀斌与陈梓苗三人主动提出把各人每月工资的5%以发放贷款的方式借给公司以作运营资金,李仁志在征得刘强的同意后,也对三人的要求予以答应。刘强这一行为应当属于以行为的方式对王慧、戴耀斌与陈梓苗三人的要约进行承诺。经计算2008年9月起,王慧、戴耀斌与陈梓苗三人以每月工资的5%,以发放贷款的方式借给公司以作运营的资金,共200万元。由于当前原飞扬公司已经被恶意解散清算,200万工资债权应当列入职工债权,予以优先清偿。

(3)原告李仁志等四名职员对原飞扬公司享有400万赠与债权

2009年9月8日,李仁志等四名职员与原飞扬公司签订了赠与合同。根据合同的规定,原飞扬公司应当以每年40万元的方式赠与李仁志等四名职员。但直至本案起诉之日李仁志等四名职员均未收到任何关于原飞扬公司履行该合同的消息,也并未收取原飞扬公司关于履行该合同的款项。

(4)刘志与李丁所签的协议实质为刘强与李丁之间的协议

刘志虽然自2010年9月起担任原飞扬公司的法定代表人,但由于对公司内

部管理与对外经营并不熟悉,并未充分行使其于公司中应有之权利。而2011年1月,刘志行使法定代表人之权利,代表原飞扬公司与C公司签订专利权转让协议,也仅为出现了何欢病情告急这一特殊状况而导致的结果。从根本上说,2010年9月至2011年1月之间,面对主要处理刘强所介绍的订单的原飞扬公司,刘志并非实质上的原飞扬公司法定代表人。

另外,李丁在2007年1月于黑龙江设立一家古董专卖店,但由于2009年3月7日犯盗窃罪被判处三年有期徒刑,于2012年3月7日刑满出狱。而自2012年3月7日至2012年4月6日,根据李丁所在地村委会所出具的证明,李丁并未离开其居住地。即李丁与刘志签订原飞扬公司转卖协议之前,刘志与李丁素未谋面。李丁的出现实际上是刘强实施“金蝉脱壳”之术的关键环节。也就是说,刘志在签订飞扬公司转卖协议之时并非基于本人的真实意思表示。刘志与李丁所签的协议实质为刘强与李丁之间的协议。

(5)刘志与李丁所签的协议损害了原告的合法利益

首先,根据《合同法》第84条的规定:“债务人将合同的义务全部或部分转移给第三人的,应当经债权人同意。”由于原告四人对原飞扬公司享有600万元合法债权,被告中刘强指使其子刘志与李丁签订原飞扬公司转卖协议时,并未履行相应的告知义务,违反了上述条文的规定,严重损害了原告的合法利益。

其次,从上述关于刘志与李丁的关系的论证可知,刘强与李丁的行为属于恶意串通,损害第三人利益的行为,根据《合同法》第52条第2项的规定,应当认定刘志与李丁于2012年4月8日所签订的合同无效。也由于该合同的无效性,刘志于2012年5月11日对飞扬公司的注销行为属于无效的法律行为,原飞扬公司应当予以恢复。

2. 原告提交的证据

原告李仁志等四名职员为支持其主张,在证据交换时向法院提交了以下证据:

(1)原飞扬公司的企业法人营业执照。原告拟证明原飞扬公司为依法设立的一人公司,法定代表人为李仁志。

(2)李仁志自2005年至2008年的银行账户资料。原告拟证明公司注册资本实际由刘强一人承担。

(3)《补充规定》的文本。原告拟证明原飞扬公司曾以规定的形式向其提出相关的借款要约。

(4)原告与原飞扬公司所签订的赠与合同。原告拟证明原飞扬公司曾经承诺以每人每年10万元的方式进行赠与。

(5)李丁的服刑证明。原告拟证明李丁于2009年3月7日至2012年3月7日于黑龙江某监狱进行服刑。

(6)李丁所在地村委会所出具的居住证明。原告拟证明李丁于刑满释放后至2012年4月6日期间并未离开黑龙江。

(7)王慧、戴耀斌与陈梓苗三人的工资清单。原告拟证明王慧、戴耀斌与陈梓苗三人于2008年9月刘强答应执行《补充规定》时起,每人以每月工资的5%,采取发放贷款的方式借给公司以作运营资金。

(8)现飞扬公司的企业法人营业执照。原告拟证明原飞扬公司已经变更为现飞扬公司,法定代表人为李丁。

被告对上述(1)、(3)、(5)、(6)、(8)证据没有异议。

被告对上述(2)、(4)、(7)项的真实性没有异议,但对拟证明的事实持异议。

(二)被告刘强、现飞扬公司法定代表人李丁主张的事实和提供的证据

1. 被告主张的事实

(1)原飞扬公司的实际控制人应当为李仁志

尽管原飞扬公司设立时李仁志2005年至2008年的银行账户中,除了刘强"给予"的500万元外并没有充足的资金,但并不能充分地证明刘强为原飞扬公司设立后的实际控制人。而实际上,转入的该笔款项是李仁志于原飞扬公司设立前向刘强本人提出的一笔借款。刘强基于多年交情才未对该笔借款签订书面借款合同,也基于李仁志在原飞扬公司设立后对其家人予以关照才暂时不予追偿。

公司章程第八章"公司管理与经营"中对公司中的法定代表人权利给予了充分的肯定与保护,也并非如原告所言。之所以由刘强一人制定,其原因在于李仁志虽然从事综合电脑配件销售工作多年,但对综合电脑配件销售企业的经营管理并无太多的认识。而且,即使公司发展过程中两次更换法定代表人,李仁志仍然为原飞扬公司的唯一股东,原飞扬公司的法人资格没有产生任何实质性的变化。何欢、刘志两人对公司的管理与经营没有从根本上动摇李仁志于原飞扬公司中的地位。

因此,原飞扬公司的实际控制人应当为李仁志,而非被告刘强。

(2)200万的工资债权的债务人应当为原飞扬公司

尽管《补充规定》的制定主体是刘强,但由于刘强向王慧等三名职员提出之时,王慧等三名职员并未对该补充规定的承认与否作出明确的答复。根据《合同法》的基本原理,要约人向受要约人提出要约的,受要约人应当在合理的期限内作出承诺。若超过承诺的期限受要约人仍打算订立合同的,该项承诺只能视

为一项要约。刘强于2006年7月16日向原告提出《补充规定》,而原告中王慧等三名职员作出承认并执行《补充规定》的时间为2008年9月,时间间隔为26个月,显然并非一个合理的期限。因此,王慧等三名职员作出承认并执行《补充规定》的要求时,应当属于向原飞扬公司作出的要约。

原告声称李仁志作出同意决定是基于刘强的意思,但这一说法原告并无任何证据加以证明。退一步说,假设李仁志在作出同意决定之前确实是向刘强进行了相关咨询,但对于王慧等三名职员的每月5%的工资的实际使用者为原飞扬公司,即原飞扬公司以行为的方式对王慧等三名职员的要约作出承诺,而并非刘强作出的承诺。因此,原飞扬公司才是200万的工资债权的债务人。

(3)赠与合同并不成立

根据2009年8月8日原飞扬公司的法定代表人何欢所发出的声明可知,只有在李仁志等四名职员同时签署赠与合同时,赠与合同才会生效。但是根据司法鉴定的意见书可知,受赠人于合同签订时存在明显先后时间顺序。因此,赠与合同不成立,李仁志等四名职员享有原飞扬公司的赠与债权这一说法也是于法无据。

(4)李丁属于善意第三人,设立现飞扬公司的行为有效

原告通过提供李丁的服刑证明与其住所地村委会所出具的居住证明,以证明李丁在与刘志签订转卖原飞扬公司合同之前素未谋面。但这证明的逻辑存在严重的错误:李丁虽然在2012年3月7日至2012年4月6日身处黑龙江省,但并不能证明其与刘志并不认识,至于为何刘志与李丁之间签订转卖原飞扬公司的合同,乃刘志的意思自治体现。不仅如此,李丁在确认刘志已把原飞扬公司注销后次日,才向工商行政管理部门进行现飞扬公司的注册登记。因此,李丁为善意第三人,设立现飞扬公司的行为有效。

2. 被告提供的证据

(1)2006年7月刘强的通话记录。被告拟证明公司设立前李仁志多次请教刘强关于原飞扬公司设立的相关法律问题。

原告对此证据的真实性没有异议,但对被告拟证明的事实表示异议。

(2)司法鉴定意见书。被告拟证明李仁志等四名职员签署赠与合同时存在明显的先后顺序。

(3)向工商管理部门申请公司注册时的序号票。被告拟证明确实于合同签订的次日前往工商管理部门办理公司注册登记

原告对(2)、(3)证据没有异议。

教学指导手册

教学对象及目标

本案例主要就代理律师在民事诉讼中从事的法律活动和一人公司恶意解散、滥用法人格损害债权人利益等行为的认定问题进行讲授。具体要解决的问题包括：

(1)在起诉阶段,代理律师接受委托后应从事哪些法律活动,如何撰写起诉状？

(2)代理律师在审判阶段应如何从事各项法律活动,如何撰写代理词、答辩状？

(3)以一人公司恶意解散、滥用法人格等行为的认定为例,提出具体处理案件的思路、事实认定与法律分析之间的基本框架。本案例供法律硕士案例教学使用,法学本科(大三)或民商法学硕士、民事诉讼法学硕士也可以参酌使用。

本案例的教学目标为:通过对本案例的分析和研讨,使学生熟悉民事诉讼程序,能用基本原理解决实际问题,培养学生的实践能力。在锻炼实践能力的同时,发现并认识该案例中所涉及的公司治理与债权人利益保护的理论问题,并通过进一步思考,探寻出改善当前一人公司解散与清算程序的有效途径,进而发掘有效维护一人公司债权人合法权益的可行对策。

教学内容

本案例的教学内容涉及实体法与程序法两个方面,主要涉及《公司法》与《民事诉讼法》及相关司法解释。具体包括以下方面。

一、程序法部分

(一)起诉阶段代理律师如何维护当事人的合法权益

1. 了解案情及当事人的诉求

在起诉阶段,了解案情及当事人的诉求,依法保护当事人的合法权利,是代理律师首当其冲要面临的问题。因而,律师接受委托后,通过当事人陈述、与当事人交流以及当事人提供的书面材料,全面熟悉案情。

2. 制定合理可行的代理方案

在熟悉案情的基础上,代理律师要注意收集、补充证据,分析案情,分析案件法律关系,寻找适用的法律,全面制订代理方案。

在本阶段需要注意的是:(1)要正确对待当事人陈述,必须以证据加以落实。既要相信当事人,又不能盲目相信当事人一面之词。因为当事人可能由于心情以及法律知识局限等原因,主观作出一些判断,可能存在将主观判断作为事实陈述的情况,一定要核实相关证据。(2)正确引导和对待当事人诉求。同样,由于个人原因,当事人可能提出一些过分甚至不合法的诉讼请求,这时需要正确引导当事人,在法律范围内争取自己的权益,也避免律师陷入被动。(3)恰当行使调查取证权。调查取证权是律师的基本权利,依法积极、全面进行各种调查取证活动也是案件办理的基础。能否妥当行使这项权利,直接影响到当事人合法利益的保护和争取。律师在调查取证中,如何避免不正当干扰,如何确保不逾越法律界限是难点。民事案件很多证据由当事人提供,要注意鉴别,并做好归类总结,需要向有关部门和个人调查取证的要做好规划。

3. 撰写起诉状和答辩状

原告律师在民事诉讼代理活动中,最为核心的内容之一,就是撰写一份有分量的起诉状。优秀的起诉状要求形式合法,内容充实,观点鲜明,论证得当,语言流畅。具体而言,撰写起诉状的要求包括:(1)证据分析与法律分析部分界限分明;(2)重点突出,尤其是与诉求有关的要点要突出;(3)层次分明,逻辑顺畅;(4)篇幅得当,简明扼要;(5)法律分析要有权威的理论根据;(6)语言平和、得体,忌用攻击性语言。

在收到起诉状后,被告律师还要撰写一份针锋相对的答辩状。答辩状主要对原告在起诉状中所提出的主张进行反驳。撰写答辩状的关键是答辩要具有针对性,针对起诉状逐项进行驳斥,列举的证据要充分、恰当,答辩请求必须明确、具体、合理。

(二)庭审中律师应如何发挥代理职能

庭审是律师参加全部诉讼活动的重心,是展现律师素质和风采的最重要的场合。通常,(1)在法庭调查阶段,律师事先要积极准备,全面而仔细地阅读卷宗,对各项证据材料,尤其与案件有关的证据材料要熟稔于心;对对方提出的证据要有明确的判断,对于有利于当事人的证据要适时提出。(2)律师在法庭辩论过程中,发表意见要重点突出,说理充分。(3)发言要遵守法庭纪律,切忌狡辩和胡搅蛮缠,给法官留下不良印象。(4)要认真听取对方发言,及时捕捉对方发言中的纰漏并予以必要的反驳。

(三)庭审后提交更新后的代理词、答辩状

庭审结束后,代理律师并没有万事大吉。在开庭过程中,可能有些问题没有机会详细陈述,也可能对方提出了一些不同于答辩状或起诉状的新观点、新证据,没有及时回应或回应得不到位,也可能开庭过程中有一些需要强调而没有及时强调或遗漏的问题等,正好通过开庭后的整理思考,提交完整的、更新后的书面代理词或答辩状,以备法官需要时查阅,也更有利于法官了解双方代理律师的观点。

在本案例教学中,教师应就起诉状、答辩状及代理词的格式要求作具体讲解,提示学生在撰写起诉状、答辩状及代理词时应特别注意的问题。同时结合办案经验,对起诉状、答辩状及代理词内容的写作技巧也作出一定的引导。

二、实体法部分

实体法是案件处理适用的主要法律依据,直接决定案件的判决结果,需要仔细钻研,分析透彻。本案实体法方面的核心问题有:

(一)一人公司的内部机制及治理的特殊性

所谓一人有限责任公司,简称一人公司,是指只有一个自然人股东或者一个法人股东的有限责任公司。现行《公司法》突破了传统公司社团性的限制,对一人公司的法律地位予以明确的承认,使一人公司的运营有法可依。但是,由于一人公司在我国的运营时间尚短、单一股东自我意识较强及内部制衡机制的缺失,其能够有效实现科学经营仍然深受社会各界的质疑。尽管当前《公司法》通过对一人公司的股东身份、转投资、工商登记与财务制度这几方面作出了较为严格的限制,但一人公司的股东以恶意解散清算的方式逃避债务的情形时有发生,究其原因在于一人公司内部治理存在很大特殊性,亦存在不可忽视、不可避免的缺陷。

公司机关是公司能够独立作出意思表示、从事法律行为、参与民事活动的实施主体。根据我国《公司法》针对一人公司内部机制的规定可知,一人公司不设立股东会,也可以不设立监事会,只设立一至两名监事。如此看来,监事的任免是一人公司合法运营必不可少的环节。由于《公司法》并未对监事来源予以更为详细的规定,导致了股东设立一人公司时,为了符合法律的规定,通常任免一至两名挂名监事,以达到单一股东集股东会、董事会与监事会之权能于一身的目的,为其利用公司独立人格从事欺诈、非法交易、隐匿财产、逃避债务等各种行为提供了便利。

简言之,一人公司尽管具有设立程序便捷、易于吸收社会资金、公司决策效率高等优势,但由于其股东的唯一性与内部治理机制的严重失衡,如何合理构建公司内部治理机制以实现科学运营仍然是当前一人公司可持续发展的核心问题。

就本案而言,原飞扬公司的设立与运营模式在当前一人公司中具有一定代表性,即某一民事法律主体出资设立一人公司,出资人凭借其所享有的丰富人际关系资源以开展日常运营,通过公司盈利实现投资的回报,并于适当时候把原始出资抽出,实现完美的“金蝉脱壳”之术。为何投资者青睐采取设立一人公司的形式而摒弃其他商事主体的运用,其原因就在于当前我国法律对一人公司的规定过于粗糙,一人公司的内部机制极为简陋,配合有限责任这一公司面纱,不仅降低了投资的成本,更降低了违法的成本。

(二)一人公司财务监督制度现状及缺陷分析

现行《公司法》针对一人公司的财务运作,采取了内部监督与外部监督相结合的双重监督模式:公司内部设立监事,以制衡单一股东集股东会、董事会权力于一身的现状,公司外部采取强制会计审计制度,以专门的会计师事务所对其财务予以监督。而根据一人公司当前的运营现状可知,内部监事的设立其实仅为一个“花瓶”。究其原因主要在于法律对一人公司监事的任命没有做任何规定,基本由一人股东说了算。在公司内部单一股东专权的情况下,公司的经营行为很大程度上受到股东道德、喜好等个人因素的支配。因此,一人公司内部监督机制的实际效果微乎其微。

再者,虽然现行《公司法》第164条规定,“公司应当在每一会计年度终了时编制财务会计报告,并经会计师事务所审计”。但该条文本身也存在一定的瑕疵。众所周知,高质量的会计审计信息能够实现资本市场对公司的有效监控,帮助公众了解公司的组织结构和经营活动。但是,要实现该效果必须符合一个前提,即会计师事务所制定的会计审计报告确实是高质量、准确科学的。从上述法条的规定可知,在一人公司中,这一点很难保证。因为,对一人公司财务进行审计的会计师的指定工作,实际上由一人公司的股东一人承担,即审计人员的独立性值得怀疑。暂且不论所聘用的审计人员技术水平如何,考虑其所作出的审计报告从根本上无法摆脱被审计者的牵制,其客观性和公正性就会被大打折扣,监督功能自然难以实现。

就本案而言,原飞扬公司财产运作的决定几乎全部由隐形出资人刘强作出。但面对存续将近十年的公司,公司内部监事既未对任一决定做出否定性评价,外部所聘请的会计师事务所也未针对公司的财产状况作出负面报告,这一切均反映出一人公司股东的权利在现有的财务监督制度下根本无法得到牵制,甚至还呈现出"健康发展"的假象。在对公司事务知情权上,股东与债权人信息严重不对称。不难想象,当股东个人利益与公司利益冲突时,股东极易采取恶意解散的方式侵害公司利益,进而侵害债权人和与之交易的第三人的利益。

(三)职员持有公司债权(非职工债权)的性质分析

随着企业社会化步伐的加大与劳动者投资意识的增强,越来越多的公司把融资的目光转向了自己的职员。公司通过向职员增加其财务会计文件的透明度,向职员展示公司当前运作的现状与预测未来的发展态势,鼓励职员与公司建立第二重关系——债权债务关系。这种债权债务关系的建立,在公司难以进一步融资而又排除新股东的加入,且职员熟悉公司运作与缺乏投资渠道时,具有无比的诱惑力。公司与其职员建立债权债务关系,不仅让职员兼具了劳动者与债权人的双重身份,而且让公司解决了资金链弱化的关键问题。

但是,公司职员通过放贷的形式所享有的公司债权,并不等于职工债权,其实质仍然为普通的债权,其特殊性仅在于债权人的身份为公司内部的职员而已。而所谓职工债权,又称为劳动债权,是指劳动者个人享有的基于劳动关系产生、以工资为基本形态、用以维持其社会生活的债权。从立法的角度讲,职工债权就是现行《企业破产法》第 113 条第 1 项规定的"破产人所欠职工的工资和医疗、伤残补助、抚恤费用,所欠的应当划入职工个人账户的基本养老保险、基本医疗保险费用,以及法律、行政法规规定应当支付给职工的补偿金"。据此可知,职工债权的产生必须要以劳动关系为依托,以劳动者进行劳动为代价而形成的债权,与公司、员工双方通过签订借款合同所形成的债权并非完全一致。

就本案而言,王慧等三人通过要约的形式请求刘强执行 2006 年 7 月 16 日所提出的《补充规定》,以每人每月工资的 5% 为限额,采取发放贷款的方式借给公司以作运营资金。尽管《补充规定》的制定主体为公司的实际控制人,但这不能把发放贷款的收益等同于职员依托劳动关系、通过出卖劳动力而获得的劳动报酬。也就是说,公司职员通过放贷的形式所享有的公司债权仅为一般债权,并非破产法中所言的职工债权,相对于其他债权而言也没有任何的优先清偿性。

虽然债权人都是职工，但在本案中，这两种债权的性质不同，要区分清楚。

（四）一人公司解散与清算程序的缺陷对债权人债权保护的影响分析

公司解散与公司清算是两种不同的法定程序。已经合法成立的公司基于法定事由而使公司终止的法律行为即为公司解散。而基于公司解散，依照法律规定的程序了结公司事务，最终使公司法人资格消灭的程序是公司清算。公司解散是公司清算的前提，公司清算则是公司解散的必然结果。无可否认，现有法律特别是最高人民法院《关于适用〈中华人民共和国公司法〉若干问题的规定（二）》，对公司解散与清算责任制度进行了一定完善。但是，为何一人公司恶意解散与清算会频繁出现，债权人利益受损的情况仍屡屡发生，究其原因在于目前法律的制定并没有与一人公司的特征进行太多的结合。如根据我国一人公司设立的一般情况可知，一人公司的股东即为公司的法定代表人。但根据《公司法》的一般原理，股东与法定代表人不存在一一对应关系。因此，针对一人公司的法定代表人恶意解散与清算公司的行为，常常被误以为是股东正常启动的解散与清算行为。

就本案而言，原飞扬公司的刘志以公司法定代表人的身份对公司进行解散与清算实际上是一个违法行为。但李丁为何仍然与其签订公司转卖合同并支付相应款项，究其原因在于一人公司股东唯一性的特征，让人误认为公司法定代表人即股东。当然，工商行政管理部门对变更法定代表人的工作也存在一定的疏忽。也就是说，当一人公司恶意解散与清算，甚至解散与清算程序缺失时，债权人难以在事前进行有效的防范。即使债权人事后得知该一人公司已经被注销，也难以找到有效的救济途径。现行法律还缺乏针对一人公司特质的解散与清算程序。

（五）一人公司解散与清算程序与工商行政管理部门相关制度的衔接等问题

实践中大量出现一人公司债权人掉入一人公司的陷阱、最终导致利益受损的情况，主要源于其与一人公司及其股东之间的信息不对称。由于一人公司的实际运营环境相对封闭，债权人若想在一人公司进行解散与清算时实现自己的债权，首要的前提就是及时获知公司业已解散即将清算的信息。根据我国《公司法》及相关司法解释的规定及适用可知，我国对于一人公司的信息披露仅局限于公司登记之时与解散清算之时，而且实际运用效果与立法初衷确实存在较大的差距。我国《公司法》第 183 条虽然对普通清算要求出现解散事由之日起

15 日内成立清算组，开始清算，逾期不成立清算组进行清算的，债权人可以申请人民法院指定有关人员组成清算组进行清算。问题是，债权人根本无从知道公司进入解散程序，而且，本条也未对逾期不成立清算组的法律后果做出规定，这样，实践中就出现了大量“散而不算”的公司，如果借鉴国外的公司解散备案制度，应该可以较大程度防范本案的“金蝉脱壳”行为。所谓公司解散备案，就是公司除破产原因解散之外，公司解散应当向有关机关进行备案登记，登记机关登记后应当进行公告，让公司债权人了解公司已经解散进入清算程序，也防止新的债权债务产生。其实，当前一人公司的股东施展“金蝉脱壳”之术时，很多股东甚至对设立的公司不进行注销，而是把公司的资金转移之后离开，剩下一个空壳公司，即“不散不算不注销”。

就本案而言，刘志作为公司的法定代表人启动公司解散与清算程序，而且在 1 天之内完成公司的注销行为，工商行政管理部门的相关人员确实存在过错。但这种情况却是在多地频繁上演。这也就说明，仅靠工商行政管理部门对公司的合法运营进行监督的效果是有限的。一人公司治理具有较大的灵活性与人格混同现象的多发性，要想一人公司实现科学、可持续的发展，应当针对其特征适当扩大信息披露的范围，建立解散公告制度，让其接受社会公众的监督，让其职员能够及时知悉公司当前的运营现状，也让债权人能够及时了解与之交易的公司的实际状况。实际上，一人公司解散与清算程序与工商行政管理部门相关制度的衔接存在问题，当前法律对于一人公司信息披露的程度规定也相对较低，在公司自治与社会监督这一矛盾的选择之中，立法者过多地倾向于前者。

（六）如何处理隐名股东与显名股东关系

本案在恶意解散的主线之外，还有一条支线——隐名股东与显名股东问题。所谓隐名股东，是指虽未被股东名册、公司章程等文件记载为公司股东，但为公司实际出资的人，本案中刘强为隐名股东。显名股东是在股东名册、公司章程等文件中记载的股东，本案中李仁志为显名股东。在最高人民法院《关于适用〈中华人民共和国公司法〉若干问题的规定（三）》（以下简称《公司法解释（三）》）出台之前，由于对隐名投资没有明确的规定，司法实践中对此类案件处理意见不一。《公司法解释（三）》出台后，将隐名股东这一通俗的称谓定义为实际出资人，将显名股东定义为名义出资人。不论名称如何变化，关于隐名投资的几个争议问题最终得以明确：（1）隐名股东与显名股东之间的协议只要不违反《合同法》第 52 条规定的情形即合法有效。《公司法解释（三）》第 24 条第 1 款规定：有限责任公司的实际出资人（隐名股东）与名义出资人（显名股东）订立合同，约定由实际出资人出资并享有投资权益,以名义出资人为名义股东,实际出资人与名义股东对该合同效力发生争议的,如无《合同法》第52条规定的情形,人民法院应当认定该合同有效。(2)隐名股东与显名股东因投资权益的归属发生争议,隐名股东可以向显名股东主张股东权利。《公司法解释(三)》第24条第2款规定:前款规定的实际出资人与名义股东因投资权益的归属发生争议,实际出资人以其实际履行了出资义务为由向名义股东主张权利的,人民法院应予支持。名义股东以公司股东名册记载、公司登记机关登记为由否认实际出资人权利的,人民法院不予支持。(3)变更股东条件。《公司法解释(三)》第24条第3款规定:实际出资人未经公司其他股东半数以上同意,请求公司变更股东、签发出资证明书、记载于股东名册、记载于公司章程并办理公司登记机关登记的,人民法院不予支持。(4)股权转让善意取得。《公司法解释(三)》第25条规定:名义股东将登记于其名下的股权转让、质押或者以其他方式处分,实际出资人以其对于股权享有实际权利为由,请求认定处分股权行为无效的,人民法院可以参照物权法第一百零六条的规定处理。

虽然目前隐名投资受法律保护,但是显名股东在取得形式上的股权后,随时有可能将登记于其名下的股权转让或质押给他人,而只要受让人或质权人是善意取得的,隐名股东就无法追回股权。此时,隐名股东只能请求显名股东承担赔偿责任。可见,以他人名义出资的隐名投资仍然存在一定的风险。另外,在面临债务风险时,隐名股东也可能逃避债务,否认自己股东地位,将责任推给显名股东,本案就是最好的例子。

预期效果

本案例介绍了一人公司中隐形出资人实施"金蝉脱壳"之术以及债权人维权之路的详细情形,从而帮助学生了解我国一人公司经营过程中颇为典型的以恶意解散的方式逃避债务的行为,以及职员债权人与公司债权人如何维护其合法权益,进而对我国当前的一人公司管理与经营有更深的了解与思考。根据我国《公司法》等相关法律的规定可知,我国针对一人公司管理与经营的规定较少,而专门针对一人公司解散与清算的规定则更少,这无异于为本已易于滥用有限责任与法人人格的一人公司股东非法退出公司、损害债权人合法权益大开方便之门,这也是一人公司的解散清算为何成为债权人利益受损重灾区的重要原因。本案例的教学,能够让学生熟悉民事诉讼程序,运用法学原理解决一人公司的典型法律纠纷。更为重要的是,通过本案例的教学,可以引发学生对我国当前一人公司解散清算程序的深入思考，探讨如何完善一人公司内部治理、防止公司恶意解散的具体措施；同时，通过进一步的推论分析、辩论与思索，能够引发学生对于如何更好地保护一人公司债权人的合法权益进行深入研究。

教学计划

1. 课前准备。(1)充分熟悉案情；(2)寻找适用的程序和实体法律；(3)初步分析。

2. 课中训练。(1)提炼焦点问题；(2)就焦点问题分组展开讨论；(3)小组总结汇报；(4)教师归纳总结。

3. 课后计划。(1)撰写相关文书。布置学生进一步思考代理律师在民事诉讼活动中的职能，以及如何发挥其职能。并结合本案案情，至少撰写起诉状、代理词、答辩状三种法律文书的一种。(2)理论延伸探讨。布置学生反思本案反映出相关法律制度存在的问题：如一人公司治理存在的问题；一人公司解散制度存在的问题；隐名股东与显名股东制度存在的问题等，要求学生至少寻找一个问题并提出完善建议。本部分仅要求学有余力或有理论研究兴趣的同学选择完成，不要求所有同学完成。

课堂时间安排

本案例可以作为专门的案例教学课来进行，整个案例课的课堂安排 6 个课时，每课时 45 分钟。如下是按照时间进度提供的课堂时间安排建议，仅供参考：(1)第 1 ~2 节课，熟悉案情，提炼焦点问题；(2)第 3 ~5 节课，分组讨论，小组发言；(3)第 6 节课，引导全班进一步讨论，教师总结，布置课后作业。

思考题、实践题和理论延伸题

1. 思考题

(1)民事起诉需符合哪些法定条件？

(2)本案原告应向哪一法院起诉？起诉时应提供哪些资料？

(3)律师在开庭审理阶段应做哪些准备？

(4)庭审结束后律师还应做哪些工作？

(5)实际出资人与名义出资人的关系如何处理？

(6)设立新飞扬公司的行为性质如何认定？属于新设公司还是公司分立？

(7)刘强的行为是否属于滥用股东有限责任行为，是否应该否认飞扬公司的法人人格，追究股东的法律责任？是追究刘强的责任还是李仁志的责任？

(8)刘志的行为是否属于滥用股东有限责任行为？为什么？

(9)若一人公司恶意解散，应当如何保护公司债权人利益？

(10)一人公司的债权人与公司职工身份重叠时，债权的实现是否具有特殊性？

(11)原飞扬公司2011年1月后签订的系列交易合同是否属于恶意逃废债务？是否有效？是否可撤销？

(12)飞扬公司的解散清算程序是否合法？如果不合法，哪些方面不合法？应如何处理？

(13)一人公司解散与清算程序跟工商管理部门的相关制度应该如何衔接？是否应当建立公司解散、清算登记公告制度与清算文件保管制度？

2. 实践题

(1)结合本案案情，为原告撰写起诉状。

(2)针对以上起诉意见，为被告撰写答辩状。

(3)根据以上案件信息，为审判法官撰写判决书。

3. 理论延伸题

(1)你认为一人公司内部治理存在哪些问题，应如何完善？

(2)我国一人公司解散与清算制度存在哪些问题，应如何完善？

参考文献

1. 奚晓明：《公司诉讼的理论与实务问题研究》，人民法院出版社2008年版。
2. 赵德枢：《一人公司详论》，中国人民大学出版社2004年版。
3. 朱慈蕴：《一人公司对传统公司法的冲击》，载《中国法学》2002年第1期。
4. 沈贵明：《模式、理念与规范——评新〈公司法〉对一人公司的规制》，载《法学》2006年第11期。
5. 李建伟：《公司法人格否认规则在一人公司的适用——以〈公司法〉第64条为中心》，载《求是学刊》2009年第2期。
6. 王红一：《公司解散后悬疑债权处置研究》，载《法商研究》2006年第6期。
7. 张缨：《我国公司解散与清算法律制度的不足及完善》，载《华东政法学院学报》2001年第2期。
8. 杨忠孝：《公司清算救济程序中的若干问题》，载《公司法律评论》2009年。

撰稿人 | 袁碧华，广东财经大学法学院教授
李尤洪，广东财经大学法学院民商法学硕士研究生

18 CASE 鱼塘养殖户诉物流公司环境污染损害案

| 摘　要 |

本案例以一起真实环境损害索赔案为蓝本，围绕环境侵权损害赔偿民事诉讼各环节，所涉知识点和执业技能包括代理律师如何参与各阶段的民事诉讼活动，环境侵权损害赔偿的证据梳理、事实分析与法律适用等。本案例涉及实体问题包括环境侵权责任的构成要件、共同侵权的成立前提、挂靠经营关系的法律后果、道路交通事故认定书与民事归责的关系等；涉及的证据和事实问题包括环境损害行为与结果的因果关系认定、举证责任倒置问题、司法鉴定意见书质证、环境执法调查笔录与环境监测报告分析，以及客观损害结果的证据证明问题等。本案例对于解决环境损害赔偿与道路交通事故责任认定，以及特殊侵权损害赔偿案件具有参考意义。

| 关键词 |

环境侵权　民事诉讼　代理律师技能　证据分析　特殊侵权

| 教学目标 |

着重让学生把握如下内容：(1)在一审诉讼前，代理律师接受当事人委托后应从事哪些法律活动及证据收集工作；(2)代理律师在一审应诉、上诉阶段应如何从事各项法律活动，如何撰写起诉状、答辩状及上诉状等；(3)以环境损害赔偿为例，如何解决客观损害的证据证明问题、如何从交通事故责任认定书、环境执法调查笔录、勘验笔录以及环境监测报告、司法鉴定意见书中解读、分析出对当事人诉求有价值的关键信息，如何正确理解(无)过错责任及责任推定原则，如何巧妙运用法院依职权调取的证据；(4)提出处理具体、复杂案件的分析思路与处置程式，并从证据学的角度有力质证，综合运用包括中华人民共和国国家标准、司法解释在内的各种素材以及鉴定结论、勘验笔录等各种证据支撑权利主张有效推进。

教学案例主文

一、案情梗概

1. 案由:环境污染责任纠纷。

2. 原告:郭涛,兰和市人。

3. 被告:兰和迅程物流有限公司(以下简称迅程物流公司)。

4. 案件介绍:原告承包有本村委会三口鱼塘,面积分别为23亩、37亩、1.2亩,合计为61.2亩,位于道原高速(兰和市—原松市)兰和到高水县路段365公里附近。2011年2月20日晚9时50分许,被告迅程物流公司所属的兰EN6625号重型挂车行驶至兰和道原高速公路有限公司(以下简称道原公司)经营管理下的道原高速兰和到高水县路段365公里处发生单车事故,导致该重型挂车上装载的两个油罐发生撞击,其中一个油罐被撞坏,油罐内的变压器油发生大量泄漏,致使12吨多变压器油及消防泡沫顺着高速路的边坡流进了原告的鱼塘,原告鱼塘被严重污染,鱼塘内的鱼大量死亡。高水县政府应急办接到报告后,立即组织安监局、环保局、东城街道办事处、白塔岩社区等部门赶赴现场进行处理,随后东城街道办事处、白塔岩社区根据县应急办的指示,组织民工进行前期的应急处理,相关费用由原告垫付。

二、原告的诉求和被告的答辩

(一)原告的诉求

1. 判令被告支付原告所受经济损失。

2. 诉讼费用由被告承担。

(二)被告迅程物流公司的答辩

1. 原告并未遭受损失。

2. 车祸的责任人是司机张亮,其系挂靠经营,依照协议责任自负。

3. 本案责任不在被告方,原告自身及他人原因导致原告受损,应由原告自身承担损失,请求驳回原告诉求。

(三)被告道原公司的答辩

1. 事故系迅程物流公司驾驶员张亮所为,道原公司也是污染事故的受害者。

2. 事故发生后,道原公司已积极履行管理责任并及时采取了处置措施。

3. 原告缺乏主张赔偿的基本事实依据,受损数额没有事实依据,请求驳回原告诉求。

三、证据清单列示

(一)原告提供的证据

1. 关于迅程物流公司所属的兰 EN6625 号重型挂车油罐泄漏,造成污染的有关证据(污染事实的发生)

(1)现场勘查笔录。

(2)高水县环保局调查笔录 1 份。

(3)监测报告。

2. 关于油污所致的经济损失计算

(1)东城街道办事处 2011 年 5 月出具的有关污染事实和处置污染有关支出的情况说明(附谷草购买费用表、清理油污人工费用工资表、清理及处理死鱼人工工资表、死鱼重量记录表)。

(2)鉴定费票据、司法鉴定意见书。

(3)环境污染事故、纠纷、违章现场勘验笔录。

(二)被告提供的证据

1. 车辆挂靠协议书。

2. 高水县环保局调查笔录 1 份。

3. 交通事故认定书。

4. 迅程物流公司周文训询问笔录。

(三)法院调查取证

贺庆、白云、雷雨、姜玉清调查笔录。

四、证据材料详情

(一)原告提供的证据

证据一:

现场勘查笔录

案由:关于兰EN6625号车路产损失一案

勘查时间:2011年2月21日14时起至15时止

勘查地点:松兰环线高速出城365km 天气情况:阴

勘查人:蒋 迪 单位和职务:高速执法大队

马水龙 单位和职位:高速执法大队

记录人:马水龙 单位和职位:高速执法大队

勘查情况和结果:2011年2月21日许驾驶人张亮驾驶兰EN6625号车在松兰环线高速造成路产损失如下:

1. 油污路面652米×1030米

2. 油污边沟25米×0.5米

3. 油污护栏80延米

当事人:张亮 单位:兰和市宝山区

兰和市交通委员会监制

(公章)

证据二:

环境执法调查笔录

时间:2011年2月28日

地点:高水县环境监察大队办公室

调查单位:高水县环境保护局

调查人:雷雨 记录人:周志明

被调查人:张亮 性别:男 年龄:37 民族:汉

工作单位和职位:迅程物流公司聘用司机。

现在住址:兰和市宝山区星星工业园区港城南路2号

电话:×××××××××××

告知:我们是高水县环境保护局的执法人员(出示证件)。现就你于2011年2月20日晚上9:50在道原高速路清水收费站兰和方向逆行道1km处发生的货车运输变压器油意外事故泄露污染环境事件进行调查,请如实回答。

问:你公司全称、法定代表人、公司详细地址、你与公司的联系、你的身份证号,还有你的机动车驾驶证证号?

答:我公司全称兰和迅程物流有限公司,公司法定代表人是王强,公司的详细地址在宝山区星星工业园区港城南路2号。我是公司聘用的司机,我的身份证号码是××××××××××××××××××,驾驶证号码同身份证号码。

问:2011年2月20日晚上你驾驶的兰EN6625重型半挂牵引车是谁的,是否清楚?

答:我当晚驾驶的兰EN6625重型半挂牵引车是迅程物流公司的。

问:2011年2月20日晚上你驾驶的兰EN6625重型半挂牵引车是从哪里运送货物出发的,是否清楚车上的货物及载重量?

答:我当晚驾驶的兰EN6625重型半挂牵引车是从兰和市的一个工业园区(具体位置不清楚)出发的。车上载重的货物是两个油罐,油罐中装的是变压器液体油,载油重量35吨。

问:你运送的液压器油是运到什么地方,当晚车辆发生意外事故具体在哪里、发生事故的原因你是否清楚?

答:我运送的液压器油是到崇州白头镇变电站,路途要经过道原高速路段,当晚大约在21点50分的时候在道原高速路365公里处发生意外事故,发生事故的原因是因为高速路上有其他货车掉下来的大约4cm宽6米长的塑料仓装带,缠到了我的货车转动轴上导致车辆制动气管断裂,使汽车突然自动停止而发生意外,车辆上的两个油罐由于惯性向前移动,致使前面的油罐阀门被后面的油罐撞碎,车辆车头也严重受损变形,前面油罐的油随撞碎的阀门处排入高速路。当时天气非常干燥,我下车的时候车身微微冒烟,我就及时拨打了“119”。15分钟过后,车身浓烟滚滚,随时都有爆炸的可能,幸亏消防队员及时赶到排除险情。再后来,我就听说油污和消防泡沫进入高速路雨水沟,最后流入一鱼塘。

问:发生意外漏油事故后,你都采取了哪些措施?

答:发生意外漏油事故后,我立即报了警和报告了公司,我采取的措施是用我的被子堵油罐漏油处。由于两个油罐间的距离非常靠近,给堵油工作带来不便。车身开始冒烟后我就没有堵油了。

问:你是否知道油罐的漏油量、漏油后对环境的影响?

答:我是通过车辆被高速路事故处理组将车辆拖出清水收费站后在一地磅过重后才知道的油罐漏油重量为12吨,漏油的去处在高速路路面,高速路雨水沟,雨水沟后1km处的一个鱼塘。消防泡沫也冲进了其中一个鱼塘。

问:你公司漏油事故发生后造成环境影响和污染,你公司作何解释、将采取什么措施消除环境污染以及鱼塘损失?

答:污染事故是事实,具体采取措施和赔偿,我公司已派人负责,其他情况我不清楚。

问:以上记录是否属实?

答:以上记录属实。

调查人(签名或盖章):雷雨

被调查人(签名或盖章):张亮

记录人(签名或盖章):周志明

证据三:

兰和市高水县环境监测站监测报告

高环(监)字[2011]第022号

项目名称:郭涛鱼池水质调查

监测类别:监督性监测

报告日期:2011年2月21日

(业务专用章)

监测报告说明

1. 该报告只用于监督性监测,不做检验、成果鉴定、评价、排污申报等用。本报告只对采样时的样品状况负责。
2. 报告出具的数据涂改无效,报告无本站业务专用章无效。
3. 报告无审核、签发者签字无效。
4. 对监测报告若有异议,应于收到报告之日起十五日内向本站提出,逾期不予受理。但对不能保存的特殊样品,本站不予受理。
5. 本报告未经同意不得用于广告宣传。
6. 未经同意,不得复制本报告;经批准的报告必须全文复制,复制的报告未重新加盖本监测站业务专用章无效。
7. 本报告一式三份。

地址:高水县八川办事处龙门街482号(县行政服务中心对面)

邮编:408×××

电话:08××—××××××××

传真:08××—××××××××

1. 监测情况

受高水县环境监察大队的委托,高水县环境监测站于2011年2月21日对郭涛鱼池的水质进行了调查。

2. 监测内容

(1)监测项目

地表水:pH、石油类、挥发酚、化学需氧量。

(2)监测布点

地表水:1#郭涛鱼池(上鱼池);2#郭涛鱼池(涵洞处)、3#郭涛鱼池(下鱼池)。

(3)监测频次

地表水:各点采样1次。

(4)监测布点示意图(☆表示地表水采样点)

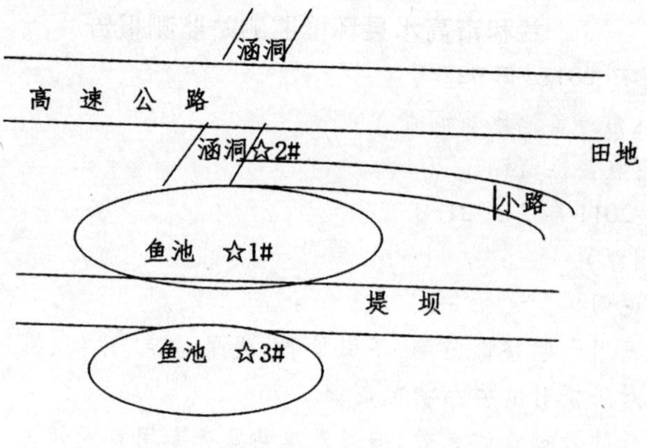

图1　地表水监测布点示意图

(5)监测分析方法

监测分析方法见表1

表1 监测分析方法一览表

监测项目	监测方法	监测依据
pH	玻璃电极法	GB6920－86
石油类	红外分光光度法	GB/T16488－1996
挥发酚	4－氨基安替比林分光光度法(直接法)	HJ503－2009
化学需氧量	快速消解分光光度法	GB11914－89

(6)监测仪器

监测仪器详见表2

表2 监测仪器一览表

监测项目	仪器名称及型号	仪器编号	备注
pH	DELTA320 型酸度计	1－70	所有仪器均在有效检定周期内
石油类	OIL460 红外测油仪	1－106	
挥发酚	T6 新悦可见分光光度计	1－95	
化学需氧量	COD 消解仪	1－20	

3. 监测结果

地表水监测结果

地表水监测结果详见表3

表3 地表水监测结果一览表

项目 结果	pH	石油类	挥发酚	化学需氧量	样品表现
			mg/L	mg/L	mg/L
1#郭涛鱼池(上鱼池)	7.14	5.72	0.350	179	较清澈、无色、有机油味
2#郭涛鱼池(涵洞处)	7.19	29.5	1.26	1278	
3#郭涛鱼池(下鱼池)	7.73	0.548	0.042	28	

编制人:朱丹　　　　审核:李晓

编制日期:2011.2.21　日期:2011.2.21

签发:段礼

日期:2011.2.21

高水县环境监测站　(公章)

证据四:

高水县人民政府东城街道办事处
关于郭涛鱼塘被污染一事的情况说明

2011年2月20日晚10点30分许,我东城街道办事处值班室接到县政府应急办电话通知,称道原高速公路高水县东城街道白塔岩社区段一油罐车发生大量泄油,泄露的油流进高速路下附近的农田,随时有燃烧的可能,要求我办事处前往事发地点查看情况。我办事处值班领导(办事处副主任)白云立即组织了13名机关干部到达现场后,看见高速路上流下大量的油流进高速路下的涵洞,随着涵洞直接流进了郭涛的鱼塘。同时,事故消防过程中,也有大量的消防泡沫随着涵洞的排水沟流入了郭涛其中一个鱼塘。随后赶赴事发地的有县应急办、安监局、环保局、县交委等有关职能部门,依据各自的职责会同高速路行政执法大队对该事故进行调查,我办事处当晚即组织白塔岩社区干部、并雇用大量民工进行应急抢救,第二日开始用谷草在水中裹油,然后再集中燃烧。通过四十余天时间的处理,鱼塘中的多数油污被处理掉。应急处理所花的一切费用均由鱼塘承包人郭涛垫付。特此说明,情况属实。

(附:谷草购买费用表、清理油污人工费用工资表、清理及处理死鱼人工工资表、死鱼重量记录表)

高水县人民政府东城街道办事处

二○一二年五月六日

(公章)

谷草购买费用表

日期	购买地点	重量(斤)	购买单价(元)	购买人员	小计(元)
2.22	白塔岩社区	2436	1.2	杜康	2923.20
2.23	梁祝村	1642	1.35	李兴成	2216.70
2.24	安全村	2711	1.3	郭涛	3524.30
2.25	安全村	1680	1.3	郭涛	2184.00
2.26	白塔岩社区	1557	1.2	杜康	1868.40
2.27	安全村	830	1.3	郭涛	1079.00
2.28	安全村	625	1.3	郭涛	812.50
3.1	白塔岩社区	718	1.2	杜康	861.60
3.2	梁祝村	1030	1.35	李兴成	1390.50
3.5	安全村	646	1.3	郭涛	839.80
3.6	白塔岩社区	705	1.2	杜康	846.00

经办人:姜玉清、周德树　　　　东城办:贺庆

高水县人民政府东城街道办事处

2011.4.18

(公章)

清理油污人工费用工资表

姓名	工作天数	工资小计	领款人签字
康笃民	43	5160	康笃民
周贾勇	47	5640	周贾勇
康段	43	5160	康段
郭涛	44	5280	郭涛
郭涛	25	2500	郭涛
李兴成	27	2700	李兴成
周德五	29	2900	周德五
姜玉清	26	2600	姜玉清
李高华	29	2900	李高华
张才荣	32	3200	张才荣
张志荣	31	3100	张志荣
姜丽兰	26	2600	姜丽兰
黄泽明	25	2500	黄泽明
李氏洪	26	2600	李氏洪
汪先得	30	3000	汪先得
余梦	24	2400	余梦
康志平	32	3200	康志平
汪先问	28	2800	汪先问
汪贤才	30	3000	汪贤才
汪先种	22	2200	汪先种
王林	23	2300	王林
康凯	26	2600	康凯
汪银华	27	2700	汪银华

经办人:姜玉清、周德树　　　　东城办:贺庆

高水县人民政府东城街道办事处

2011.4.18

（公章）

清理及处理死鱼人工工资表

姓名	工作天数	工资小计	领款人签字
唐开平	19	1900	唐开平
杨明伟	17	1700	杨明伟
陈于斌	18	1800	陈于斌
周家庆	18	1800	周家庆
周家荣	18	1800	周家荣
刘瑞青	17	1700	刘瑞青
李月	17	1700	李月
唐金问	19	1900	唐金问
唐金国	19	1900	唐金国
周阳	16	1600	周阳
周能	16	1600	周能
钱泽就	18	1800	钱泽就
钱长波	18	1800	钱长波
黄华	18	1800	黄华
黄定文	17	1700	黄定文
黄文川	16	1600	黄文川
周英全	17	1700	周英全
李天贵	18	1800	李天贵
李天秀	19	1900	李天秀
王小波	19	1900	王小波
李东	18	1800	李东
徐开伟	18	1800	徐开伟
王强	17	1700	王强
杨勇	18	1800	杨勇
罗廷玉	19	1900	罗廷玉

经办人:姜玉清、周德树　　　东城办:贺庆

高水县人民政府东城街道办事处

2011.4.18

（公章）

高水县人民政府东城街道办事处公用笺

2011年2月24日至3月15日

死鱼称斤合计:(附2月24日至3月15日每日死鱼称重清单,略)

草鱼:10048斤　　10057斤

白鲢:9380斤

花鲢:9402斤

鲫鱼:7049斤

乌鱼:2268斤　　4268斤

鲢鱼:2422斤　　5422斤

鲤鱼:7947斤

计重人:康杜明

称重人:余新强、康晓凯

见证人:周嘉穹

证据五:

兰和市地方税物局通用机打发票

(公章)

发票代码250001100205

发票号码07209736

发 票 联

开票日期:2011－10－29　　行业分类:服务行业

机打代码:250001100105　　主管税务机关名称:兰和市北碚区地方税物局城区第二税务所

机打号码:07209733　　纳税人识别号:500109450401733

付款单位:郭涛　　收款单位:西南大学

品目	单价	数量	金额	备注
司法鉴定费	22000.00	1.00	22000.00	郭涛池塘鱼类损失价值鉴定

合计人民币(大写)　贰万贰仟元整　　(小写)22000.00

开票人　刘定荣

兰和市远大印务有限公司2011年11月

印200万份(200万＊3)号从06813001至08813000号止

第一联　发票联(购货单位付款凭证)　(手开无效)

加盖发票专用章有效 兰和市地方税物局12366－2(网址:http://www.cq－1－tax.gov.cn)

西南大学司法鉴定所司法鉴定意见书

司法鉴定许可证号:5001146

声　明

1. 委托人应当向鉴定机构提供真实、完整、充分的鉴定材料,并对鉴定材料的真实性、合法性负责。

2. 司法鉴定人执照法律、法规和规章规定的方式、方法和步骤,遵守和采用相关技术标准和技术规范进行鉴定。

3. 司法鉴定实行鉴定人负责制度。司法鉴定人依法独立、客观、公正地进行鉴定,不受任何个人和组织的非法干预。

4. 使用本鉴定文书应当保持其完整性和严肃性。

地址:兰和市北碚区天生路216号(邮政编码:400716)

联系电话:023-68361429

西南大学司法鉴定所

关于郭涛养殖鱼塘因车载油罐泄露导致的渔业损失

鉴定意见书

西大司鉴(2012)鉴字第50号

一、基本情况

委托人:兰和市××区人民法院司法鉴定管理中心

委托鉴定事项:郭涛位于高水县东城街道白塔岩社区第8居民小组白象湾大义沟的鱼塘由于交通事故导致车载油罐发生碰撞引起变压器油泄漏,油污及消防泡沫流入鱼塘从而污染并致死鱼类的损失价值鉴定。

受理时间:2012年3月20日

鉴定材料:

(1)《兰和市××区人民法院司法鉴定对外委托书》(2012年3月20日);

(2)《司法鉴定报送表》

(3)司法鉴定申请书一份;

(4)民事诉状一份;

(5)兰和市高水县公证处出具的公证书一份(关于鱼塘面积,水深状况和增氧设施情况说明);

(6)郭涛鱼塘死鱼称重记录21份,有关证人的签名确认;

(7)高水县环境监测站出具的水质监测报告一份[高环(监)字[2011]第

022 号]；

(8)高水县环保局出具环境执法大队调查笔录两份；污染事故、纠纷、违章现场勘验笔录一份。

(9)土地租赁协议一份。

鉴定日期:2012 年 10 月 20 日

鉴定地点:西南大学

二、检案摘要

根据郭涛《民事诉状》叙述,2011 年 2 月 20 日晚 9 时 50 分许,被告迅程物流公司所属的兰 EN6625 号重型挂车行驶在道原公司经营管理下的道原高速兰和到高水县路段 365 公里公路处发生单车事故,导致该重型挂车上装载的两个油罐发生撞击,其中一个油罐被撞坏,油罐内的变压器油发生大量泄漏并有爆炸危险,致使 12 吨多变压器油及消防泡沫顺着高速路的边坡流进了原告的鱼塘,致使原告鱼塘严重被污染,鱼塘内的鱼大量死亡,郭涛向××区人民法院提起民事诉讼。

就郭涛诉迅程物流公司财产损害赔偿一案,兰和市××区人民法院委托西南大学司法鉴定所对郭涛位于白象湾大义沟的养殖鱼塘被变压器油污染造成鱼类损失进行鉴定。

三、检验过程

1. 郭涛养殖鱼塘状况资料分析

由于郭涛养殖池塘已经于 2011 年 11 月被高水县政府征用,所有现场资料来源于委托方提供的公证资料。根据高水县公证处出具的现场记录,2011 年 10 月 29 日,高水县公证处公证员郭嘉、公证人员杨阳会同申请人郭涛和测绘人员李平、张强以及其他在场人员胡国华、陈力、郭涛到位于高水县东城街道白塔岩社区第 8 居民小组白象湾大义沟的郭涛养殖鱼塘进行了现场查勘和测量。

根据公证处出具的公证书以及现场照片,郭涛养殖鱼塘共 3 口,面积分别为:1 号鱼塘 23 亩、2 号鱼塘 37 亩、3 号鱼塘 1.2 亩,共计 61.2 亩,池塘水深分别为 1 号 2.6 米、2 号 2.9 米、3 号 3.0 米。

从公证处提供的照片看,该鱼塘的建设符合兰和市池塘养殖的一般建设规范。

2012 年 11 月 18 日,鉴定人员在××法院的安排下对郭涛鱼塘情况进行了最后的确认。

2. 渔业损失确定

直接经济损失根据《渔业污染事故经济损失计算办法》(GB/T 21678－2008)“5.1 直接经济损失计算办法”进行鉴定。

3. 其他经济损失的确定

至于涉案鱼塘恢复原状所需的材料费、人工费等金额不在本鉴定范围，建议原告按修复过程发生的实际费用提出赔付要求。

四、分析说明

1. 郭涛养殖鱼塘死鱼情况

根据委托方提供的死鱼称重记录，郭涛的三口鱼塘在受到变压器油污染后(2011年2月24日至3月15日间)的二十多天内共死鱼26762.5公斤(见表1)。

表1　郭涛鱼塘死鱼统计表

死鱼时间	品种	重量(公斤)	市场价格(元/公斤)	总价值
2011年2月24日至3月15日	草鱼	5028.5	15.2	76433.2
	鲤鱼	3524.5	15.5	54629.75
	鲫鱼	3973.5	15.5	61589.25
	乌鳢	2134	15.2	32436.8
	胡子鲶*	2711	4.0	10844
	白鲢	4690	8.46	39677.4
	鳙鱼	4701	17.35	81562.35
合计		26762.5		357172.8

*称重记录标为鲢鱼，经向委托方确认为胡子鲶。

2. 郭涛养殖鱼塘理论养殖产量分析

根据委托方提供的死鱼称重记录，其中滤食性鱼类为9391公斤，吃食性鱼类为17371.5公斤，换算比例为吃食性鱼类占64.9%，滤食性鱼类占35.1%，符合兰和市池塘养殖模式中的一般混养模式。池塘为泥底，有不稳定的水源，并配备有增氧机4台。在这种混养模式下，目前兰和市的一般养殖水平为800~1000kg/亩的产量。按照800公斤/亩行计算，郭涛的61.2亩鱼塘的年总产量可以达到48960kg。

3. 事故发生时郭涛养殖鱼塘鱼类损失量计算依据

由于委托方没有提供该鱼塘的鱼种投放和饲养记录，无法按照该种模式计算和衡量事故发生时其鱼塘的鱼类存量。另外，委托方确认在2011年该养殖鱼塘基本没有出售记录，死鱼基本为成鱼。委托方提供的死鱼总量为26762.5kg，低于理论产量，鉴定人认为该损失量可信。

4.郭涛养殖鱼塘因事故导致的渔业经济损失

(1)兰和市水产品市场鱼类价格

根据中国水产养殖网《2011年2月8日兰和市××区观农贸批发市场淡水鱼价格》(来源于兰和市农业委员会渔业发展处):草鱼15.2元/公斤,鲫鱼15.5元/公斤,白鲢8.46元/公斤,花鲢17.35元/公斤。

另外,本计算办法中采用胡子鲶4元/公斤(参考国内同品种价格),乌鳢同比参考草鱼价格15.5元/公斤进行计算。

(2)郭涛养殖鱼塘的鱼类经济价值

根据《渔业污染事故经济损失计算办法》(GB/T 21678-2008)"5.1直接经济损失计算办法",计算结果见表1。

郭涛养殖鱼塘共有养殖鱼类26762.5公斤,价值357172.8元。

五、鉴定意见

郭涛养殖鱼塘在2011年2月20日交通事故导致的变压器油泄漏事故中共损失鱼类存量为26762.5公斤,鱼类经济价值为357172.8元。

六、落款

司法鉴定人签名或盖章:刘建

《司法鉴定执业证》证号:5014041234

司法鉴定人签名或盖章:张春亮

《司法鉴定执业证》证号:5012923578

(司法鉴定机构司法鉴定专用章)

2012年11月20日

执业机构 西南大学司法鉴定所

执业类别 养殖司法鉴定

持证人姓名 刘建 性别 男

执业证号 5014041234 身份证号码××××××××××××××

颁证机关 兰和市司法局 技术职称 讲师

颁证日期 2008年12月 执业资格

证据六：

环境污染事故、纠纷、违章现场勘验笔录

案由：兰 EN6625 号重型半牵引车运送 25 号变压器油高速公路泄漏事故导致环境污染一案

勘验时间：2011 年 2 月 21 日 9:20

勘验地点：高水县东城街道办事处白塔岩社区第十三、十五居民组

勘验内容：泄漏的 25 号变压器油对周边环境造成的污染情况

主持勘验人：雷雨　　　　职务：应急办主任

参加勘验人：贺娜、白勇、东城街道办事处环保工作人员贺庆及高速公路执法大队、县交委、县应急办相关工作人员

当事人：兰和迅程物流有限公司车队负责人周文训

记录人：白勇

勘验情况：

一、我局执法人员于 2011 年 2 月 21 日 9:20 会同县应急办、县交委高速公路执法大队、东城街道办等机关单位工作人员，就兰和迅程物流有限公司所有的兰 EN6625 号重型半挂牵引车运送 25 号变压器油在松兰高速公路出城往原松方向 365 公里附近处泄漏造成周边环境污染进行现场勘验。

二、对松兰环绕高速公路出城往原松方向 365 公里高速公路路面及路边边坡边沟进行勘验，高速公路长约 1 公里，宽约 10 米的路面被泄漏的 25 号变压器油污染，泄漏的变压器油顺着高速公路边坡流入高速公路下方雨水沟，沿雨水沟往下游环境流去。

三、沿雨水沟进行勘验，被 25 号变压器油污染的雨水沟有 1 公里左右。

四、泄漏的 25 号变压器油沿雨水沟流入高速公路路面下的涵洞，在长约 23 米、宽约 4 米的涵洞水洼上形成厚约 1 厘米的浮油层。

五、涵洞水洼与车城街道办事处白塔岩社区第十三、十五居民组的鱼塘相连，该鱼塘面积约有二十余亩（由名为郭涛的业主承包），鱼塘水面大面积有油层漂浮，油层很薄，还有少许消防泡沫，勘验时未见死鱼漂浮水面现象。

六、位于有浮油的鱼塘下方有三十余亩的鱼塘一个（仍由郭涛承包），该鱼塘因上方塘渠未开致无水流入，也无 25 号变压器油进入，无死鱼浮到水面现象，该鱼塘未受到变压器油污染。

七、现场勘验示意图如下：

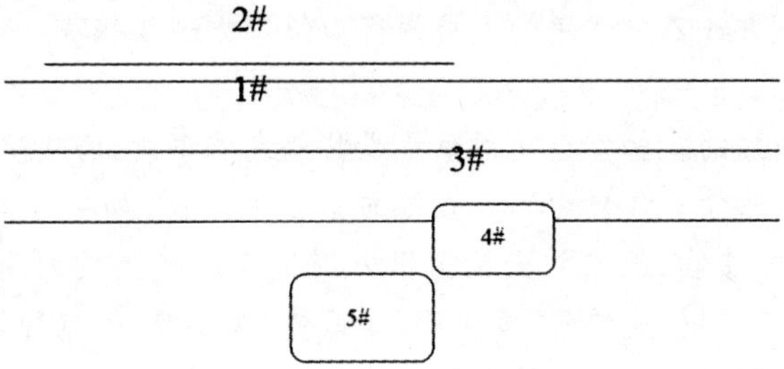

注:1#长约 1 公里宽约 10 米的高速公路路面被 25 号变压器油污染

2#长约 1 公里宽约 0.9 米的高速公路路边边沟被 25 号变压器油污染

3#高速公路路面下的涵洞水洼堆积有厚 1 厘米左右的 25 号变压器油

4#郭涛承包的二十余亩的鱼塘水面有薄油膜和少许消防泡沫现象

5#郭涛承包的三十余亩的另一鱼塘未受到 25 号变压器油污染

主持勘验人、当事人签名:雷雨、贺娜、白勇、周文训

(二)被告提供的证据

证据一:

车辆挂靠协议书

甲方:兰和迅程物流有限公司

乙方:张亮

为贯彻落实《兰和市道路运输条例》和国家的有关政策,为营业性车辆生存、发展创造一个良好的经营环境,本着互惠互利共同发展的原则,经双方充分协商,达成以下协议:

一、甲方同意乙方购买的重型半挂牵引车,(车牌号:兰 EN6625 号,吨位:40 吨),入户到甲方名下,由甲方代其办理有关营运手续,纳入甲方服务。乙方是该车的实际车主,对该车享有管理和收益的权利,亦负相应的义务。

二、乙方车辆在合同期内,因营运需缴纳的各项费用,即保险费、车辆年审费、二级维护费、工商管理费、税费以及其他应承担的费用等均由乙方自行承担,甲方可代收代缴。如因乙方拖欠费用,所造成的损失由乙方自行承担。

三、乙方车辆在合同期内必须购买交强险和足额的商业保险,在挂靠期间,如发生交通事故,车辆被盗被抢,货损货差,人员伤亡或其他意外事故时所产生的一切赔偿和费用,在保险公司赔偿范围外,差额部分均由乙方承担,与甲方无关(甲方不负任何责任)。如相关部门裁决甲方负相关责任,则甲方享有向乙方追偿的权利。

四、如因乙方或乙方雇用的人员的行为给甲方造成损失，甲方的所有损失由乙方向甲方赔偿。

五、如因挂靠的车辆发生交通事故或其他意外事故，经法院裁判导致甲方承担赔偿责任的，该赔偿责任应由乙方直接向第三方赔偿，如甲方被强制执行支付后，甲方有权向乙方追偿，乙方并应承担甲方因追偿所产生的所有费用（包括但不限于赔偿第三方的费用、交通费、诉讼费、律师费、误工费、差旅费等）。

六、甲方有权对乙方人员及车辆行使管理权，及时向乙方提供市场信息，宣传有关政策、法规，组织培训及安全教育，乙方必须遵守甲方各项管理制度，为社会提供优质服务。

七、甲方除协助乙方处理各项事故的工作外，在票据换取、运费结算、税费征收、年度审验等工作中为乙方提供方便，所需费用由乙方承担，乙方车辆如果出现大修或出现重大事故，应办理报停手续，并书面通知甲方，经甲方核准后可免收报停期间的服务费，但按规定必须缴纳的其他费用仍由乙方负责缴纳。

八、协议期内，乙方如需要更新、转让、转租或抵押车辆，需书面向甲方申请，并征得甲方同意后，可实施并办理相关手续。

九、自签订本协议之日起，乙方应在每年的1月1日前按时向甲方缴纳一年的车辆服务费4000元。逾期交纳，则每日加收服务费20%的滞纳金，逾期三个月甲方有权停止协议，停止为该车辆办理所有相关手续。

十、乙方有下列行为之一的，甲方有权单方面解除协议并收回一切营运手续。

1. 触犯国家法律、法规、治安条例，被劳教或判刑的；

2. 违规经营，受到新闻媒体曝光批评，造成严重影响的；

3. 不服从甲方的管理、服务、处罚等，情节恶劣的；

4. 拖欠应缴纳的费用达三个月（含三个月）以上的。

甲方：兰和迅程物流有限公司（签章）

乙 方：张亮（签字）

签约地点：兰和市

签订日期：2011年1月1日

证据二：

环境执法调查笔录

时间：2011年2月21日

地点：高水县环境监察大队办公室

调查单位:高水县环境保护局

调查人:雷雨、白勇　　　　记录人:雷雨

被调查人:周文训　性别:男　年龄:36　民族:汉

工作单位和职位:兰和迅程物流有限公司车队负责人

现在住址:W省双流县正兴镇凉风顶3组

电话:×××××××××××

告知:我们是高水县环境保护局的执法人员雷雨、白勇(出示证件)。现就你单位或个人进行执法调查,请如实回答我们的提问,否则一切法律后果自负,听清楚没有?

问:你叫什么名字?身份证号码是多少,在哪里工作?

答:我叫周文训,身份证号码××××××××××××××××××××,在兰和迅程物流有限公司工作。

问:你公司的详细地址在哪里?公司法人代表是谁?

答:公司的详细地址在兰和市宝山区星星工业园区港城南路2号,负责人是王强。

问:兰EN6625重型半挂牵引手是否你公司所有?

答:是,但是这辆车是挂靠在我公司的。

问:在2011年2月20日21:50分你公司车辆(车牌兰EN6625)在道原高速兰和到清水方向365公里处发生事故,你是否清楚?当时车辆的驾驶员是谁?驾驶员与你公司怎样的关系?

答:当时车辆驾驶员是张亮,就是他把车辆挂靠在我公司运营的。

问:在2011年2月20日21:50车辆(车牌兰EN6625)在道原高速兰和到清水方向365公里处发生事故,你是否清楚?当时该车运输的是何种物资?准备运输到哪里去?当时运输的量是多大?

答:发生事故我听说了。听说运输的是变压器用油,准备从兰和市川润石化有限公司运到原松崇州白头镇变电站,油罐两个共重35吨。

问:其他的事情你还清楚吗?你公司有无派人去处理这件事情?

答:其他的事情我就不清楚了。车辆是挂靠的,应该由张亮自己去处理这件事情,不需要公司去处理。

问:以上笔录是否与陈述一致?请签字确认。

答:一致。

周文训(手印)　2011.2.21

调查人(签名或盖章):白勇、雷雨

被调查人(签名或盖章):周文训

记录人(签名或盖章):雷雨

证据三：

道路交通事故认定书

［2011］第2104000098002

交通事故时间：2011年02月20日21时50分许　天气：晴

交通事故地点：松兰环线高速公路出城方向365km+020m处（高水县）

当事人、车辆、道路和交通环境等基本情况：

张亮，男，现年36岁，驾驶证号码：××××××××××××××××××，档案编号：××××××××××××，住址：宝山区星星工业园区港城南路2号，初次领证时间：1995年10月8日，准驾车型A2，有效期至：2020年7月21日，身份：兰EN6625号车驾驶人，联系方式：×××××××××××。

号牌号码：兰EN6625，车辆类型：重型半挂牵引车，所有人：兰和迅程物流有限公司，所有人地址：宝山区星星工业园区港城南路2号，品牌型号：乐牌Z4267N××××C8，注册日期：2011－11－27，车辆识别代号：ABC×××××××××××，交强险保单：×××××××××2011005803（太平财产保险股份有限公司）。

事故现场位于松兰环线高速公路出城方向365km+20m处路段。事发路段为全封闭、单向通行的高速公路，该处路面为普通沥青路面。道路设有两条行车道和一条应急车道，其中左、右侧行车道均宽为3.75米，应急车道宽为2.80米。事故发生在夜间无灯光照明路段，天气晴朗，视线良好，路面干燥，事发路段线型平直。限速：大型车80km/h，小型车100km/h。

道路交通事故发生经过：

2011年2月20日，张亮驾驶兰EN6625/兰A5555挂号（重型半挂牵引车/重型普通半挂车）从兰和往原松方向行驶，21时50分许，当行驶到松兰环线高速公路出城方向365km+20m处路段时，半挂牵引车至半挂车的跨接制动软管受帆布带意外搭缠而断裂致使车辆紧急制动，所载油罐向前滑移与该车驾驶室后部相撞，造成车辆受损，所载变压器冷却油大面积泄露的道路交通事故。

道路交通事故形成原因分析：

（一）本案证据

1. 现场勘查笔录；2. 现场勘查图；3. 事故现场照片；4. 车体痕迹勘查笔录；5. 调查询问笔录；6. 车辆技术检验报告；7. 其他相关证据。

（二）交通事故成因分析：

张亮驾驶车辆在行驶过程中，半挂牵引车至半挂车的跨接制动软管受帆布带意外搭缠而断裂致使车辆紧急制动，是造成本次事故的直接原因，故属于不能抗拒或不能预见的交通意外事故。

当事人导致交通事故的过错及责任或者意外原因：
张亮无导致本次事故发生的违法行为及过错。
根据《道路交通事故处理程序规定》第四十六条第一款第（三）项“各方均无导致交通事故的过错，属于交通意外事故，各方均无责任”之规定，认定：
本次事故属于不能预见的原因引起的交通意外事故。
执法人员：李冰环 马水龙 2011 年 5 月 15 日（公章）

当事人对交通事故认定有异议的，可自本认定书送达之日起三日内，向上一级交通管理部门提出书面复核申请。复核申请应当载明复核请求及其理由和主要证据。对交通事故损害赔偿的争议，当事人可以请求交通管理部门调解，也可以直接向人民法院提起民事诉讼。交通事故损害赔偿权利人、义务人一致请求交通管理部门调解的，应当在收到道路交通事故认定书或者上一级交通管理部门维持原道路交通事故认定书的复核结论之日起十日内向交通管理部门提出书面调解申请。

证据四：

询问笔录

（第一次）
时间：2011 年 2 月 21 日 17 时 5 分至 2011 年 2 月 21 日 18 时 5 分
地点：兰和市交通行政执法总队高速公路支队十大队
询问人：张华　　工作单位：第一支队十大队
记录人：郑法良　　工作单位：第一支队十大队
被询问人：周文训　性别：男　文化程度：高中
身份证号：××××××××××××××××××
住址：兰和市宝山区
工作单位：兰和迅程物流有限公司
联系电话：×××××××××××
问：我们是兰和市交通行政执法总队高速公路支队十大队的执法人员，现依法对你进行询问，你应当如实回答，对与本案无关的问题，你有拒绝回答的权利。你听清楚没有？
答：听清楚了。
问：你知道我们今天找你调查什么情况吗？
答：知道，关于兰 EN6625 号货车昨晚 9 点多在清水路段发生事故一事。

问:你在公司任职没有?

答:我是车队经理。

问:你们车队有多少辆车?

答:有8辆。

问:你们车队有多少管理人员?

答:我们车队在兰和有三名管理人员,在原松有三名管理人员。

问:你知不知道你们的职责?

答:主要是搞好管理,管好业务。

问:你们管理主要采取什么措施?

答:一是对车辆的技术保障,我们自己有修理厂,车辆跑一次原松回来就要对车辆进行检查维修并做好记录,二是对驾驶员管理,我们每周五下午要召开安全会议。其余时间我们跑业务,另外公司设有专门的安全人员参加安全例会。

问:这辆车什么时候保养的?

答:这是辆新车。

问:你们开安全例会讲些什么?

答:主要是强调安全,跑好业务,做好记录。

问:这次运的货是谁联系的?

答:是张亮自己联系的。

问:你们买保险了吗?

答:买了的,保了100万,是张亮自己买的保险,车辆是挂靠在我公司名下的。

问:你是否还有补充?

答:没有了。

问:以上是否属实?

答:以上属实。

被询问人:周文训(按手印)

询问人:张华

记录人:郑法良

(三)法院依职权调取证据

调查笔录

时间:2012年12月9日

地点:湖水镇兰水湾

调查人:陈某、姚某某

被调查人:贺庆 身份证号:××××××××××××××××××

住湖水镇兰水湾 联系电话:×××××××××

告知:我们是×区法院工作人员(出示工作证件),今天为郭涛诉兰和迅程物流有限公司等环境污染责任等纠纷一案前来了解相关情况,请如实回答。

答:好的。

问:(出示清理及处理死鱼人工费用、谷草费用、清理油污费用及东城街办出具的情况说明)该三张费用表上有东城街道办的盖章及你的签字,请你陈述当时的情况?

答:当时事故发生后,根据县应急办相关要求,我办立即处理油污事故防止污染扩大。当时郭涛系白塔岩社区书记,由郭涛组织民工、购买谷草清理油污。

问:该三张费用单中天数、重量等数据的来源?

答:由郭涛提供,我在上面签字,然后到党政办盖的街道办印章。

问:为何购买谷草费用表系复印件?

答:当时给我原件,我签字后,郭涛复印后,加盖街道办的印章。

问:为何人工费用、谷草费用标准不一致?

答:这些由郭涛提供。

问:是否清楚当时的清理天数?

答:具体记不清楚了。当时要求在半个月内处理完,由于处理油污,刚开始处理一部分,还需要后续处理。

问:当地杂工同期一天多少钱?

答:大概100元一天。

问:当地谷草费用的价格?

答:不是很清楚。

问:具体不清楚,但短时间内要求这么多谷草,价格偏高也属正常。

请核对笔录无异后签字确认。

被调查人:贺庆2012年12月9日

调查人:陈某、姚某某

调查笔录

时间:2012年12月10日

地点:高水县东城街道办事处413办公室

调查人:陈某、姚某某

被调查人:白云 东城街道办副主任 电话:×××××××××

告知:我们是×区法院工作人员(出示工作证件),今天为郭涛诉兰和迅程物流有限公司等环境污染责任等纠纷一案前来了解相关情况,请如实回答。

答:好的。

问:请你陈述事故处理情况?

答:当时贺庆处理,抽水二天后,汇报给我的,具体时间要查看工作日志。

问:事故发生后的应急处理内容?

答:我在事故后第二天还是第三天才知晓此事,当时抽水机器坏了之后,使用我办的消防水泵抽水,当时去现场发现水已被污染了。

问:情况说明是你办出具的?

答:是的。

问:情况说明中为何日期有改动?

答:事实确实存在的,但具体时间我记不清楚了。

问:当时谁主要负责组织应急处置?

答:是安监办,由环保助理员贺庆主持。

问:情况说明中"应急处理所花一切费用由郭涛垫付"是否属实?

答:属实。

问:(出示三张费用表)是否你办出具?是否清楚费用情况?

答:具体费用我不清楚,但印章是属实的。

问:以上三张费用表的数据来源?

答:我不清楚。

问:当时应急处理天数?

答:记不清了,时间有点长。

问:应急处理的具体内容?

答:抽水过滤,鱼塘承包人请人挖沟。

问:鱼塘死鱼情况?

答:我不清楚,贺庆在场时间多一些。

问:有没形成相关材料?

答:没有。

请核对笔录无异后签字确认。

被调查人:白云 2012年12月10日

调查人:陈某、姚某某

调查笔录

时间:2012 年 12 月 10 日

地点:高水县环保局

调查人:陈某、姚某某

被调查人:雷雨 高水县环保局应急办主任 电话:××××××××

告知:我们是×区法院工作人员(出示工作证件),今天为郭涛诉兰和迅程物流有限公司等环境污染责任等纠纷一案前来了解相关情况,请如实回答。

答:好的。

问:事故发生后的应急处理情况?

答:当晚安监、高速执法、东城等参与应急处理,应急处理时间不是很久,具体记不清楚了。

问:怎样进行应急处理?

答:用谷草吸附,此过程中出现了状况,鱼池上堆放了很多谷草,不知谁在谷草堆中放了火把,水中吸附油的谷草堆放在鱼池上,该谷草燃烧完,水中油已处理完,后未再进行应急处理。

问:谷草购买、人工的组织者?

答:具体由东城街道办负责,我不清楚。

问:关于人工费、谷草费及费用的支付?

答:我不清楚。

问:组织了多少民工进行处理?

答:不清楚,我没有统计人数。

问:应急处理时间?

答:时间很短,在鱼池上谷草燃烧前只处理了一两天,具体记不清楚了,此后没进行应急处理了,燃烧后由鱼塘承包人自行处理了。

问:参与应急单位有无垫付费用?

答:我局尚未垫付,不知其他单位情况。

问:通常处理油污情况?

答:以吸附打捞方式处理,不能在打捞处燃烧,应避免二次污染。

问:对鱼池死鱼情况是否清楚?

答:不清楚。

核对无异后签字确认。

被调查人:雷雨 2012 年 12 月 10 日

调查人:陈某、姚某某

调查笔录

时间:2012 年 12 月 10 日

地点:高水县东城街道办白塔岩社区办公室

调查人:陈某、姚某某

被调查人:姜玉清 白塔岩社区书记助理 电话:××××××××

告知:我们是×区法院工作人员(出示工作证件),今天为郭涛诉兰和迅程物流有限公司等环境污染责任等纠纷一案前来了解相关情况,请如实回答。

答:好的。

问:对当时事故情况是否清楚?

答:清楚。事故发生后,东城街道办、安监办、白塔岩社区等到现场查看,现场油泄漏,车差点爆炸,油污和消防泡沫流到公路排水沟,再流入鱼池。

问:对于死鱼情况是否清楚?

答:陆陆续续出现死鱼,社区没有参与死鱼的打捞,具体死鱼数量不清楚。

问:鱼池现状?

答:该鱼池于 2011 年六七月被征用,现已被填平。

问:当时对油污是怎样处理?

答:根据安监办要求,采用谷草裹油燃烧方式清理油污,由郭涛自行组织工人、购买谷草清理油污。

问:人工费用的支付情况?

答:均由郭涛支付,我们不清楚。

问:组织了多少民工进行处理,以及购买谷草的数量?

答:不清楚。

问:去年同期当地杂工一天多少钱?

答:杂工一般一百多点一天。

问:去年同期谷草价格?

答:8 毛钱一斤,要去农户讲价,市场没有卖。

问:白塔岩社区有无垫付费用情况?

答:没有。

问:当时是怎样进行应急处理?

答:采用谷草裹油的燃烧方式处理。

问:烧了多少天?

答:连续六七天。

问:每天多少人参与谷草裹油?

答:刚开始有十多人,第一天我们参与了,后来由鱼池承包人自己组织工人处理,具体不清楚。

问:鱼池死鱼是怎样处理?

答:填埋。

问:处理死鱼的人工情况是否清楚?

答:由郭涛联系组织人工进行处理,具体多少人我不清楚。

问:处理后有无形成相应材料?

答:我社区没有。

问:(出示处理死鱼、清理油污、购买谷草费用表)上面经办人载明“姜玉清”,是否系你本人签字?

答:是的。

问:刚才你说对这些费用不清楚,现在你说是你在经办人处签字,请你解释下?

答:当时,对购买谷草、清理死鱼、清理油污的事情我清楚,但具体多少费用我不清楚。我清楚这些事,所以在上面签字。

问:该三张表中的费用怎么支付?

答:我没有实际经手,均由郭涛直接支付,具体费用我不清楚。

核对无异后签字确认。

被调查人:姜玉清 2012 年 12 月 10 日

调查人:陈某、姚某某

教学指导手册

教学对象及目标

本案例供法律硕士案例教学使用;法学本科(大四)、民商法学硕士、诉讼法学硕士、环境与资源保护法学硕士也可参酌使用。

本案例主要就代理律师在民事诉讼中从事的法律活动和环境侵权损害认定等问题进行讲授。具体要解决的问题包括:(1)在接受委托、起诉前应从事哪些法律活动;(2)代理律师在环境侵权案件中应如何收集证据,如何撰写起诉状及答辩词;(3)以环境侵权损害赔偿(及应诉)为例,在庭审环节如何证明侵权责任构成要件,如何论证客观损害结果,尤其是对举证责任倒置、因果关系问题进行分析;(4)对民事诉讼证据种类中较为专业的鉴定结论和勘验笔录如何结合具体案情进行有效质证等。

通过本案例的讲授、研讨,结合相应法律规定(含司法解释),有助于整理、建构类型化特殊侵权案件律师工作的一般性应对思路与证据分析、论证逻辑框架体系。

教学内容

1. 庭审前,作为原告/被告的代理律师应如何做好证据收集以及积极应诉准备?

在本案中,由于是特殊侵权纠纷即环境污染侵害赔偿案件,作为原告的代理律师应紧扣客观损害结果,从多渠道收集相关证据证明真实的侵权事实发生,包括调取交通事故现场勘验笔录、环境执法调查笔录以及相关证人证言(如本案中由事发当地街道办事处出具的情况说明);同时,为使索赔依据更具客观性、权威性,本案中,原告律师还提供了环境监测站的监测报告及司法鉴定意见书等相关证据。

对于被告代理律师而言,由于本案中客观损害结果真实存在,因此应诉、答辩的关键在于针对原告提出的具体索赔额度以及(可能的)因果关系提出质疑和抗辩。本案中,被告代理律师从貌似权威的环境监测报告和司法鉴定意见出发,条分缕析,从两份报告的形式要件中均挑出了"瑕疵",在法庭质证阶段取得了主动权(后文详述)。

2. 对于民事诉讼证据种类中的鉴定结论和勘验笔录如何有效质证?

质证是实现司法鉴定结论诉讼功能的必然要求。我国法律规定,未经质证的鉴定结论不能作为证据使用。但是,我国法律没有系统地对司法鉴定结论和勘验笔录的质证活动规定一套程序方法,相关的法律只是作了原则性的规定,具体的规定散见于司法解释之中。

司法鉴定、勘验笔录在民事诉讼司法实践中的运用日益广泛,许多类型案件的解决需要通过鉴定、勘验环节,其结论对案件的处理具有决定性作用。罗马法谚有云"鉴定人是事实的法官"——也说明了司法鉴定、勘验笔录在诉讼活动中的重要作用。

司法实践特别是民事法律实务中,囿于"专业槽",代理律师对民事诉讼证据中的鉴定结论和勘验笔录往往难以组织起有效的质证，常常使得律师代理效果欠佳。在本案中，原告及其代理律师提供了“貌似”完备的证据体系（如下表所示）：

序号	证据名称	证明对象	证据种类	证据来源	备注
1	关于兰 EN6625 号车路产损失一案现场勘验笔录	交通事故致使变压器油泄露的事实	勘验笔录	兰和市交通委员会	2011 年 2 月 21 日
2	高水县环境保护局环境执法调查笔录	交通事故造成的漏油事件与鱼塘污染的因果关系	证人证言	兰和市高水县环境保护局	2011 年 2 月 28 日
3	高环（监）字〔2011〕第 022 号兰和市高水县环境监测站监测报告	原告鱼塘遭受变压器油污染的事实	书证	兰和市高水县环境监测站	2011 年 2 月 21 日
4	高水县人民政府东城街道办事处关于郭涛鱼塘被污染一事的情况说明	原告受损的事实	书证	高水县人民政府东城街道办事处	2012 年 5 月 6 日
5	西南大学司法鉴定所司法鉴定意见书	原告鱼塘的渔业损失价值	鉴定意见	西南大学司法鉴定所	2011 年 11 月 20 日
6	东城街道办事处做出的环境污染事故、纠纷、违章现场勘验笔录	环境污染现场情况	勘验笔录	高水县东城街道办事处	2011 年 2 月 21 日

作为被告律师，如何对上述证据清单予以质证？该案中，如果对《监测报告》[高环（监）〔2011〕第 022 号]进行精细研究，会发现其存在证据瑕疵问题：

《中华人民共和国国家标准 BR－渔业水质标准》GB11607－89 第 6 条第 6.1 款明确规定：本标准各项目的监测要求，按规定分析方法（见表 2）进行监测。而在附表中，对“石油类”明确规定了测定方法应当采用“紫外分光光度法”。而原告提供的（〔2011〕第 022 号）监测报告却采用“红外分光光度法”予以测定。

对“挥发性酚”国家标准明确规定了应采用“蒸馏后 4－氨基安替比林分光光度法”予以测定，而监测报告中却采用“4－氨基安替比林分光光度法（直接法）”测定。

综上，当律师面对一份“貌似”权威和科学的鉴定结论时，虽然其上所涉相关知识超越了日常接触范围和法律专业知识，但如果能深入证据，坚持对每一细节“不放过、再验证”的态度，辅以相关文献梳理或咨询相关专业人士，其实也可能发现值得商榷之处。

再如，面对原告提供的《西南大学司法鉴定所司法鉴定意见书》(501146号)该份证据，细究之下可以发现：其记载的鱼类种类与《高水县人民政府东城街道办事处关于郭涛鱼塘被污染一事的情况说明》提及的《死鱼称斤合计》记载事项不符——如果被告律师能够细致到将《死鱼称斤合计》所列数据与《西南大学司法鉴定所司法鉴定意见书》逐一核对，通过算数相加予以检验，也可以发现原告证据体系的自相矛盾事项。

3. 庭审中，被告可否以被诉主体不适格提出抗辩，或者提出追加被告的请求？

一方面，被告的代理律师可否提出对本次事故的发生没有任何责任，并以不是本案适格被告作为抗辩？即变压器油泄漏是驾驶员张亮发生交通事故所致，张亮才是本案适格被告：驾驶员张亮与我公司签订的车辆挂靠协议书中明确约定了“车辆在挂靠期间如发生交通事故或其他意外事故所产生的一切赔偿和费用，在保险公司赔偿范围外，差额部分均由乙方承担，与甲方无关(甲方不负任何责任)。”

当然，这样的抗辩涉及另外一个问题，即如何理解被告提供的《车辆挂靠协议》的证据效力问题。[1]

另一方面，被告可否提出再行追加被告？

在诉讼开始以后，如发现有些与案件的诉讼标的有直接利害关系的当事人没有参加到诉讼中来，而且这些人如果不参加诉讼，就不利于查清事实，解决纠纷，这些人就是《民事诉讼法》第132条所指的“必须共同进行诉讼的当事人”。

那么，被告申请追加被告是否有法律依据呢？对此，可以参考最高人民法院《关于适用〈中华人民共和国民事诉讼法〉的解释》第73条规定：“必须共同进行诉讼的当事人没有参加诉讼的，人民法院应当依照民事诉讼法第一百三十二条的规定，通知其参加；当事人也可以向人民法院申请追加。人民法院对当事人提出的申请，应当进行审查，申请理由不成立的，裁定驳回；申请理由成立的，书面通知被追加的当事人参加诉讼。”

综上可见，在必须参加诉讼的当事人没有参加诉讼的情况下，通知共同诉讼

[1] 可参见最高人民法院《关于实际车主肇事后其挂靠单位应否承担责任的复函》(〔2001〕民一他字第23号)。

的当事人参加诉讼主要是法院的职责,但该条同时也规定当事人也可以申请法院追加,被告显然属于当事人,当然也有权向法院申请追加被告。

本案中,案例正文提到了被告为迅程物流公司,如前所述,该案其实经过了技术性处理,真实的案例可参阅《周航与重庆铁发遂渝高速公路有限公司、荆门市明祥物流有限公司之间的环境污染责任纠纷案件》(〔2014〕渝一中法民终字第03125号)。在真实的案例中,原告所起诉的,事实上是两个被告(本案提到的迅程物流公司和道原高速公司)。

4. 根据案例,作为被告代理律师,对原告提出的损失赔偿诉求,可以从哪些角度提出抗辩?

环境污染侵权责任的法律规则主要由以下五方面法律规范构成:一是《民法通则》关于民事侵权责任的原则性规定;二是《侵权责任法》基本规定;三是《环境保护法》《水污染防治法》等单项法律的相关规定;四是最高人民法院有关司法解释;五是国务院环保部门有关行政执法解释。它们相互补充,共同形成了包括环境污染侵权责任实体性规范、程序性规范在内的完整的规则体系。

《侵权责任法》第65条的规定:“因污染环境造成损害的,污染者应当承担侵权责任。”该规定明确了我国对环境污染侵权行为适用无过错责任归责原则。因此承担环境污染民事责任,应当具备以下基本条件:一是须有污染环境的行为;二是须有环境污染的损害事实;三是污染环境的行为与损害事实之间须有因果关系。

《侵权责任法》第66条规定:“因污染环境发生纠纷,污染者应当就法律规定的不承担责任或者减轻责任的情形及其行为与损害之间不存在因果关系承担举证责任。”即在环境污染侵权纠纷中,实行举证责任倒置规则,主要由排污单位负责举证。负有举证责任的排污单位,如果不能证明免责事由或者排除因果关系,就应承担赔偿等侵权责任。

综上,因果关系的认定是环境侵权损害赔偿案件的重要环节。作为被告代理律师,如果能从因果关系的角度提出抗辩(因果关系不成立,或者还介入了其他因果关系),对原告的诉讼主张无异于釜底抽薪。

本案中,应特别注意法院依职权调取的一份证据(《调查笔录》)显示,被调查人雷雨提及“以吸附打捞方式处理,不能在打捞处燃烧,应避免二次污染”。此外,原告提供的多份证据均提及了“消防泡沫混杂着变压器油共同流入了鱼塘”此一事实。那么,原告方的不当处置行为(焚烧吸附了变压器油的谷草)以及第三方的行为(消防泡沫)都可能影响被告行为(变压器油泄漏)与原告损害(鱼塘污染)之间的因果关系。

■ 预期效果

通过案例教学指导,使学生能够自主建构处理具体、复杂案件的分析思路与处置程式,并从证据学的角度有力质证;能够综合运用包括中华人民共和国国家标准、司法解释在内的各种素材以及鉴定结论、勘验笔录等各种证据支撑权利主张有效推进。

■ 教学计划

本案例既可按照实践教学中模拟法庭的操作思路,将班级分为三组,分别从原告(及其代理律师)、被告(及其代理律师)、法官(合议庭)的角度,对案例及相关证据予以梳理分析,通过"书状撰写"和"言辞辩论"两阶段分别考查学生对所涉证据及法律法规的把握及综合运用能力。

本案例还可由教师指导学生对全案案情和证据清单进行综合分析,进而归纳主要争议焦点,再分别从证据链和法律网的角度对全案展开完整评析。

■ 课堂时间安排

本案例可以作为专门的案例教学课以及模拟法庭实践教学使用,整个案例课的课堂安排为7个课时,每课时45分钟。

如下课堂设计,仅供参考:

1. 课前计划:安排学生阅读案例,并提示学生根据案例寻找相关文献和类似判例,对案例所涉问题和争议焦点分别从原、被告(及其代理律师)的角度进行思考。

2. 课中计划:(1)按不同角色分别撰写起诉状和答辩状;(2)按不同角色分别制作证据清单和质证关键问题;(3)模拟真实庭审,对争议焦点及相关证据进行质证;(4)由教师从法官、评审的角度出发,对原被告双方的辩论表现和书状撰写进行点评。

3. 课后计划:就案例所引出的法律适用问题以及相关理论分析进行思考和总结。

思考题和实践题

1. 思考题

(1)对被告提供的《道路交通事故认定书》,特别是其中认定的"本次事故属于不能预见的原因引起的交通意外事故"应如何认识?进言之,交警部门作出的事故认定书对本案审理民事赔偿及归责的影响或关系是怎样的?

(2)《民法通则》《环境保护法》《侵权责任法》对环境侵权责任的规定有何差异,应如何理解适用相关法条?

(3)本案中的挂靠协议,以及其约定的"车辆在挂靠期间如发生交通事故或其他意外事故所产生的一切赔偿和费用,在保险公司赔偿范围外,差额部分均由乙方承担,与甲方无关(甲方不负任何责任)"效力如何?

(4)在庭审中,可否变更或追加被告,依据是什么?

(5)本案中,原告受损的鱼塘数量是多少?损失的鱼类种类及数量分别是什么?

(6)如何计算原告的实际损失和经营性损失?

(7)本案中,对法院依职权调取的证据,是否可以(以及应当如何)质证?

2. 实践题

(1)如果你是原告的代理律师,当被告提出的"本次事故属于不能预见的原因引起的交通意外事故"而主张免责,并以《道路交通事故认定书》作为抗辩证据时,应如何回应?试撰写质证意见。

(2)如果你是被告的代理律师,面对原告的诉求特别是相关证据清单,如何积极应诉?试撰写答辩状。

(3)如果你是被告的代理律师,可否主张高速路边沟及涵洞设计缺陷导致了鱼塘污染?该主张需要怎样的证据材料予以支撑?试提出可行方案。

(4)最后,查阅《周航与重庆铁发遂渝高速公路有限公司、荆门市明祥物流有限公司之间的环境污染责任纠纷案件》(〔2014〕渝一中法民终字第 03125 号)提及的真实案情,试对终审判决展开评析。

参考文献

1. 杨立新:《侵权责任法》,法律出版社 2012 年版。

2. 吕忠梅等:《环境损害赔偿法的理论与实践》,中国政法大学出版社 2013 年版。

3. 胡学军:《环境侵权中的因果关系及其证明问题评析》,载《中国法学》2013 年第 5 期。

撰稿人 | 邓君韬,西南交通大学副教授

19 CASE 张英、王福杰诉王栋杰房屋所有权确认纠纷案

| 摘　要 |

本案系一起真实的借名买房纠纷，借名人因不具备购房资格而以他人名义出资购买房屋，遂在借名人与出名人之间因房屋所有权归属问题产生了争议。该案主要涉及《物权法》《合同法》《民法通则》等。涉及的知识点包括不动产登记的性质及效力、物权法有关不动产登记的条款的理解与适用、借名行为的效力、民行交叉时诉讼程序的确定等。涉及的执业技能内容主要包括证据的收集、案件事实的分析与判断等。本案例对于正确理解与适用不动产登记制度，以及解决实务中其他类型的借名买房案件具有参考意义。

| 关键词 |

借名买房　不动产登记　借名行为的效力　权属界定

| 教学目标 |

着重让学生把握以下几个方面的内容：(1)如何认定借名行为的性质及效力；(2)如何理解不动产登记的权利正确性推定效力，解释并适用《物权法》《合同法》的相关法条；(3)如何在借名买房纠纷中收集证据、查明事实，并提出处理案件的具体思路。

教学案例主文

一、引言

张英与王福杰系夫妻关系，王栋杰与王福杰系兄弟关系。2011 年 2 月，张英、王福杰欲购买胜利房地产开发有限责任公司开发的位于山东省 A 市丽水园

小区某单元602室商品房一套,因资金不足需向银行贷款,但由于欲购买房屋是他们夫妻的第二套住房,房贷较高(为抑制住房价格过快增长,巩固和扩大房地产调控成果,国务院办公厅于2011年1月下发了《关于进一步做好房地产市场调控工作有关问题的通知》,其中规定,要强化差别化住房信贷政策,对贷款购买第二套住房的家庭,首付款比例不低于60%,贷款利率不低于基准利率的1.1倍。该规定下发后,各地银行纷纷上调了二套房贷款利率),遂与王栋杰约定,以王栋杰的名义按揭购买了此房。双方为此签订了一份协议。随后,张英以王栋杰的名义与开发商签订购房合同并交付首付款,此后的贷款也由张英支付。2011年年底,开发商将房屋予以交付,张英进行装修并入住。2012年7月,王栋杰未经张英同意,私自将该房屋的产权办在了自己的名下。张英、王福杰要求房管部门予以更正未获同意,遂将王栋杰诉之法院。

二、王栋杰与开发商、银行所签协议概况

2011年3月1日,张英以王栋杰的名义与胜利房地产开发有限责任公司签订了商品房买卖合同。合同约定王栋杰购买胜利房地产开发有限责任公司开发的位于A市丽水园小区某单元602室房屋,建筑面积为120平方米,总房款为621860元。付款方式为签订合同时首付221860元。其余价款于签订合同后30日内到出卖人指定的银行办理按揭手续。张英遂于签订合同当日如数交付了首付款,开发商开具了首付款收据。2011年3月20日张英又以王栋杰的名义与中国工商银行A市某支行签订了按揭贷款合同,借款40万元,该笔贷款直接打入了开发商房款账户。自2011年5月起,张英按月向银行偿还贷款,截止2012年8月,已累计还款4万元。

三、张英、王福杰与王栋杰所签协议情况

2011年2月20日,张英、王福杰与王栋杰签订了一份协议,协议写明:甲方张英、王福杰在A市购买胜利房地产开发有限责任公司开发的位于A市丽水园小区某单元602室房屋,建筑面积为98平方米,总房款为621860元。因甲方购买二套房房贷过高,遂达成如下协议:(1)由甲方以乙方的名义购买房屋并向银行贷款40万;(2)以上房屋以甲方的名义办理房产证;(3)40万的银行贷款由甲方负责偿还,办理房产证等手续的一切费用也由甲方承担。甲乙双方分别在协议上签了名。但在签名时乙方王栋杰的签名是其妻子代签(王栋杰在场但未表示反对)。

四、原告的诉讼请求

2012年8月,原告张英、王福杰将被告王栋杰诉之法院。

张英、王福杰认为,根据双方所签订协议,原告只是顶用被告的名义购买房屋,房屋的首付款系原告交付,而且银行贷款也均由原告支付和偿还,因此,原告才是房屋的真正购买人和所有权人。而被告违反协议将房屋登记在自己名下,属于侵权行为。为此请求法院依法确认诉争房屋所有权归原告所有,并判令被告协助其办理产权过户手续。

五、被告的答辩意见

王栋杰辩称:(1)原告诉称不是事实。涉案的房屋系被告王栋杰所购买,从购房合同的签订再到按揭贷款以及办理相关的手续,均系以被告的名义,这足以证明该房屋是被告所购买。只是由于原、被告之间的亲情关系,被告购买房屋后,将房屋借给原告夫妻两人居住。(2)双方于2011年2月20日所签协议不是被告真实的意思表示,被告对此并不知情。就算知情,该协议违反了国务院的规定,应属无效。(3)原告的诉讼请求不能成立,应当依法驳回其诉请。原告提起的是确认房屋所有权之诉,根据我国房地产法律和物权法的相关规定,应以产权证书为准确定房屋的所有权。该诉争房屋登记在被告方名下,应当属于被告所有。综上,要求法院驳回原告的诉讼请求。

山东省A市某区人民法院于2012年9月7日对本案予以了审理并依法作出判决。

教学指导手册

教学对象及目标

本案例供法律硕士案例教学使用,法学本科(大三以上)、民商法法学硕士也可以参酌使用。

本案例主要就借名买房中所涉及的理论及实务问题进行讲授。具体要解决的问题包括:(1)在借名买房纠纷中,如何正确适用法律确定房屋的实际购买人及所有权人?(2)如何认定借名买房中当事人之间法律关系的性质及效力?(3)不动产登记在房屋所有权确权中是否具有绝对的证明力?如何正确理解物权法第16条的规定？(4)当事人对不动产登记有异议是否可以不经行政诉讼而直接提起民事诉讼？

教学内容

1. 如何理解不动产登记对于物权归属认定的效力？

张英诉称：诉争房屋的首付款及所还贷款均系自己交付，因此，原告才是房屋的实际购买人，系争房屋应当为原告所有。

王栋杰辩称：根据我国房地产法律和《物权法》第16条的相关规定，应以产权证书为准确定房屋的所有权。该诉争房屋属于被告所有，并已办理了产权登记手续。

法院认为，虽然涉案房屋登记在被告名下，但由于发生了争议，故不能因此作出该房屋所有权就归被告所有的确定，因为房屋产权登记仅是一种行政审查，属于行政确认，而非行政确权。产权登记是行政机关对不动产当时权属关系及表现状态的认可和证明，其并不创设具体的权利义务关系，当事人是否享有对不动产的权利，仍取决于当事人之间的民事实体法律关系。

不动产登记并非行政确权行为，而只是不动产物权变动的公示方法。以登记作为物权权属的标准实际上只是一种外观标准，而并非事实标准，该标准对于维护交易安全，保护第三人的意义具有重要的意义。但在实践中，由于种种原因，往往发生登记名义人并不具有取得物权的正当依据的情形，这就使得登记这一权利外观并不能绝对真实地反映不动产物权真正归属。故如果将不动产登记的效力绝对化，就会有损真正权利人的利益，有违民法的公平原则。因此，虽然《物权法》第16条第1款规定“不动产登记簿是物权归属和内容的根据”，但此项内容应当理解为登记只具有权利正确性推定效力，而并非绝对效力。如果有相反证据证明登记错误的话，则登记簿上所记载的事实就应当被推翻。就此而言，不动产登记簿虽然系享有权利的证明，但并不具有绝对的证明力。在有相反证据予以佐证的情形下，还应当根据案件的具体情况予以认定不动产的权属。

2. 如何认定借名买房纠纷中当事人之间法律关系的性质及效力？

张英诉称：原告与被告之间系借名买房关系。双方签订的借名协议有效，被告应当履行协议。

王栋杰辩称：原被告之间所签协议实为委托代理关系，即被告委托原告以被告的名义购买房屋，其法律后果理应归属于被代理人即被告；即使将该协议认定为借名协议，该协议也应当因被告并未签字和违反国务院关于贷款的规定而无效。

法院认为，当事人之间系借名买房、借名贷款协议。

该协议不应认定为委托代理。首先，该协议并不存在被告委托原告购买房屋的意思表示。其次，代理是代理人以被代理人的名义与第三人进行法律行为，而法律后果直接归属于被代理人。而就该协议的内容来看，当事人约定原告以被告的名义买房并办理贷款，且房屋登记在原告名下，相关费用也由原告支付，这显然并非代理。该协议的实质即当事人约定以被告的名义购买房屋并办理贷款，但该房屋之上的权利义务均归属于原告，这属于典型的借名行为。

至于该案中借名协议的效力，被告的两点理由并不合理：

其一，根据我国《民法通则》第 66 条第 1 款的规定，本人知道他人以自己的名义实施民事行为而不作否认表示的，视为同意。在该案中，虽然被告并未在协议上签字，但是，在其妻子代为签字时，其在场并未表示反对，由此可以认定被告对于其妻子代其签名是知情的而且并未表示反对，应当认定是对其妻子无权代理行为的同意。

其二，该借名协议的内容虽然属于规避金融政策性的行为，但依《合同法》第 52 条第 1 款第 5 项的规定，只有违反法律、行政法规强行性规定的行为才属无效。而国务院办公厅发布的《关于进一步做好房地产市场调控工作有关问题的通知》显然并非行政法规，更非法律，因此，该借名协议并不因违反此项通知的内容而无效。此外，该协议虽然违反了有关贷款的政策性规定，但协议约定由原告按还款时间和金额偿还贷款，并未损害国家、集体及第三人的利益，只是基于趋利避害本能的一种选择，因此，也并不因恶意串通而无效。综上所述，该协议并未违反法律的规定，且当事人的意思表示真实，应当尊重当事人的意思自治，该借名行为有效，当事人应按约定履行义务。

3. 如何查明房屋实际购买人？

张英主张：房屋的首付款是自己支付，每月银行贷款也系自己所还，而且自房屋交付后一直是原告居住使用。因此，原告系房屋的实际购买人。其出具了借名协议、首期购房款收据（收据名为王栋杰）、银行存款对账单、贷款 40 万的凭证、偿还贷款的收据，以及负责售房的刘兆的证人证言。

王栋杰辩称：购房合同系被告所签，房屋的首付款系被告委托原告交付，贷款也系被告委托原告代为偿还。因此，被告系房屋的实际购买人。至于房屋一直由原告居住，是被告基于亲情出借于原告使用。其出具了所有权证书，买卖合同和抵押合同。

查明房屋的实际购买人,需要综合案情的具体情况予以分析。法院查明以下事实:

(1)涉诉房屋购买人及首付款的支付人系张英、王福杰

王栋杰主张房屋是其购买,首付款是其委托原告代为支付,但没有提供支出钱款购买房屋,以及委托行为存在的证据。故被告陈述的购房原因及购买及支付首付款的事实,并不能使人产生内心确信,法院不予采信。而张英则主张由于按当时的政策,其作为第二套房的购买人需要支付较高的利息,才以被告的名义办理购房及按揭贷款。首付款系自己所交,对于被告主张自己支付首付款的事实不予认可。张英所出具的借名协议、首期购房款的收据原件、首付款的银行对账单、贷款证明以及偿还贷款的收据,印证了这一事实。且负责售房的刘兆也证明首付款的确是张英所交。由于涉诉房屋是由刘兆负责具体操作完成,因此刘兆是最了解当时购房情况的案外人,鉴于刘兆与双方当事人均无利害关系,故刘兆证言具有其客观真实性,可以作为证据使用。张英对购房原因和支付首付款事实陈述一致,而且刘兆证言与张英陈述的事实也一致,因此张英陈述的购房原因和支付首付款的事实能够使人产生内心确信,故法院予以采信。根据上述事实可以得出下列结论,本案诉争的房屋是张英、王福杰借用王栋杰的名义购买的,购房首付款是由张英支付的。

(2)涉诉房屋按揭贷款系由张英偿还

王栋杰认可涉案房屋的部分按揭贷款是由原告张英偿还的,但主张系其委托张英代为偿还的,对此委托事实王栋杰并无证据予以证明。而张英则向法院提交了用于偿还贷款的建设银行个人活期存折(户名为王栋杰)的原件,以及偿还贷款的收据、银行对账单等证明。综合王栋杰自认张英部分偿还诉争房屋贷款的事实,以及还款活期存折在张英处等证据,可以证明按揭贷款是由张英偿还的事实。

(3)涉诉房屋一直由张英居住和使用,且无证据证明借用关系的存在

王栋杰虽然主张涉案房屋上房后是其借给被上诉人居住的,但并没有提供相关证据予以证明。原告张英则主张在付款购买涉案房屋后,对房屋进行了装修并实际居住,结合其持有电费发票、缴纳物业费等原始凭证,以及装修该房屋的徐军、收取物业费用的盛新出庭作证的证人证言,应当认定该房屋在交付后,一直由原告张英、王福杰居住和使用。

综合上述事实,应当认定该房屋的实际购买人为原告,原告系借用被告的名义购买。

借名买房纠纷中,对于登记名义人究竟是否实际购房当事人各执一词,法官需要根据当事人所提交的证据查明事实。如果一方举出的证据足以否定对方的证据,从而使法官能够产生内心确信,则可以依此证据得出结论。如果当事人对同一事实分别举出相反证据,但没有足够的依据否定对方证据的,应当结合案情,判断双方证据证明力的大小,对证明力较大的证据予以确认。

4. 借名买房情形下如何界定所有权的归属?

法院审理后认为,要解决涉案房屋归属问题,就应看购房时双方当事人的真实意思表示,并结合支付购房款和该房屋上房后居住、使用情况等进行综合分析,确定房屋归属。本案诉争的房屋购房时系原告张英、王福杰借用被告王栋杰的名义购买,购房首付款系由原告支付,按揭贷款由原告偿还,该房屋在交付后一直由原告居住和使用。被告王栋杰虽然持有涉案房屋的所有权证书、买卖契约和抵押合同,但不能提供充分证据证明其为该房屋的实际购买者,且其辩称将房屋借给张英、王福杰居住也未提供证据予以证实。而原告却出示了支付房屋对价以及偿还按揭贷款的证据,故判决房屋归属于实际购买人张英、王福杰。

不动产登记作为一种公示方法,其目的主要在于保护交易安全。即对于第三人而言,有理由根据登记簿所记载的事实而为交易,但登记本身并不能当然作为确定借名人与出名人之间房屋争议的绝对证据。法院应当努力查明事实,查明房屋的实际出资人以及当事人之间的约定,在有证据证明房屋系借名人出资购买且居住使用的情形下,从公正的角度出发,应当认定房屋系实际出资人即借名人所有。如果当事人之间具有书面的借名协议,则应在认定借名协议有效的情形下,要求出名人履行借名协议所约定的办理转移登记等义务。

5. 民行交叉情形下能否不经行政诉讼而直接提起民事诉讼?

王栋杰认为,如对产权有异议应当通过行政诉讼解决纠纷,不能直接提起民事诉讼。

张英、王福杰认为,法律并未规定房屋确权要先进行行政诉讼,故本案属于民事案件的受理范围。

法院认为,原告张英、王福杰可以不经行政诉讼而直接提起民事诉讼。民事诉讼通过审查基础民事法律行为的效力而确定权利归属,不受既有权利凭证的限制。民事判决一旦生效,权利人可根据其确权内容直接申请登记机关,重新办理登记手续,没有必要以此为据再提起行政诉讼请求撤销原产权凭证。而且,即使当事人提起行政诉讼,无论法院判决维持或者撤销行政登记行为,都只是对该行政行为是否合法意义上的判定，并不是对民事实体争议作出的最终判断，当事人显然并未真正实现其确认房屋权属的诉讼目的。况且，那样亦会徒增当事人之讼累。因此，当事人可以直接就房屋权属争议纠纷提起民事诉讼，根据民事判决确权的内容申请登记机关重新办理登记手续。综上，原告张英、王福杰可以不经行政诉讼而直接提起民事诉讼。

传统的观念认为民行交叉时应当先行后民，但该结论并不具有绝对的正当性。一方面，当事人因对登记有异议而请求确权本身是一个民事诉讼请求，而行政诉讼并不能对当事人的民事实体争议予以解决，也不具有确权的功能。另一方面，民事诉讼系通过审查基础当事人的实体关系而确定权利归属，并不受登记簿的约束和限制。即如果有证据证明登记不符合真实权利状态的话，法院有权作出与登记簿记载事实不一致的判决。故于本案的情形，张英有权通过民事诉讼请求确认其系争房屋的所有权人。

教学计划

本案例可以作为专门的案例教学课来进行，整个案例课的课堂安排 2 个课时。

课堂设计如下：

1. 课前计划：以小组为单位安排学生阅读案例及相关参考资料，对案例所涉及问题进行思考，撰写思考题、实践题答案。

2. 课中计划：(1)介绍教学目的，明确讨论主题；(2)分组讨论，回答各项思考题，讨论实践题的撰写要点；(3)小组代表提出观点，学生就此展开讨论、辩论与分析；(4)教师归纳总结。

3. 课后计划：布置学生进一步思考借名买房所涉及的其他理论及实践问题。

课堂时间安排

课堂时间安排如下：(1)教师介绍教学目的，明确讨论主题：10 分钟；(2)分组讨论：30 分钟；(3)小组代表作主题发言：5 分钟；(4)辩论、分析：30 分钟；(5)教师归纳总结：15 分钟。

思考题和实践题

1. 思考题

(1)借名行为的性质如何认定？其与委托、代理、行纪以及冒名行为等有何区别？

(2)借名行为的效力如何认定？其是否因规避法律而依《合同法》第52条或《民法通则》第55条而无效？

(3)若当事人借名购买经济适用房或为规避商品房限购政策而使用他人名义购买房屋的行为是否有效？

(4)借名买房情形下如何确定房屋所有权的归属？如何正确理解并适用《物权法》第9条、第16条、第17条？

(5)若出名人将登记在自己名下的房屋出卖给第三人，则如何处理？

(6)在法院将已经登记在出名人名下的房屋确权给借名人(实际出资人)的情形下，当事人应当办理何种登记？

(7)在法院将房屋确权给实际出资人的情形下，银行能否按购买第二套房的标准提高利率？

2. 实践题

(1)如果你是原告的律师，则应当为诉讼收集哪些方面的证据？

(2)在当事人没有书面借名协议的情形下，作为法官如何认定案件事实？

(3)试结合本案案情，撰写判决书。

(4)对于打算借名买房者，作为法律人你会提出哪些方面的建议？

参考文献

1. 王利明:《物权法研究》(上卷)(修订版)，中国人民大学出版社2007年版。

2. 冉克平:《论借名实施法律行为的效果》，载《法学》2014年第2期。

3. 王松:《以他人名义购房确权案件的裁判规则》，载梁慧星主编:《民商法论丛》(第49卷)，法律出版社2011年版。

4. 林诚二:《不动产物权变动登记之实与虚——以我国台湾地区借名登记契约之相关问题为说明》，载《北方法学》2014年第1期。

撰稿人｜田韶华，河北经贸大学法学院教授

20 CASE 顾永福与王志寿、王华香房屋买卖合同纠纷案

| 摘　要 |

本案例系房屋买卖合同纠纷案，围绕本案诉讼程序的各环节，涉及的知识点和执业技能包括原被告律师如何对房屋买卖合同纠纷案件进行调查取证、事实认定以及法律适用等。本案例涉及的实体问题包括房屋登记的效力，无权处分、无权代理以及表见代理的区分，家事代理权的适用条件以及善意取得适用要件中"善意"的认定问题。本案例对于解决夫妻一方出卖共有房屋以外的其他房屋买卖合同纠纷案件也有一定的参考价值。

| 关键词 |

夫妻一方出卖共有房屋　无权处分　善意取得

| 教学目标 |

着重让学生把握五方面内容：(1)家事代理权的适用要件；(2)房屋登记的效力；(3)无权代理与无权处分的区分；(4)无处分权人订立的处分物权的合同的效力；(5)具体案件中如何认定第三人的"善意"。

教学案例主文

一、引言

本案主要涉及三个民事主体，分别是原告（上诉人）顾永福、被告（被上诉人）王志寿以及第三人王华香。原被告双方以及第三人在房屋买卖合同的效力以及履行上发生纠纷，诉至江苏省溧水县人民法院，后原告顾永福不服一审判决而上诉到江苏省南京市中级人民法院。

二、基本案情

王志寿与王华香系夫妻关系，二人于1995年5月结婚。2006年1月13日王志寿购买了南京市中源房产开发有限公司开发的中源阳光城6幢101室商品房，房价为826308元。2006年1月17日王志寿贷款48万元付清了房款（王志寿及王华香以龙山新村A－12号房产作了贷款的抵押）。2009年10月29日顾永福与王志寿达成商品房变户（转让）协议，约定王志寿将该房转让给顾永福，转让价为100万元，可能的转让方式有两种：一种是由王志寿先领取房产证，再以二手房的方式转让，另一种是采取退房过户的方式。在后一种方式下王志寿无须承担任何税费，在前一种方式下王志寿须承担办理第一次房产证的相关税费，并对二手房转让应交的营业税、所得税酌情分担3万元。付款方式为：以顾国庆为中介人，双方分别与顾国庆办理结算。协议一式三份，双方及中介人各执一份，三方共同签字后生效，协议生效后王志寿应积极配合顾永福办理相关过户手续。后顾永福于2009年12月10日及2010年1月22日共向王志寿支付了房款60万元。

2010年2月8日，王志寿向南京市中源房产开发有限公司承诺，本人已将中源阳光城6幢101室房屋卖给他人，为了减少过户费用本人已申请贵公司采用起诉的方式解除与本人的买卖合同。由于本人已收取了他人的购房款，故在双方的买卖契约解除后，本人承诺无须贵公司退回本人所缴纳的房款。

2010年3月19日，南京市中源房产开发有限公司起诉王志寿，以王志寿在购房合同签订以后三年多时间里经多次催要未支付分文房款为由要求解除购房合同，诉讼过程中，王志寿同意南京市中源房产开发有限公司的诉讼请求及理由。2010年3月26日原审法院判决解除关于双方所签房屋买卖契约。该案中，顾永福为王志寿的代理人参加案件诉讼并支付了诉讼费12063元。

但2010年4月9日王志寿出具委托书，委托顾永福办理该房的房产证、土地使用证及相关的过户手续。2010年4月13日顾永福为王志寿办理了房产证，办证过程中顾永福支付了契税33502元，工本费235元。另外，顾永福支付了二手房转让评估费5000元。

三、一审中诉讼参与人的控辩

顾永福诉称，2009年10月29日其与王志寿订立商品房转让协议，约定由王志寿将中源阳光城6幢101室商品房转让给顾永福，随后王志寿将该房产交付给了顾永福。根据协议约定，王志寿应积极配合顾永福办理该房产过户手续，顾永福多次催促未果故诉至法院，请求法院判令王志寿协助顾永福办理中源阳光城 6 幢 101 室房屋过户手续并承担相应税费。

王志寿辩称:(1)其与顾永福确曾签订过房屋转让协议,但是其妻子王华香一直不知情,此事发生在她身患重病前后,其一直未告诉王华香。(2)转让协议有较多事项均未确定,仅是双方之间的意向,也不符合商品房买卖合同要件,且双方对权利、义务的约定极不公平,实际操作也有障碍难以履行。(3)双方签订协议时,王志寿曾告知顾永福王华香可能不同意转让房屋,后来顾永福告诉王志寿,房管所要求必须夫妻双方都到场签字才能过户,王华香知道后坚决不同意转让,王志寿也及时将王华香不同意转让房屋的情况告知了顾永福。(4)签订房屋转让协议是基于顾永福承诺给王志寿介绍业务,其堂弟承诺给王志寿承建的工程让利,所以王志寿才以低于时价的 100 万元与顾永福签订协议,但之后顾永福没有给王志寿介绍过一次业务,其堂弟也未让王志寿承建工程,以此价格转让该房对王志寿明显不公。2009 年 10 月 29 日协议签订时,顾永福并未按约向王志寿一次性付清 100 万元房款,直到 2009 年 12 月 10 日才向其支付了 10 万元,到 2010 年 1 月 22 日又支付 50 万元,现时隔一年多仍以当时价格转让房产对王志寿显然极不公平。(5)顾永福所称已交付房屋不是事实,该房钥匙至今仍在王华香手上。综上,王志寿转让房产王华香并不知情,顾永福对此也清楚,现王华香坚决不同意转让,因此转让协议无效;顾永福在签订协议时未付清房款却仍要以两年前的房价来受让房屋,不符合行规也不符合交易惯例,更有失公平,请求法庭公正处理本案。

王华香诉称,王志寿与其于 1995 年 5 月结婚,2006 年双方以王志寿的名义购买了中源阳光城 6 幢 101 室商品房,并贷款 48 万元支付了首付款以外的房款。2009 年下半年,其因身体不适四处求医,2010 年 4 月确诊为甲状腺癌,之后一直处于治疗和病休之中。其对顾永福与王志寿签订转让协议并不知情,且其从未向王志寿作出过要转让该房屋的任何意思表示,更未向王志寿进行过处置该房的任何授权,房屋始钥匙一直在其手中。该房产系其与王志寿的夫妻共同财产,如若处置需经共有人即本人协商并取得一致意见,王志寿无权一人处置。顾永福与王志寿的转让行为严重侵害了其合法权益,该转让协议对其不产生任何效力。请求法院确认转让协议无效,顾永福向其返还房屋产权证书。

四、一审法院的判决

一审法院经审理查明,上述陈述均属实。此外,在案件的审理过程中,顾永福向法院表示在不将争议房屋判归其所有的情况下,其要求王志寿赔偿相关的费用及损失。

一审法院认为,《婚姻法》第17条第2款规定,夫妻对共同财产有平等的处理权。最高人民法院《关于适用〈中华人民共和国婚姻法〉若干问题的解释(一)》(以下简称《婚姻法解释(一)》)第17条第2款规定,夫或妻非因日常生活需要对夫妻共同财产做重要处理决定,夫妻双方应当平等协商,取得一致意见。他人有理由相信其为夫妻双方共同意思表示的,另一方不得以不同意或不知道为由对抗善意第三人;最高人民法院《关于适用〈中华人民共和国婚姻法〉若干问题的解释(三)》第11条规定,一方未经另一方同意出售夫妻共同共有的房屋,第三人善意购买、支付合同对价并办理产权登记手续,另一方主张追回该房屋的,人民法院不予支持。根据以上法律规定,结合本案,中源阳光城6幢101室房屋为王志寿与王华香的共同财产,顾永福与王志寿签订商品房变户(转让)协议时王华香没有在转让协议上签字,在办理该房过户登记手续时,王华香不同意签字转让,王华香作为财产共有人并未同意王志寿转让该房产,王志寿一人作出房产转让的意思表示对第三人王华香而言系无权处分行为,因此,顾永福与王志寿所达成的商品房变户(转让)协议为无效协议,且顾永福与王志寿依据该协议所取得的利益应当相互返还。王志寿据此协议所取得的利益有:顾永福支付的房款60万元以及该款相应的银行利息,顾永福垫付的契税33502元,办证工本费235元。关于(2010)溧民初字第682号案件受理费12063元,二手房转让评估费5000元,该费用产生在顾永福与王志寿履行商品房变户(转让)协议的过程中,应由双方分担较为适当。关于(2010)溧民初字第682号案件中的律师费用,顾永福要求王志寿承担,没有法律依据,本院不予支持。关于损失部分,顾永福没有提供充分的证据证明其损失的数额,王志寿自愿赔偿顾永福15万元不违反法律的规定,原审法院予以认可。依照《合同法》第51条、第58条,原审法判决院如下:

1. 确认顾永福与王志寿于2009年10月29日签订的关于溧水县永阳镇中源阳光城6幢101室房屋商品房变户(转让)协议无效。

2. 王志寿于判决生效之日起10日内一次性返还顾永福房款60万元,以及该款中10万元自2009年12月11日起、50万元自2010年1月23日起至本判决确定还款之日止的同期银行贷款基准利率计算的利息。

3. 王志寿于判决生效之日起10日内一次性支付顾永福赔偿款15万元、顾永福垫付的契税33502元、办证工本费235元、(2010)溧民初字第682号案件受理费6031.5元、二手房转让评估费2500元,以上合计192268.5元。

4. 顾永福于判决生效之日起10日内返还王志寿中源阳光城6幢101室房屋的相关权属证明。一审案件受理费13800元,由顾永福、王志寿各负担6900元。

五、二审中诉讼参与人的控辩

上诉人顾永福不服原审判决，认为原审法院认定事实不清，适用法律错误，请求二审法院改判支持上诉人的诉讼请求，一、二审诉讼费用由被上诉人负担。事实与理由如下：

1. 涉案合同系双方真实意思表示，合法有效，其效力不因王志寿是否系涉案房屋所有权人以及是否有处分权而受影响。

2. 根据物权公示公信原则，上诉人有理由相信王志寿对涉案房屋有处分权。

3. 王华香明知涉案房屋属于夫妻共同财产，但是签订房屋买卖合同和办理权属登记时只登记了王志寿一人，应视为其对自身权利的处分。

被上诉人王志寿辩称，原审法院认定事实清楚，适用法律正确，请求二审法院驳回上诉人顾永福的上诉人请求，事实与理由如下：

1. 王志寿未经王华香同意单方处分涉案房屋，王华香没有对此进行追认，因此王志寿的行为构成无权处分，不具有法律效力。

2. 上诉人顾永福与被上诉人王志寿相识已久，对王华香系王志寿妻子的事实完全知晓，其不属于善意第三人。

3. 涉案房屋没能顺利交易完全是因为王华香不同意，被上诉人王志寿自认有错，一审中已经主动自愿补偿上诉人 15 万元。

原审第三人王华香称，上诉人顾永福与被上诉人王志寿的买卖事宜其一直不知情，从其知道这个事情开始，就明确表示不同意出售涉案房屋。涉案房屋是其给儿子买的，因此不同意出售房屋，即使法院判决出售房屋，其也不会从房屋中搬出。

各方对原审查明的事实均无异议，此外，二审中，结合各方当事人向二审法院提交的证据和二审法院向江苏省溧水县房屋管理部门的询价结果，各方当事人一致确认涉案房屋增值价值为 72 万元。

教学指导手册

教学对象及目标

本案例供法律硕士案例教学使用，法学本科（大四）、民商法学硕士、民事诉讼法硕士也可参酌使用。

本案例主要就夫妻一方出卖共有房屋的房屋买卖合同纠纷案件中,房屋买卖合同的效力问题以及善意取得的适用要件问题进行讲授。具体要解决的问题包括:(1)夫妻一方出卖共有房屋的行为是否属于家事代理权的范畴;(2)房屋登记的效力如何,是否具有公信力;(3)无权处分与无权代理的区分;(4)在具体案件中,善意取得中的善意如何认定。

教学内容

1. 夫妻一方出卖共有房屋的行为是否属于家事代理权的范畴?

家事代理权,有时也称日常家事代理权,是指夫妻一方因日常事务在与第三人进行民事交往时所为的法律行为,视为夫妻共同的意思表示,配偶他方承担连带责任。学界通说认为,我国《婚姻法解释(一)》第 17 条的规定,虽未采用家事代理权的概念,但其实质乃是日常家事代理权。日常家事代理权不同于一般代理权的地方在于,日常家事代理权是基于夫妻身份当然享有的权利,因此行使此代理权时不必以被代理人的名义。同时,日常家事代理权如其名称所示,此代理权的范围仅限于日常家事(《婚姻法解释(一)》称为日常生活需要),超出日常家事范围的代理,仍旧应当适用一般代理权的有关规定。在夫妻一方私卖共有房屋的案件中,夫妻一方出卖的标的物是夫妻共有房屋。房屋乃是除土地以外最主要的不动产,具有较大的财产价值,并且在通常情况下,共有房屋的出卖并不属于夫妻、家庭共同生活中的必要事项,因此,共有房屋的出卖一般情况下不被包含在日常家事的范围之内。当然在极其例外的情况下,应当将共有房屋的出卖这种事项纳入日常家事代理之中,如夫妻一方亟须手术费且不可能征询其意见时。

2. 房屋登记的效力如何,是否具有公信力?

我国《物权法》第 9 条第 1 款规定:“不动产物权的设立、变更、转让和消灭,经依法登记,发生效力;未经登记,不发生效力,但法律另有规定的除外。”依据该条规定,我国对于不动产物权的变动采实质的登记主义,即以登记为不动产物权变动的实质要件。因此,不动产物权的变动,只有在办理登记时才发生物权的设立和变动。同时,我国《物权法》第 16 条第 1 款规定:“不动产登记簿是物权归属和内容的根据。”通说认为,该规定意味着我国也承认了登记的推定力。该登记的推定力意味着,登记记载的权利人应当被推定为法律上的权利人。在登记没有更正的情况下,只能推定登记记载的权利人就是物权人。我国现有法律并未明确规定物权变动的公信原则。依据该原则,公示方法所表现的物权即便不存在或内容有异,但对于信赖该公示方法所表征的物权而为物权交易的人,法律仍然承认有与真实物权相同的法律效力。尽管我国立法未承认物权变动的公信原则,但在登记申请人办理了登记之后,任何人因为信赖登记,而与登记权利人就登记的财产从事了交易行为,符合善意取得的构成要件,应当受到善意取得制度的保护,取得该不动产的所有权。

3. 无权处分与无权代理的如何区分?

无权代理是指行为人没有代理权、超越代理权或者代理权终止后以被代理人名义而为的法律行为。简言之,无权代理就是指无代理权人以本人之名义为法律行为,包括债权行为及处分行为。无代理权人所为的法律行为,其效力为效力待定(包括债权行为及处分行为),即无权代理法律行为的效力取决于本人追认与否。在无权代理中,对于善意第三人,原则不予保护,但构成表见代理的除外。无权处分是指无处分权人以自己名义处分他人权利,仅指处分行为,包括物权行为及准物权行为。无权处分所要处理的是物权变动问题,若自无处分权人处取得物权的第三人为善意的,则其可依据善意取得制度取得该物权。

以上可以看出无权处分与无权代理具有以下区别:(1)从事相关法律行为时的名义不同。在无权代理中,代理人是以被代理人的名义进行交易;而在无权处分中,无处分权人是以自己的名义对标的物进行处分。正是因为这种操作上的不同,受让人从事交易的基础也不一样:在无权代理中,买受人从事交易的基础是因为信赖"代理权"的存在;而在无权处分中,买受人从事交易的基础是因为信赖"处分权"的存在。(2)适用范围不同。无权代理不仅适用于负担行为,也适用于处分行为;而无权处分仅适用于处分行为。而这也就意味着,无权处分并不适用于解决负担行为的效力问题。(3)法律效果不同。无代理权人以本人名义签订的合同效力是效力待定的,合同最终无效或者有效取决于本人的追认与否;而无处分权人以自己名义签订的合同效力是确定有效的。

4. 无处分权人订立的处分物权的合同效力如何?

对于无处分权人订立的合同,理论界普遍认为合同的效力是有效的。同时我国《物权法》第 15 条规定:当事人之间订立有关设立、变更、转让和消灭不动产物权的合同,除法律另有规定或者合同另有约定外,自合同成立时生效;未办理物权登记的,不影响合同效力。最高人民法院《关于审理买卖合同纠纷案件适用法律问题的解释》第 3 条第 1 款规定,当事人一方以出卖人在缔约时对标的物没有所有权或者处分权为由主张合同无效的,人民法院不予支持。从以上两个法律规定中可以看出,我国现有法律对于无处分权人订立的合同效力的认定,也并不把有处分权作为合同的生效要件。

5. 在具体案件在，善意取得之善意应如何认定？

在无处分权人处分他人权利的情况下，第三人是否可通过善意取得来取得该他人权利的一个关键点在于其是否构成善意。善意的认定应当结合具体的案情进行具体分析，应当考虑是否第三人可通过相对较小的成本付出即可查明真正的权利人。以本案为例，王永寿在妻子不知情的情况下处分了他们的共有房屋，而顾永福作为房屋买卖合同中的买受人，同时也是第三人；其在与王永寿缔结房屋买卖合同时，对于王永寿这样的年纪的人来说，应当询问其是否结婚以及该房屋是否属于夫妻共有房屋，而对此一审法院并未查明，同时诉讼参与人对此也未予控辩。若顾永福作为第三人已尽到该查明义务，则其可据引善意取得而对房屋主张所有权；若否，则其将不构成善意取得。

课堂时间安排

本案例可以作为专门的案例教学课来进行，整个案例课的课堂安排6个课时，每课时45分钟。

如下课堂设计，仅供参考。

1. 课前计划：提前将案例及相关参考资料发给学生，要求学生对案例所涉问题进行思考，撰写实践题答案。

2. 课中计划：(1)介绍教学目的，明确讨论主题；(2)分组讨论，回答各项思考题，讨论实践题的撰写要点；(3)小组代表提出撰写要点，学生讨论和分析；(4)教师归纳总结。

3. 课后计划：要求学生进一步思考如何撰写起诉书与答辩状，以及如何区分无权处分与无权代理。

思考题和实践题

1. 思考题

(1)本案例中各民事主体之间的法律关系为何？

(2)原告对被告的请求权基础为何？

(3)依据我国现有的法律规定，房屋登记是否具有公信力？

(4)无权处分与无权代理如何区分？

(5)无处分权人订立的处分物权的合同效力应当如何?

(6)本案中,顾永福是否可以成为善意第三人?

(7)何为家事代理权?本案中家事代理权可否适用?

(8)一审法院的判决是否存在法律适用上的错误?

(9)一审法院对事实的查明是否完全?

2. 实践题

(1)如果你是顾永福以及王永寿的律师,针对以上案情为两者分别撰写起诉书与答辩状。

(2)如果你是本案二审的主审法官,你会如何判决该案件?

参考文献

1. 沈良琪、凌岩:《论夫妻财产权行使与第三人利益保护》,载万鄂湘主编:《婚姻法理论与适用》,人民法院出版社 2005 年版。

2. 江滢:《日常家事代理权的构成要件及探讨立法》,载《法学杂志》2011 年第 7 期。

3. 梁慧星:《中国民法典草案建议稿附理由书 · 亲属编》,法律出版社 2006 年版。

4. 王利明:《物权法论》(修订二版),中国政法大学出版社 2008 年版。

5. 陈华彬:《民法物权论》,中国法制出版社 2010 年版。

6. 马忆南、杨朝:《日常家事代理权研究》,载《法学家》2000 年第 4 期。

7. 王泽鉴:《债法原理》,北京大学出版社 2009 年版。

8. 刘贵祥:《论无权处分与善意取得制度的冲突和协调》,载《法学家》2011 年第 5 期。

9. 最高人民法院民事审判第一庭:《婚姻法司法解释的理解与适用》,中国法制出版社 2002 年版。

10. 辛正郁:《夫妻共有房屋单方处分中的法律适用问题》,载《人民司法》(应用版)2011 年第 19 期。

撰稿人 | 包俊,南京师范大学法学院副教授

21 CASE 黄××与××××股份有限公司打印字迹时间鉴定案

| 摘　要 |

本案例以一起真实的民事诉讼纠纷为例,围绕民事诉讼中司法鉴定的启动、实施和鉴定意见审查三个环节,涉及知识点和执业技能内容包括司法鉴定的启动与实施,司法鉴定文书的基本构造,鉴定意见审查的主要方法等。具体而言,本案所包含的实务问题包括司法鉴定的申请与决定、司法鉴定的委托、专门性问题的解决方法、司法鉴定意见的审查认定,以及司法鉴定相关法律文书的撰写等。本案对于民事诉讼中专门性问题的处理具有参考意义。

| 关键词 |

打印字迹　时间鉴定　司法鉴定　启动　实施　证据认定

| 教学目标 |

着重使学生掌握如下内容:(1)民事诉讼中司法鉴定的基本程序,重点把握司法鉴定的启动;(2)与司法鉴定有关的法律文书的撰写;(3)文书时间鉴定的基本思路,特别是打印字迹时间鉴定的基本方法,使学生懂得历史知识在证据真伪审查(尤其是专门性问题解决)中的重要性;(4)司法鉴定意见的审查认证方法。

教学案例主文

一、案件背景

近年来,随着我国办公自动化水平的不断提高,电子打印文书已成为诉讼中常见的书证类型之一。与此同时,司法实践中围绕印刷文书真伪的认定话题,已然成为常态。目前,民事诉讼中就电子打印文书真伪产生争议的焦点主要包括:一是电子打印机文书是否存在伪造/变造现象;二是该文书的具体打印形成时间。对于前者,可以具体界分为单页文书和多页文书两种类型。对于单页文书,其常见的伪造/变造手法主要有涂改和添加打印;而对于多页文书,其主要伪造/变造手法则是换页。上述三种情况,在具备检案条件的情况下,可通过相应技术手段得以有效解决。至于印刷文书的具体形成时间,特别是印刷体字迹的具体形成时间问题,目前尚无有效的理化检验手段,来加以鉴别。但是,从文书的具体构成来讲,一份电子打印文书的完成需经历印刷纸张选用、文字编排、使用相应打印具输出印刷字迹、文书的签署四个基本过程,而包括打印纸张、印刷体字迹类型、打印机具在内的打印文书的整个形成过程,在特定条件下,可检出相应的历史特点,依据这些历史特点,可以鉴别电子文书形成的历史时期,继而服务于鉴别电子打印文书的形成时间鉴别。下文所列案例正是据此得以实现对电子打印文书形成时间的鉴别的。

二、基本案情介绍

(一)案件经过

1988年8月1日—1990年12月31日,××省××县第×建筑工程公司第×工程队(以下简称黄××施工队)通过竞标,承接了由中国有色金属工业总公司××工程承包公司(实际由××有色冶金设计研究院计划处处长负责,后该公司改制为××有色冶金设计院股份公司)发包的××省×××市河门口发电厂运灰索道冲灰渣沟隧道工程,工程造价为35万元人民币。该工程于1991年1月25日完成竣工验收。工程建设过程中,中国有色金属工业总公司××工程承包公司(以下简称××工程承包公司)共支付工程款计人民币13万元。工程竣工验收后,××工程承包公司按约定于1992年1月1日前结清了剩余工程款。

2012年11月12日,黄××以××工程承包公司未按时支付剩余工程款为由,将××有色冶金设计院股份公司诉诸法庭,要求××省×××市×区人民法院判令该公司支付剩余工程款及相应利息,并向法庭提交了一份落款日期为"一九九三年三月三十日"的《工程竣工结算及付款通知书》(以下简称《通知书》)(见《附件1》)。

(二)一审情况

一审审理过程中,被告对黄××提交的《通知书》真实性提出质疑,认为该《通知书》系伪造形成,其应形成于2005年之后。同时,为确定该《通知书》的具体形成时间,被告向××省×××市×区人民法院递交了《司法鉴定申请书》,主审法官审理后认为,被告提出的鉴定要求合理,符合法律规定,予以支持。经双方协商后,××省×××市×区人民法院报经××省×××市中级人民法院同意,由××省×××市中级人民法院向××××大学司法鉴定中心书面递交了《司法鉴定委托书》。

(三)鉴定情况

经评审,××××大学司法鉴定中心认为该案委托程序合法,检材具备鉴定条件,并于收到委托人移交的《司法鉴定委托书》、检材等相关鉴定材料的当日,受理了本案鉴定,并指派该中心具备文书司法鉴定资质的2名以上的司法鉴定人独立完成了该案鉴定。而后,××××大学司法鉴定中心在接受委托后的30个工作日内出具了相应的《司法鉴定意见书》。该鉴定意见书中的鉴定意见表述为:"落款日期为'一九九一年三月三十日'的《工程竣工结算及付款通知书》上的印刷体字迹应形成1995年之后。"

教学指导手册

教学目标

本案例主要就打印字迹形成时间鉴定涉及的民事诉讼中的司法鉴定相关问题进行讲授。具体要解决的问题包括:(1)民事诉讼活动中,如何启动司法鉴定;(2)启动司法鉴定的相关法律文书的撰写;(3)司法鉴定的委托与受理程序;(4)打印字迹时间鉴定的具体方法(尤其是利用历史知识鉴别打印字迹形成时间的问题);(5)司法鉴定文书的种类及构成;(6)司法鉴定的特别程序;(7)司法鉴定意见的审查方法。

教学内容

1. 民事诉讼活动中启动司法鉴定的基本程序

民事诉讼活动中,当案件进入诉讼程序后,当事人如对涉案证据提出质疑,并能提出合理理由的,可以向办案法院提出司法鉴定申请。办案法院对于当事人提出的司法鉴定申请进行审查后，认为有必要的，经批准即可进行司法鉴定。此外，法院在审理过程中认为有必要提出司法鉴定的，可以自行决定进行司法鉴定。待当事人申请获批后/或人民法院决定进行鉴定的，继而进入鉴定机构遴选环节。遴选鉴定机构可分为两种方式：一种是由当事人双方协商一致，遴选鉴定机构；另一种则是由人民法院指定相应的鉴定机构。司法实践中，通常先由当事人自行协商选择，协商不成的，再由人民法院指定鉴定机构。对于难度较大的专门性问题（如文书形成时间鉴定等），实践中通常由人民法院推荐，当事人再在推荐的鉴定机构中选择一个鉴定机构进行鉴定。

2. 启动司法鉴定的相关法律文书的撰写

启动司法鉴定的相关法律文书主要有：(1)司法鉴定申请书；(2)司法鉴定委托书；(3)移送鉴定材料清单。

其中，第(1)项由当事人制作，第(2)、(3)项由人民法院完成。

具体而言，《司法鉴定申请书》由标题、正文和落款三个部分构成（教学部分重点说明正文部分）。司法鉴定申请书正文包括当事人基本情况介绍、提请鉴定申请的事实和理由、具体的鉴定要求三方面主要内容（格式参见附件2）。

谈及《司法鉴定委托书》，其是启动司法鉴定不可或缺的法律文书，是鉴定实施和开展的前提，故作为法律人，有必要了解并掌握其构成。《司法鉴定委托书》格式亦由标题、正文和落款三个部分构成，标题部分应写明委托机构名称和司法鉴定委托书字样（如本案的委托书标题“××省×××市中级人民法院司法鉴定委托书”）。在委托书标题右下方应注明发文编号（格式如“×中法司鉴×委鉴字××号”）；正文抬头应写明受托司法鉴定机构的名称。正文内容包括基本案情介绍、明确的委托鉴定事项；落款部分应加注委托机构签章（另需附注委托机构通讯方式，便于鉴定过程中联系沟通）（格式参见附件3）。

至于《移送鉴定材料清单》，是对移送鉴定材料的基本说明，主要用于保证移送鉴定材料和鉴定完成后退还鉴定材料的一致性。委托方可将移送的鉴定材料在《司法鉴定委托书》附件部分加以说明，也可单独制作《移送鉴定材料清单》。委托人制作的《移送鉴定材料清单》一般应一式两份，一份自行保存，一份交由受托方，其中应对送检材料（主要是检材和样本）的数量、名称、性状、来源情况加以明确描述（格式参见附件4）。

3. 司法鉴定的委托受理程序

司法鉴定的委托和受理，是司法鉴定启动和实施的衔接环节，主要涉及如下四方面问题:委托方式选择、案件相关材料的移送、受托方对委托鉴定要求和送检材料的审查,以及委托过程中相关法律手续的办理。

首先,司法鉴定的委托方式通常包括现场委托和邮寄委托两种,前一种方式在司法实践中较为常见,后一种通常见于委托方与受托方距离较远,现场委托不便的情况。

其次,案件相关材料的移送。司法鉴定委托环节的案件相关材料包括但不限于《司法鉴定委托书》《移送鉴定材料清单》、鉴定材料(含检材与样本)、委托人身份证明材料,其他有必要移交受托方的涉案材料等。需要重点说明,鉴定材料特别是检材,通常情况下,需要移送原件/原物,如原件存在但因客观原因不能移动的,可由受托方到检材保管地加以勘验后固定提取。若检材原件灭失,经受托方审查认为有检验条件的,可以移送检材复制件。

再次,受托方对于鉴定要求及送检材料的审查程序。此环节为鉴定能否顺利实施的关键环节。具体而言,鉴定要求审查涉及两项内容:一是委托人提出的鉴定要求当前技术手段能否解决;二是所提鉴定要求是否准确(重点告知学生提出鉴定要求的方法和技巧);送检材料的审查涉及:一是送检材料数量的核对;二是鉴定条件审查,即对送检检材和样本能否满足鉴定要求的审查。以笔迹真伪鉴定为例,审查内容含及检材的性状、检材上的检材字迹形成方式、样本的数量、样本是否具备可比性等。若送检材料在任何一方面无法满足鉴定要求,就可能导致案件无法正常实施。

最后,委托过程中相关法律手续的办理。主要包括《司法鉴定协议书》(重点说明)的签订和司法鉴定的收费手续。其中,《司法鉴定协议书》是约定鉴定双方权利义务的重要合同,内容涉及双方约定的鉴定要求、鉴定期限、鉴定文书的送达方式、鉴定双方的权利义务、相应的违约责任及处理办法,等等。其通常一式两份,分别交由为委托人和受托鉴定机构保存(格式参见附件5)。

4. 打印字迹形成时间鉴定的具体方法

打印字迹形成时间鉴定属于文书检验的范畴,其可以利用文书检验的通用方法,来实施鉴定。具体而言,文书形成时间鉴定,可以通过构成文书的基本要素,如纸张、书写/印刷字迹、指印、印章印文、朱墨时序鉴定文书标称形成时间段内的制作文书的技术方法等鉴别加以实现。鉴定类型分为绝对形成时间鉴定和相对形成时间鉴定。绝对形成时间鉴定,即在不依赖样本材料的情况下,运用相应的技术手段,通过一系列理化分析,来确定检材的具体形成时间;而相对形成时间鉴定,则主要依赖于形成时间可靠的,与检材在相近时间内形成条件相同/

接近的文书材料的理化分析，来确定检材的形成时间段。司法实践中，后一种类型较为常见。

具体到打印字迹时间鉴定，由于形成打印字迹的油墨稳定性较强，目前通过有效理化手段来定量分析打印字迹形成后的历时性衰变特点，因此该鉴定项目当前尚属于司法鉴定实践中的难点问题。当然，在特定条件下，可以通过制作打印字迹的软硬件工具的时代特点来确定打印字迹的最早可能形成的时间，若检材打印字迹的最早形成时间晚于其标称形成时间，即可得出明确的鉴定意见。

本案中，检材（见附件1）的落款时间为“一九九一年三月三十日”。鉴定过程中发现，检材上的印刷体字迹系用激光打印机打印形成，字迹打印所用的字库为曲线字库。经查证历史文献，全球首台中文激光打印机，系1993年由联想集团制造的“LJ3A”型中文激光打印机；至于汉字曲线字库的最早出现时间，应在1995年（中易中标电子信息技术有限公司制作）之后。上述时间节点，明显与检材落款时间“一九九一年三月三十日”相矛盾。上述矛盾表明，送检检材上的打印字迹，最早可能在1995年形成。如此一来，就解决了当事人双方对打印字迹形成时间的争议。

本案鉴定的技术难度虽然不高，但对于鉴定人的历史知识的储备则提出了严格要求。推及到整个诉讼活动，这对于以后从事法律工作的法律人来讲，在涉及证据审查过程中，除要求法律人具备较高的法律素养、严密的逻辑推理外，还应对一些历史常识问题有所关注，这些相关历史知识的储备，特定情况下可起到事半功倍的效果。

5. 司法鉴定文书的种类及构成

司法鉴定文书包括《司法鉴定意见书》和《司法鉴定检验报告书》两种。《司法鉴定意见书》主要适用于传统的经验性鉴定领域，而《司法鉴定检验报告书》主要适用于依赖于仪器进行化学分析，并客观表述检测分析结果的鉴定项目，如微量物证鉴定。在构成上，两者均有正文和附件两个部分构成。具体来讲，两者正文部分由标题、鉴定案件编号、基本情况描述、检案摘要、检验过程、分析说明（《司法鉴定检验报告书》无分析说明部分）、鉴定意见描述、落款部分（鉴定人签名）构成。附件部分通常由特征比对表、图片说明、送检材料复制件、鉴定机构和鉴定人资质证书复制件构成。其中，特征比对表和图片说明可以根据鉴定要求选用。

6. 司法鉴定的特别程序

司法鉴定的特别程序主要包括补充鉴定和重新鉴定两类。所谓补充鉴定，是指原鉴定有漏项情况(通常是委托人在鉴定活动完成后增加鉴定要求)，需要在原有鉴定基础上，对该案涉及的新的鉴定要求进行补充。补充鉴定的受托鉴定机构是原受托机构；重新鉴定，是指本案原有鉴定活动已经完成，当事人/委托人要求对原鉴定要求再行进行鉴定的情况。重新鉴定的启动通常需满足如下条件之一：一是当事人对鉴定提出异议并能提出合理理由；二是原鉴定意见明显错误的(经审查认定后确定)；三是前后两次鉴定意见相矛盾的。重新鉴定的受托方为除原鉴定机构外的其他鉴定机构。根据我国相关法律法规规定，重新鉴定无次数限制。

7. 司法鉴定意见的审查方法

在厘清证据审查认定的一般要求后，重点说明对司法鉴定意见的证据能力审查方法。参考我国《民事诉讼法》及相关司法解释的规定，可将司法鉴定意见的证据能力审查分作四个方面，即主体资质审查、程序审查、形式审查、意见的技术审查。

主体资质审查，即审查受托鉴定机构和鉴定人是否有鉴定资质(重点关注鉴定人是否超范围执业)，此可在鉴定机构所在地司法行政管理部门进行登记/备案查询；程序审查，即对从鉴定启动、实施到完成的各个环节是否有违法律程序规定的情况进行审查；形式审查，主要侧重于司法鉴定文书的审查，内容包含但不限于文书类型、内容组成、格式、措辞用语等。在形式审查方面，可以依照行业主管机关发布的文书规范及其范本进行；技术审查层面，历来是鉴定意见审查的薄弱环节，原因在于审查主体和被审查对象间的不平等对抗(通俗来讲，是由于诸多主办法官不懂司法鉴定相关的技术手段)。对此，在2012年《民事诉讼法》中通过建立“专家证人”制度(不同于英美法系国家的专家证人，其实际上是专家辅助人的另一种称谓)，在一定程度上弥补了该缺憾。具体来讲，技术审查的主要着眼点包括但不限于：所用技术方法的科学性审查、得出鉴定意见的技术方法依据、对发现的异常之处的成因分析及解释、支撑鉴定意见得出的图片/视频材料等。

结合本案，在对鉴定进行审查时，除主体资质审查、程序审查、形式审查外，在技术审查层面，应重点对考证文献来源、字迹是激光打印机形成的鉴别依据、打印字迹曲线字库与现行字库的区别、支持得出字迹是用曲线字库并用激光打印机打印形成的图片材料是否充分进行技术审查。

预期效果

使学生借助本案,将民事诉讼活动中,司法鉴定从启动到实施的各个程序加以熟知,并掌握与司法鉴定有关的法律文书的写作方法,以便于学生在日后从事司法实务过程中能够独立完成与司法鉴定申请和委托有关的法律事宜。此外,借助本案使学生了解并熟知司法鉴定意见审查的基本方法。再有,望通过本案鉴定告知学生历史知识掌握的必要性,培养其发散思维能力。

具体而言,通过本案例教学所期望达到的最佳效果为:一是学生能够知晓启动司法鉴定的时间,以及启动司法鉴定的方法;二是能够独立完成包括《司法鉴定申请书》《司法鉴定委托书》在内的法律文书的撰写;三是从本案鉴定方法中学得历史知识在证据的证据能力审查方面的重要性;四是知晓启动司法鉴定特别程序的条件;五是了解从技术角度审查鉴定意见的渠道和途径。

教学计划

1. 课前计划:收集同类型案例,由学生自行收集相关资料,并撰写问题答案。

2. 课中计划:(1)介绍教学目的,明确课题议题;(2)主要内容讲授和演示;(3)分组展开讨论,并由小组长整理学生课前作业发现的问题;(4)针对整体出的问题,由教师进行解答和归纳总结。

3. 课后计划:给出其他类型案例,要求学生独立完成司法鉴定的启动、司法鉴定相关法律文书的撰写,进一步提高学生的动手能力。

课堂时间安排

本案例可以作为专门的实训课程来实施,整个实训课程的课堂教授安排 4 个课时,实训课程对应安排 4 个课时。每一课时 45 分钟。

思考题和实践题

1. 思考题

(1)什么是诉讼中的专门性问题?

(2)民事诉讼活动中,当事人应在什么阶段提出司法鉴定申请?向谁提出司法鉴定申请?

(3)在诉讼活动之中,当事人对涉案证据产生争议时,是否都应提请司法鉴定?为什么?

(4)民事诉讼活动中,启动司法鉴定的条件及方式是什么?

(5)提请申请后,人民法院不准许进行司法鉴定的,是否可以救济?如能,如何救济?

(6)民事诉讼活动中,人民法院批准进行司法鉴定的条件?

(7)当事人能否自行选择鉴定机构?如何选择鉴定机构?

(8)民事诉讼活动中,由谁进行司法鉴定委托?委托鉴定前,应当做何准备?

(9)什么是检材和样本?

(10)司法鉴定文书的主要种类有哪些?其基本构成是什么?

(11)文书形成时间鉴定的基本方法有哪些?

(12)当前鉴定打印字迹形成时间的主要方法有哪些?

(13)鉴定意见有哪些类型?得出这些鉴定意见的条件是什么?

(14)当事人如何要求鉴定人出庭作证?

(15)专家证人与司法鉴定人的区别是什么?专家证人在诉讼中的作用是什么?

(16)民事诉讼活动中,如何聘请专家证人出庭作证?

(17)提请补充鉴定和重新鉴定的条件是什么?

2. 实践题

(1)假定你是当事人的代理律师,结合本案,请帮助鉴定申请人撰写一份《司法鉴定申请书》。

(2)假定你是案件审判法官,结合本案,请你主持完成鉴定机构的遴选程序。

(3)假定你是案件审判法官,结合本案撰写一份《司法鉴定委托书》。

(4)假定你是本案被告的代理律师,请撰写一份针对该案鉴定意见的质证意见。

(5)假定你是本案被告的代理律师,如何聘请专家证人出庭对本案的鉴定意见进行质证。

(6)请你根据《附件6》所列检材,提出鉴别其中的打印字迹形成时间的方法。

参考文献

1. 霍宪丹、杜志淳、郭华:《司法鉴定通论》,法律出版社2013年版。

2. 霍宪丹:《司法鉴定学》,中国政法大学出版社2010年版。

3. 贾治辉:《文书检验》,中国民主法制出版社2007年版。

4. 谌宏伟:《论民事诉讼中司法鉴定程序的启动——以〈关于民事诉讼证据的若干规定〉第28条为主要分析对象》,载《中国司法鉴定》2006年第4期。

附件：

1. 落款日期为“一九九一年三月三十日”的《工程竣工结算及付款通知书》原件图片（检材）

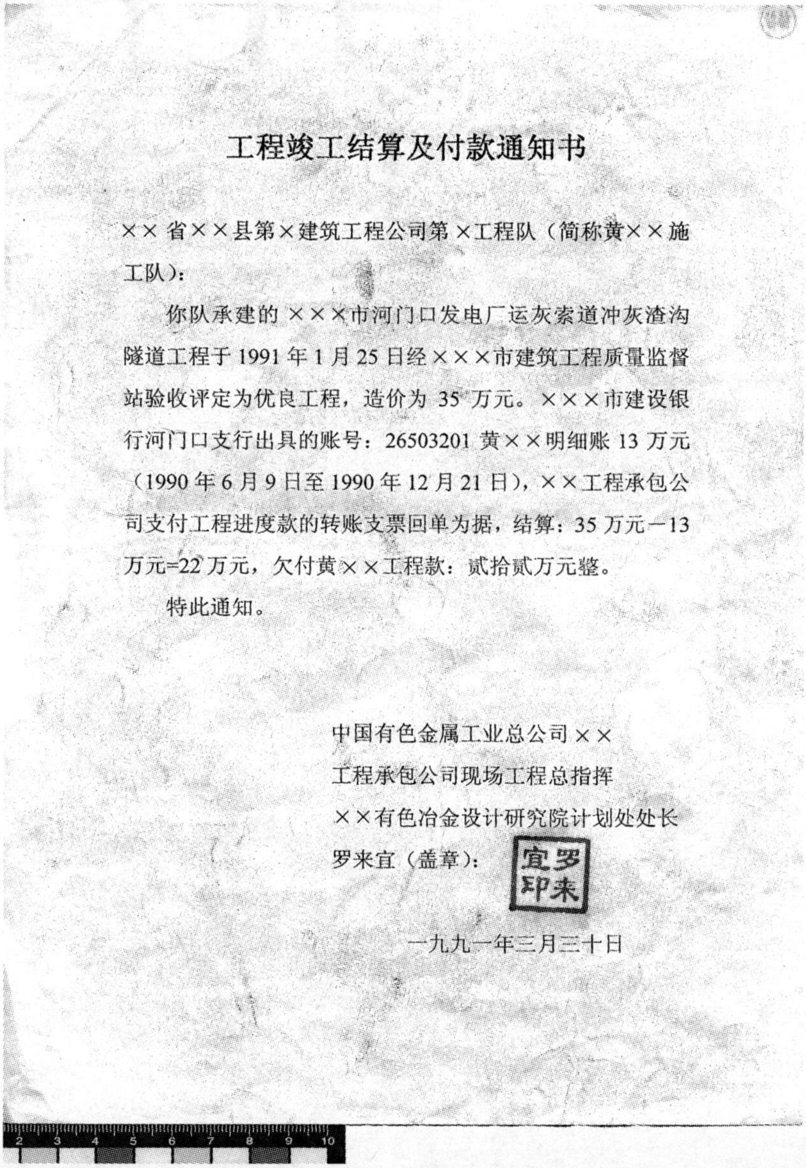

工程竣工结算及付款通知书

××省××县第×建筑工程公司第×工程队（简称黄××施工队）：

你队承建的×××市河门口发电厂运灰索道冲灰渣沟隧道工程于1991年1月25日经×××市建筑工程质量监督站验收评定为优良工程，造价为35万元。×××市建设银行河门口支行出具的账号：26503201黄××明细账13万元（1990年6月9日至1990年12月21日），××工程承包公司支付工程进度款的转账支票回单为据，结算：35万元－13万元=22万元，欠付黄××工程款：贰拾贰万元整。

特此通知。

中国有色金属工业总公司××
工程承包公司现场工程总指挥
××有色冶金设计研究院计划处处长
罗来宜（盖章）：宜罗印来

一九九一年三月三十日

检材原貌图片

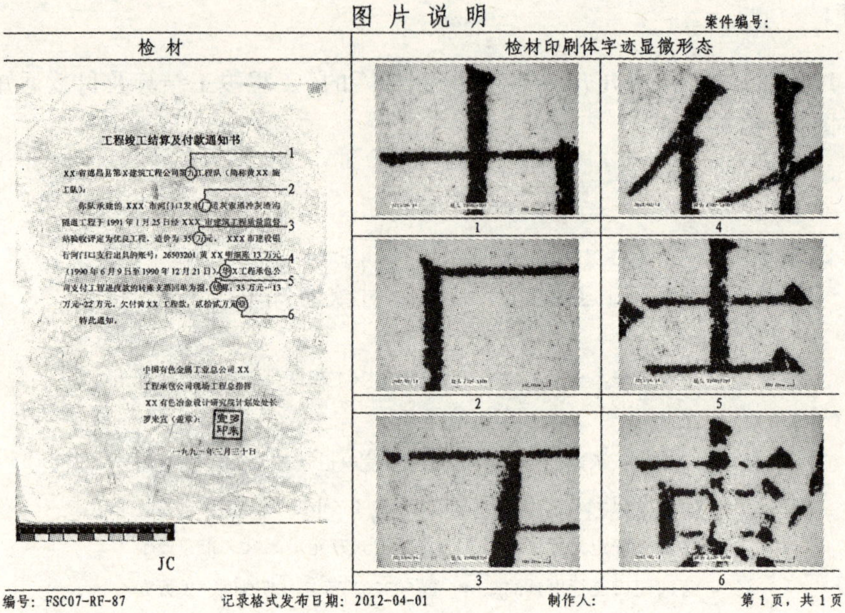

检材上的印刷体字迹检验图片

2.《司法鉴定申请书》范本

司法鉴定申请书

申 请 人:

被申请人:

被申请人:

鉴定要求:

事实和理由:

此致

××××人民法院

申请人:

年　月　日

3.《司法鉴定委托书》范本

XXX 市中级人民法院
司法鉴定委托书

×中法司鉴×委鉴字[ ]号

××××大学司法鉴定中心：

我院受理黄××诉××有色冶金设计院股份公司建设工程合同纠纷一案，依照《××省高级人民法院对外委托鉴定管理办法》有关规定，现委托贵中心对以下事项进行鉴定。

鉴定事项：对黄××提交的《工程竣工结算及付款通知书》上字体打印技术为近代喷墨打印或激光打印形成而非该书落款日期为九十年代初的针式打印的字体形成时间的鉴定。

附：1. 民事诉状复制件1份2页；

2. ××有色冶金设计院股份公司提出《司法鉴定申请书》复制件1份1页；

3. 黄××提供《工程竣工结算及付款通知书》原件1份1页；

委托方联系方式：

联系人：罗××

联系电话:××××-××××××××

通讯地址:××省×××市××区×××路××号×××市中级人民法院技术室

邮政编码：××××××

××省×××市中级人民法院

2013年 5月18 日

4.《移送鉴定材料清单》范本

移送鉴定材料清单

案件名称：		案号：			
		序号	名称	原/复	数量
移送材料内容	检材				份共　页
					份共　页
					份共　页
					份共　页
					份共　页
					份共　页
					份共　页
					份共　页
					份共　页
					份共　页
	样本				份共　页
					份共　页
					份共　页
					份共　页
					份共　页
					份共　页
					份共　页
					份共　页
	其他材料				份共　页

续表

承办人 意　见	
领导审 批意见	
移送人：	移送时间：　　年　　月　　日
接收人：	接收时间：　　年　　月　　日

5.《司法鉴定协议书》范本

××××××司法鉴定中心

司法鉴定协议书

流水号或案件号：____________________（鉴定人填写）

委 托 人		联 系 人	
联系地址		联系电话	
委托日期		送 检 人	
司法鉴定 机　　构	机构名称：　　许可证号： 地　　址：　　邮　　编： 本鉴定联系人：　　联系电话：		
委托鉴定 事项及用途	委托鉴定事项： 用途：		
委托鉴定 要　　求			
重新鉴定	□否　□是，既往鉴定____次。（需提供既往鉴定书复印件）		
检案摘要			

续表

<table>
<tr><td rowspan="14">鉴定材料目录和数量</td><td>序号</td><td>名 称</td><td>数量</td><td>状态</td><td>类型</td><td>提供方</td></tr>
<tr><td>1</td><td></td><td></td><td></td><td></td><td></td></tr>
<tr><td>2</td><td></td><td></td><td></td><td></td><td></td></tr>
<tr><td>3</td><td></td><td></td><td></td><td></td><td></td></tr>
<tr><td>4</td><td></td><td></td><td></td><td></td><td></td></tr>
<tr><td>5</td><td></td><td></td><td></td><td></td><td></td></tr>
<tr><td>6</td><td></td><td></td><td></td><td></td><td></td></tr>
<tr><td>7</td><td></td><td></td><td></td><td></td><td></td></tr>
<tr><td>8</td><td></td><td></td><td></td><td></td><td></td></tr>
<tr><td>9</td><td></td><td></td><td></td><td></td><td></td></tr>
<tr><td>10</td><td></td><td></td><td></td><td></td><td></td></tr>
<tr><td>11</td><td></td><td></td><td></td><td></td><td></td></tr>
<tr><td colspan="6">纸质类鉴定材料复印件通常不退还,请在送检前自行复印留档。</td></tr>
<tr><td colspan="2">声明:我保证提供的鉴定材料真实、来源合法。</td><td colspan="4">签名:　　　日期:</td></tr>
<tr><td rowspan="2">鉴定费用
及
收取方式</td><td colspan="6">□按照司法鉴定收费标准对委托鉴定事项分项目进行收费,预计收费总计　　元,人民币大写　　　　元整。其中,鉴定
项目______元;项目______________元
项目______元;项目______________元
项目______元;项目______________元</td></tr>
<tr><td colspan="6">□按照疑难复杂和重大社会影响的或□三次以上鉴定案件进行收费,预计收费总计　　　元,人民币大写　　　　元整。疑难、复杂案件属以下何种情形:
□由省级或省级以上相关部门委托的案件
□需组织三名或三名以上相关领域专家共同参与的案件
□案件引起社会普遍关注,并经省级或省级以上电台、电视台报道的
□案件争议时间长,案发时间超过五年(含五年)的案件
□经与委托人协商,共同认定为疑难、复杂和有重大社会影响的其他案件</td></tr>
</table>

续表

<table>
<tr><td>鉴定文书及鉴定材料发送方式</td><td>□委托方自取 □被鉴定人代取 □其他方式(注明):______
□邮寄地址:______
□鉴定材料邮寄。要求人签名:
注:如要求同时邮寄鉴定材料的,邮寄过程中资料丢失由要求人承担。</td></tr>
<tr><td colspan="2">协议事项:
1. 鉴定机构应当严格依照有关技术规范保管和使用鉴定材料。鉴定委托人同意或者认可:
□ 因鉴定需要耗尽检材;□ 因鉴定需要可能损坏检材;□ 鉴定完成后无法完整退还检材;
□ 送检组织器官、标本及蜡块为消耗性检验;□ 检材留样保存______个月。
2. 鉴定时限:从 □协议签订 □补齐材料之日起______个工作日完成;□遇复杂、疑难、特殊的技术问题,或者检验过程确需较长时间的,延长______个工作日;□医疗纠纷鉴定自协议签订后______启动,资料补齐及听证后______工作日完成。需补充材料的,应在30日内完成,未按期补充的,本所有权终止鉴定。补充及重提鉴定材料时间不计入鉴定时限。
3. 特殊情形鉴定:
□ 需要对女性作妇科检查;□ 需要对未成年人的身体进行检查;□ 需要对被鉴定人进行法医精神病鉴定;□ 需要到现场提取检材;□ 需要进行尸体解剖。
4. 病理切片由______制作。
5. □ 委托人要求鉴定人回避。被要求回避的鉴定人姓名______。需提供书面回避理由。
6. 鉴定过程中如需变更协议书内容,由协议双方协议确定。</td></tr>
<tr><td>其他约定事项</td><td>□需补充以下材料或检查:______</td></tr>
<tr><td>协议变更事项</td><td></td></tr>
</table>

续表

<table>
<tr><td colspan="2">委托人（机构）
（签名或者盖章）
年　月　日</td><td>接受委托的鉴定机构
（受理人签名和盖章，未签名的协议无效）
年　月　日</td></tr>
<tr><td colspan="3">说明：涉及选择项目的，确定后需在□打勾（√）。</td></tr>
<tr><td>鉴定风险提示</td><td colspan="2">一、鉴定意见属于专业性意见
鉴定意见是鉴定人根据相关学科的专业知识，依据法律规定，客观、公正、科学地提出的专业性意见，属于法律规定的证据之一。是否成为定案的根据，取决于办案机关的审查和判断，鉴定机构及鉴定人无权干涉法官采信鉴定结论。如果办案机关不予采信，其有启动新的鉴定程序的权利。
二、法医学鉴定一般需要检查被鉴定人的身体
法医学鉴定人除了需要审查送检的鉴定材料之外，一般需要对被鉴定人的身体进行必要的检查或者其他辅助检查，特殊情况才实施文证审查鉴定。
三、鉴定可能得不出明确的意见
鉴定人只能根据现有的送检材料和检查情况得出鉴定意见，在没有得到办案机关授权的情况下，不能自行调取鉴定资料，也不能采用举证责任的分配方式要求当事人提供新的鉴定材料。因此，由于鉴定材料的限制或者受客观条件的制约，有时可能得不出明确的鉴定意见。
四、鉴定意见可能对被告不利，也可能对原告不利
鉴定需要解决的问题是办案机关处理案件的疑难专业问题，鉴定人遵循科学、独立、客观、公正的宗旨，鉴定活动也是围绕委托方提出的鉴定目的来进行的。因此，鉴定意见可能对被告不利，也可能对原告不利。
五、鉴定费用的承担
鉴定活动由办案机关启动，鉴定需要交纳费用，无论是任何一方支付鉴定费，都属于垫付，最终由哪一方承担，由办案机关决定。如果需要鉴定人出庭质证，申请出庭质证的一方还必须支付相关的出庭费用。
六、鉴定活动具有严肃性
鉴定人出具的鉴定文书一经发出，不得收回。鉴定人可以就鉴定委托方和当事人提出的有关鉴定文书中的问题进行解释，如果当事人仍然有意见或者异议，只能通过庭审质证或者申请其他鉴定机构重新鉴定来解决。</td></tr>
</table>

续表

账户信息	
专业室电话及网站	

6. 落款日期为“二〇〇四一月一日的”《借条》原件1份1页

借 条

本人王XX于2004年1月1日向李XX借款人民币120,000元（大写金额：壹拾贰万元整），保证于2006年12月31日归还，利息按同期银行利率计算。本人以位于XX省XX市XX区XX路XX一单元203室的房屋作为抵押担保。逾期不还的，李XX可向XX省XX市XX区人民申请对上述房产进行拍卖。

借款人：王XX

二〇〇四年一月一日

撰稿人 贾治辉，西南政法大学刑事侦查学院教授，硕士生导师
王俊，西南政法大学刑事侦查学院博士

22 CASE 北京锐邦涌和科贸有限公司与强生(上海)医疗器材有限公司等纵向垄断协议纠纷案

| 摘　要 |

全国首例纵向垄断纠纷诉讼——锐邦诉强生案,被认为是我国反垄断法颁布以来最具影响力的经典案件。本案例通过介绍该纠纷的产生、诉讼过程、争议焦点,以及上海市高级人民法院对该案的分析判定,使学生深入了解纵向垄断协议的构成要件,掌握在公司治理中对签订的经销合同涉及最低转售价格协议时要注意的一些重要法律问题。此外,通过本案总结纵向垄断协议纠纷的诉讼经验教训,对公司提高公司治理以及经销合同的垄断协议签订风险防范方面具有重要意义。

| 关键词 |

纵向垄断协议　举证责任　公司治理

| 教学目标 |

本案例通过介绍北京锐邦涌和科贸有限公司与强生(上海)医疗器材有限公司等纵向垄断协议纠纷一案产生的缘由、诉讼的一、二审过程以及最后的判决结果,帮助学生了解公司治理中经销合同的制定与签订,在涉及最低转售价格协议时要注意是否构成法律禁止的垄断协议等法律问题,不能违反我国相关法律法规。此外,在了解所涉协议是否为法律禁止的垄断协议后,还要了解发生垄断协议纠纷诉讼时应注意的法律问题。

教学案例主文

一、引言

强生(上海)医疗器材有限公司,成立于1994年,总部位于上海,是强生(中国)医疗器材有限公司(以下简称强生公司)在中国的独资企业,也是国内首家同时获得ISO13485质量体系和YY/TO288医疗器械应用专用标准两项权威认证的医疗器材公司。公司主要生产和销售强生先进的医疗器材和健康护理用品,同时,致力于将最新的医学技术和设备不断地介绍、引进到中国。位于闵行经济开发区的爱惜康缝线生产厂,是强生公司在全球最大的丝质医用缝合线生产厂。

北京锐邦涌和科贸有限公司(以下简称锐邦公司)是经北京市工商局、药监局批准经营、代理销售进口医疗器械的公司。其管理和经营的国际上最优秀的产品如下:(1)美国强生医疗用品系列产品。该产品是世界最优秀的产品之一,并在世界上占有很大的市场份额。(2)法国优格医疗用品系列。锐邦公司作为被告强生公司医用缝线、吻合器等医疗器械产品的经销商,与强生公司已有15年的经销合作关系。2008年1月,强生公司与锐邦公司签订《经销合同》及附件,约定锐邦公司不得以低于强生公司规定的价格销售产品。北京锐邦公司诉强生(上海)医疗器材有限公司和强生(中国)医疗器材有限公司纵向垄断纠纷案,在历经两级法院、审理长达三年后终于尘埃落定。这是第一个有法院审结且原告胜诉的纵向垄断案,乃中国《反垄断法》实施以来的标志性案件。

全国首例纵向垄断纠纷诉讼——锐邦诉强生垄断案,引发了关于最低转售价格维持法律问题的激烈讨论。事实上,在《反垄断法》实施前后,上游企业为维持品牌商誉,希望对终端销售价格进行限制,此乃在很多行业普遍存在,其中包括厂商与经销商签订限制最低转售价格的合同条款。不少经销商违反了这种条款而被处罚,本案中从事医疗器材销售的北京锐邦公司就是一例。只是这类限制最低转售价格协议本身并不一定违法。那么,这类协议究竟在什么情况下才被认为违反《反垄断法》,要追究其法律责任?由于对限制最低转售价格协议对市场竞争的有利影响和不利影响的分析涉及晦涩的经济学理论,所以,本案纠纷对于如何认定怎么样的“限定向第三人转售商品的最低价格”才算违法,具有一定的复杂性。另外,本案还涉及公司是否为适格原告,垄断协议的构成要件,举证责任分配争议,损失如何计算等重要问题。因此,法院关于本案中的纵向垄断协议纠纷处理具有不少的难度以及典型代表性。

二、本案纵向垄断协议纠纷的起因及诉讼过程

(一)本案纵向垄断协议纠纷的起因

原告锐邦公司是被告强生(上海)医疗器材有限公司和强生公司在北京地区从事缝合器及缝线产品销售业务的经销商,双方之间有着长达15年的合作,经销合同每年一签。2008年1月2日,两被告与原告签订经销合同,规定原告在两被告指定的相关区域销售爱惜康缝线部门的产品,期限自2008年1月1日至同年12月25日。合同附件七中对原告的经销区域以及经销指标作出明确的规定;合同附件五第2条还规定,原告不得低于被告规定的产品价格进行销售。经销合同签订后,被告强生(上海)医疗器材有限公司分别于2008年1月1日、3月15日、6月30日向原告出具授权区域证明书,证明原告可以在包括人民医院在内的相关区域负责销售相关产品。

2008年7月1日,被告强生(上海)医疗器材有限公司致函原告,以原告于2008年3月在人民医院的竞标中,私自降低销售价格,获取非授权区域的缝线经销权为由,扣除原告保证金人民币2万元,并取消原告在北京阜外医院、北京整形医院的销售权。2008年8月15日,锐邦公司向强生公司发出订单要求发货,但强生公司一直没有给锐邦公司发货,直至合同期满。2009年强生不与锐邦公司续约,锐邦公司为追讨损失一纸诉状把强生公司告上法庭。原告锐邦公司认为被告强生公司的上述行为构成了我国《反垄断法》第14条第2款所禁止的限定最低转售价格行为,被告实施垄断行为对原告造成了损害,依法应当承担民事赔偿责任,请求法院判令被告赔偿原告经济损失人民币1439.93万元,并承担本案全部诉讼费用。

(二)本案纵向垄断协议纠纷的诉讼过程

上海市第一中级人民法院于2010年8月26日受理本案后,依法组成合议庭,于2012年2月3日公开开庭进行了审理。原告法定代表人王某,委托代理人戴宾、岑兆琦;两被告委托代理人王钊、季光明到庭参加诉讼。原审法院认为,根据《反垄断法》第50条规定,在垄断纠纷案件中,判令经营者承担实施垄断行为的民事责任,需要具备实施垄断行为、他人受损害、垄断行为与损害具有因果关系三个要件。综合本案证据来看,既不能认定两被告实施了垄断行为,又不能

认定原告所受损失由被告的被诉行为造成。因为原告举证不足,本案适用《反垄断法》第50条所要求的要件事实均未能查明,原审法院判决驳回原告锐邦公司全部诉讼请求。

锐邦公司不服原审判决,向上海市高级人民法院提起上诉,请求撤销原审判决,并判令被上诉人(指两被上诉人,下同)赔偿上诉人经济损失1439.93万元,承担本案一、二审全部诉讼费用。上海市高级人民法院依法组成合议庭,于2012年8月30日、2012年10月30日、2013年1月21日三次开庭审理本案。庭审中,双方当事人均提供了经济学专家的专家意见。庭审中,双方当事人展开了激烈辩论。上海市高级人民法院通过证据认定、查明事实,就六个争议焦点展开分述:

1. 本案是否适用反《垄断法》。经销合同虽在2008年1月签订,但其有效期一直延续到当年12月31日。在2008年8月1日《反垄断法》实施后,强生公司与经销商一直履行该合同,故本案应当适用《反垄断法》。

2. 锐邦公司是否为适格原告。强生公司认为本案被控垄断行为是锐邦公司与强生公司之间达成的垄断协议,由当事人双方共同签订和执行,锐邦公司本身作为垄断行为的直接参与者和实施者,无资格提起本案诉讼。法院认为锐邦公司是本案诉讼的适格原告。首先,垄断协议的当事人既可能是垄断行为的参与者、实施者,又可能是垄断协议的受害者,故锐邦公司属于反垄断法规定的因垄断行为遭受损失的主体范围。其次,垄断协议的当事人可能只是被动接受垄断协议而不是垄断行为的实施者,应当准许当事人就合同内容是否违反反垄断法提起诉讼,最高人民法院《关于审理因垄断行为引发的民事纠纷案件应用法律若干问题的规定》也直接确定了各类合同当事人针对合同条款提起反垄断诉讼的依据。

3. 关于垄断协议的构成要件的争议。《反垄断法》第14条所规定的限制最低转售价格协议必须具有排除、限制竞争效果才能被认定为垄断协议。无论是根据反垄断法的立法技术作体系解释,还是依据最高人民法院《关于审理因垄断行为引发的民事纠纷案件应用法律若干问题的规定》的相关规定,纵向垄断协议应以具有排除、限制竞争效果为必要条件。

4. 如何分配举证责任。最高人民法院的司法解释对横向协议的举证责任分配规定不能类推适用于纵向协议。在没有法律法规和司法解释明确规定的情形下,应当遵循“谁主张,谁举证”的一般诉讼原则,由原告对本案所涉限制最低转售价格协议是否具有排除、限制竞争效果承担证明责任。

5. 所涉协议是否为垄断协议。对限制最低转售价格协议的经济效果,可从以下四方面分析评价，包括相关市场竞争是否充分、被告市场地位是否强大、被告实施限制最低转售价格的动机、限制最低转售价格的竞争效果等四个重要因素。医用缝线市场竞争不充分，强生公司具有很强的市场地位，其限制最低转售价格的动机在于回避价格竞争，其限制竞争效果很明显，而促进竞争效果不明显。所以，本案涉及的限制最低转售价格协议构成垄断协议。

6. 锐邦公司的损失如何计算。锐邦公司所主张的缝线产品利润损失赔偿在反垄断法上具有请求依据，但不能依据合同法规则计算损失赔偿额，而仅能主张正常利润水平的利润损失。锐邦公司的具体计算方法既有合理之处，又有依据不足之处。法院综合考虑同行业其他品牌售价、上诉人应承担税负等因素后，酌定锐邦公司可以获得支持的2008年缝线产品利润损失为53万元。至于上诉人所主张其他损失赔偿，因与本案垄断行为没有直接关系而缺乏事实与法律依据，法院不予支持。

综上所述，法院查明事实后确认本案争议应当适用《反垄断法》，被上诉人在2008年《经销合同》及附件中制定的限制最低转售价格条款在本案相关市场产生了排除、限制竞争的效果，同时并不存在明显、足够的促进竞争的效果，构成《反垄断法》第14条所规定垄断协议。被上诉人对上诉人违反限制最低转售价格协议行为所作处罚以及之后停止缝线产品供货的一系列行为，属于《反垄断法》禁止的垄断行为，应当对其垄断行为造成上诉人的经济损失承担赔偿责任，但其赔偿范围应限于上诉人2008年因缝线产品销售额减少而减少的正常利润，本院对上诉人所主张损失赔偿数额依法予以调整，上诉人其他损失主张则缺乏事实与法律依据。

综上，原审判决确有错误，应予纠正，依照《反垄断法》第14条第1款第2项、第50条的规定，《民事诉讼法》第170条第1款第2项之规定，判决如下：撤销原审判决。被上诉人强生（上海）医疗器材有限公司、强生（中国）医疗器材有限公司应于本判决生效之日起10日内，共同赔偿上诉人北京锐邦涌和科贸有限公司经济损失人民币53万元；驳回上诉人北京锐邦涌和科贸有限公司的其余诉讼请求。

如果被上诉人强生（上海）医疗器材有限公司、强生（中国）医疗器材有限公司未按本判决指定的期间履行给付金钱义务，应当按照《民事诉讼法》第253条之规定，加倍支付迟延履行期间的债务利息。

本案一审、二审案件受理费人民币共计216392元，由上诉人北京锐邦公司负担人民币21639元，被上诉人强生（上海）医疗器材有限公司、强生（中国）医疗器材有限公司共同负担人民币194753元。

三、本案当事人主张的事实和证据

(一)本案一审中当事人主张的事实和证据

1. 原告锐邦公司主张的事实和证据

本案一审中,原告锐邦公司诉称,其作为强生中国公司、强生上海公司医用吻合器及缝线产品在北京地区的经销商,与两被告有长达15年的合作。在2008年与两被告签订经销合同后,因在北京大学人民医院(以下简称人民医院)采购竞标过程中违反经销合同中限制转售价格条款而降低价格竞标,遭受两被告处罚,先是被取消在部分医院的经销权,继而被完全停止供货,遭受重大经济损失。锐邦公司认为,两被告在经销合同中约定转售价格限制条款以及依据该条款对锐邦公司进行处罚直至终止经销合同的行为,构成《反垄断法》第14条第1款第2项所列"限定向第三人转售商品的最低价格"之违法行为,故诉请根据《反垄断法》第3条、第14条、第50条之规定判令两被告赔偿锐邦公司因上述违法行为而致经济损失人民币1439.93万元(以下币种同),并承担全部诉讼费用。

双方当事人就被上诉人停止供货的缘由存在争议,即被上诉人是否系因上诉人拖欠货款而依照合同约定采取停止供货措施。上诉人就此争议在一审中提交下列证据:

(1)北京市海诚公证处出具〔2010〕京海诚内民证字第04688号公证书。该公证书证明上诉人分别于2008年7月11日、9月19日、9月28日、10月20日通过雅虎邮箱向被上诉人发出四封邮件,对被上诉人采取调整销售区域的惩罚措施以及之后发生的8月15日订单遭拒等事项提出质疑。其中,9月19日、10月20日两封邮件中均写到被上诉人拒绝上诉人8月15日订单供货导致其经营困难。被上诉人在质证中称,因时间过长,没有在被上诉人邮件系统中找到上诉人这四封邮件,故无法对上诉人所提交邮件确认真实性。

(2)2008年5月19日被上诉人发给上诉人的《关于调整信用额度的通知》。该通知记载,自通知之日起将上诉人信用额度调整到人民币368万元。被上诉人对此证据真实性予以确认,但认为此份通知发出时间是2008年5月,而上诉人自2008年7月拖欠货款,故此证据与本案无关联。

2. 两被告主张的事实和证据

两被告答辩称:两被告没有实施垄断行为,也未给原告造成损失,原告的诉请没有事实基础和法律依据,应予驳回。(1)被告未违反生效的反垄断法,未实施垄断行为。本案所涉及的价格条款的订立时间是在反垄断法实施之前，根据法律不溯及既往的原则，反垄断法对双方没有约束力。即便根据反垄断法的规定，本案协议也不属于垄断协议。该协议项下的产品在我国属于充分竞争的产品，被告不具有任何市场支配地位，不可能因为价格条款的订立产生对市场竞争的排除、限制效果。原告的陈述与事实不符，针对原告在2008年3月违反经销协议有关价格的约定，被告采取的行为都是发生在反垄断法发生之前。除此之外，被告并没有采取其他行为。而经销协议到2008年12月已经届满终止了，被告没有义务与原告续约，也没有义务给予原告永久的经销权。(2)原告不是本案适格的原告。原告在本案中指称的垄断行为是原、被告之间达成的垄断协议，这是原、被告共同达成的，履行也是二者共同履行的，如果原告认为这个协议是垄断协议，其本身也是垄断行为的直接参与者和实施者，没有原告的参与和实施，这个协议也无法履行。反垄断法保护的是市场公共秩序、消费者利益和社会公共利益，并不保护垄断行为参与者和实施者的利益。(3)原告主张的损失与垄断纠纷无关，从性质上而言是合同纠纷项下的损失，且该等损失也没有相应的证据证实。

被告提交的经销合同项下产品竞争情况说明、北京医药采购服务网站公布的缝/吻合器产品目录，以及本院2011年4月8日判决文书等证据在案佐证上述主张的事实。

(二) 本案二审中当事人主张的事实和证据

1. 原告北京锐邦公司主张的事实和证据

(1)主张事实

第一，原审法院错误解释“垄断协议”的法律要件。《反垄断法》第13条第2款规定，垄断协议“是指排除、限制竞争的协议、决定或者其他协同行为”，此规定对《反垄断法》第二章所规定的垄断协议下了一个定义，但没有由此确定垄断协议的构成要件。《反垄断法》第13条所规定横向垄断协议、第14条所规定纵向垄断协议，都因行为目的违法而被法律明文禁止，该等协议一经签订即构成垄断协议，不需要再根据是否存在排除、限制竞争效果来确定是否构成垄断协议。这一点，可以由《反垄断法》第46条得到印证。《反垄断法》第46条规定：“经营者违反本法规定，达成并实施垄断协议的，由反垄断执法机构责令停止违法行为，没收违法所得，并处上一年度销售额百分之一以上百分之十以下的罚款；尚未实施所达成的垄断协议的，可以处五十万元以下的罚款”，依据该条规定，即使垄断协议未实施也可以进行处罚，因此显然只要有《反垄断法》第14条所规定限制转售价格条款,即构成垄断协议,并应认定为违法,并不需要另外证明存在排除、限制竞争效果。原审法院将实际存在排除、限制竞争效果作为垄断协议的构成要件之一,系对法律的错误解释。

第二,本案《经销合同》中限制转售价格条款是《反垄断法》所规定的垄断协议。被上诉人在《经销合同》中以合同条款限定上诉人向第三人最低转售价格,还依据经销商违反指定价格情况对上诉人采取警告、中止或者终止合同等间接方法,胁迫和威胁上诉人维持最低转售价格,并采用电子商务系统进一步实施价格监督,达到有效实施转售价格限制的目的,被上诉人采取上述行为的目的即在于直接限制竞争。由于上诉人认为构成垄断协议并不以实际具有排除、限制竞争效果为条件,故本案中限制转售价格条款由于限制竞争目的非常明显而应当构成《反垄断法》所规定的垄断协议。

第三,被上诉人应承担证明本案所涉限制转售价格条款不存在排除、限制竞争效果的责任。最高人民法院《关于审理因垄断行为引发的民事纠纷案件应用法律若干问题的规定》(以下简称《垄断纠纷审理规定》)第 7 条规定:“被诉垄断行为属于反垄断法第十三条第一款第(一)项至第(五)项规定的垄断协议的,被告应对该协议不具有排除、限制竞争的效果承担举证责任”,根据该条规定,在横向垄断协议纠纷案件中,被诉制定横向垄断协议的当事人应对该协议不具有排除、限制竞争效果承担举证责任。照此类推,如果将是否具有排除、限制竞争效果作为《反垄断法》第 14 条所规定垄断协议构成要件,也应该由协议条款制定方举证证明涉案协议不具有排除、限制竞争效果。本案中,不应由上诉人承担证明涉案协议具有排除、限制竞争效果的责任,而应由被上诉人承担证明涉案协议不存在排除、限制竞争效果的责任。

第四,被上诉人限制转售价格旨在限制竞争,实际对市场产生了限制竞争的效果。被上诉人既在《经销合同》中直接限定上诉人对第三人的销售价格,又辅之以对不遵循价格限制所采取的处罚措施,其通过控制转售价格限制品牌内竞争的目的非常明显。事实上,被上诉人实施转售价格限制,既非为推广新产品,又非为提高产品技术等其他促进竞争因素,完全不具有促进竞争的效果。相反,被上诉人实施转售价格限制的行为,扭曲了市场竞争机制,既限制了品牌内竞争,又限制了品牌间的竞争,使北京地区强生缝线产品价格维持在一个很高的水平,严重损害了消费者利益。

第五,被上诉人的垄断行为导致上诉人巨大经济损失,构成反垄断法上的损害。被上诉人以上诉人在人民医院投标经销缝线产品时违反最低转售价格限制为由,对上诉人进行处罚,包括扣除保证金,取消上诉人在阜外医院、整形医院的经销资格,直至完全取消上诉人经销强生产品资格,不仅导致上诉人高价进货损失、库存积压损失、人员遣散支出等损失,还导致上诉人2008年、2009年预期利润损失,及15年宣传推广费用及取消经销资格之商誉损失等诸多损失,这些损失均源起于被上诉人违法实施转售价格限制,均属于反垄断法意义上的损失,被上诉人应予赔偿。

第六,原审法院拒绝上诉人调查取证申请,致本案事实不清。上诉人在原审中曾提出申请,请求法院审判人员赴北京相关医院调查,以了解被上诉人违法取消上诉人经销资格的事实,原审法院未予支持,导致本案事实认定不清。

(2)提交的证据

上诉人锐邦公司在二审中提交的九组证据材料及被告人质证如下:

第一,(2012)京国信内经证字第3138号公证书。该公证书包括两方面互联网网页拷屏:一是国家食品药品监督管理局官方网站相关网页内容,其中装订序号为31、36的网页拷屏显示,在"医疗器械分类目录"中分类标号为6865-2、6865-1的类别分别是"不可吸收缝线""医用可吸收缝线",证明虽然双方当事人确认本案相关市场是在中国(不包括台湾地区)的医用缝线市场,但该市场还可以细分为可吸收缝线、不可吸收缝线两个市场;二是由http://www.antitrust-institute.org网址登录"美国反垄断研究院"(American Antitrust Institute,AAI)网站后对相关网页的拷屏,上诉人称这些网页中含有美国AAI发表的一份报告,报告研究了美国玩具和婴儿用品市场实施转售价格限制后的价格变化情况,上诉人所委托经济学专家引用这项研究作为其经济学意见的依据。

被上诉人对其真实性、合法性无异议,但认为不能证明上诉人主张。理由是:此份证据中涉及可吸收缝线、不可吸收缝线的注册信息,表明这两种类型缝线都适用于普通软组织结合或结扎,而且不可吸收缝线的使用范围完全涵盖可吸收缝线,也恰恰证明可吸收缝线、不可吸收缝线有很强的替代性和竞争性,两者属于同一个相关市场;此份证据涉及的美国玩具和婴儿用品市场的相关信息与本案无关,因为美国玩具和婴儿用品市场与本案所涉产品市场没有关联。

第二,国家食品药品监督管理局注册号为"国药管械(进)2003第2650434号(更)""国食药监械(进)字2004第3650212号""国食药监械(进)字2004第3650712号""国食药监械(进)字2007第3651816号""国食药监械(进)字2008第2650207号"的医疗器械注册证5份。上诉人以这些医疗注册证对于医用缝线产品使用范围的不同限制,证明即使是强生公司同一品牌的不同产品,也存在不可替代性。缝线之间差别很大,可吸收缝线和不可吸收缝线在性能、规格、用途上差别巨大,不可替代。

被上诉人对其真实性与合法性没有异议,但认为其不能证明上诉人将可吸收缝线、不可吸收缝线区分为两个相关市场的主张,相反可以证明可吸收缝线、不可吸收缝线具有非常接近的替代性(不可吸收缝线的使用范围涵盖了可吸收缝线全部可以使用的范围,完全可以替代可吸收缝线),按照国务院反垄断委员会《相关市场界定指南》的规定,应归入同一相关市场。

第三,威高富森医用材料有限公司出具的一份《说明》,以及威高富森医用材料有限公司营业执照。威高富森医用材料有限公司出具《说明》,称该公司于2006年开始生产并销售医用缝合线,该公司2007年在全国销售缝合线不足70万根,2008年在全国销售缝合线约90万根。证明威高富森医用材料有限公司作为除强生公司外最大的国内涉案产品生产商,2008年销售量仅90万根,还不及强生公司一个经销商的销售量,说明被上诉人产品占有很高的市场份额。

被上诉人认可威高富森医用材料有限公司营业执照所反映公司信息的真实性,但认为该公司出具的《说明》属于证人证言,因证人没有出庭作证,故不认可其真实性。并且,无证据可证明威高富森医用材料有限公司系除强生公司外最大的国内涉案产品厂商,也无证据证明90万根的年销售量不及强生公司一个经销商的年销售量。

第四,人民医院出具的情况说明及两份涉案产品价格变化明细表。证明上诉人锐邦公司在人民医院招标中没有遵守强生公司的价格限制,招致此后受到被上诉人处罚,但上诉人的行为实际导致强生公司产品在人民医院的价格下降超过6%。

强生公司不认可其真实性与合法性,理由是人民医院所出具材料没有使用该单位的正规信笺,没有记载出具日期,盖章有伪造或变造嫌疑。另外,该证据属于证人证言,应由证人出庭作证。再者,即便该证据真实,也不能证明人民医院招标过程中被上诉人对参与竞标医院报价有过具体限制,同时还说明各经销商报价有差异,本案所涉转售价格限制协议实际难以执行。

第五,千讯(北京)信息咨询有限公司出具《中国医用缝合线行业发展研究报告》(以下简称《千讯报告》)的纸质版原件及电子版打印件,以及千讯(北京)信息咨询有限公司营业执照复印件一份。上诉人引用该《千讯报告》中对医用缝线行业集中度、竞争格局的数据资料,证明医用缝合线行业集中度比较高,强生公司具有较大的市场份额,强生公司实施限定最低转售价格行为对市场竞争造成排除、限制竞争的效果。《千讯报告》中提到,医用缝合线行业集中度40%≤CR4≤70%,属低集中寡占型,行业集中度较高;强生缝合线在国内市场占有率为50%~60%,在不可吸收缝线产品市场占70%~80%,在可吸收缝线产品市场占50%~60%;国内一、二级医院对医用缝合线的价格比较敏感,三级医院则相对不是太敏感。

被上诉人不认可其真实性与合法性,认为上诉人没有提供可以证明出具方具有出具该报告资格的有效证据。被上诉人还认为,该报告由一家为商业目的出具报告的商业咨询机构出具,不具有权威性。报告中的数据和信息没有统计来源和依据,出具方自己在其"法律声明"中亦明确"不对报告内容和引用资料的准确性和完整性做任何承诺",可见其准确性不可信赖。经核对,报告中对于强生爱惜康缝线在国内市场占有率的表述有40%、70%~80%、60%、50%~60%等多种提法,前后不一,相互矛盾。报告中所引用2007年、2011年强生爱惜康缝线销售额及强生上海公司进口额的数据,与被上诉人自己统计的数据有很大差异(报告称2007年强生爱惜康缝合线销售额接近3亿元,而根据被上诉人统计,2007年强生爱惜康缝合线销售额为45234369元),报告所援引统计数据错误。

双方确认,报告中所提到Ethicon(爱惜康)公司是强生集团专门生产医用缝线的子公司,在业内,"强生爱惜康医用缝线"即指强生公司医用缝线。

第六,2008年强生公司内部刊物。在该刊《新年寄语》中,强生上海公司总经理提到"……在这十一年里,强生公司的销售由4600万变成24个亿……"刘玉屏副总裁提到"……2007年10亿美金的里程碑让中国强生人感到自豪与骄傲……"证明被上诉人关于2007年销售额的陈述虚假。

被上诉人认可其真实性,但认为该证据与本案不具有关联性,所引述24亿销售额不仅包括强生缝线产品销售额,还包括其他医疗器械、健康护理等产品,所引述2007年10亿美金销售额不仅包括被上诉人销售额,还包括被上诉人在中国的关联公司的销售额,因此,不能说明本案所涉医用缝线产品的销售情况。

第七,强生公司相关会议及销售管理表格。上诉人提供强生公司发放给经销商相关会议及销售管理的空白表格若干,分为8组:(1)销售目标,包括"2003目标管理""2003目标管理跟踪报告""2003医院产品组销售目标""2003月度/季度医院销售目标";(2)微观市场信息,包括"医院档案""关键客户信息"等;(3)销售计划,包括2003年年度和季度销售计划;(4)周/月工作计划/报告,包括"周工作计划/报告""月工作报告""医院分析""关键客户分析""本月专业教育活动""月度跟刀报告""病例纪录";(5)销售费用预算与管理;(6)每周电话会议操作说明与相关表格;(7)协同拜访报告相关表格;(8)专业活动报告相关表格。

在上述表格中,"医院档案"表格中设有专栏供填写"Tyco""Holycon"

"B. Braun""S. B""Alcon""Taihe""JinHuan""通用"及其他竞争对手的市场份额;"关键客户信息"表格中要求填写医生姓名、手术专长、用线习惯、重要程度和关系评分,还包括竞争产品的价格与用量,爱惜康产品的现有市场占有率与目标市场占有率。上诉人以此证据证明被上诉人对经销商进行了严格的管理,非常关注强生缝线产品与竞争产品的市场份额。

被上诉人不认可其真实性与合法性,但未说明质疑理由。被上诉人同时认为,即使该证据真实,也由于均为2003年的材料,与本案没有关联。

第八,光盘一张,内容涉及2003年上诉人在阜外医院和首都医科大学附属北京天坛医院销售额完成情况、2003年北京所有目标医院的指标完成情况及市场占有率等、2004年业绩指标以及各医院各产品指标分解情况、2004年行动计划等。证明强生产品在北京相关医院具有很高的市场占有率。

被上诉人不认可其真实性与合法性,亦未说明质疑理由。同时,被上诉人认为,即使该证据真实,由于电子表格显示时间为2003年、2004年,与本案事实没有关联,而且表格中的数据不可信。

第九,强生公司爱惜康缝线产品2001年、2002年、2003年、2005年、2008年的价目表。上诉人以此证明多年来强生公司缝线产品型号、编号、价格无变化,仅增加了个别型号产品。上诉人称,价目表中产品型号的不同主要是缝线粗细的差异,缝线材质没有变化。

被上诉人认可其真实性与合法性,但认为这些价目表中的产品型号变化恰恰证明强生公司不断推出新的缝线产品,根据型号变化,可以推知:2000年相较1999年出现45种新产品;2002年相较2001年出现44种新产品;2003年相较2002年出现15种新产品;2008年相较2003年则有183种新产品,其中包含152种抗菌薇乔缝线产品,说明强生抗菌薇乔缝线产品是在2005年之后出现的新产品。

2. 被告强生公司主张的事实和证据

(1)主张事实

第一,原审法院对《反垄断法》第14条所规定"垄断协议"的解释是正确的。从该条法律规定的文义与逻辑看,《反垄断法》并没有规定经营者与交易相对人达成的限定最低转售价格的协议就是垄断协议,《反垄断法》所要禁止的是构成垄断协议的限制最低转售价格协议,即具有排除、限制竞争效果的限制转售价格协议。原审判决对《反垄断法》第14条所规定垄断协议的解释,符合最高人民法院对垄断协议的规定。根据《垄断纠纷审理规定》第7条规定,认定横向垄断协议尚须满足排除、限制竞争效果这一要件,相对于横向协议,纵向协议对市场竞争的影响更小,因此认定限制最低转售价格协议构成垄断协议更需要以具有排除、限制竞争效果为前提。

《反垄断法》第 15 条规定的是垄断协议违法性的豁免条件,而不是认定协议是否具有排除、限制竞争效果的标准,即在认定限制转售价格协议具有排除、限制竞争效果的前提下,经营者可以通过证明符合《反垄断法》第 15 条规定情形而获得豁免。本案中,在涉案限制转售价格协议不存在排除、限制竞争效果的情形下,被上诉人不需要证明存在《反垄断法》第 15 条规定情形。

第二,原审判决对于《反垄断法》第 14 条规定的协议是否具有排除、限制竞争效果的举证责任分配是正确的。我国民事诉讼法确定了"谁主张,谁举证"的原则,适用举证责任倒置规则必须有法律明确规定。《反垄断法》对第 13 条、第 14 条所列协议是否具有排除、限制竞争效果没有规定举证责任倒置,只是《垄断纠纷审理规定》第 7 条规定《反垄断法》第 13 条所列横向协议适用举证责任倒置,由经营者证明不存在排除、限制竞争效果。因此本案所涉《反垄断法》第 14 条所列纵向协议应根据"谁主张,谁举证"的原则,仍应由上诉人承担证明涉案协议具有排除、限制竞争效果的责任。

第三,上诉人未能举证证明本案所涉限制转售价格协议存在排除、限制竞争效果,本案所涉协议实际亦不存在排除、限制竞争的效果。上诉人在原审中没有提供可以证明涉案协议具有排除、限制竞争效果的证据,其在二审中所提交证据,一方面因为不属于最高人民法院《关于民事诉讼证据的若干规定》第 41 条、第 43 条所规定"新证据",不应被采纳,另一方面不能证明本案所涉协议实际存在排除、限制竞争的效果。

第四,本案所涉限制转售价格协议不存在排除、限制竞争的效果,相反可以增进强生品牌内部经销商之间的竞争。本案所涉产品医用缝线产品在中国大陆市场充分开放和竞争,不同品牌产品竞争非常激烈,而且不断有新的品牌和经营者进入此市场。因此,医院拥有很强的买方势力,对不同品牌产品的选择和价格有最终决定权,故被上诉人的价格维持条款不会对其他品牌产品价格产生影响,实际也由于激烈竞争的存在而难以执行。另一方面,多年来,强生公司(包括强生中国公司和强生上海公司,下同)不断推出新的医用缝线产品,被上诉人与经销商之间订立的限制转售价格协议,可以推进强生品牌内部经销商的非价格竞争,如产品推广、售后服务、品牌维系、诚信守约等。

第五,《反垄断法》于 2008 年 8 月 1 日实施,本案《经销合同》在 2008 年 1 月 2 日达成,被上诉人对上诉人的警告、扣除保证金、取消两家医院经销权等行为分别发生在 2008 年 4 月和 7 月,均发生在《反垄断法》施行之前;2008 年 8 月 1

日《反垄断法》实施以后,被上诉人未实施上诉人所指控的垄断行为,因此本案不应当适用《反垄断法》。

第六,上诉人主张赔偿缺乏依据。上诉人在本案中主张的损失并非属于"垄断损失",而是合同行为导致的损失,原审判决对此认定正确。上诉人主张,因被上诉人断货而导致其销售利润减少,并造成高价进货、遣散员工等损失,但被上诉人拒绝供货实际是因为上诉人拖欠货款,而非执行本案所涉价格条款,此事实在双方当事人的货款纠纷案件判决中已予确认。上诉人主张2009年因没有续订经销协议而导致的利润损失,由于经销协议有效期为1年,在2008年经销协议履行期届满后,被上诉人无义务与上诉人继续签约,上诉人主张此损失亦毫无依据。另外,上诉人在本案中主张的部分损失已在双方当事人的货款纠纷诉讼中提出,上诉人在本案中重复主张,应予驳回。

第七,上诉人不具备本案原告主体资格。上诉人在本案中所指控垄断行为是在上诉人、被上诉人之间订立的限制转售价格协议,该协议由上诉人与被上诉人共同订立、共同实施。根据《反垄断法》第1条之规定,《反垄断法》保护的是市场公平竞争秩序、消费者利益和社会公共利益,并不保护垄断行为参与者、实施者的利益。因此,有权提起反垄断诉讼的主体是遭受垄断行为损害的竞争者和消费者,不包括垄断行为参与者、实施者,故上诉人不是本案诉讼的适格原告。

(2)提交的证据

二审中,被上诉人强生上海公司、强生中国公司提交下列证据材料,上诉人亦逐一质证:

第一,卫生部《2009年中国卫生统计年鉴》。被上诉人依据此年鉴中的相关数据及强生公司的统计数据,推算出2008年强生公司缝线产品在中国市场的份额低于20.4%。具体计算过程是:根据卫生部《2009年中国卫生统计年鉴》统计的"2008年医疗机构住院服务情况",2008年全国住院病人手术人次为23884499人,按平均每人次手术消耗缝线4包计算,共需消耗缝线95537996包。据强生公司统计,2008年强生公司产品通过经销商销售给医院的总量为19490040包,以此统计,2008年强生公司销售给医院的缝线数量占该年度全国住院病人手术消耗缝线的比例是20.4%。由于在此计算中,没有统计医院门诊手术所消耗缝线以及部队医院手术消耗缝线,故2008年强生公司缝线产品销售数量占该年度全国医院手术消耗缝线数量的比例会低于20.4%。

上诉人认为其缺乏证明力。首先,被上诉人利用当年缝线产品销售量与当年手术消耗量两个数字之间的比值关系推算市场份额,但这两个数字在时间上不完全对应,当年手术所消耗缝线产品既可能来源于当年的缝线产品销售也可能来源于上年的库存。其次,对每例手术消耗4包缝线的估计不准确。最后,根据上诉人推算,被上诉人自称的2008年销售数量也应远远低于其实际销售数量。

第二,上海市静安公证处出具的编号分别为〔2012〕沪静证经字第4573、4574号的两份公证书,内容系对国家食品药品监督管理局官方网站公示不同品牌医用缝线产品相关信息的网页拷屏。被上诉人称,国家食品药品监督管理局公布610条医用缝线信息中强生产品只有84条,仅占13.77%。可见,中国市场上医用缝线品牌众多,竞争激烈。

上诉人认为该证据与被上诉人主张并无关联。首先,两份公证书中所涉及缝线信息中有部分属于重复信息,有部分产品并不属于缝线产品,有部分产品的注册证均已经过了4年的有效期。其次,这些注册证信息仅仅表明国家食品药品监督管理局批准可以生产,实际是否生产、生产多少、是否停产等具体情况并不清楚,不能说明2008年医用缝线产品在中国市场实际销售情况。最后,每一条注册证信息展开来还有具体产品型号,强生品牌注册证下产品型号非常多,有的多达上千种,而其他品牌产品注册证下产品型号只有几种到几十种,可见仅以注册信息多少还不能说明市场竞争状况以及强生公司产品所占比例。

(三)专家意见

二审中,上诉人、被上诉人均委托经济学专家就本案提供经济分析意见。

上诉人所委托专家龚炯提出如下意见:

1. 企业实施限制最低转售价格的动因主要有四种:(1)上游厂商为避免过分竞争而对下游厂商采取限制转售价格的策略;(2)与地区市场独家代理等地域限制性措施结合使用,以确保品牌内经销商不跨区竞争;(3)加强价格以外的竞争;(4)针对高档商品,通过维持高价来维护品牌形象。

2. 限制最低转售价格在以下情形中可能产生促进竞争的积极作用:(1)与地区限制、独家销售等措施配合使用,有助于经销商推销新产品而减少“搭便车”行为(例如,不提供产品介绍、使用辅导等销售服务的经销商,通过降价从提供产品介绍、使用辅导等销售服务的经销商那里夺取客户);(2)配合独家销售,有助于减少销售网点,降低销售成本,使销售商获得规模经济,从而有助于新的企业进入市场。

3. 限制最低转售价格可能对品牌内竞争产生以下消极影响:(1)销售商之间无法就价格展开充分竞争;(2)会推动形成价格卡特尔,即在销售商之间形成明示或默示的价格联盟;(3)与地区市场独家代理等地域性限制措施配合使用,分割市场,减少消费者选择,加剧了卖方垄断势力,使制造商更容易采取趋向垄断地位的策略;(4)剥夺下游厂商的定价权,使一些低效率的厂商在维持转售价格的保护下继续生存,破坏了市场资源的合理配置。

4. 限制最低转售价格可能对品牌间竞争产生以下消极影响:(1)占据很大市场份额的市场领导者采取限制转售价格行为使市场缺乏竞争,弱势生产商采取跟进策略而缺乏进取动力;(2)终端价格明示和固定,使竞争者更容易观察对方价格,容易形成默示的价格联盟;(3)与地区市场独家代理销售结合,易于造成市场分割,由地区性的需求弹性缺乏导致生产商总体需求弹性的缺乏;(4)强化与独家经销商的关系,增加新厂商进入市场的障碍。

5. 实证研究表明,限制最低转售价格往往导致市场价格上升。美国 AAI 的一份报告提到美国玩具和婴儿用品市场在实施限制转售价格之后产品价格普遍上涨 20%~40%,且各主要电商网站上所公布同种产品的价格出奇地一致。Lynne Pepall 等人所著《Industrial Organization: Contemporary Theory and Practice》提到,由于美国各州法律对限制转售价格行为有不同评价导致相同商品在各州销售价格不一,在认为限制最低转售价格行为合法的州的产品价格较高,在认为限制最低转售价格行为非法的州的产品价格则较低,一些消费者宁愿驱车到限制最低转售价格行为为非法行为的州购买商品。

6. 限制转售价格往往导致社会福利总损失。由于限制转售价格往往导致产品价格上升、销售量减少,虽然生产者剩余增加,但生产者剩余的增加值小于消费者剩余的损失,最终导致社会总福利减少。(生产者剩余,指厂商在提供一定数量的某种产品时实际接受的总支付和愿意接受的最小总支付之间的差额;消费者剩余,指消费者在购买一定数量的某种商品时愿意支付的最高总价格和实际支付的总价格之间的差额;社会总福利即社会总剩余,指生产者剩余和消费者剩余之和。)

7. 限制最低转售价格可以防止经销商之间的价格竞争冲垮经销商提供相应经销服务的营销体系,可以降低生产商的交易成本,但消费者并不一定由此得益,社会福利也不因此增加。

8. 由于医用缝线没有替代产品,故可以独立形成一个相关产品市场,不需要以假定垄断者测试方法(假定被审查企业为垄断者,若其在持续一段时间适度提高价格,结果消费者转向了其他替代品,则替代品与诉争产品则属于同一市场,以此测度相关市场的边界)界定本案相关市场。

9. 本案相关市场的集中度极高,强生公司具有市场支配地位。根据《千讯报告》提供的数据,以 CR4(相关市场内最大四家厂商的市场份额总和)衡量市场集中度，医用缝线市场的CR4在40%~70%。由《千讯报告》中的相关数据还可以推算，本案相关市场的HHI指数（相关市场所有厂商市场份额的平方之和）不低于3000，这是一个市场集中度极高的市场。依据《反垄断法》第19条第1款第1项之规定，一个经营者在相关市场占有1/2以上的市场份额即可推定其具有市场支配地位，依据《千讯报告》中的数据（强生公司占据可吸收缝线市场50%~60%市场份额、不可吸收缝线市场70%~80%市场份额）可以推定强生公司在本案相关市场具有市场支配地位。

10. 涉案产品缺乏需求弹性。医用缝线需求的特殊性在于，终端消费者和购买者的脱节。手术病人不了解缝线产品相关信息，也无选择权，医生决定选用何种缝线，而医生因为手术习惯和经验背景对缝线品牌有强烈的偏好。因此，缝线产品有很大的需求黏性，产品转换成本很高。加之，医院对手术室用缝线可按照转售价格的110%转嫁给消费者，因此，医院对手术缝线的价格不敏感，故涉案产品缺乏需求弹性。

11. 强生缝线产品在中国市场15年价格基本不变，系强生公司对其缝线产品采取跨期价格歧视策略的结果。即有市场势力的生产商通过在不同时间确定不同的价格来将消费者分成具有不同需求函数的不同组合，通过初期向消费者索取高价，让那些购买力强的消费者首先消费，随后沿需求曲线逐渐降价，以吸引大众消费。生产商早期靠单笔高价交易获得高额利润，后期靠交易规模扩大来获取利润。强生公司缝线产品早期作为手术的高档用品，只在一线城市的主要医院销售，目前则广泛应用于各级医院，门诊也开始使用。

12. 强生公司在本案中的限制转售价格行为严重排除、限制了市场竞争：（1）强生公司实施价格监督，经销商无法偏离强生公司规定的价格，无法通过价格来进行品牌内竞争；（2）强生公司通过指定销售区域实现地域分割，造成其产品在地域市场的垄断地位，使其面临更加缺乏弹性的需求曲线，得以维持其高价销售；（3）强生公司占有超过50%的市场份额，使得市场超过50%的产品缺乏竞争，减少了品牌间竞争；（4）强生公司作为具有支配地位的市场领导者，其价格固定使市场总体价格趋向固定，容易促成品牌间的默示价格联盟。

13. 强生公司在缝线产品上的限制转售价格行为，导致产品价格被人为提高，大大减少了消费者剩余，社会总福利遭受无谓损失。

14. 强生公司在本案中限制转售价格的行为不存在促进竞争的积极因素：（1）强生公司是世界500强企业，全球医疗行业的龙头企业，是在中国市场经营15年以上的老牌企业，不存在通过限制转售价格来促进新企业进入市场的需要；（2）涉案产品均是市场成熟产品，是市场领先的先进产品，因此也不存在通过限制转售价格来促进新产品进入市场的需要;(3)强生公司实行严格的市场分割,经销商必须严格遵守强生公司指定的销售区域划分而不得涉足其他经销商的销售区域,因此,也不存在通过价格竞争争夺客户的现实可能,不存在防止经销商"搭便车"的需要;(4)由于在强生公司的销售模式中每个经销商必须付出销售额的一部分来作为市场投入,经销商还须和强生公司一起支持和赞助一些学术交流和学术会议,经销商无法避免支出费用,从这个角度说,经销商之间也不存在"搭便车"的可能,因此,也不存在以限制转售价格防止经销商"搭便车"行为的需要;(5)经销商只是承担部分销售服务,强生公司提供了更多关键的售前售后服务(如对医生的培训等),实际不存在通过限制转售价格提高经销商销售服务的效果;(6)由于医生非常熟悉强生缝线产品,不存在买卖双方之间的信息不对称,因此也不存在通过转售价格来维持品牌美誉的需要。

被上诉人所委托专家谭国富提出以下意见:

1. 限制转售价格的价值主要在于解决生产商与销售商之间的外部性问题,对市场竞争和消费者福利的积极作用主要体现于如下方面:(1)限制转售价格可以保证经销商合理利润,激励经销商提供有价值的"经销服务";(2)限制转售价格有助于消除或减轻"经销服务"中的"搭便车"问题;(3)适当的转售价格限制有利于减少上下游公司之间的定价外部性,增加销售数量;(4)由于信息不完全和监控成本的存在,上下游公司之间很难制定一个比较完全的经销合约,限制转售价格可以帮助解决这种不完全合约问题,降低交易成本。

2. 将本案相关市场界定为中国的缝线产品市场依据不够充分,这个界定仅依据产品特性进行替代性分析,而没有从需求替代、供给替代两方面进行完整分析,也没有在大量数据支持的基础上采用假定垄断者测试方法进行分析。

3. 不能依据《千讯报告》中不可靠的数据计算本案相关市场的集中度。另外,即使市场集中度高,也不能说明市场势力的存在,还必须考虑是否存在市场进入门槛低、上下游厂商力量强大等抵销性因素。本案中,缝线产品市场具有众多供应商,表明市场进入门槛低,而医院在选购缝线产品过程中的决定权又表明下游买方的强大力量,因此,即使医用缝线产品的市场集中度高,也不足以说明强生公司具有市场支配地位。

4. 缺乏相应证据证明涉案缝线产品缺乏需求弹性:(1)缺乏相应证据证明不同品牌缝线产品的转化成本很高,医院从一个品牌缝线产品转为使用另一个品牌缝线产品,不会产生实质性的转换成本。(2)所谓医院对手术室用缝线可按照转售价格的110%转嫁给消费者的说法即使数据真实,也只能说明医院相对于终端消费者的市场势力,而无法说明缝线产品生产商相对于医院的市场势力。

5. 不能以涉案产品缺乏需求弹性来证明强生公司具有市场支配地位：(1)产品需求弹性的高低本身，并不能说明某一品牌生产商市场势力的大小。对于缝线产品而言，影响特定品牌市场竞争力的重要因素是产品质量、安全性及相关服务水平。即使某一品牌缝线产品需求弹性低，也不能排除其在产品质量、安全性和服务水平方面所面对的激烈竞争。(2)相关市场存在多个竞争者，同时还存在潜在竞争者，即使涉案产品缺乏需求弹性，也不能推定强生公司具有市场支配地位。

6. 即使涉案产品缺乏需求弹性，也并不导致强生公司采取趋向于垄断地位的策略。一般而言，具有垄断势力的卖方会将垄断价格定在需求曲线具有弹性的部分，价格弹性越低，垄断价格会越高。如果卖方将价格定在缺乏弹性的部分，过高的价格必然导致新的竞争者进入市场，结果不是限制了竞争，而是引来了竞争。

7. 不能证明强生公司采取"跨期价格歧视"的定价策略。虽然强生公司缝线产品的绝对价格在15年中保持基本不变，考虑通货膨胀因素，则其相对价格一直在下降。

8. 本案限制转售价格没有促成价格联盟。缝线产品有众多生产商，本案限制最低转售价格很难促成生产商之间价格联盟。而从本案中强生公司经销商在人民医院的竞标情况看，本案限制最低转售价格协议也没有促成经销商之间的价格联盟。

9. 本案中并没有因限制转售价格而导致缝线产品价格上升的实证依据，故不能认为本案限制最低转售价格的行为减少了社会总福利。

10. 强生公司缝线产品的经销商提供了有价值的销售服务。本案中，销售服务由生产商与经销商共同完成，生产商的工作可称为"质量服务"，主要是保证产品质量和安全、产品广告和对医生的培训；经销商的工作可称为"经销服务"，主要负责产品销售、参与投标议价，提供配送及售后服务等。

11. 缝线产品的特点决定了其需求量不仅取决于价格还取决于其他非价格因素，包括产品质量、品牌声誉、生产商或经销商提供的售前和售后服务等。本案限制转售价格有利于促进"经销服务"水平提高，从而增加需求或销量，由此增加社会总福利。

12. 由于消费者对涉案产品价格不敏感，因此即使本案限制转售价格对产品价格产生影响，对于产品销量和消费者福利的直接负面影响也很小，而本案限制转售价格在促进销售服务方面的影响则更为明显和重要。

三、本案对于纵向垄断协议纠纷的思考

(一)纵向垄断协议应当以具有排除、限制竞争效果为构成要件

《反垄断法》第14条规定,禁止经营者与交易相对人达成下列垄断协议:(1)固定向第三人转售商品的价格;(2)限定向第三人转售商品的最低价格;(3)国务院反垄断执法机构认定的其他垄断协议。我们不能因此望文生义地认为这等协议一旦签订即构成垄断协议,不需要再根据是否存在排除、限制竞争效果来确定是否构成垄断协议。不少人有此种误解,应该加以纠正。首先,由于《反垄断法》第13条第2款规定了"本法所称垄断协议,是指排除、限制竞争的协议、决定或者其他协同行为",证明这个定义适用于整部《反垄断法》,所以当然适用于第14条对纵向垄断协议的规定。其次,《垄断纠纷审理规定》第7条规定,"被诉垄断行为属于反垄断法第十三条第一款第(一)项至第(五)项规定的垄断协议的,被告应对该协议不具有排除、限制竞争的效果承担举证责任",据此可知,认定《反垄断法》第13条所规定横向协议构成垄断协议,应以该协议具有排除、限制竞争效果为前提。一般认为,由于横向协议直接排除、限制了市场竞争,横向协议限制竞争的效果甚于纵向协议,举重以明轻,反竞争效果强的横向协议构成垄断协议尚须以具有排除、限制竞争效果为必要条件,反竞争效果相对较弱的纵向协议更应以具有排除、限制竞争效果为必要条件。最后,限定向第三人转售价格的协议在现实中并不鲜见,因为其对竞争效果有积极影响和消极影响,当该协议所产生的排除限制竞争的效果大于促进竞争的效果时,才应判定为《反垄断法》第14条所禁止的垄断协议。

(二)限制最低转售价格协议行为性质的分析判断方法

如何分析判断限制最低转售价格协议行为是否违反《反垄断法》?这是关键问题。锐邦公司和强生公司均引用经济学理论说明限制最低转售价格对市场竞争的有利影响与不利影响。在具体分析本案限制最低转售价格协议的经济效果前,需要明确的是对限制最低转售价格协议经济效果的分析评价方法。本案中,在对限制最低转售价格行为性质的分析判断中,相关市场竞争是否充分、被告市场地位是否强大、被告实施限制最低转售价格的动机、限制最低转售价格的竞争效果等四方面情况是最重要的考量因素,也是本案分析评价限制最低转售价格行为的基本方法。依据本案认定的事实,可以认定医用缝线市场竞争不充分,强生公司具有很强的市场地位,其限制最低转售价格的动机在于回避价格竞

争,其限制竞争效果很明显,而促进竞争效果不明显。所以,强生限制最低转售价格协议属于我国《反垄断法》意义上的纵向价格垄断协议,也就是说该协议是反垄断法规定的非法行为。

根据《反垄断法》第50条规定,经营者实施垄断行为,给他人造成损失的,依法承担民事责任。在限制最低转售价格协议行为在相关市场上产生了排除、限制竞争的效果时,同时并不存在明显、足够的促进竞争的效果时,构成《反垄断法》第14条所规定的垄断协议。对违反限制最低转售价格协议行为所作处罚以及之后停止缝线产品供货的一系列行为,属于《反垄断法》禁止的垄断行为,就应当对其垄断行为造成原告的经济损失承担赔偿责任。

应当指出的是,本案法院认定本案限制最低转售价格协议构成垄断协议,充分考虑了本案现有证据和查明事实。尽管双方所委托经济学家均为本案提供了依据比较充分的经济学论述,但是在上诉人完成初步举证情形下,由于被上诉人未能积极举证,未能提供本案相关市场集中度、强生公司市场份额、本案限制最低转售价格协议竞争效果等方面的证据,导致被上诉人主张难以获得支持。因此,有了限制最低转售价格协议行为性质的分析判断方法还远远不够,还得用有力的证据证明自身主张的事实才能获得支持。

（三）专家意见很重要

2012年6月1日起施行的《垄断纠纷审理规定》明确:当事人可向法院申请一至二名具有相应专门知识的人员出庭,就专门性问题进行说明。依据该规定,当事人还可以向法院申请委托专业机构或者专业人员就案件专门性问题作出市场调查或者经济分析报告。由于反垄断民事纠纷案件有较高的专业性、复杂性和较大的影响力,专家出庭或提交书面意见在垄断案中是十分重要的,法院往往会充分考虑专家证言的意见。本案中,双方当事人都邀请了经济学专家为自己出庭或提交书面意见,这场垄断诉讼因为有了专家的参与而更显专业。从44000余字的判决书中,可以看出出具专家意见的龚炯和谭国富均采用了经济学上的“合理分析方法”。例如,两位专家在有关“强生公司涉案产品在15年间价格基本不变”方面的不同解释,非常详尽清晰。法院充分听取和审阅两位专家出具的专家意见,合议庭最后认为,尽管如强生公司所述,医用缝线产品市场不断有新品牌加入,但强生公司可以以15年不变的价格从容应对竞争,充分说明强生公司对其缝线产品具有很强的定价能力,涉案产品缺乏需求弹性又更加巩固了强生公司的定价能力。这一点,对于法院综合考量“相关市场竞争是否充分”和“强生公司在相关市场是否具有很强市场地位”两项因素均非常重要。

附录:法院经调查取证查明的其他有关事实

针对双方当事人就被上诉人停止供货缘由的争议,依据上诉人一审中提交的证据,以及另案货款纠纷判决认定的事实,上海市高级人民法院另查明如下事实:

1. 2008年8月15日,上诉人向被上诉人发出订货要求,被上诉人在上诉人并不拖欠货款的情形下拒绝供货,此后未就上诉人缝线产品新的订单供货。上诉人在一审中所提供2008年7月11日、9月19日、9月28日、10月20日四封邮件可以证明,2008年8月15日上诉人向被上诉人发出的订货要求遭拒。《经销合同》约定上诉人的账期为30日,结合两被上诉人2008年5月19日向上诉人发出的《关于调整信用额度的通知》,上诉人的信用条件应该是:无超过30天的未付货款,亦无超过368万元的欠款。双方当事人另案诉讼的货款纠纷案件中,(2010)浦民二(商)初字第1345号、(2010)沪一中民四(商)终字第2541号民事判决逐笔确认了上诉人欠付货款的开票日、到期日与数目,根据该两份判决,上诉人第一笔欠款的开票日为7月21日、到期日为8月21日,数目为171460.68元。因此,上诉人在8月15日之前不存在超过30天账期和368万元信用额度的欠款,上诉人在8月15日发出订货要求,完全符合信用要求,强生公司应予供货。被上诉人称其在8月15日后仍有缝线产品供货,上诉人指出被上诉人所谓8月15日后供货均系为8月15日前订单供货,被上诉人对此未予反驳。本院确认被上诉人在8月15日后对上诉人停止了缝线产品后续供货。

2. 2008年9月11日以后,被上诉人停止吻合器产品供货,此时上诉人已有多笔货款超过30天账期。(2010)浦民二(商)初字第1345号、(2010)沪一中民四(商)终字第2541号民事判决确认被上诉人向上诉人最后一次开出的发票在2008年9月11日,由此可确认被上诉人在9月11日后停止了吻合器产品供货。依据前述两民事判决确认的事实,在2008年9月11日,虽然上诉人欠款总额未超过368万元信用额度,但已有数笔货款超过30天账期,已符合《经销合同》约定的停止供货条件。

教学指导手册

教学对象及目标

本案例供法律硕士案例教学使用,法学本科(大四)、经济法学硕士、民商法学硕士也可以参酌使用。

本案例通过介绍北京锐邦涌和科贸有限公司与强生(上海)医疗器材有限公司等纵向垄断协议纠纷一案产生的缘由、诉讼的一、二审过程,以及最后的判决结果,帮助学生了解公司治理中经销合同的制定与签订,在涉及最低转售价格协议时要注意是否构成法律禁止的垄断协议,以及不能违反我国相关法律法规等法律问题。此外,在了解所涉协议是否为法律禁止的垄断协议后,还要了解发生垄断协议纠纷诉讼时应注意的法律问题。

通过对本案例的分析和讨论,培养学生的综合分析思维能力,指出本案中经销合同中最低转售价格协议所涉及的法律问题以及风险;通过对法院判决认定事实和证据的分析、思考,探讨本案例给公司在签订最低转售价格维持协议时带来的经验和教训,为公司经营治理中经销合同的价格协议制定与签订的风险防范提供具体参考意见。

教学内容

1. 纵向垄断协议和“限制向第三人转售商品的最低价格”的理论

(1)纵向垄断协议理论概述

《反垄断法》第 13 条第 2 款规定:“本法所称垄断协议,是指排除、限制竞争的协议、决定或者其他协同行为。垄断协议的构成要件:(一)协议或者协同行为由多个独立主体构成;(二)经营者之间存在通谋或协同一致的行为;(三)导致或者可能导致排除、限制竞争的后果。”垄断协议的主体可能是有竞争关系的经营者或者经营者与交易相对人。垄断协议的内容为排除、限制竞争。垄断协议排除限制竞争的方式是协议、决定或者其他协同行为。按照行为人是否处于生产或者销售过程的同一阶段的或者生产或销售链条中的同一环节的经营者,垄断协议分为横向垄断协议和纵向垄断协议。横向垄断协议是指处于生产或者销售过程的同一阶段的两个或多个制造商、批发商或零售商之间签订的垄断协议。纵向垄断协议是指出售者和购买者(生产商与批发商,批发商与零售商)之间签订的垄断协议。

具体而言,纵向垄断协议是指在同一产业中两个或两个以上处于不同经济层次、没有直接竞争关系但是有买卖关系的经营者,通过明示或者默示的方式达成的排除、限制竞争的协议。一般来说,处于前一阶段的经营者,常被称为"上游经营者";而处于后一阶段的经营者,则常被称为"下游经营者"。《反垄断法》第 14 条是有关纵向垄断协议的规定:"禁止经营者与交易相对人达成下列垄断协议:(一)固定向第三人转售商品的价格;(二)限定向第三人转售商品的最低价格;(三)国务院反垄断执法机构认定的其他垄断协议。"

并非所有的垄断协议都是违法的,《反垄断法》第 15 条规定了可以被豁免的垄断协议的情形。根据我国《反垄断法》第 15 条第 1 款的规定,经营者能够证明所达成的协议属于下列情形之一的,不适用《反垄断法》第 13 条、第 14 条的规定:"(一)为改进技术、研究开发新产品的;(二)为提高产品质量、降低成本、增进效率,统一产品规格、标准或者实行专业化分工的;(三)为提高中小经营者经营效率,增强中小经营者竞争力的;(四)为实现节约能源、保护环境、救灾救助等社会公共利益的;(五)因为经济不景气,为缓解销售量严重下降或者生产明显过剩的;(六)为保障对外贸易和对外经济合作中的正当利益的;(七)法律和国务院规定的其他情形。"第 2 款规定了豁免的条件"属于前款第一项至第五项情形,不适用本法第十三条、第十四条规定的,经营者还应当证明所达成的协议不会严重限制相关市场的竞争,并且能够使消费者分享由此产生的利益。"

(2)本案纵向垄断协议的构成要件分析

首先,《反垄断法》第 13 条对垄断协议的定义适用于第 14 条对纵向垄断协议的规定。《反垄断法》第 13 条在列举了六类横向垄断协议后,规定"本法所称垄断协议,是指排除、限制竞争的协议、决定或者其他协同行为"。在通读《反垄断法》全部条文后,可以发现该部法律中有四处"本法所称……,是指……"的句式表述,分别是:第 12 条中"本法所称经营者,是指……",第 12 条中"本法所称相关市场,是指……",第 13 条中"本法所称垄断协议,是指……",第 17 条中"本法所称市场支配地位,是指……"。很明显,这些表述均明确在"本法"范围内定义相关词语,在逻辑上不应仅仅适用于一个条文而应该适用于整部法律,否则还需要在其他含有"经营者""相关市场""垄断协议""市场支配地位"词语的其他每一个条文中对这些词语再作定义,显然不合理。因此,第 13 条对垄断协议的定义同样适用于第14条对纵向协议的规定。

其次,《垄断纠纷审理规定》第7条规定:“被诉垄断行为属于反垄断法第十三条第一款第(一)项至第(五)项规定的垄断协议的,被告应对该协议不具有排除、限制竞争的效果承担举证责任。”据此可知,认定《反垄断法》第13条所规定横向协议构成垄断协议,应以该协议具有排除、限制竞争效果为前提。一般认为,由于横向协议直接排除、限制了市场竞争,横向协议限制竞争的效果甚于纵向协议,举重以明轻,反竞争效果强的横向协议构成垄断协议尚须以具有排除、限制竞争效果为必要条件,反竞争效果相对较弱的纵向协议更应以具有排除、限制竞争效果为必要条件。

本案中锐邦公司认为协议里只要有《反垄断法》第14条所规定的限制转售价格条款,即构成垄断协议,并应认定为违法,不需要另外证明存在排除、限制竞争效果。强生公司答辩称反垄断法并没有规定经营者与交易相对人达成限定最低转售价格的协议就是垄断协议,反垄断法所要禁止的是具有排除、限制竞争效果的限制转售价格协议。最后上海高级人民法院认定《反垄断法》第14条所规定的限制最低转售价格协议必须具有排除、限制竞争效果才能被认定为垄断协议。无论是根据反垄断法的立法技术作体系解释,还是依据《垄断纠纷审理规定》的相关规定,纵向垄断协议应以具有排除、限制竞争效果为必要条件。

2.“限定向第三人转售商品的最低价格”的理论

(1)“限定向第三人转售商品的最低价格”的理论概述

限定向第三人转售商品的最低价格的垄断协议,是指上游经营者(如供货商)对下游经营者(如批发商)转售商品的最低价格作出规定,约定下游经营者不得低于规定价格出售产品的排除、限制竞争的协议。

限定向第三人转售商品的最低价格实际上是限制转售商对自己经销商品的定价权,结果是限制了市场上经营同一商品的经营者根据各自的竞争状况和成本结构开展价格竞争的空间。而且由于转售价格通常高于竞争价格,对消费者利益也会造成严重损害。限定向第三人转售商品的最低价格的垄断协议对竞争的负面影响主要表现在以下三方面:第一,推动价格垄断协议的形成。限定向第三人转售商品最低价格的垄断协议实际上使下游经营者难以根据市场供需及自身情况合理调整其出售的产品价格。同时,由于制造商的监督和“违法协议即停止供货”等的威胁,该销售商也不能通过改变供货方式增强自己在定价上的自由度,无形中订下以相同价格出售产品的协议,排除、限制了销售商之间的有效竞争。第二,阻碍品牌内部的竞争。由于生产商限制经销商的转售价格,同一品牌的经销商之间就无法在价格层面展开有效竞争,最终相当于以统一的价格进行出售,消除了品牌内部的竞争。第三,损害消费者的利益。同固定向第三人转售商品价格的垄断协议一样,限定向第三人转售商品的最低价格会使得一部分销售量从低成本销售商转移到高成本销售商,经营效率较高的销售商也不能将自己高效率带来的好处扩展至消费者分享,消费者不得不支付更高的平均价格,社会整体福利受到损失。

限定向第三人转售商品最低价格的协议并不一定都构成垄断协议。有的限定向第三人转售商品最低价格的协议也会存在合理性。例如,在特定的条件下可以避免"搭便车"效应。所谓"搭便车"效应,是指对于复杂的消费品如计算机、音响等而言,销售商的售前服务(如广告宣传)是很重要的,如果一家销售商在售前服务方面进行了投资,无疑也为该产品带来更多的消费者,但同时也增加了销售成本。因此,销售商都希望其他的销售商能够充分做好售前服务宣传,自己可以搭上他人的便车销售同样的产品。如果再辅以比别的销售商低廉的价格,就能诱使消费者转而向自己购买同样商品。如果出现这样的情况,率先提供售前服务的销售商势必减少提供售前服务,以省下成本与"搭便车"的销售商开展价格竞争。长此以往,将会因影响该商品的总销售量而对制造商不利。正是为了解决此种"搭便车"问题,上游制造商才会责令下游销售商遵守一定的最低转售价格,使所有的销售商在价格问题上的竞争转为各种售前(售后)服务方面的竞争,不用担忧"搭便车"效应,各自放心地进行商品展示、功能解说、使用方法说明、广告宣传等活动,增加商品的总销售量,从而弥补因价格上涨所可能产生的损失。但是,这种阻止"搭便车"效应的做法也不能夸大。

因此,应当权衡限定向第三人转售商品的最低价格的协议所产生的负面影响及积极效果,当排除、限制竞争的效果大于促进竞争的效果时,应判定为《反垄断法》第 14 条所禁止的垄断协议。

(2)本案强生限制最低转售价格协议的性质定性

本案中规定了"锐邦公司不得低于被告规定的产品价格进行销售"的协议是否是反垄断法规定的非法行为是本案实体性问题的关键争点。

锐邦公司和强生公司均引用经济学理论说明限制最低转售价格对市场竞争的有利影响与不利影响。在具体分析本案限制最低转售价格协议的经济效果前,需要明确的是对限制最低转售价格协议经济效果的分析评价方法。本案中,在对限制最低转售价格行为性质的分析判断中,相关市场竞争是否充分、被告市场地位是否强大、被告实施限制最低转售价格的动机、限制最低转售价格的竞争效果等四方面情况是最重要的考量因素,也是本案分析评价限制最低转售价格行为的基本方法。依据本案认定的事实，可以认定医用缝线市场竞争不充分，强生公司具有很强的市场地位，其限制最低转售价格的动机在于回避价格竞争，其限制竞争效果很明显，而促进竞争效果不明显。所以，强生限制最低转售价格协议属于我国《反垄断法》意义上的纵向价格垄断协议，也就是说该协议是反垄断法规定的非法行为，该行为给锐邦公司造成损失，要承担相应的民事赔偿责任。

3. 民事诉讼中证据规则理论

（1）民事诉讼中证据规则理论概述

诉讼中所查证的事实需要证据来证明，没有证据证明的事实是不予认可的，而只有有证据证明的事实才能作为法律适用的依据。所以打官司就是打证据。我国民事诉讼证据规则包括举证责任分配、举证时效，证据交换等方面。其中，民事诉讼举证责任分配原则上是遵循“谁主张，谁举证”原则，即原告向人民法院起诉或者被告提出反诉，应当附有符合起诉条件的相应的证据材料；当事人对自己提出的诉讼请求所依据的事实或者反驳对方诉讼请求所依据的事实有责任提供证据加以证明；没有证据或者证据不足以证明当事人的事实主张的，由负有举证责任的当事人承担不利后果。

例外情况只有在法律、法规或司法解释具有明确规定的情形下，才可以在民事诉讼中适用举证责任倒置规则（被告举证证明）。由于现行法律没有规定在涉及《反垄断法》第 14 条所规定协议的反垄断民事诉讼中，应由被告来证明涉案协议不具有排除、限制竞争的效果。故纵向垄断协议案仍应当遵循民事诉讼“谁主张、谁举证”的原则，由原告对该案限制最低转售价格协议具有排除、限制竞争效果承担举证责任。值得注意的是，《垄断纠纷审理规定》仅规定横向垄断协议纠纷适用举证责任倒置，即被诉制定横向垄断协议的当事人（被告）应对该协议不具有排除、限制竞争效果承担举证责任。但不能照此类推出在纵向垄断协议纠纷中也适用举证责任倒置原则。

（2）本案中的主要证据适用分析

本案当事人对自己提出的诉讼请求所依据的事实或者反驳对方诉讼请求所依据的事实都提供了证据加以证明。一审法院根据对证据分别做出认定后以证据不足为由驳回原告的全部诉讼请求。根据《反垄断法》第 50 条规定，经营者实施垄断行为，给他人造成损失的，依法承担民事责任。根据该条规定，经营者承担实施垄断行为的民事责任，需要具备实施垄断行为、他人受损害、垄断行为与损害具有因果关系三个要件。综合全案证据来看，这三方面的事实均未能得到查明。根据最高人民法院《关于民事诉讼证据的若干规定》第 2 条之规定，当事人对自己提出的诉讼请求所依据的事实或者反驳对方诉讼请求所依据的事实有责任提供证据加以证明，没有证据或者证据不足以证明当事人的事实主张的，由负有举证责任的当事人承担不利后果。本案中，由于适用《反垄断法》第50条所要求的要件事实均未能查明，故一审对原告的诉讼请求应全部予以驳回。

双方当事人在二审中均提出了新证据。二审法院认证如下：

<table>
<tr><th colspan="3">二审法院对双方当事人二审证据的认定</th><th>法院给出的理由</th></tr>
<tr><td rowspan="7">对上诉人（锐邦公司）二审证据的认定</td><td rowspan="6">不予采纳的证据</td><td>证据1，即（2012）京国信内经证字第3138号公证书所证明国家食品药品监督管理局官方网站相关网页内容</td><td>该证据仅能证明可吸收缝线、不可吸收缝线在“医疗器械分类目录”中属于不同的类别，但是由于不可吸收缝线基本可以替代可吸收缝线，故该证据不能证明上诉人有关可吸收缝线、不可吸收缝线属于两个市场的主张</td></tr>
<tr><td>证据2，即国家食品药品监督管理局出具的五份医疗器械注册证</td><td>其并不能证明可以将缝线市场细分为可吸收缝线、不可吸收缝线两个市场</td></tr>
<tr><td>证据3，即威高富森医用材料有限公司营业执照及该公司所出具《说明》</td><td>该公司出具《说明》中有关其缝线产品销量的数据，无相关证据佐证，也不能以该一家企业的销售量数据说明强生公司在相关市场的市场份额</td></tr>
<tr><td>证据4，即人民医院出具的情况说明及两份涉案产品价格变化明细表</td><td>该份证据没有出具日期，不符合证据的基本形式要件，人民医院又未派员出庭作证，故无法确认其真实性</td></tr>
<tr><td>证据5，即《千讯报告》</td><td>该报告所引统计数据没有说明数据来源，无法确认所引数据真实性与权威性</td></tr>
<tr><td>证据6，即2008年强生公司内部刊物</td><td>该证据中强生公司有关人员对2007年强生公司销售额的陈述，没有特别指向强生缝线产品，对于本案事实没有证明力</td></tr>
<tr><td>予以采纳的证据</td><td>证据7，即强生公司发放给经销商的相关会议及销售管理的空白表格</td><td>该证据内容系强生公司管理营销的相关文件资料，被上诉人如果质疑其真实性，完全可以依据自己的资料提出具体的质疑，而不应笼统地否认其真实性；该证据内容详尽复杂，与医疗器械产品的营销需求相契合，可信度较高，在被上诉人未说明质疑理由且未提供反证的情况下，应当确认其真实性</td></tr>
</table>

续表

<table>
<tr><th colspan="3">二审法院对双方当事人二审证据的认定</th><th>法院给出的理由</th></tr>
<tr><td rowspan="2"></td><td rowspan="2"></td><td>证据8，即刻录有2003年上诉人在阜外医院销售统计表格、2004年强生公司在北京各医院销售指标表格等内容的光盘</td><td>本院确认该证据的真实性及其证明强生公司缝线产品营销管理方式的证明力</td></tr>
<tr><td>证据9，即强生公司爱惜康缝线产品2001年、2002年、2003年、2005年、2008年的价目表</td><td>被上诉人认可其真实性，本院亦予认可，并认为其中所记载的产品型号、价格等信息可以证明涉案产品价格变化情况</td></tr>
<tr><td rowspan="2">对被上诉人（强生公司）二审证据的认定</td><td>不予采纳的证据</td><td>证据2，即（2012）沪静证经字第4573、4574号两份公证书所证明国家食品药品监督管理局官方网站公示不同品牌医用缝线产品的相关信息</td><td>由于该证据存在大量重复信息、与涉案产品无关的信息、超过注册有效期的信息，且由于注册信息无法与实际产品生产与销售情况对应，故该证据无法证明被上诉人有关强生公司产品只占市场很小比例的主张</td></tr>
<tr><td>予以采纳的证据</td><td>证据1，即卫生部《2009年中国卫生统计年鉴》</td><td>该证据可以间接证明医用缝线产品在中国大陆的需求与消费情况</td></tr>
</table>

二审法院对双方当事人一审证据的补充认定如下：

<table>
<tr><td rowspan="2">予以采纳</td><td>1. 北京市海诚公证处出具（2010）京海诚内民证字第04688号公证书</td><td>该公证书证明上诉人分别于2008年7月11日、9月19日、9月28日、10月20日通过雅虎邮箱向被上诉人发出四封邮件，对被上诉人采取调整销售区域的惩罚措施以及之后发生的8月15日订单遭拒等事项提出质疑。其中，9月19日、10月20日两封邮件中均写到被上诉人拒绝上诉人8月15日订单供货导致其经营困难。本院认为，上诉人四封邮件经公证证明，均系通过雅虎邮箱发往被上诉人多个收件人地址，可信度高。另外，由于双方当事人的联络方式主要是邮件，在双方就取消经销资格、停止供货等问题存在争议情形下，上诉人向被上诉人陈情抱怨和请求免于处罚、解决争议的这一系列邮件，与案件其他事实相印证，符合常理</td></tr>
<tr><td>2. 2008年5月19日被上诉人发给上诉人的《关于调整信用额度的通知》</td><td>被上诉人确认此证据真实性，此证据能够证明上诉人信用额度情况，与判断上诉人在被上诉人停止供货时是否拖欠货款存在关联，本院予以采纳</td></tr>
</table>

3. 专家证言

2012 年 6 月 1 日施行的《垄断纠纷审理规定》明确：当事人可向法院申请一至二名具有相应专门知识的人员出庭，就专门性问题进行说明。依据该规定，当事人还可以向法院申请委托专业机构或者专业人员就案件专门性问题作出市场调查或者经济分析报告。由于反垄断民事纠纷案件有较高的专业性、复杂性和较大的影响力，专家出庭或提交书面意见在垄断案中是十分重要的，法院往往会充分考虑专家证言的意见。

课堂时间安排

本案例可以作为专门的案例教学课来进行，整个案例课的课堂安排 6 个课时，每课时 45 分钟。

如下课堂设计，仅供参考。

1. 课前计划：安排学生阅读案例及相关参考资料，对案例所涉及问题进行思考，撰写实践题答案。

2. 课中计划：(1)介绍教学目的，明确讨论主题；(2)分组讨论，回答各项思考题，讨论实践题的撰写要点；(3)小组代表提出撰写要点，学生讨论和分析；(4)教师归纳总结。

3. 课后计划：布置学生进一步思考辩护律师在民事诉讼活动中的职能，以及如何发挥其职能。

思考题

1. 纵向垄断协议的构成要件有哪些？其典型类型有哪些？它们对竞争有哪些影响？
2. 如何认定限制最低转售价格协议是否违法？
3. 纵向垄断协议纠纷案的举证责任如何分配？
4. 垄断协议的豁免情形有哪些？
5. 公司在转售合同涉及价格协议时如何防范法律风险？

撰稿人｜谢根成，广东财经大学法学院教授

图书在版编目(CIP)数据

法律硕士教学指导案例. 民事诉讼实务卷. Ⅰ / 全国法律专业学位研究生教育指导委员会编. -- 北京 : 法律出版社, 2018
ISBN 978-7-5197-2237-1

Ⅰ. ①法… Ⅱ. ①全… Ⅲ. ①民事诉讼-案例-中国-研究生-教学参考资料 Ⅳ. ①D920.5

中国版本图书馆 CIP 数据核字(2018)第 086421 号

法律硕士教学指导案例·民事诉讼实务卷 Ⅰ
FALÜ SHUOSHI JIAOXUE ZHIDAO ANLI·MINSHI SUSONG SHIWUJUAN Ⅰ

全国法律专业学位研究生教育指导委员会 编

责任编辑 吴 昉
装帧设计 凌点工作室

出版 法律出版社
总发行 中国法律图书有限公司
经销 新华书店
印刷 三河市兴达印务有限公司
责任印制 沙 磊

编辑统筹 法律教育出版分社
开本 710 毫米×1000 毫米 1/16
印张 23
字数 406 千
版本 2018 年 6 月第 1 版
印次 2018 年 6 月第 1 次印刷

法律出版社/北京市丰台区莲花池西里 7 号(100073)
网址/www.lawpress.com.cn
投稿邮箱/info@lawpress.com.cn
举报维权邮箱/jbwq@lawpress.com.cn
销售热线/010-63939792
咨询电话/010-63939796

中国法律图书有限公司/北京市丰台区莲花池西里 7 号(100073)
全国各地中法图分、子公司销售电话:
统一销售客服/400-660-6393
第一法律书店/010-63939781/9782
西安分公司/029-85330678
重庆分公司/023-67453036
上海分公司/021-62071639/1636
深圳分公司/0755-83072995

书号:ISBN 978-7-5197-2237-1
定价:59.00 元